湖北园艺产业绿色发展战略研究

Research on Green Development Strategy of Horticultural Industry in Hubei Province

祁春节　邓秀新　著

中国农业出版社

北　京

内容简介

本书以湖北省园艺产业为研究对象，根据产业发展"绿色、优质、高效、特色"的基本目标，坚持产业需求导向，借鉴国际经验，构建园艺产业绿色发展的理论分析框架，从产业链、创新链、产业与科技的融合三个角度对湖北省园艺产业绿色发展进行系统研究。在产业链上，根据"产前—产中—产后"的思路，首先分析湖北省园艺产业发展的现状和问题，其次研判园艺产业发展的市场需求，最后提出湖北省园艺产业绿色发展的战略目标、战略构想和战略部署；在创新链上，首先明确湖北省园艺产业绿色发展的关键技术需求，其次在此基础上总结出关键科学问题，从"基础研究—重大共性技术—技术集成与示范"三个层次，凝练出园艺产业绿色发展的科技创新方向，最后基于产业与科技的融合，提出湖北省园艺产业绿色发展的重大工程建议和保障措施。

本书可供农业相关领域研究人员、各级政府主要决策部门领导及科技管理人员阅读和参考，对我国农林经济管理学科建设和科技发展有重要指导价值。

前言

FOREWORD

绿色是农业的底色，推进农业绿色发展是农业发展观的一场深刻革命。产业兴旺是解决农村一切问题的前提，产业振兴是乡村全面振兴的基础和关键。近年来，湖北园艺产业迅猛发展，种植规模和产量均位居全国前列，已成为湖北农业的重要支柱产业。然而，受到生态环境状况、产业技术水平等方面的制约，湖北园艺产业发展过程中存在标准化生产水平较低、绿色优质产品供给不足等问题，极大阻碍了园艺产业高质量发展。进入"十四五"时期，农业发展已步入加快推进绿色转型的新阶段，如何推进湖北园艺产业绿色发展，并以此为契机促进湖北乡村实现全面振兴，已成为湖北经济和社会发展面临的重大课题。

党的十八大以来，党中央、国务院高度重视绿色发展。习近平总书记多次强调，绿水青山就是金山银山。2021年8月23日，农业农村部、国家发展和改革委员会、科学技术部、自然资源部、生态环境部、国家林业和草原局6部门联合印发了《"十四五"全国农业绿色发展规划》，为推进农业绿色发展做出了系统部署和具体安排。近年来，湖北园艺产业异军突起，得到了迅猛发展，湖北园艺作物种植规模和产量均位居全国前列。但是，由于受到资源禀赋条件、生态环境状况、产业技术水平、体制机制等方面的制约，湖北省园艺产业发展过程中存在贯彻绿色发展理念不深入、生产方式较粗放、绿色优质产品供给不足等问题，极大限制了湖北园艺产业高质量发展。

本书是中国工程科技发展战略湖北研究院2021年重点咨询研究项目"湖北园艺产业绿色发展战略研究"（HB2021B01）的研究成果之一，是湖北省历史上第一个全面系统研究本省园艺产业绿色发展战略的著作。作为一项开创性的工作，全书以湖北省园艺产业为研究对象，以产业发展"绿色、优质、高效、特色"为目标导向，融合国际主流经验，从系统角度搭建湖北省园艺产业绿色发展的理论框架，对湖北省园艺产业绿色发展做出战略部署，并以此为基础提出了重大工程建议和保障措施。

本书在借鉴已出版书籍和资料的基础上，在研究撰写中始终突出实用性

（提出可供政府参考的重大工程建议和保障措施）、全面性（借鉴国内外最新研究成果和相关经验）、现实性（反映湖北省园艺产业绿色发展的历史和现实），既反映湖北省园艺产业绿色发展的重大成就和现实问题，又适应绿色发展的新要求，提出未来进一步完善和发展湖北园艺产业的建议，力争做到内容新颖、结构严谨、文字精练、图文并茂，富于实用性，能满足政府部门决策的需要。

与同类书籍比较，本书在总体结构和内容上都有所不同，更加契合战略性咨询项目的研究要求，注重战略性、前瞻性和咨询性，有利于读者全面了解湖北省园艺产业绿色发展的特征事实，也有利于政府部门制定相关政策。其特色如下。

第一，结构严谨，条理清晰。本书按照明晰的逻辑思路（"分析现状—理论思考—战略谋划—经验借鉴—重大建议"）组织行文，在研判分析湖北省园艺绿色发展现状的基础上找出存在的问题与挑战，结合相应理论进一步深化思考与解释，提出具有一定站位高度、前瞻视角的湖北省园艺产业绿色发展战略构想，并借鉴国际上较为成熟的经验，凝练出针对重大问题的可行性建议。

第二，注重科学性和可实际操作性。一是确定"从实践到理论，再从理论到实践"的方法论；二是按照该方法论进行大量实地调研，反映真实的湖北省园艺产业绿色发展的现状与问题；三是升华到理论角度，对观察到的现象与问题进行系统性分析与解释；四是通过向专家咨询、更新调研材料等方式，不断修改、丰富研究成果，尽可能保证研究结论可信可靠、对策建议可纳可行。

第三，写作视角独特。本书以产业链、创新链、产业与科技的融合三个视角切入，在理论上构建湖北省园艺绿色发展的"三维"分析框架，带领读者从全新角度理解园艺产业绿色发展问题的本质，形成关于园艺产业绿色发展的一般规律性认识，并补充农业经济学科在此领域的研究不足。

本书由华中农业大学博士生导师祁春节教授和中国工程院副院长、华中农业大学教授邓秀新院士负责完成。在研究撰写过程中，向多所高校、科研院所多年从事果菜花茶等相关研究的专家学者进行了咨询，他们分别是湖南农业大学邹学校院士、湖南农业大学刘仲华院士、湖北省农业科学院蒋迎春研究员、华中农业大学程运江教授、华中农业大学曾光副教授、华中农业大学毛海欧副教授等，他们提出了宝贵意见和建议，特此感谢！华中农业大学顾雨檬、曾彦等博士研究生，王铁凝、王佳康、朱丽璇等硕士研究生参与了相关研究工作。特别感谢湖北省农业农村厅副厅长肖长惜和湖北省果茶办公室主任鲍江峰研究员，他们在本书撰写过程中提供了许多重要数据，并给予了诸多有益建议，在此表示诚挚的谢意！祁春节、邓秀新对全书进行了统稿、修改，并最终定稿。

　　本书在研究撰写过程中得到了湖北省农业农村厅、湖北省科技厅、华中农业大学、湖南农业大学、湖北省农业科学院、武汉市农业科学院等单位的大力支持、指导和关怀，特表示感谢；在出版过程中得到了中国农业出版社的大力支持，在此深表谢意。同时，本书作者在研究撰写过程中参阅了大量国内外文献，在此对文献作者也表示感谢。如书中有错误和遗漏之处，恳请读者批评指正。

祁春节　邓秀新

2023 年 6 月于武汉南湖狮子山

目录
CONTENTS

前言

总　论

第一章　引言 ··· 2

　一、研究背景及问题提出 ··· 2

　二、研究目的及意义 ··· 3

　三、相关概念界定 ·· 4

　四、园艺产业绿色发展战略的国内外研究及评述 ················· 6

　五、研究内容与研究思路 ··· 11

　六、研究方法与技术路线 ··· 12

　七、创新点和不足之处 ··· 13

第二章　园艺产业绿色发展的一般理论分析 ··························· 15

　一、园艺产业绿色发展的内涵与外延 ····································· 15

　二、园艺产业绿色发展相关理论及其内在逻辑 ···················· 17

　三、园艺产业绿色发展的"三维"理论分析框架 ···················· 21

　四、园艺产业绿色发展的基本思路 ··· 22

第三章　湖北园艺产业发展现状调查与分析 ························· 27

　一、园艺产业发展阶段的历史演变 ··· 27

　二、湖北园艺产业绿色发展现状 ·· 28

　三、湖北园艺产业发展的优劣势及存在的问题 ···················· 33

　四、湖北园艺产业发展的机遇与挑战 ····································· 40

　五、湖北园艺产业发展的基本判断与结论 ···························· 43

第四章　湖北园艺产业发展的市场前景与发展潜力 ·············· 46

　一、国内外园艺产品的市场供求现状 ····································· 46

二、湖北园艺产品的供求现状 ·· 57

三、湖北园艺产业发展的市场前景 ·· 78

四、湖北园艺产业的发展潜力 ·· 81

五、湖北园艺产业发展市场前景与发展潜力的结论 ················ 92

第五章　湖北园艺产业绿色发展的战略构想与战略部署 ············ 99

一、湖北园艺产业绿色发展的战略目标与战略思路 ················ 99

二、湖北园艺产业绿色发展的战略部署 ································ 102

第六章　湖北园艺产业绿色发展关键技术需求与科技创新方向 ···· 109

一、关键技术需求与主要技术瓶颈 ·· 109

二、关键科学问题 ·· 110

三、科技创新方向 ·· 112

第七章　园艺产业绿色发展的国际经验与借鉴 ······················ 118

一、人少地多型国家园艺产业发展的现状特点 ····················· 118

二、人多地少型国家园艺产业发展的现状特点 ····················· 125

三、人地适中型国家园艺产业发展的现状特点 ····················· 131

四、国外经验对湖北园艺产业绿色发展的借鉴与启示 ············ 136

第八章　湖北园艺产业绿色发展的措施与建议 ······················ 140

一、重大（工程）建议 ·· 140

二、保障措施 ··· 144

分　　论

第九章　湖北水果产业发展战略研究 ································· 148

一、湖北水果产业发展的现状与展望 ··································· 148

二、湖北水果产业发展的市场前景和发展潜力 ····················· 164

三、湖北水果产业发展的战略构想与战略部署 ····················· 173

四、湖北水果产业发展的关键技术需求与科技创新方向 ·········· 177

五、水果产业发展的重点任务 ·· 183

六、湖北水果产业发展的政策措施与对策建议 ····················· 186

第十章　湖北蔬菜产业发展战略研究 ································· 192

一、湖北蔬菜产业发展的现状与展望 ··································· 192

二、湖北蔬菜产业发展的市场前景与发展潜力 ····················· 202

三、湖北蔬菜产业发展的战略构想与战略部署 ····················· 207

四、湖北蔬菜产业发展的关键技术需求与科技创新方向 ·········· 211

五、湖北蔬菜产业发展的重点任务 ······································ 213

六、湖北蔬菜产业发展的政策措施与对策建议 ……………………… 217

第十一章　湖北花卉产业发展战略研究 ……………………… 220

一、湖北花卉产业发展的现状与展望 ……………………… 220

二、湖北花卉产业发展的市场前景与发展潜力 ……………………… 229

三、湖北花卉产业发展的战略构想与战略部署 ……………………… 236

四、湖北花卉产业发展的关键技术需求与科技创新方向 ……………………… 240

五、湖北花卉产业发展的重点任务 ……………………… 242

六、湖北花卉产业发展的政策措施与对策建议 ……………………… 244

第十二章　湖北茶叶产业发展战略研究 ……………………… 246

一、湖北茶叶产业发展的现状与展望 ……………………… 246

二、湖北茶叶产业发展的市场前景与发展潜力 ……………………… 259

三、湖北茶叶产业发展的战略构想与战略部署 ……………………… 268

四、湖北茶叶产业发展的关键技术需求与科技创新方向 ……………………… 272

五、茶叶产业发展的重点任务 ……………………… 278

六、湖北茶叶产业发展的政策措施与对策建议 ……………………… 282

主要参考文献 ……………………… 286

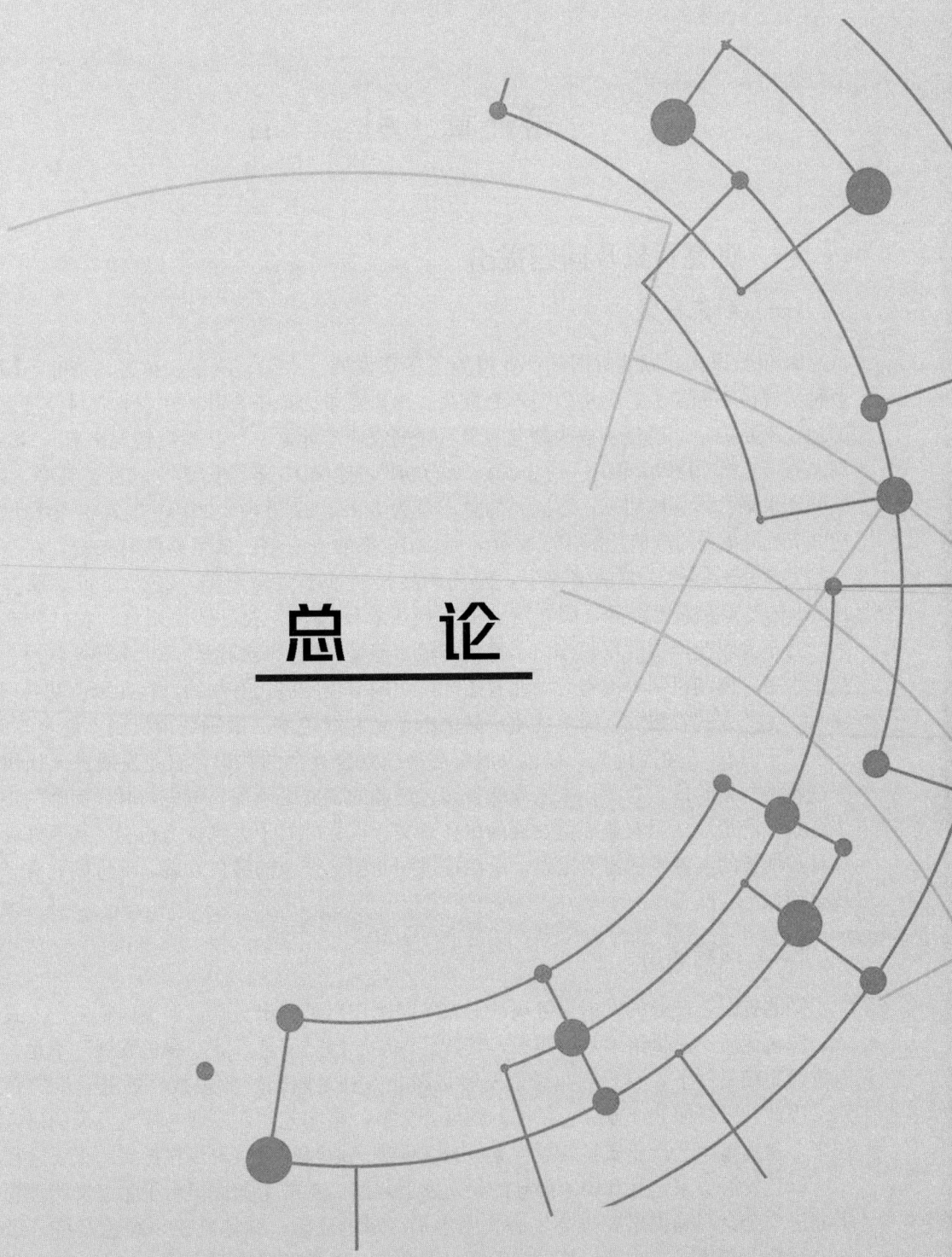

总　论

第一章 引 言

一、研究背景及问题提出

（一）研究背景

21 世纪以来，湖北省园艺产业得到了迅猛发展，水果、蔬菜、花卉、茶叶等园艺产业种植规模不断扩大，经济效益不断提高，出口竞争力稳中有升，在农业农村经济发展中的地位不断突显，已逐步成为湖北省最重要的农业产业之一。从生产情况来看，2020 年，湖北省园艺作物种植面积达到 3 223.99 万亩①，比 2010 年增长了 36.6%。其中，蔬菜、茶叶和水果（不含西甜瓜，下同）的总产量为 5 222.27 万吨，2010—2020 年年均增长率达 3.5%，花卉的产值达到 165 亿元，是 2010 年的 6.9 倍。从贸易情况来看，在全国农产品贸易处于持续逆差的情况下，园艺产品长期处于贸易顺差，2020 年贸易顺差达到 132.1 亿美元。毫无疑问，园艺产业的发展为农民增收、农业结构调整、农村劳动力转移，乃至为农业经济的增长作出了重大贡献。但是，资源禀赋条件、生态环境状况、产业技术水平、体制机制等因素对湖北省园艺产业的绿色发展仍有制约，存在绿色发展理念不深入、生产方式较粗放、绿色优质产品供给不足和绿色发展激励约束机制不健全等问题。展望"十四五"，生态优先、绿色发展将成为全党全社会的共识，农业发展进入加快推进绿色转型的新阶段。为此，未来湖北省园艺产业的发展必须深入考虑新时代面临的重大现实背景，清楚地认识农业绿色发展的重要意义，以党的二十大精神为指引，从更好满足人民日益增长的美好生活需要出发，全面推进湖北园艺产业的绿色发展，促进湖北省乡村实现全面振兴。

（二）问题提出

湖北省园艺产业的发展为解决"三农"问题作出了突出贡献，但仍面临生产方式较粗放、绿色优质产品供给不足等短板，其背后深层原因是园艺产业"绿色发展"不足。在现有资源禀赋条件下，园艺产业绿色发展是湖北省补足园艺产业短板、更进一步的必由之路。因此，围绕园艺产业绿色发展问题展开分析，将园艺产业发展与绿色发展的研究结合起来，是提高园艺产业质量效益与竞争力、促进产业兴旺、实现乡村振兴的重要途径。

绿色发展历来是党和国家倡导的长效发展之路。党的十七大提出了生态文明理念，十七届五中全会明确提出要提高生态文明水平。绿色建筑、绿色施工、绿色经济、绿色矿业、绿色消费模式、政府绿色采购不断得到推广。绿色发展被明确写入"十二五"规划并独立成篇，表明我国走绿色发展道路的决心和信心。党的十八大将生态文明理念上升为生态文明战略，在报告中首次以独立篇幅论述生态文明，第一次提出"推进绿色发展、循环

---

① 亩为非法定计量单位，1 亩＝1/15 公顷。

发展、低碳发展"，并将生态文明建设同经济建设、政治建设、文化建设和社会建设作为"五位一体"总体布局，明确提出要"给自然留下更多修复空间，给农业留下更多良田，给子孙后代留下天蓝、地绿、水净的美好家园"。2015年，中共中央政治局会议更是明确提出"协同推进新型工业化、城镇化、信息化、农业现代化和绿色化"，将"绿色化"与之前的"新四化"并列，使得生态文明建设既有理论上的"抓手"，也有了实践的路径。党的十九届六中全会决议明确指出，更加自觉地推进绿色发展、循环发展、低碳发展，坚持走生产发展、生活富裕、生态良好的文明发展道路。党中央、国务院对经济社会绿色发展的重视，也推动了农业绿色发展。2021年中央一号文件指出，要大力推进农业绿色发展，加强农产品质量和食品安全监管，发展绿色农产品。同年9月8日，农业农村部等6部门联合印发了《"十四五"全国农业绿色发展规划》，这是我国首部农业绿色发展专项规划，对"十四五"农业绿色发展工作作出了系统部署和具体安排，更凸显出农业绿色发展的重大意义。

结合湖北省园艺产业绿色发展的实际情况，本研究试图探讨湖北省园艺产业发展的现状如何以及绿色发展的意义何在？如何利用现有的理论来指导园艺产业绿色发展？园艺产业绿色发展有哪些国际经验及启示？未来湖北省园艺产业绿色发展的战略目标与战略构想如何制定？湖北省园艺产业绿色发展关键技术需求和重大科学问题又有哪些？对这些问题的思考，进一步促使我们对湖北省园艺产业绿色发展路径展开系统研究，站在战略的高度，对湖北省园艺产业绿色发展进行前瞻性、科学性、系统性的研究，准确把握未来战略定位、目标和重点措施，从而制定有针对性的战略建议。

二、研究目的及意义

（一）研究目的

本书研究目的是探讨湖北省园艺产业绿色发展的战略思路、路径与方向，以湖北省园艺产业为研究对象，根据产业发展"绿色、优质、高效、特色"的基本目标，坚持产业需求导向，借鉴国际经验，构建园艺产业绿色发展的理论分析框架，从产业链、创新链、产业与科技的融合三个角度进行研究。在产业链上，根据"产前—产中—产后"的思路，首先分析湖北省园艺产业发展的现状和问题，其次研判园艺产业发展的市场需求，最后提出湖北省园艺产业绿色发展的战略目标、战略构想和战略部署；在创新链上，首先明确湖北省园艺产业绿色发展的关键技术需求（主要技术瓶颈），并在此基础上总结出关键科学问题，从"基础研究—重大共性技术—技术集成与示范"三个层次，凝练出园艺产业绿色发展的科技创新方向；在产业与科技的融合上，提出湖北省园艺产业绿色发展的重大工程建议和保障措施。为国家相关部门战略性、前瞻性、因地制宜地制定湖北省园艺产业绿色发展政策提供理论支撑和决策参考。

（二）研究意义

从理论意义和理论价值来看，其一，本书关于湖北省园艺产业绿色发展的研究属于经济学与园艺学的跨学科交叉研究领域，这一选题具有创新性，这一研究领域具有开拓性，在研究内容上可以弥补农业经济学科对相关领域研究的不足，对包括园艺经济在内的农业经济学科的发展具有促进作用；其二，本书在研究过程中综合运用经济学、农业经济学、园艺学及国际贸易学等原理，以绿色发展为切入点，在回顾并梳理产业绿色发展的相关理论及思想脉络的基础上，尝试构建园艺产业绿色发展的"三维"理论分析框架，并基于园艺产业绿色发展的一般规律性探讨园艺产业绿色发展的路径选择，有利于深化关于园艺产业绿色发展的理论认识，为研究园艺产业绿色发展的路径及未来方向提供了一个新的思路。

从现实意义和实际应用价值来看，其一，本书专门从理论上及方法上探讨关于湖北省园艺产业绿色发展的问题，对促进湖北省园艺产业可持续发展、优化产业布局、提高农民收入、维护农村社会稳定具有重要的实际意义；其二，本书研究成果有利于提升湖北省园艺产品的国际竞争力，对发展园艺产品出口贸易，使园艺产业在湖北省农产品贸易中继续发挥重要的平衡作用这一现实问题具有推动作用；其三，通过分析湖北省园艺产业绿色发展的基本现状及存在的问题，借鉴园艺产业绿色发展的国际经验，本书提出的促进湖北省园艺产业绿色发展的总体战略和政策、措施及建议，可以为国家相关部门制定相应的政策提供科学决策参考。

三、相关概念界定

（一）园艺与园艺产业

1. 园艺　园艺（Horticulture）一词从字面上看是"园"和"艺"两字的集合，《辞源》中称"植蔬果花木之地，而有藩者"为园；《论语》中则有"学问技术皆为之艺"之说。因此，园艺就是在围篱保护的园圃内进行植物栽培的技艺。现代"园艺"一词的含义更为丰富，通常指果园、菜园、花园、公园和风景园的营造、育苗和栽培管理技术，以及其产品的生产过程。园艺产品指果品、蔬菜、花卉及其加工品的总称，我国园艺作物包括国际统计口径的蔬菜、水果、花卉，还包括特有的食用菌、茶叶、中药材和西甜瓜等。本书研究的园艺产品主要为水果（不含西甜瓜）、蔬菜、茶叶、花卉四大类作物。

2. 产业　经济学意义上产业具有复杂的内涵与外延，人们对"产业"这个概念的认识，是伴随经济发展的历史而不断变化的。具体而言，"产业"的概念是居于微观经济的细胞（企业和居民家庭）与宏观经济的单位（国民经济）之间的一个"集合概念"。产业是具有某种同一属性的企业的集合，又是国民经济以某一标准划分的部分。因此，在作这种集合和划分时，实际上形成了产业的两个特征。

其一，基于产业分析的不同目的，对产业的集合和划分形成了有粗有细的若干层次，即"产业集合的阶段性"。具体地说，产业可分为三大层次。第一层是以同一商品市场为单位划分的产业；第二层是以技术、工艺的相似性为根据划分的产业；第三层是大致以经济活动的阶段为根据，将国民经济划分为若干部分所形成的产业。

其二，由于需要回答现实经济生活中的具体问题，因此要规定"产业"概念的立足点，与其说是理论上的严密性，不如说是现实上的可用性。也就是说，产业的集合和划分服务于一定的分析目的，这就是产业规定的实用性。因此，不同的产业分析可有不同的产业分类法，而且，往往集合和划分难以说出前后一贯的分类原则。在应用经济理论领域里，如果囿于基础理论规范的严密性，产业划分就寸步难行。产业"集合的阶段性"和"规定的实用性"原则，为开展多姿多彩的产业经济分析开拓了广阔的前景。

在产业经济学中，产业的概念有两种不同的界定，一种是狭义上产业的概念，其基本内涵是"同类产品及其可替代产品"。可以从不同的角度来理解。从产出的角度，产业也是同类产品及其可替代产品的集合；从生产的角度，产业是同类产品及其可替代产品的生产活动的集合；从经济实体的角度，产业是生产经营同类产品及其可替代品的企业的集合。另一种则是广义上产业的概念，即总体上的产业。不仅包括狭义上的产业概念，也涵盖了产业结构、产业组织等方面的内容。本书根据同一类商品市场为单位来划分产业，将其理解为围绕着共同产品展开生产经营的各个相关行业所组成的业态的总称。

3. 园艺产业　根据上述分析，园艺产业（The horticultural Industry）指从事果品、蔬菜、花卉、观赏树木生产和风景园的规划、营建、养护行业，既包括果树、蔬菜、观赏植物等园艺产品的生产，也包括为其发展提供一定的条件，或者是对园艺的发展有一定的影响和作用的产业，也就是指围绕果品、蔬菜和花卉等园艺产品而进行的生产、加工、销售、贸易、消费等产前、产中和产后三个领域各部门所形成的经济集合体。

（二）绿色发展和农业绿色发展

1. 绿色发展　从内涵看，绿色发展是在传统发展基础上的一种模式创新，是建立在生态环境容量和资源承载力的约束条件下，将环境保护作为实现可持续发展重要支柱的一种新型发展模式，其更具包容性，既包括传统可持续发展中所关注的人口和经济增长与粮食和资源供给之间的矛盾，同时也强调气候变化对人类社会的整体性危机。具体来说包括以下几个要点：一是要将环境资源作为社会经济发展的内在要素；二是要把实现经济、社会和环境的可持续发展作为绿色发展的目标；三是要把经济活动过程和结果的"绿色化""生态化"作为绿色发展的主要内容和途径。

2. 农业绿色发展　农业绿色发展是以尊重自然为前提，以利用各种现代技术为依托，探索可持续发展的过程，从而实现经济、社会、环境、生态效益的协调统一。农业绿色发展的核心要义是统筹协调农业发展的经济效益、社会效益、环境效益和生态效益，即实现资源节约、环境友好、生态保育、质量高效的农业发展，突出强调农业产地环境、生产过程和农产品均要实现绿色化。资源节约是农业绿色发展的基本特征，环境友好是农业绿色发展的内在属性，生态保育是农业绿色发展的根本要求，质量高效是农业绿色发展的重要目标。

3. 绿色发展与可持续发展　绿色发展与可持续发展既有联系也有区别，二者都以资源环境承载力作为经济社会永续发展的基本前提。不同之处在于，可持续发展通常包括社会可持续、经济可持续和资源环境可持续三个维度，是一种较为强调结果导向的发展观。绿色发展则突出强调人的主观能动性，更加注重过程的绿色化，包括产前、产中、产后的绿色化，即在推动社会经济发展的过程中，通过改变人的行为方式带来资源环境的积极改善。可以说，绿色发展是在经济发展到较高水平后，更加注重资源环境保护的时代背景下，对以煤炭石油为基础的高消耗、高污染发展方式的纠正，是一个更容易被人们理解和接受的概念。农业是社会经济的基础产业和重要组成，农业绿色发展概念一经提出，就受到了社会的普遍认可，成为我国农业发展方式转型升级的目标和方向。

（三）园艺产业绿色发展

园艺产业绿色发展脱胎于绿色发展理念，是对农业绿色发展的细分，指园艺产业发展方式从过去的高投入、高消耗向资源节约、环境友好型农业转变。

主要包括三个要素。一是去污，即园艺产业生产过程的清洁化。通过使用绿色生产技术和物资，减少化学品投入，节约高效地利用自然资源，资源化利用农业废弃物，最大限度地减少资源消耗，避免园艺产业生产带来的环境污染，实现增产不增污、增产不增碳。二是提质，实现园艺产品优质化和产地绿色化。污染排放与园艺产业生产持续脱钩，突破量变的拐点后产生质变，水质、土壤、空气等产地环境要素质量明显提高，生态系统得到改善，园艺产品质量也随之大幅提升，通过完善市场、倡导绿色消费，绿色、优质的园艺产品在市场中将得到市场溢价。三是增效，绿色成为驱动发展的内生动力。随着生态环境的持续改善及收入水平的不断提高，园艺产业的多功能性逐步凸显，成为满足人们对美好生活向往的重要载体，优质园艺产品、优美的乡村环境通过完善的产品和服务市场获得溢价，绿色和发展形成良性互动，达到绿色发展的高阶形态，也就是高质量发展。

四、园艺产业绿色发展战略的国内外研究及评述

（一）关于农业发展战略的相关研究

梳理现有文献发现，关于农业发展战略的研究主要集中在以下几方面。

一是可持续发展战略（Theunissen，1997；王雅鹏，1998；万金 等，2011；邓秀新 等，2016；王颖 等，2020；胡斯威 等，2021）。关于农业可持续发展的内涵，联合国粮农组织（FAO）在1991年的国际农业与环境会议上提出了农业可持续发展的经典定义，具体来说，采取管理和保护自然资源基础的方式，实行技术变革和制度创新，以满足当代人及其后代对农产品的需求，这种发展方式能够维护土地、水、动植物遗传资源，使得环境不退化，在技术上适当、经济上可行并且能为社会接受（孙炜琳 等，2017）。学术界普遍公认的农业可持续发展基本包含3个维度：社会可持续、生态可持续和经济可持续。具体来看，在生态可持续发展方面（Theunissen，1997）重点研究了热带和温带地区蔬菜的可持续种植方式，降低作物对农药的依赖性并保持产品的产量和质量。在社会可持续发展方面，鹿永华等（2005）探究了我国水果业可持续发展的理论基础，并提出有效推动绿色农业发展、提高农民收入水平的若干发展模式。从经济可持续发展角度来看，万金等（2011）以柑橘为例，选择市场广度、价格和数量的"三维"分解模型，分析了我国柑橘贸易顺差的可持续性。吴宏等（2012）利用DEA模型考察了我国茶叶加工企业的规模经济，研究发现，适度扩大茶叶加工企业规模有利于提高生产经营效率和实现产业的可持续发展。最后，从总体来看，邓秀新等（2016）则全面分析了我国园艺产业可持续发展的战略意义，并提出了包括战略定位、战略目标、战略设想及战略措施在内的促进园艺产业可持续发展的战略构想。

二是高质量发展战略。十九大报告指出"中国经济已由高速增长阶段转向高质量发展阶段，正处在转变发展方式、优化经济结构、转换增长动力的攻关期"，至此"高质量发展"一词引起了学界和政界的频频讨论，已成为目前中国经济的核心关键词。从已有的研

究来看，学者们主要从以下角度发表了自己的见解。其一，从我国社会主要矛盾来看，高质量发展要从规模的"量"到结构的"质"、从"有没有"到"好不好"，完成传统经济向新经济的"两个转变"，达到经济、政治、文化、社会、生态文明"五位一体"的全面发展和进步（杨伟民，2017；程虹，2018；刘志彪 等，2020）。其二，从经济学意义来看，在微观层面，高质量发展主要指产品和服务的质量，指产品高质量为主导的生产发展；在中观层面，高质量发展主要指产业和区域发展质量；在宏观层面，高质量发展主要指国民经济整体质量和效率（王一鸣，2018；金碚，2018；刘迎秋，2018；赵剑波 等，2019；王金南，2020）。其三，从供求和投入产出角度来看，高质量发展表现为高质量的供给、高质量的需求、高质量的配置、高质量的投入产出、高质量的收入分配和高质量的经济循环（李伟，2018；任保平，2018；夏锦文，2018；安树伟 等，2020）。

三是产业融合战略（王昕坤，2007；段海波，2014；姜长云，2015；芦千文，2016；孟秋菊，2018；谭燕芝 等，2021）。学者们主要从农业产业融合的内涵、现状、路径和机制等方面进行研究。关于农业产业融合的内涵，姜长云（2015）认为，农业产业融合以农村一二三产业间的融合渗透和交叉重组为路径，以产业链延伸、产业范围拓展和产业功能转型为表征，以产业发展和发展方式转变为结果，通过形成新技术、新业态、新商业模式，带动资源、要素、技术、市场需求在农村的整合集成和优化重组。关于我国农业产业融合的现状，党国英等（2015）发现我国农业产业间互联互通性不强，产业链、价值链实现不充分，同质竞争、恶性竞争较多；工商企业与农民间无长期合同、缺乏忠诚和信任，农户难以更多分享二三产业利润；产业融合和专业化"打架"，融合效益不高。关于农业产业融合的路径，陈学云等（2018）指出，产业融合发展应立足地区发展实际，重视生态、历史文化、产业发展条件等方面的差异，避免"千村一面"。谭燕芝等（2021）认为，农业产业融合主要通过农业产业链延伸、农业多功能性拓展和农业服务业融合三种融合模式进行。关于产业融合的机制，芦千文（2016）认为农业与相关产业融合具有内生性，是技术进步、需求变化、供给推力、发展压力、效益驱动综合作用的结果。

（二）关于园艺产业发展的相关研究

国外对园艺产业的研究比我国起步早，可查最早对水果产业的研究是1929年国外学者对美国佛罗里达的柑橘产业研究（王刘坤，2018）。2001年我国加入世界贸易组织（WTO）后，国内学者对园艺产业的研究发展加快，内容也逐渐深入具体。通过梳理现有文献，围绕园艺产业发展这一重要课题，已有研究主要从以下两个方面展开讨论。

第一，研究主要关注园艺产品的供需情况，其核心议题是园艺产品的供给、需求和供需平衡。关于园艺产品供需情况，学术界主要有两种观点。一种观点认为，现今园艺产业虽然发展较快，但与市场需求不匹配，园艺产品时常存在过剩或短缺的情况。王连君等（2018）通过对吉林省园艺产业的布局、规模、供需等进行分析后发现，吉林省园艺产业种植面积快速增长的同时忽视了市场需求和内部生产管理，种植品种与市场需求不符且过于单一。另一种观点则认为，园艺产业在快速发展的同时，通过产业调整和结构升级，能够保证园艺产品的周年均衡供应。肖体琼（2015）通过分析日本、美国等发达国家蔬菜产业典型发展模式发现，对产业结构调整与升级、合理布局种植区位、现代化生产和精准投放市场等方式，可保障蔬菜产业的供需平衡。

第二，研究的核心议题是园艺产业的国际竞争力分析（王方舟，2010；陶艳红 等，2016；祁春节 等，2021）。一些早期的研究主要根据园艺产品产地、产品类别或制成品对其国际竞争力进行分析。如耿学燕等（2013）通过计算各类比较优势，利用钻石模型分析了四川省柑橘产业的国际竞争力；吴厚玖等（2009）对世界橙汁供求情况进行介绍，并由此比较分析了我国橙汁的国际竞争力。后来的研究更注重分析影响园艺产品国际竞争力的具体因素。如张哲晰和穆月英（2015）利用 2003—2012 年中国与 30 个国家和地区蔬菜出口贸易面板数据，运用固定效应引力模型分析了资源禀赋与技术对蔬菜国际竞争力的影响；何劲等（2014）则通过面板数据模型对我国不同规模和经营方式的柑橘主产区的柑橘竞争力与投入品价格和汇率之间的关系进行了实证研究。而以一种相对宏观的视角，以国家为整体分析园艺产业的国际竞争力则是该领域长盛不衰的研究方向，如张璐璐等（2014）对我国花卉产业的现状、比较优势等进行了分析，并以此计算了我国花卉产业的国际竞争力；王刻铭等（2020）通过计算我国茶叶国际市场份额、比较优势指数等，与全球主要茶叶出口国进行对比，探讨了我国茶叶的国际竞争力。

（三）关于农业绿色发展的相关研究

近年来，国内有关农业绿色发展方面的研究主要集中在农业绿色发展的意义、动力、水平、路径和建议等领域。

一是农业绿色发展的意义。邵立民和方天堃（2001）指出，21 世纪将是农业可持续发展的世纪，绿色消费将是 21 世纪主要的消费趋势，绿色需求将逐渐成为主要需求，人类需要更多的卫生、营养、无污染的农产品。实施农业生产绿色化发展战略，是 21 世纪农业发展的理想模式和可行模式。金书秦和沈贵银（2013）强调，我国农业发展的绿色转型迫在眉睫，转型的动力既有来自国家宏观战略的外生压力，也有来自农业自身可持续发展的内生需求。周新德（2013）认为农业生产绿色化发展是一种生态、经济和社会的全面、协调、可持续的农业发展模式，符合生态文明建设的总体要求，其发展对促进我国生态文明建设具有极其重大的意义。钟茂初（2015）强调，产业绿色化是从产业层面对可持续发展和生态文明建设的回应。杜志雄等（2021）指出，绿色发展不仅是中国传统农业发展方式的必然转变，更是中国实现农业高质量发展的必由之路。高鸣等（2022）认为，推动农业绿色低碳发展，无论是从应对气候变化，还是从自身的可持续发展，或是从实现"双碳"目标来看都将发挥关键作用。

二是农业绿色发展的动力。卡尔·艾金格等（2013）指出，环保标准不再被认为是竞争性产业的障碍，而是绿色增长的动力。张春梅和郭立夫（2014）认为农业生产绿色化发展很大程度上取决于农民的意愿，提高农民对农业绿色化生产的积极性尤为关键。他们以吉林大安市绿色水稻种植为例，将其影响因素分为市场状况、退出原因、绿色认证三大类。张明林和刘克春（2012）则从企业角度解读了我国农业生产绿色化动力不足的因由。他们指出，我国农业龙头企业普遍实施"局部化"绿色品牌战略，且农业龙头企业"绿色化"规模扩张有停滞的趋势。原因有三：一是绿色农业扶持政策激发了龙头企业绿色认证热情，但又制约其绿色化规模增长；二是农业龙头企业通过绿色食品联合品牌特性转移消费者"绿色态度"，通过品牌联想机制"漂绿"企业形象，最终减缓"绿色化"扩张意愿；三是大型农业龙头企业普遍实施非农化战略，通过"漂绿"企业形象，获得更多的政策扶持，但其绿色化扩张冲动减弱。赵大伟（2012）探讨了农业生产绿色化的动力机制模型，认为农业生产绿色化发展受到外部环境推动和产业内部驱动的双重影响。提倡充分发挥关键动力因素的作用，优化制度设计促进绿色农业不断发展。李谷成（2014）认为，环境问题很大程度上仍是一个发展问题，农业增长要处理好资源、环境与发展的关系，通过实现绿色生产率革命来推动农业"又好又快"的发展。金书秦等（2021）指出，在中国经济整体进入低碳化的进程中，农业不能置身事外，要将正在发生的农业绿色转型纳入低碳发展的框架。基于此，她提出以低碳化带动农业绿色转型的总体路径：以农业经济的低碳化为抓手，带动农业生产过程的绿色化，并带来农产品的优质化。

三是农业绿色发展的评价指标。2011 年，联合国环境规划署发布《迈向绿色经济》的报告，提出绿色发展的衡量指标应当包含经济、资源和社会福祉三个方面。此后，国内较有影响的是由北京师范大学等单位共同完成的《中国绿色发展指数报告》，但报告偏重"德尔菲法"的专家赋权，存在较大的主观性（曾贤刚和毕瑞亨，2014）。随着后期研究的进展，主流观点以全面反映当前绿色发展内涵和农业生产特点的五个方面，即经济增长、农业生产、社会发展、资源投入和生态保护，来选取农业绿色发展的评价指标，代表性研究见表 1－1。

表 1－1　绿色发展评价指标的选择

指标类别	作者及年份	具体指标
经济增长	张建杰等（2020）	单位耕地面积农业产值、人均 GDP、食品工业化水平、农村人均可支配收入、恩格尔系数、农业产值占 GDP 比例
	李雨濛等（2020）	单位面积农业产值、人均 GDP、农村人均可支配收入
农业生产	宋晨阳等（2020）	农田系统氮素利用效率、畜牧系统氮素利用效率、蔬菜单产水平、水果单产水平及单位动物蛋白产量
	张彩霞和杨潇（2018）	绿色产品市场占有率、绿色农产品占农业总产量比重、绿色食品合格率、绿色农产品交易量、有害物质残留量标准、食源性疾病暴发事件数、绿色农产品年出口量
社会发展	许烜和宋微（2021）	农村居民人均可支配收入、人均农林牧渔业产值、亩均粮食产量、土地产出率
	陈帅宇等（2020）	农村居民人均可支配收入、乡镇建文化机构数、享受最低生活保障人数、卫生厕所普及率
资源投入	张彩霞和杨潇（2018）	土地复种指数、资源产出率、耕地保有量、节水灌溉面积、农业废弃物综合利用率、畜禽粪便资源化率、农作物秸秆综合利用率
	宋晨阳等（2020）	氮素、磷素及农药、农膜使用强度
生态保护	张建杰等（2020）	单位面积农田氮素盈余、农田氮素径流、农田氮素淋洗、农业系统氨挥发、生产单位食物氮素环境代价、农业源 GHG 排放强度、土壤有机质水平、土壤侵蚀模数
	郭蓓等（2018）	水土流失治理面积、化学需氧量（COD）排放量、森林覆盖率、成灾面积占受灾面积比重

资料来源：根据中国知网（CNKI）文献整理而成。

四是农业绿色发展的路径。当前的研究大多集中在对绿色发展的内涵阐释和重要性的认识上，而对如何实现绿色发展的成果仍不够丰富。通过梳理可以发现，学术界对农业绿色发展路径的研究经历了一个由浅入深、从治标到治本的过程。首先要创新技术，实现产品生产过程的清洁化；其次是传播理念，实现有效的公众参与，使绿色发展深入人心；最后建立反馈机制，使绿色成为驱动发展的内生动力，实现经济社会发展全面绿色转型（王建廷 等，2010；孙毅 等，2012；黑晓卉 等，2016；于法稳，2020）。在创新技术方面，金书秦（2020）指出，要大力发展绿色生产技术和物资，实现增产不增污、增产不增碳，实现产品"去污化"；邬晓燕（2014）认为，创新创造资源节约型、环境友好型、低碳高效型技术是实现绿色发展的必由之路，也是企业竞争的战略重点。在传播理念方面，宋妍等（2018）发现我国公众对环境保护认知水平较低，必须大力进行环境保护理念的传播才能使环境保护成为公众自觉行为，从而营造绿色发展的氛围；任平（2019）通过构建"经济-生态-社会"可持续发展分析框架，提出培养绿色创新型人才推动高质量绿色发展的建议。在机制建立方面，胡鞍钢和周绍杰（2014）指出，由于绿色发展是经济系统、自然系统和社会系统的共生，系统间正向的交互作用有助于形成良性循环；吕薇（2016）认为推进绿色发展重在完善体制机制，通过长效机制可以发挥正向激励作用，引导市场主体绿色生产和消费。

五是农业绿色发展措施。钟茂初（2015）提出，一要完善生态环境损耗量配额制度，二要充分体现高生态效率的产业对低生态效率传统产业的产能更新（对传统产业的替代性削减应纳入产业绿色化的产业政策和规划之中），三要对拟政策性推广的环保产品评估其对生态环境的影响后再实施推广。严立冬和崔元锋（2009）强调农业绿色化发展的保障是严格的第三方认证和标准化管理。不同质量等级的绿色农产品认证和绿色农业的标准化将是农业生产绿色化组织和管理的关键。王利荣（2010）则指出，应把农业补贴措施与环境保护挂钩，实现农资补贴向生态农药、生态肥料倾斜，粮食补贴与农产品质量相结合等措施，使农业补贴政策担负起农业增产、农民增收与环境保护的多重目标，向绿色补贴转变。另有学者从经济学角度对农业绿色补贴进行了系统探讨（徐晓雯，2007；彭新宇，2009）。任晓刚等（2022）认为未来加强我国农业绿色发展的措施之一在于建立农业绿色发展支持政策的立法保障，推进农业绿色发展政策支持结构调整，增加绿色支持政策工具数量，建立有效的执行、监督和反馈机制及推进农业现代化战略。谭淑豪（2021）从绿色理念出发，指出以绿色发展理念促进中国农业绿色发展，要在明确绿色发展理念的理论基础与理解绿色发展的内涵之上，处理好生产者、消费者和政策制定者等行为主体理念之间的关系，明确农业绿色发展中存在的问题。

（四）文献评述

从已有文献来看，国内外学者对园艺产业绿色发展的相关内容进行了丰富的研究，为本书提供了丰富的研究视角和研究思路。但是仍存在以下不足之处：一是研究主要集中于农业绿色发展，长期以来，国内学界习惯性地注重宏观研究，缺乏以单个产业（园艺产业）为研究对象进行系统而全面的经济研究的尝试。二是关于园艺产业发展的思考大多是基于经验的定性分析，一方面缺少园艺产业绿色发展的理论基础，没有形成理论分析框架；另一方面对于园艺产业的发展侧重于一般性的解释及对策建议，也忽视了园艺产业发展的实践探讨。三是关于园艺产业绿色发展路径的研究尚处在探索阶段，诸多学者主要是提出从政府、企业、社会提出推动高质量发展的路径，存在研究范围不同、路径各异等问题，这对于我国经济理论界和实际工作部门来说是一项挑战性、开创性的工作。

基于现有研究的基础和不足，本书试图对学者的相关研究做出适当的弥补和改进。第一，在国内关于产业绿色发展理论的基础之上构建园艺产业绿色发展的理论分析框架；第二，系统研究园艺产业绿色发展的实现路径，并在已有的研究基础上进行完善，针对湖北省自身特点，对湖北省园艺产业绿色发展的相关内容进行战略研究。

五、研究内容与研究思路

（一）研究内容

按照分析历史现状、理论思考、谋划战略构想、借鉴国际经验、提出重大建议的基本思路，本书的研究内容包括五个方面。

一是湖北省园艺产业发展的现状调查与分析。分析我国园艺产业由高速增长阶段转向高质量发展阶段的历史演变；从供给侧和需求侧两个方面分析园艺产业发展的现状特点、存在的问题和面临的挑战；分析阐明新时代促进我国园艺产业绿色发展的机遇及其重大意义；从定性与定量两个方面对我国园艺产业绿色发展的基本现状与存在问题进行判断，摸清家底，得出结论。

二是湖北省园艺产业的市场前景和发展潜力。分析国内外园艺产品的市场供求现状；分析湖北园艺产品的供求现状；在前两项分析的基础上，对湖北省园艺产业发展的市场前景进行趋势预测；从生产、加工、消费和出口贸易等方面推断湖北省园艺产业的发展潜力。

三是园艺产业绿色发展的一般理论分析。分析园艺产业绿色发展的内涵和外延；回顾并梳理产业绿色发展的相关理论及思想脉络；构建园艺产业绿色发展的“三维”理论分析框架；揭示园艺产业绿色发展的一般规律性，探讨园艺产业绿色低碳发展的基本思路。

四是湖北省园艺产业绿色发展的战略构想与战略部署。立足新发展阶段、贯彻新发展理念、构建新发展格局，制定湖北省园艺产业绿色发展的指导思想与基本原则；提出到2035年湖北省园艺产业绿色发展的战略目标与战略转变；从资源利用集约化、投入品减量化、废弃物资源化、产业模式生态化等方面确定湖北省园艺产业绿色发展的战略重点，在产业布局、产业投入、产品生产、产业经营、产品消费和产品供求等领域，提出战略构想；最终从品种结构、产业结构、园艺全产业链和区域布局四方面为湖北省园艺产业绿色发展进行战略部署。

五是湖北省园艺产业绿色发展关键技术需求与科技创新方向。首先从要素投入精准减量、生产技术集约高效、产业模式生态循环、设施装备配套齐全方面明确湖北省园艺产业绿色发展的关键技术需求（主要技术瓶颈），并在此基础上总结出关键科学问题，从基础研究、重大共性技术、技术集成与示范三个角度，凝练出园艺产业绿色发展的科技创新方向。

六是园艺产业绿色发展的国际经验分析和借鉴。分类型、有重点地研究国内外园艺产业的发展现状与问题，选择人少地多型、人多地少型、人地适中型国家为代表，研究总结园艺产业绿色发展的国际经验及启示。

七是湖北省园艺产业绿色发展的重大工程建议与保障措施。根据产业链中产业现状与问题、产业需求、产业发展战略，创新链中关键技术需求、关键科学问题、科技创新方向六个方面，将产业与科技进行融合，提出园艺产业绿色发展的重大工程建议。从园艺产业绿色发展应遵循的规律等深层次问题出发，研究以供给侧结构性改革为主线的绿色发展的政策框架，提出未来湖北省园艺产业绿色发展的保障措施。

（二）研究思路

本书以湖北省园艺产业为研究对象，从产业链、创新链、产业与科技的融合三个维度进行具体问题的剖析。产业链包括产前、产中、产后三个主要环节，分析包括湖北省园艺产业现状与问题、产业需求、发展战略等，同时借鉴国际经验可取之处；创新链按照基础研究、重大共性技术、技术集成与示范三个层次展开；产业与科技的融合方面，基于前文研究基础提出湖北省园艺产业绿色发展的重点任务、主攻方向（表1-2）。

表1-2　湖北省园艺产业绿色发展战略研究思路

研究对象		湖北省园艺产业	
产业发展目标		绿色、优质、高效、特色	
产业链 （产前　产中　产后）	产业现状与问题	国际经验借鉴	摸清家底，找出差距与问题
	产业需求		研判市场需求，厘清产业发展瓶颈
	产业发展战略		研究提出战略目标、战略构想与战略部署
创新链 （基础研究、重大共性 技术、技术集成与示范）	科学技术需求		明确关键技术需求（主要技术瓶颈）
	关键科学问题		提出重大科技问题
	科技创新方向		凝练科技创新方向（优先领域）
产业与科技融合	产业发展重点任务		提出产业绿色发展的重点任务（主攻方向）

六、研究方法与技术路线

（一）研究方法

本书综合运用经济学、农业经济学、区域经济学、国际贸易学及园艺学等各门学科的原理，遵循历史与逻辑相统一的原则，采取宏观分析与微观分析相结合、定量分析与定性分析相结合、典型分析与比较研究相结合等多种方法，对湖北省园艺产业绿色发展开展战略研究，解释绿色发展过程中的相关问题，揭示其一般性规律。

具体来看，本书研究方法如下。

1. 文献研究　本书的研究首先是在大量阅读相关资料和文献的基础上进行的，结合整个项目及各子课题具体研究内容，通过对国内外的研究动态进行梳理，并收集和整理湖北省园艺产业绿色发展的有关数据资料，了解到当前的研究状况、趋势、方法、重点及存在的不足，这对本书研究具有重要的指导意义。

2. 实地调研　本书以果农、龙头企业、果业合作社、产地批发市场、销地批发市场、超市等为调研对象，选择湖北省园艺产品主产区进行实地调研，针对湖北省园艺产业发展演变与现状，搜集了相关资料。实地考察产区主要包括宜昌、襄阳等水果主产区，武汉、襄阳、宜昌等蔬菜主产区，武汉、宜昌、恩施、英山、大悟、竹溪、赤壁等茶叶主产区，武汉、孝感、麻城等花卉主产区。

3. 专家咨询　在已有科学研究积累和初步研究成果的基础上，根据本书要求，以召开专家咨询会、拜访专家、邮寄项目研究阶段性成果等形式，向果树专家、蔬菜专家、茶叶专家、花卉专家、农业经济管理专家等专家进行咨询和请教，为本书研究工作提供了重要的思路和咨询建议，进一步提高科学认识并总结出正确的判断。

4. 学术交流　根据本书研究要求，在研究进程中以项目启动会、专家咨询会、课题组研讨会、参加国内相关学术会议与论坛等形式，积极开展与本书相关的学术交流活动。针对研究重点与难点、调研计划与方案、调研成果总结等内容召开项目研讨会；针对园艺产业绿色发展前景展望、战略研究，邀请院士及相关领域专家进行学术交流；基于本书阶段性研究成果，参加国内学术会议，通过学习和讨论，不断丰富、改进所研成果。

就本书研究具体实施效果而言，研究采用的文献研究、实地调研、专家咨询和学术交流等方法均取得了较为明显的效果，达到了本书研究的预期计划，为本书研究成果报告和咨询建议的撰写提供了可靠的基础数据和内容翔实的案例资料。

（二）技术路线

见图 1-1。

七、创新点和不足之处

（一）创新点

本书工作的可能创新点主要表现在三个方面。

第一，研究视角有新意。本研究从产业链、创新链、产业与科技融合三个角度入手，研究湖北省园艺产业由粗放式增长阶段转向绿色发展阶段的历史演变，在理论上构建园艺产业绿色发展的“三维”理论分析框架，能够更为准确地把握问题的本质所在，形成关于园艺产业绿色发展的更为深入的一般规律性认识，从研究视角方面进行了创新，填补了农业经济学科在这一领域研究的不足。

第二，研究思路契合战略性咨询项目的研究要求。本书研究思路按照分析现状、理论思考、战略谋划、经验借鉴、重大建议五个步骤进行。认真总结研究对象的发展现状，实事求是地分析存在的问题和面临的挑战；在内在逻辑一致性基础上进行合理的理论分析与解释；前瞻性地提出绿色发展的战略构想；研究和借鉴其他国家成功经验；提出针对重大问题的有新意、可操作性强的重大建议。这对此类问题的后续研究具有一定的启发性。

第三，研究方法上注重理论与实践相结合。本书遵循“从实践到理论、再从理论到实践”方法论，选择典型地区进行大量的实地调研及现状分析；运用多种研究方法对理论观点进行分析与解释，从不同角度对中国园艺产业高质量发展进行了系统分析和验证；在学术交流中了解各种学术思想，不断修改、丰富现有的研究成果；通过专家咨询等方式，进一步提高研究成果的科学性、全面性，以此尽可能地保障研究结论的可靠性及研究对策建议的可行性。这些方面的成果在同类研究中是鲜见的。

（二）不足之处

其一，绿色发展的概念界定和衡量标准尚缺乏较为统一、科学的评价标准。本书的研

提出研究选题

湖北省园艺产业绿色发展的现状调查与分析

| 历史演变 | 现状分析 | 挑战机遇 | 重大意义 |

文献分析
统计描述

湖北省园艺产业发展的市场前景和发展潜力

| 国内外供求 | 湖北省供求 | 前景预测 | 潜力分析 |

统计描述
实证分析

园艺产业绿色发展的一般理论分析

| 内涵外延 | 理论基础 | 理论框架 | 基本思路 |

文献梳理
理论分析

园艺产业绿色发展的战略构想与战略部署

| 指导思想与基本原则 | 战略目标和战略转变 | 战略重点和战略部署 |

统计描述
规范分析

湖北省园艺产业绿色发展关键技术需求与科技创新方向

| 关键技术需求和主要技术瓶颈 | 关键科学问题 | 科技创新方向 |

规范分析

国际经验分析和借鉴

| 国际经验分析 | 借鉴与启示 |

统计分析
定性分析

政策建议与对策措施

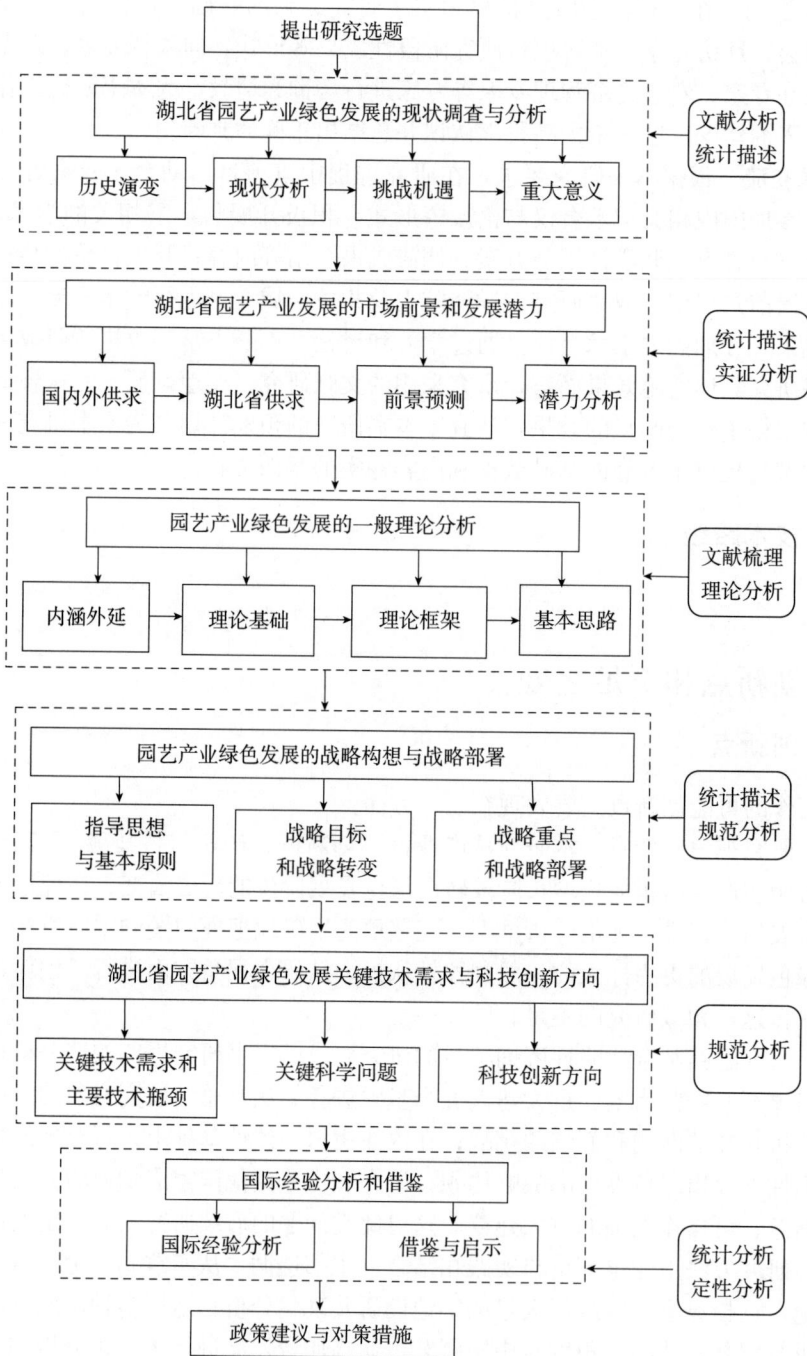

图 1-1 技术路线图

究主要是从园艺产业、绿色发展二者之间的概念出发，选取的衡量指标可能会有局限性。

其二，数据获取有局限。部分园艺统计资料不齐全，部分园艺数据，尤其是花卉统计数据是项目组预测得到，并非真实统计数据，导致分析可能存在一定偏颇。

第二章 园艺产业绿色发展的一般理论分析

转变农业发展方式，推动经济绿色发展，是基于新时代我国在资源与环境约束下为实现社会主义现代化、建成社会主义现代化强国等目标而做出的重要研判。园艺产业作为我国最重要的农业产业之一，其发展对促进我国农民增收、调整农业产业结构、推动农村剩余劳动力转移与消除绝对贫困有着无可替代的作用。因此，为推进我国农业产业乃至国民经济转变发展方式，实现绿色发展，园艺产业必须也必将迈入绿色发展阶段。为遵循绿色发展理论逻辑上的必要性与必然性，未来相当长的时间范围内，园艺产业发展规划的调整和确定、产业转型升级、流通模式创新、市场开拓、宏观调控及政策措施制定等都将围绕着绿色发展这一目标进行。理论指导实践，厘清绿色发展的理论逻辑将为下一步进行深入的研究奠定基础。

本章首先对绿色发展的内涵和外延做了探讨；其次从绿色发展相关理论及逻辑中厘清园艺产业绿色发展的内在机理；随后构建出园艺产业绿色发展的"三维"理论分析框架，分别从广度、深度和构度三方面对园艺产业绿色发展进行"三维"综合分析；最后总结出园艺产业绿色发展的一般性规律和基本思路，从而为湖北省园艺产业绿色发展合理选择战略路径与制定对策建议提供理论参考。

一、园艺产业绿色发展的内涵与外延

作为本战略研究的主要内容，"园艺产业绿色发展"一词在研究过程中具有较强的优先级与重要性，因此其基本内涵必须在理论研究前进行厘清与阐明。同时，在理解园艺产业绿色发展的内涵和外延之前，我们有必要探讨一下经济发展、绿色发展等相关的概念，以便准确、全面地定义出园艺产业绿色发展的概念。

（一）园艺产业发展的内涵与外延

通过梳理现有文献资料，发现有关园艺产业发展的内涵与外延研究主要集中在以下几个方面。

其一是认为园艺产品发展主要是针对产业供给能力提升及供需平衡状态的研究（穆维松 等，2005；Pinilla 和 Ayuda，2010；贾凤伶和刘应宗，2011；朱海燕和刘学忠，2018）。其中，Pinilla 和 Ayuda（2010）利用双向出口供需均衡和非均衡两种模型，对西班牙园艺产品进行了研究，揭示西班牙扩大园艺产品出口的主要原因。朱海燕和刘学忠（2018）从供给的角度出发，以山东省的苹果生产为例，对种植的面积、总产量变化趋势、品种结构、生产模式等特征进行了分析，进一步对苹果产业供给侧存在的问题及成因进行了探讨，最后提出了在苹果产业中发展现代栽培模式、调整品种结构、促进三产融合等供给侧改革的具体对策。

其二是认为园艺产业的发展代表着园艺产业更具有可持续性（Theunissen，1997；邓

秀新 等，2016；梅瑜 等，2019；彭爱林 等，2022）。大多数研究主要是从不同的角度来对园艺产业的生态、社会、经济及总体的可持续发展进行具体分析。在园艺生态可持续发展方面，Theunissen（1997）从降低农药使用依赖性的角度，研究了纬度处于热带和温带地区的蔬菜如何能通过可持续性种植提高自身的产量与质量；在园艺产业的社会可持续发展方面，彭爱林等（2022）认为加快产业发展谋划，提升水果产业的战略高度，通过加快水果产业规模化、标准化、专业化和品牌化建设，能有效助力社会发展、推动乡村振兴；在园艺产业的经济发展方面，胡芳辉等（2021）认为随着农业现代化的高速发展及乡村振兴战略的实施，分析了在经济发展过程中蔬菜产业面临的人员素质较低、科技应用水平不足、质量安全问题频发等问题，认为加强产业机械化、自动化设备应用与进行高素质职业农民培训等措施能有效发展设施蔬菜产业，以便更好地服务于我国经济发展进程。邓秀新等（2016）则全面地分析了我国园艺产业可持续发展过程中面临的制约因素和主要问题，并据此提出了战略定位、战略目标、战略设想与战略措施，针对性地提出要想实现我国园艺的可持续发展需要实施布局优化、深化市场化、实行走出去等战略。

其三是用园艺产品竞争力的提升来代表园艺产业发展（胡健，2003；吴芳和张向前，2011；何劲，2014）。其中，农业部种植管理司（2010）认为在转变发展方式、创新经营方式、提升产品质量和增加农民收入需要的要求下，创建园艺作物标准园能够有效提升产业效益竞争力；刘汉成（2015）对加入 WTO 后我国园艺产品的国际竞争力变动进行了分析，认为尽管作为劳动密集型的园艺产品相较于小麦、大豆等大宗农产品在国际市场上具有成本价格比较优势，但受制于品种、质量及农药残留量等一系列问题，在国际市场上仍然缺乏竞争力。因此，我国需要调整园艺产品结构，充分利用 WTO《农业协议》中所提供的国内支持和调控手段，积极开拓国际市场，提升我国园艺产品的国际竞争力，进而扩宽我国园艺产业的发展空间。

（二）绿色发展的内涵与外延

绿色发展，意味着当前经济增长通过创造新的绿色产品市场、先进的绿色技术、高效的绿色投资及改变消费和环境保护行为来促进经济发展，摆脱了发展方式对资源过度使用、碳过量排放和环境破坏的过度依赖。一是创造新的绿色产品市场，其形成的前提与基础是市场中有足够的、有效的绿色产品的消费需求，随着环境污染的恶化和消费者理性消费绿色产品意识的兴起，潜在的绿色消费需求开始形成，具有预见性和前瞻性的经营者开始开发适应市场需求的绿色产品，通过建立交易平台经营绿色产品，从而形成绿色产品市场，并在所提供产品或服务的过程中体现"绿色""生态""环保"与"有形"等特征（刘京，2013）。二是创新绿色技术，绿色技术是改变人们生产、生活方式，实现经济、社会、生态协同的所有技术的统称，"绿色"需要体现在技术创新的全过程中，既要对推动生态文明建设某一方面起到积极作用，同时技术应用、产品生产等过程中也要符合绿色发展要求（庄芹芹 等，2020）。三是扩大绿色投资，当前学界尚未就绿色投资的内涵达成统一意见，大多数学者以环境保护投资来予以替代。因此，其具有可持续发展、生态环境保护与推动绿色资本形成三大含义，在扩大绿色投资过程中，"绿色"主要体现在追求经济效益的同时，追求对资源、环境的保护，最大限度地减少经济活动中产生的环境污染和生态破坏，使经济行为与生态环境承载力保持平衡，从而实现可持续的经济增长（吴晓青，2010）。四是实现绿色消费，绿色消费又称为可持续消费，是从满足生态需要出发，以有益健康和保护生态环境为基本内涵，符合人的健康和环境保护标准的各种消费行为和消费方式的统称，在转变消费习惯的过程中，"绿色"主要体现在节约资源、环保选购、多次利用、循环再生与万物共存五个方面（马慧芳 等，2022）。

（三）园艺产业绿色发展的内涵与外延

绿色发展的具体内涵大多由外国学者所提出（Tim，2016；商迪 等，2020）。由于我国有关绿色发展的研究起步较晚，对绿色发展理论的界定不够清晰，绿色发展的内涵也是众说纷纭，但与国际上研究相似的是，不同时期中我国学者对绿色发展的内涵研究有着不同的侧重点。一些早期的研究侧重生态环境方面，此处的"绿色发展"主要指"绿色经济"或"绿色环境发展"。1989 年英国环境经济学家 David 在其著作《绿色经济的蓝图》中指出，"绿色经济蓝图是从环境的角度，阐释了环境保护及改善的问题"（钟盛华，1990）；王金南等（2006）则从资源保护与资源节约、国土环境和综合整治等方面对国家绿色发展战略进行了构想与勾画。随着时代的发展，绿色发展的内涵不再仅仅侧重环境，现有研究主要从政治、经济、社会、环境上全面考虑，其包含"经济发展、资源节约和环境保护、社会福利增进"三大核心要素（王海芹和高世楫，2016）。刘传哲和任懿（2020）指出，绿色经济发展是经济、环境、社会为一体的发展；牛文元（2010）从经济、社会、生态、文化四个角度阐述了绿色发展的内涵；胡鞍钢和周绍杰（2014）通过对绿色发展的功能界定、机制分析及发展战略进行系统性分析后认为新时期的绿色发展观应是经济、社会和自然系统间的整体协调发展。

二、园艺产业绿色发展相关理论及其内在逻辑

（一）经济发展理论

经济发展问题是发展经济学研究的核心问题，而农业经济发展思想伴随着发展经济学研究的整个过程，其理论依据可谓源远流长。学者关于农业经济发展的理论依据的观点可概括为几类：一是以索洛经济增长模型为核心的新古典增长理论；二是以罗默模型为内核的内生增长理论；三是以熊彼特为代表的创新增长理论；四是以波特钻石模型为核心的竞争优势理论。Solow（1956）指出人均产出的增长来源于人均资本存量和技术进步，但只有技术进步才能够导致人均产出的永久性增长。Romer（1986）认为，一般知识产生外在经济效应，专业化的知识产生内在经济效应，二者结合不仅使本身产生递增的收益，而且也使非知识要素的收益递增。熊彼特（2012）则在其所著的《经济发展理论》把创新与经济发展紧密相连，认为经济发展是创新的结果，是创新的函数，经济发展是经济生活中的内生现象。创新诞生了新的产业，使产业不断升级，并引领经济高质量发展。迈克尔（2007）在其《国家竞争优势》中提出发达国家的经济发展摆脱了传统的资源依赖，靠科学技术、人力资本、先进的制度安排保持了经济的持续发展。随着发展中国家经济发展进程的推进，西方学者也关注到了收入分配、贫困、制度、文化和环境等因素对一国经济发展的影响。

纵观以上理论不难发现的是，现代经济发展理论认为，内生性经济增长的决定性因素是科技进步和人力资本。发展中国家在经济、社会发展初期都实施的是赶超型发展战略，但随着经济发展的全面推进，经济发展整体水平的提高，经济的发展必须向高质量转变，更应该强调培育经济发展的新动能，提高经济发展的质量和效益。波特（2007）在所著作的《国家竞争优势》一书中提供了一个如何实现高质量发展的描述。在他看来，可以将经济发展阶段分为"要素推动的发展""投资推动的发展"和"创新推动的发展"三个阶段。随着闲暇和收入的增加，消费者的口味越来越细腻，教育水平开始大幅度提高，服务业开始增长并占主导地位，产品向多样化、高质量和小批量发展，技术创新越来越重要，经济开始由第二阶段转向了第三阶段。改革开放四十年来，园艺产业的发展主要依靠物质资源的投入，而当前物质资源的供给不足与环境约束已成为制约产业发展的瓶颈。在此背景下，园艺产业的持续发展需要由要素驱动转向创新驱动，让创新成为园艺产业绿色发展的第一动力。

（二）可持续发展理论

当前，可持续发展指既满足当代人的需要，又不会对后代人满足其需要的能力构成危害的发展。可持续发展的三大基本原则是公平性、持续性、共同性。在土地沙化、水土流失、气候变暖、环境污染、粮食短缺等问题愈演愈烈的今天，如何找到适应现代化生产方式，实现经济、社会与生态的可持续发展成了全人类必须解决的问题。因此，在1972年召开的联合国"人类与环境"会议上，《人类环境宣言》得到了通过，该宣言要求采取大规模行动来保护、修复自然环境，保护地球使其不仅成为现代人类活动的场所，而且也必须适应未来子孙后代的居住。1987年，世界环境与发展委员会发表了《我们共同的未来》，报告中从理论上确定了可持续发展的内涵，即在满足当代人需求的同时，不损害人类后代满足其自身需求的能力，人类社会自此进入了一个极为重视经济、社会、人口与自然互相协调与可持续发展的时代。其间，众多学者和专家在宣言基础上也对可持续发展做出了多方面诠释，如巴比尔更注重可持续发展中的经济方面，在其著作《经济、自然资源、不足和发展》中将可持续发展定义为"在保持自然资源的质量及其所提供服务的前提下，使经济发展的净收益增加到最大限度"。

（三）产业经济理论

现代产业经济理论由产业结构理论、产业组织理论与产业布局理论三大部分组成。

1. 产业结构理论　威廉·配第（2011）首先开始了对产业结构问题的研究，他发现各国产业和职业人口结构的不同导致了各国国民收入水平的差异。18世纪欧洲产业革命开始，机器大生产取代了手工生产，城市化进程加快，这一时期欧洲的法国工商业发达程度较高。针对当时盛行的重商主义阻碍工业进步和商业繁荣的情况，亚当·斯密（2010）在《国富论》中提出了绝对成本说，认为各国应按绝对成本的高低进行成本分工，合理配置资源和优化产业结构，从而开启了开放经济条件下产业结构理论的研究。

伴随着改革开放与经济成长，我国的产业结构理论研究不管在内容上还是方法上都不断向前发展。主要体现在三个方面：对国外相关经济思想的译介、现实产业结构的研究和产业结构政策的研究。干春晖等人（2011）认为在现代经济增长中，产业结构演进和经济发展的相互作用越来越明显。江小涓（2005）认为，一个国家或地区的经济发展直接表现为其产业经济发展和产业结构变迁，产业结构的合理均衡是经济健康发展的前提，只有产业结构符合生产力发展水平和市场需求变化、经济资源在各个产业间得到合理配置，经济才能在良性循环的基础上协调发展。因此，着力推进园艺产业结构优化升级，实行统筹规划、宏观调控，是园艺产业走向高质量发展的有效方式。

2. 产业组织理论　产业组织理论作为产业经济学的基本理论，有深刻的思想渊源及其产生、发展和深化的过程（刘传江和李雪，2001）。产业组织理论的思想渊源包括柏拉图的劳动分工思想、亚当·斯密的古典经济学思想"马歇尔冲突"理论和克拉克的"有效竞争"理论等。西方产业组织理论经历了两个发展阶段先后形成了哈佛学派的 SCP（structure 结构—conduct 行为—performance 绩效）范式、芝加哥学派的产业组织理论、新产业组织理论和"后 SCP 流派"的新制度经济学理论等。产业组织理论的发展不仅使其理论体系日臻完善，而且还影响了其他经济学科的产生与发展，如规制经济学就是在产业组织理论的基础上发展起来的，一些应用性微观经济学科，如劳动经济学、国际贸易学、比较经济体制，也从产业经济学的发展中受益不少（牛晓帆，2004）。

无论是针对农业企业，还是农户，政府部门主要职能是通过制定相关园艺政策来推广和普及产业化，促进市场的适度竞争，从而达到园艺市场绩效的最优。

3. 产业布局理论　产业布局理论是产业结构理论的重要组成部分，自 19 世纪形成以来，不断地丰富和发展。产业布局指产业在某一地区内进行的空间组合，产业布局理论主要是研究产业的空间分布规律，产业布局理论的形成和发展经历了三个阶段，产业布局是一个国家或地区产业各部门、各环节在地域上的动态组合分布，是国民经济各部门发展运动规律的具体表现（李君华和彭玉兰，2007）。产业布局理论是随着人类社会的进步和生存空间的扩展，以及生产活动内容和空间的拓展到一定程度的必然产物（刘斯康和王水嫩，2003）。

（四）制度变迁理论

诺斯强调，技术的革新或改进固然为经济增长注入了活力，但如果人类没有持续地进行制度创新和制度变迁的冲动并通过一系列制度（包括产权制度、法律制度）构建巩固技术改进的成果，那人类社会长期经济增长和社会发展是不可设想的（蔡潇彬，2016）。诺斯曾明确指出，政治和经济组织的结构决定着一个经济的实际和知识技术存量的增长速度（刘成群，2016）。人类发展中的合作与竞争形成及组织人类活动规则的执行体制是经济史的核心。如果经济增长所需要的因素可以归结为投资和创新、改变的利益动机等，那么为什么有些社会具备了这些因素却没有如意的增长结局呢？诺斯认为，这些因素其实没有一个是经济增长的原因，他们仍是经济增长本身（刘根梅，2016）。诺斯和托马斯（2009）通过解读历史，充分论证了制度变迁对经济增长的决定作用。在相当长的一段时间内，制约我国经济增长与经济发展的关键因素只能是制度，尤其是使经济效率得以提高的产权制度与市场制度。

农业与农村改革的过程，就是通过制度变迁来推动现代农业建设与农村发展的过程。因此，园艺产业的高质量发展，必须全面深化农业与农村改革，加大制度创新力度，破解制约现代农业发展的体制机制障碍和深层次矛盾。

（五）产业绿色发展的理论逻辑

进入新的发展阶段，面临着新问题与新挑战，园艺产业必须立足于现阶段特征，围绕中央对绿色发展的新要求，创新发展理念，转变发展方式，从理论与实践上实现变革。为保证园艺产业发展方式实现绿色化，必须厘清现阶段的发展特征。

一是我国农村贫困人口实现全面脱贫，农民收入水平得到了进一步提升。从 2015 年中共中央政治局审议通过《关于打赢脱贫攻坚战》的决定到 2021 年习近平总书记庄严宣布我国脱贫攻坚战取得全面胜利。在此期间，园艺产业作为促进农民增收、农业增效、农村富裕的关键产业，成为农村经济发展的支柱，为我国农业创汇提供了坚实的基础，且生产园艺作物往往具有较高的经济收益，因此种植园艺作物成为给农民提供收入来源的重要渠道。但近年来，伴随着生产资料和劳工成本的不断上升，现有园艺作物生产方式已无力支持农民收入水平得到进一步提升，城乡贫困差距面临着进一步加大的趋势。为了解决园艺产业创收能力不足，转变发展方式，以机械化与专业化替代劳动力投入的绿色生产方式成为现阶段园艺产业发展的重点。

二是面临资源、环境条件约束，我国园艺产业现有要素投入结构急需变化。近些年来，在以往仅追求数量扩张而不追求质量提升观念的误导下，我国农业环境问题日渐突出，水土流失严重，土壤污染、水污染范围不断扩大，农药滥用等现象使得我国农业环境到了岌岌可危的地步。园艺产业大多为劳动密集型，因此劳动力结构会对园艺产业生产造成较大影响。从劳动力供给方面来看，随着我国逐步进入老龄化社会，我国人口结构逐渐呈现出倒金字塔形特征，且农村适龄人口进城速度加快更是使得我国农村"空心化"现象越发明显，这给园艺生产所必需的劳动力带来很大的供需缺口，其成本将越发高昂，因此需要加快劳动力投入的绿色化进程。首先需要通过加快园艺产业机械化发展，通过研发合适的耕地、采果等机械设备来替代一部分劳动；其次应调整园艺生产中劳动力的投入结构，逐步加大高素质、技能劳动力的比重，破解园艺产业可持续发展的约束。从农药、化肥、农膜等资本品的投入来看，尽管过去大量使用农药与化肥使得我国各类园艺产品供给数量有着较大的提升，但同时长期、高强度的环境透支也使得产业持续发展能力被削弱，从而导致园艺产业出现严重的高投入、高污染和低效率情况，对生态环境也造成了难以逆转的伤害。因此，为持续推进园艺产业健康、稳定发展，以耗尽未来发展潜力的发展模式，倒逼园艺产业新发展阶段必须以绿色为发展底色、以可持续为发展目的。

三是经济发展方式由增量粗放型向质量效益型转变。新阶段对未来园艺产业发展要求最鲜明的特征是要同过去仅追求产量提升相区分开，因此未来的园艺产业发展必须同时兼顾生态环境与产品质量，这也是使园艺产业绿色发展方式同其他发展方式相区分的基础。新的绿色发展要求现有园艺产业必须实现全面升级，同时逐步由粗放的发展模式向集约的发展模式转变，最终提高园艺产业整体性的质量和效益。在这一转变过程中，产业的内部结构将逐步改善，绿色全要素生产率在理论研究领域的地位将逐步提升；在保证环境安全的基础上，发展将从单纯的数量型提升变为数量与质量效益的同步提升。新时代下，园艺产业的发展不能单纯以产量与出口为标准，而是要特别重视提高园艺产品的供给质量，实施产品差异化，提高产品附加值，为消费者提供安全、放心的园艺产品。

三、园艺产业绿色发展的"三维"理论分析框架

根据上述研究，本书认为，应该同时从三个维度来理解园艺产业绿色发展。园艺产业的绿色发展系统是在一定的技术条件和制度安排下，人类利用农业生产要素在农业的广度（功能性）、深度（组织性）、构度（结构性）三个维度上的"合力"。只有从广度、深度和构度三个维度理解现代园艺产业，才能克服"盲人摸象"式的对园艺产业绿色发展的误解，才会打破"只见树木，不见森林"的园艺发展决策的局限，才能真正破解绿色发展之"谜"。园艺产业绿色发展的"三维"系统理论框架见图2-1。

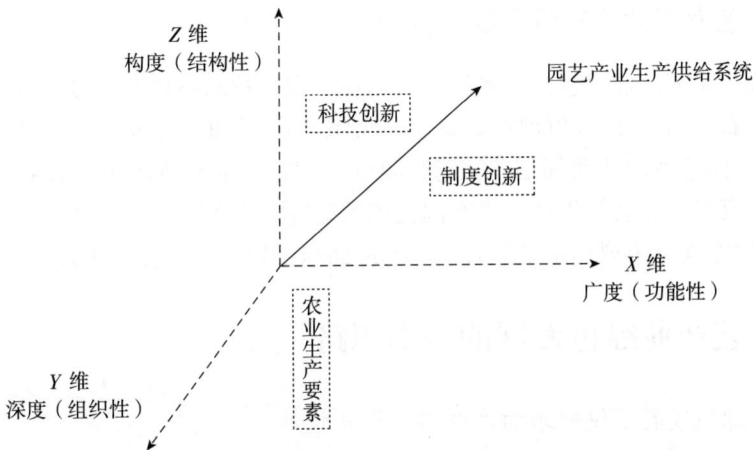

图2-1　园艺产业绿色发展的"三维"系统理论框架

（一）X 维——广度（功能性）

从 X 维上看，即整个产业的广度，表示的是人类对园艺产业多功能性认识的不断扩展。一般认为，现代农业具有五种功能：经济功能、社会功能、生态功能、文化功能和政治功能。毫无疑问，园艺产业也当然具备这五种功能。在温饱问题没有得到解决之前，人们更重视农业提供粮食、纤维等物质产品的生产——经济功能，在温饱问题得到解决之后，农业的多功能性便被不断地被挖掘出来。社会经济快速发展的同时，农业多功能性越来越突出。

农业功能已从早期的食物保障、工业原料供给、提供就业、维持社会稳定等经济社会性功能，逐渐向着生态保护、休闲旅游、文化教育等领域渗透。

（二）Y 维——深度（组织性）

从 Y 维上看，即现代园艺的深度，指园艺生产经营活动的组织形式及其程度。园艺生产是自然再生产和经济再生产有机统一的过程，必须依托一定的组织形式实施并完成生产经营活动；既是社会生产关系的具体体现，也是生产力的具体组合形式。通过改进生产技术和革新耕作制度，我国现代农业发展不断向深度进军，农业组织效率不断提高，园艺一体化程度不断加深。园艺一体化程度主要反映在生产主体（农户、农场等）与其他关联

部门（工业、商业、服务、金融等）在经济上和组织上形成纵横交错的分工协作和联合联盟的共同发展体。

（三）Z维——构度（结构性）

从Z维上看，即现代园艺产业的构度，也是产业的结构性，其反映的是现代园艺产业各种构成、比例关系及配置布局的程度，主要有园艺产业生产结构（包括品种、品质结构）、空间结构、功能结构、组织结构和供求结构等。园艺的生产经营总是依托一定的区域空间，区域空间的多层次性和多类型化特点决定了现代园艺结构的复杂性、多层次性和多类型性等特点。

（四）绿色发展的"三维"综合分析

可以将现代园艺产业绿色发展系统理解为在一定的技术条件和制度安排下人类利用园艺生产要素在农业的广度（功能性）、深度（组织性）、构度（结构性）三个维度上的"合力"。事实上，园艺生产活动都是在一定时间点上、在一定的技术条件和制度安排下，人们利用土地、资本、劳动等生产要素在园艺的功能性、组织性、结构性三个维度上的"合力"。这为指导宏观、中观和微观等各个不同层面绿色发展决策提供了理论基础。

四、园艺产业绿色发展的基本思路

园艺产业绿色发展不仅要求对产业进行结构性改革，同时也要求对全产业进行功能性、组织性改革，只有从三个维度共同进行改革，才能将"合力"聚焦在整个系统上。园艺产业绿色发展的战略决策的三个关键是强科技（技术创新）、改制度（制度创新）、创模式（商业模式创新）。唯有如此，园艺产业发展才能建立真正的长效动力机制。园艺产业绿色投入—产出系统见图2-2。

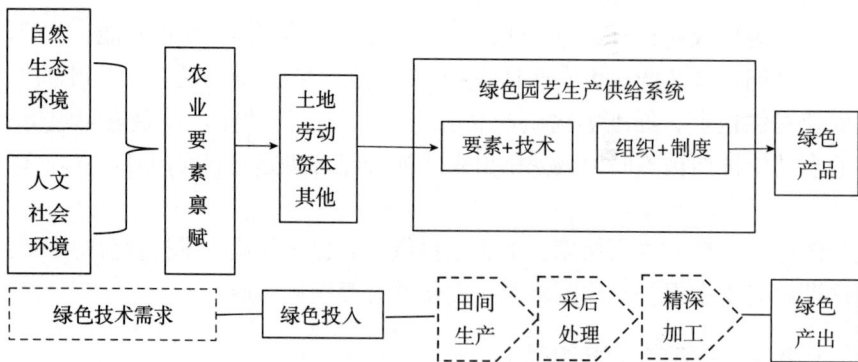

图2-2　园艺产业绿色投入—产出系统

（一）升级要素结构、提升经济效益

当前，中国经济已进入新常态，在追求增长总量的基础上，将结构对称和可持续能力提升到了极为重要的地位。而园艺产业一方面面临要素成本快速上升、农药化肥等资本投

入品需求量超标、资源环境恶化等带来的严峻挑战；另一方面又受到产品附加值不足，无法持续提升经济效益的制约，导致现有园艺产业发展空间受限。因此，在新常态下迫切需要改进生产要素投入结构、提升生产效率与经济效益。

改进生产要素投入结构实质是对投入生产要素的质量与结构进行升级，生产要素的质量升级主要指对生产过程中可以衡量质量的要素（包括人力资本、技术进步、信息化水平等）从质量上予以提升。而生产要素的结构升级则有着要素流动与要素积累两方面含义，要素流动指由于各地的禀赋条件不同，在利润的驱使下，要素自低利润地区向高利润地区聚集，使得流入地区产业的投入要素份额发生改变；要素积累指通过发挥比较优势来提升产业结构的自生能力与竞争力完成健康可持续的要素积累，从而反过来促进要素禀赋的升级。在园艺产业绿色发展背景下，提升园艺产业生产效率则必须关注绿色全要素生产率这一指标。该指标在全要素生产率的基础上将农业生产带来的环境污染作为一种要素投入纳入测算体系，衡量了农业经济增长中环境变化的作用，为衡量园艺产业绿色发展成果带来了新的选择。一般来说，生产资源的优化配置和技术进步都能带来绿色全要素生产率的提升，而生产要素的结构升级与技术进步往往又伴随着经济效益的提升。例如，技术进步、人力资本提升、市场化改革促进园艺生产方式改进，减少其对环境的负面影响，从而提高绿色全要素生产率。要素升级和生产效率是影响经济增长的主要因素，各要素对经济增长的贡献随着经济发展的阶段不同而相应的变化。尽管新古典经济增长理论、AK 类型增长理论和 R&D 各类型增长理论对经济增长的解释各不相同，但研究发现，要素投入仍然是影响当前我国农业经济发展的主要因素，为实现园艺产业绿色发展，要顺应现阶段经济发展需求，依靠要素升级来提升绿色全要素生产率，减少对低质量、高污染要素投入的依赖。

（二）实现生产方式转变

推进园艺生产方式变革是转变发展方式，实现绿色发展的根本途径，从过去粗放型、分散化的生产方式转变到精细化、集约化的生产方式，其不仅代表着园艺产品数量、质量的提升，更重要的是开拓了一条环境友好的发展路径，保护了当地的生态环境，为可持续发展提供了机会。受制于人多地少等约束条件，我国要在根本上改变现有的"小农经营"模式，原始的生产方式与现代大生产、大流通的矛盾正在成为发展现代农业、促进农业质量与效益提升的桎梏。而生产方式变革主要发生在土地上。土地权属关系的不明晰导致权能得不到有效释放，使得民间资本向农村投资受到了极大的限制，而农村资本投入规模较小反过来又使得农村发展受到制约。因此，释放土地潜力，在农村地区实现适度规模经营是转变园艺产业发展方式的前提，为了解决这一难题，深化农村土地的"三权"分置改革成了最好的选择，即保持农村集体土地所有权不变，让农民享有土地承包权益，让经营者享有土地经营权益。探索土地托管、土地股份合作等途径，明晰农村产权关系，释放土地等资产权能，打通资产变资本途径，放大园艺产业投资规模。

（三）广度、深度、构度"三维"同步推进

在 X 维度——广度上，构建现代园艺产品的多功能供给体系。从供给侧改革入手，提升园艺产品生产投入—产出比，追求产品生产精益求精。大力推进标准化、清洁化生产

模式，对采后加工处理和运输销售等环节实行更加严格的环境保护制度，增加绿色、有机安全农产品的供给，建立农产品从生产到流通的全过程监管和追溯机制，提高消费者对农产品供给的信任度；优化园艺产品区域布局，实现园艺产品生产向高产区集合；顺应消费需求升级，研发推广绿色产品，增加特色园艺产品供给量；创建优质园艺产品品牌，打造知名品牌，实现园艺产品营销多样化，最大限度实现园艺产业的多功能性。

在 Y 维度——深度上，构建现代园艺生产体系、经营体系和科技创新体系。以现代化、标准化为原则，在现有以家庭承包为主的基础上支持一批新型经营主体和专业大户，补齐园艺全产业链条各环节的缺点，同时协调好各主体间的利益分配与责任分担机制，因地制宜发展各种新型产业组织形式，构建现代化园艺生产体系，提升并完善园艺产业的一体化水平与组织结构。以发挥适度规模经营为原则，加大农业体制机制创新力度，通过保障区域内土地供给与动态平衡、大力培育新型职业农民及提升农业主体的专业化水平来优化农业经营体系。以广泛性和适用性为原则，实现"专家领军、专业融合、联合攻关"的农业科研机制，科学地利用农业科研与推广来有效地配置现代农业生产要素，优化农业科技创新体系。

在 Z 维度——结构上，立足于本地比较优势和国内、国际两个市场需求，构建适应市场需求变化的现代园艺产业结构。把握各园艺产品主产区内特色资源禀赋和品种的比较优势，优化区域内园艺生产结构布局，构建优势区域布局和专业化生产格局。以园艺重要产品和特色产品生产区建设为重点，在稳步提升当地生态环境的基础上，促进园艺产品生产由以数量为主转向数量、质量并重。借鉴国内外农场先进发展经验，推进园艺产业同其他产业实现深度融合，挖掘园艺产业的多功能性，优化产业结构，将园艺产业的生产、加工及流通等环节同休闲娱乐、科研教育及健康医疗等融合发展，提升园艺产业三产结构中的服务业所占比重。形成特色园艺产业集群，在园艺特色产品优势区高标准建设产业园，布局建设一批标准化的生产基地、加工基地及仓储物流基地，从而形成规模效应，完善产业结构，给科技研发、品牌与质量提升、营销能力强化带来保障。

（四）科技创新驱动

推进园艺产业转变发展方式，实现绿色发展离不开科技创新能力的提升，而提升科技创新能力重点并不仅在于提升产量水平，而是要不断深入挖掘产品的多功能性，减少产品生产、加工及运输过程对生态环境的破坏，增加园艺产品的附加价值，从而提升园艺产业的竞争力。

优质的种质资源供给是农业科技创新得以进一步实现的前提。大力推进种源等核心技术攻关，全面实施种业振兴行动。增加种业研究中基础性、公益性与重大项目投入。部署种业领域国家重大创新平台建设，加强各类园艺作物种质资源的收集、保护、鉴定与新品种研发工作，创新育种理论方法和技术，创制改良育种材料，加快培育一批突破性、适宜现代化绿色发展的新品种。要坚持种业全产业链系统布局、系统规划，厘清基础研究、应用研究和产业研究的重点任务。培育或引进新品种与品种资源，加强新技术与传统育种技术的结合，建成多元化、商业化的育种技术体系，实现分子育种的重大突破，培育一批适应机械化作业、设施化栽培，高产、优质、多抗的新品种。开展新品种培育及商业化、"育繁推"一体化技术研发与集成，建立种子标准化生产示范基地，全力推进种业及种业科技的跨越式发展。

提质增效是农业科技创新发展的总方向。进一步健全园艺产业可持续发展的技术体系，突破资源环境、食品安全等领域的瓶颈制约。大力发展高效安全生态的现代农业技术、省力化高效栽培与绿色生态技术。完善产地环境监控、品质提升与质量安全监测、投入品安全使用、有害物质降解等技术，促进园艺农产品质量安全技术集成与示范。推进标准化和信息化，健全从农田到餐桌的农产品质量安全全过程监控技术体系，提高园艺产品质量安全水平。

环境友好是农业科技创新发展的基础。大力推进农产品田间生产、采后处理、包装、分销、储藏、保鲜、精深加工等环节的科技研发与创新。重点发展智能生产、智能农机装备、农业物联网、装备设施等关键技术和产品。促进水肥一体化、饲喂自动化、环境控制智能化等前沿科技，与园艺播种、收获加工等环节的深度融合，在保护自然环境的基础上，探索利用可开发的空闲地与荒地，大力发展设施园艺。

发挥科技创新原动力，加快园艺产业品牌化建设。发挥科技创新的引领作用，强化种业和产品品牌的产权保护，依法严厉打击套牌侵权等违法犯罪行为，铸就品牌发展的支撑保障系统。大力发展一批主动参与科技创新和应用新知识、新技术和新模式的互联网农产品品牌。统筹国内、国外两个市场，用新思维、新理念规划并培育一批全国性和区域性品牌。在产业各个环节创新科技增强产品特色，树立品牌形象。

（五）制度创新驱动

健康的经济来源于良好的制度条件（包括体制和机制）。重难点在于在现有基础上进一步深化园艺产业绿色发展的制度内涵，改进、完善现有制度缺陷。推进园艺产业绿色发展，首先需要对农村土地制度、定价制度、补贴制度及农产品收储制度进行改革，提高新制度下园艺产品的供给数量与质量。同时，需要创新园艺产业生产经营组织体系及制度安排。

纵观国际先进国家园艺发展经验发现，大部分国家都普遍实行家庭经营体制，是当前世界各国农业实现跨越发展所效仿的一个模板。由于园艺产品生产的自然性、分散性、交易属性及经营基础的家庭性决定了合作制的必然性与普遍性，而生产初期所表现出的分散性与小规模性使得家庭经营与合作经营的有机结合成为了众多劳动集约型园艺产品生产的基础与内核。只有合作制农业才能既克服家庭经营制度的局限，又能发挥家庭经营制度的长处。家庭经营小而不弱、小而不散的全部奥秘在于合作社机制的有机联合。因此，只有创新园艺生产经营中的微观组织体制，引导农民走新型合作化道路，构建以家庭经营为基础、合作社为纽带、产业协会为支撑的新型合作制经营体系，才能进一步提高生产经营组织的效率，保证农民主体地位，并让他们分享改革与发展的成果。只有科技创新和制度创新的有机结合，才能科学高效地利用好稀缺资源并合理配置现代化生产要素，加快提高园艺产业的绿色发展水平。

（六）商业模式创新驱动

推进园艺产业绿色发展，不仅需要增强科学技术水平，使科技与产业发展紧密结合、改进现有制度，重塑产业绿色发展体系，更应该注重研究如何创新园艺产业的商业模式，使先进、高效的商业模式成为园艺产业绿色发展的驱动力。

一般而言，评价一个企业所采取的商业模式成功与否，有着价值主张、运营模式、界面模式、盈利模式四大评价尺度。其中，资源利用能力、成本结构、渠道通路等核心要素正是评价一个企业资源利用效率、企业运营环保水平的关键指标。随着经济社会不断发展，人们生活水平的提升使得园艺产品需求量激增，园艺产业走向了规模化与集群化，园艺企业作为产品生产与市场流通之间的关键主体，需要我们对其所采取的商业模式予以足够的重视，通过促进其商业模式向环境保护与绿色发展，来夯实园艺产业发展基础。

纵观发达国家的成功经验，发现绿色营销发挥了重要作用，绿色营销不仅局限于营销这一环节，还贯穿设计、物流、销售渠道、消费等各个方面。在绿色设计方面，园艺企业需要考虑其产品对环境的影响，包括产品的可维护性、可回收性、可重复利用性；在绿色物流方面，园艺企业应当注重在产品物流过程中抑制包装物与废弃物对自然环境造成损害，对运输过程中使用的包装等物品进行循环利用；在绿色渠道方面，企业应当建立绿色产品专项销售渠道，避免绿色产品与普通产品混放从而导致园艺产品品牌价值的降低；在绿色消费方面，首先需要倡导顾客在消费时选择未被污染或有助于公众健康的绿色产品，其次引导大众转变消费观念，注重环境保护，实现可持续消费，最后需要重视对废弃物的处置与循环利用。

（七）两个市场供需加速匹配

实现园艺产业绿色发展需要把握好国内、国外两个市场的供需状况，对国内和国外园艺产品市场的供需现状、趋势及特点有全面的了解，以确保更加充分地对接两种市场需求，最大限度利用好两个市场的资源与信息，这能够避免国内低端产品生产重复、高端产品生产不足的情况出现，对实现园艺产业可持续发展、绿色发展至关重要。随着人们生活水平的逐步提升，国内外对水果、蔬菜、花卉与茶叶等园艺产品的需求规模也在迅速扩张，尽管伴随着世界一体化水平的加深，国际园艺产品供需状况基本维持平衡，我国积极融入地球村的发展战略也给我国园艺产业发展带来了极大的机遇，但我国园艺产品供求却呈现另一种形势：近年来，国内园艺产品普遍供大于求且销售价格逐渐下行，产品结构表现出低端产品过剩、高端产品供给不足的现象，无法匹配国内对高端园艺产品日益增长的消费需求。因此，亟须推进产业供需匹配，推进园艺产业供给侧结构性改革。

第三章 湖北园艺产业发展现状调查与分析

一、园艺产业发展阶段的历史演变

改革开放以来，园艺产业总体上是沿着适合自身发展的路径持续推进，解决了一系列重要的问题，包括解决了赚取外汇和增产问题，推动了农业剩余劳动力的转移，实现了农业结构的调整和农民收入的提高。就园艺产业而言，因其是围绕水果、蔬菜、茶叶和花卉等园艺产品而进行的生产、加工、销售、贸易、消费等产前、产中和产后三个领域各部门所形成的经济集合体，其发展阶段既与工业产业及其他产业存在相似之处，也存在着显著的差异。与农业经济发展的一般阶段划分相呼应，并且参照各国农业发展的共同规律，本书做出园艺产业发展总体上已经完成解决食品供给问题和解决农民收入问题的阶段，正处在解决农业生产方式问题的第三阶段的判断。

（一）解决食品供给问题的阶段（1978—1984 年）

1978 年实行改革开放，广大农村开始推行家庭联产承包责任制，这极大地调动了广大农民科学种田的积极性。农民不仅可以自主选择农业发展的方向、主攻目标，农业发展的类型和项目，以及种植的农作物种类和品种等，还可以自主决定农业物质投入的种类、数量等，这有力地促进了具有较高经济效益的园艺产业的向前发展、快速发展。

1978—1984 年，我国园艺产业总产量和单位面积产量逐步提高，开始形成了一批各具特色的优势产区，产业发展环境有所改善。1984 年，我国园艺产品（不包含花卉）种植面积为 12 801 万亩，较 1978 年的 9 052.5 万亩增加了 1.41 倍，水果产量由 1978 年的 657 万吨增长到 1984 年的 1 164 万吨，水果人均占有量由 1978 年的 6.83 千克增长到 1984 年的 9.43 千克，茶叶产量由 1978 年的 26.8 万吨增加到 2000 年的 43.2 万吨。茶叶人均占有量由 1978 年的 0.28 千克增长到 1984 年的 0.40 千克。这一阶段园艺产业发展取得的最大成就——园艺产品产量的大幅增加。

但是，由于处于改革开放初期，生产规模小，产业链条短，规模化和集约化程度不高，栽培和种植技术不很成熟。因其产业的工业化程度低，加工业的发展停滞不前。

（二）解决农民收入问题的阶段（1985—2012 年）

经历了上一阶段产量的高速增长，伴随着人民"温饱"问题的解决，人民不仅要"吃饱"，更要"吃好"，要吃品质好、营养价值高的园艺产品。在这种形势下，极大地激发了消费者对园艺产品的需求潜力，促进了优质园艺产品的生产。同时，1985 年后农产品产销体制的逐步放开，调动了农民生产的积极性，"果农""菜农""茶农"和"花农"开始直面市场，蔬菜、水果价格显著提高，增加了园艺产品商品率和价值。总体来说，1985—2012 年，农民的经营收入增加，促进了园艺产业更快发展，农民更富裕。

这一阶段园艺产业发展面临要进一步解决农民收入增长问题，但农民收入增长并不是直线上升，而是经历了曲折波动。农民收入增速在不同年份之间存在较大差异，为此，依据增长率变化情况将 1979—2012 年划分为 5 个阶段。①增长快速期：1985 年国家实施农产品购销体制改革，大幅度提高了水果和蔬菜产品的价格，农民人均纯收入从 1985 年的 397.6 元增长到 1991 年的 708.5 元，成为这一时期农民收入增加的中坚力量。②增长停滞期：因前一时期园艺经济过热的增长，这一时期，国家实施经济紧缩和结构调整，致使农户增长幅度明显减小，农民的人均纯收入从 1989 年的 601.5 元增长到的 1991 年的 708.5 元，农民的收入水平出现徘徊不前的局面。③增长回升期：因国家于 1994 年和 1996 年先后两次提高了农产品的收购价格，这一政策的实施促进了园艺农民增收，农民的人均纯收入从 1992 年的 786.4 元增加到 1996 年的 1 926.4 元，使得农民收入稳步增长。④增长发展期：进入新世纪，农民增收问题一直是党在农村工作的重中之重，一系列改革和补贴措施不仅减轻了农民负担，而且对农民增收起到了有效的作用。农民的人均纯收入从 1997 年的 2 090.1 元增加到 2012 年的 7 916.6 元，农户增收渠道逐渐拓展。

但是，园艺产品的全面丰收，导致园艺产品市场出现了"卖果难""卖菜难"等产品"卖难"问题。同时，也由于劳动力转移增加，促使劳动力成本的激增，农户增收的空间逐渐缩小。这为我国园艺产业的进一步发展提出了新要求、新机遇、新挑战。

（三）解决生产方式问题的阶段（2013 年至今）

2004 年，中国经济开始到达刘易斯拐点，农业劳动力成为相对稀缺的生产要素，农业技术变迁越来越倾向于劳动节约型，资本替代劳动的过程加速。生产要素替代的过程要求农业经营规模相应扩大，以防止出现明显的资本报酬递减现象。然而，农业劳动力的老龄化和兼业化现象普遍存在，以及土地集中的意愿不强造成的土地流转不畅，共同制约农业经营规模的扩大。可以说，园艺产业的发展受宏观经济环境的影响也进入了新的发展阶段。

经过前面两个发展阶段，园艺生产中使用越来越多的现代生产要素，资本投入增长快于劳动投入的增长，相应地，劳动生产率也得到显著提高。根据全国农产品成本收益调查数据，我们可以从水果、蔬菜、茶叶和花卉投入情况，观察到这个明显的变化，即物质资本投入和劳动力投入消长。

解决农民收入增加并不能自然而然地解决园艺生产方式或效率问题。一方面，来自园艺的收入比重小意味着经营的激励不足，更高的非农产业收益引导着园艺产业劳动力转移，园艺收益却难以诱致形成一个牢固的生产方式；另一方面，缺乏效率和自生能力的园艺生产方式，不能保障园艺生产经营获得合理的收益，收益无法支撑农民收入的提高。这种恶性循环终究成为园艺产业发展窘境。因此，我们并不能有把握地说，园艺产品供给问题和农民收入问题已经得到了彻底的解决，构建一个经营有规模、生产有效率、竞争有优势、产业能自立的园艺产业发展方式，是当前我国园艺产业发展现阶段的主要任务，并且具有十分的紧迫性。

二、湖北园艺产业绿色发展现状

"十三五"以来，湖北省认真贯彻落实党中央、国务院的决策部署，园艺产业发展方式加快转变，资源节约型、环境友好型产业加快发展，园艺产业绿色发展取得明显进展。

（一）资源利用水平提高，面源污染有效遏制

"十三五"期间，湖北省积极践行"两山"理念，以精品果园、菜园、茶园建设为契机，深入开展化肥使用量零增长行动，保持化肥使用量负增长，深入推进有机肥替代化肥，通过推广应用"三减三增"（减肥、减药、减工，增产、增收、增效）健康栽培与加工等技术，大力推广化学农药替代、精准高效施药、轮换用药等科学用药技术，利用优选良种、园区改造、轻简化修剪、绿色防控、果实管理、机械化栽培等措施，主要园艺作物测土配方施肥技术覆盖率稳定在90%以上，化肥施用量相比"十二五"期末下降19.9%，利用率提高到40.3%，耕地质量等级整体逐步呈现上升趋势。农药使用量相比"十二五"期末下降22.9%，病虫害绿色防控实现了主要园艺作物全覆盖，此外，湖北省圆满完成农用地土壤污染状况详查，完成农用地土壤环境质量类别划定，实施农用地分类管理。耕地、水等农业资源得到有效保护、利用效率显著提高，退化耕地治理取得明显进展。

（二）生产规模迅速扩大，市场供应明显改善

2020年，湖北省园艺作物种植面积达到3 223.99万亩（表3-1至表3-3），比2010年增长了36.6%，产值由774.04亿元增加到2 137.2亿元，占比超过全省种植业产值的一半。在水果产业上，2020年湖北省果园面积为601.25万亩，占全国果园面积的3%，比2010年增长了16.6%，占湖北省农作物总种植面积的5.03%；水果总产量为1 119.38万吨，位居全国第十，比2010年增长了38.4%。其中，柑橘是湖北省种植规模最大的果树，柑橘园面积高达349.14万亩，占全省果园面积的58.1%。在蔬菜产业上，2020年湖北省蔬菜种植面积达到1 919.85万亩，比2010年增长了28.2%，占湖北省农作物总种植面积的16.05%，产量达到4 119.36万吨，是2010年的1.3倍，位居全国第六。在花卉产业上，2020年湖北苗木花卉种植面积达165.3万亩，年产合格苗木55亿株、盆栽植物2.4亿盆，花卉面积占湖北省农作物总种植面积的1.38%，初步形成鄂南、鄂中、鄂北三大片特色苗木产业集群，主要产品包括观赏苗木、切花切枝切叶、盆栽植物和食用及药用花卉。在茶产业上，2020年湖北省茶园面积537.59万亩，占湖北省农作物总种植面积的4.49%，在全国20多个产茶省份中，仅次于云南、贵州和四川，位居全国第四，产量36.08万吨，仅次于福建、云南，位居全国第三，规模和效益为中部地区第一位，是名副其实的全国产茶大省。

表3-1　2010—2020年湖北省水果、蔬菜、花卉、茶叶种植面积和产量

年份	水果		蔬菜		花卉		茶叶	
	面积/万亩	产量/万吨	面积/万亩	产量/万吨	面积/万亩	产值/亿元	面积/万亩	产量/万吨
2010	515.58	771.00	1 497.81	3 091.21	53.70	24.04	292.62	16.36
2011	535.19	798.79	1 534.04	3 244.71	53.55	30.72	323.51	18.13
2012	525.89	878.09	1 634.52	3 375.50	53.70	38.54	338.18	20.41
2013	517.91	912.33	1 638.78	3 438.55	64.80	44.84	370.37	21.71
2014	531.23	964.65	1 670.66	3 513.70	72.45	63.32	376.55	24.41

（续）

年份	水果		蔬菜		花卉		茶叶	
	面积/万亩	产量/万吨	面积/万亩	产量/万吨	面积/万亩	产值/亿元	面积/万亩	产量/万吨
2015	507.42	958.87	1 715.51	3 664.08	129.30	90.40	392.25	26.13
2016	508.26	1 003.22	1 753.35	3 712.77	134.70	126.01	401.30	28.70
2017	518.73	948.44	1 782.93	3 826.40	160.65	147.19	424.97	30.33
2018	549.26	997.99	1 836.41	3 963.94	161.10	169.72	482.25	32.98
2019	571.29	1 010.23	1 886.91	4 086.71	165.75	167.22	521.55	35.25
2020	601.25	1 119.38	1 919.85	4 119.36	165.30	165.00	537.59	36.08

注：数据来源于《新中国60年统计资料》《湖北省统计年鉴》《湖北年鉴》和国家统计局。水果种植面积按当年果园面积统计；蔬菜包括食用菌；花卉部分缺失数据为课题组根据历史数据、国家林业和草原局、湖北省林业局数据及网络公开资料测算所得，届时以官方发布为准，农业农村部、国家林业和草原局、中国花卉协会统计口径不完全一致，故部分数据存在出入；茶叶种植面积按照茶园面积统计，非当年采摘面积。

表 3-2　2010—2020 年湖北省园艺作物种植面积

年份	湖北园艺作物总种植面积/万亩	水果占比/%	蔬菜占比/%	花卉占比/%	茶叶占比/%
2010	11 066.91	4.66	13.53	0.49	2.64
2011	11 182.47	4.79	13.72	0.48	2.89
2012	11 526.60	4.56	14.18	0.47	2.93
2013	11 596.89	4.47	14.13	0.56	3.19
2014	11 687.13	4.55	14.29	0.62	3.22
2015	11 975.15	4.24	14.33	1.08	3.28
2016	11 862.75	4.28	14.78	1.14	3.38
2017	11 934.21	4.35	14.94	1.35	3.56
2018	11 929.35	4.60	15.39	1.35	4.04
2019	11 723.84	4.87	16.09	1.41	4.45
2020	11 961.59	5.03	16.05	1.38	4.49

数据来源：《新中国60年统计资料》《湖北省统计年鉴》《湖北年鉴》和国家统计局。

表 3-3　2010—2020 年湖北省种植业发展情况

年份	种植面积/万亩	总产量（除花卉）/万吨	总产值/亿元	种植业产值/亿元	占种植业比重/%
2010	2 359.71	3 878.57	774.04	1 921.70	40.28
2011	2 446.29	4 061.63	1 038.12	2 299.30	45.15
2012	2 552.29	4 274.00	1 148.14	2 488.10	46.15
2013	2 591.86	4 372.59	1 281.04	2 678.10	47.83
2014	2 650.89	4 502.76	1 334.52	2 761.70	48.32
2015	2 744.48	4 649.08	1 480.60	2 780.40	53.25
2016	2 797.61	4 744.69	1 761.51	2 921.30	60.30

（续）

年份	种植面积/ 万亩	总产量（除花卉）/ 万吨	总产值/ 亿元	种植业产值/ 亿元	占种植业比重/ ％
2017	2 887.28	4 805.17	1 751.89	2 962.50	59.14
2018	3 029.02	4 994.91	1 908.52	3 033.80	62.91
2019	3 145.50	5 132.19	2 065.52	3 257.90	63.40
2020	3 223.99	5 222.27	2 137.20	3 492.50	61.19

注：数据来源于《中国农村统计年鉴》（2011—2021）、国家统计局、国家林业和草原局、湖北省林业局、中国花卉协会。蔬菜产值包括蔬菜及食用菌二者产值加总计算，水果产值由《中国农村统计年鉴》中水果各类产品产值加总而得，花卉产值缺失数据为课题组根据历史数据、国家林业和草原局、湖北省林业局数据以及网络公开资料测算所得。

（三）"三品一标"建设成效显著，绿色产品大幅增加

湖北省通过深入推进农业供给侧结构性改革，推进品种培优、品质提升、品牌打造和标准化生产，提升园艺产品绿色化、优质化、特色化和品牌化水平。

一是品种日益丰富，区域特色逐步形成。湖北省近年注重发掘优异种质资源，筛选出一批绿色安全、优质高效的园艺种质资源，逐步在适宜区推广，形成区域特色。水果产业初步形成了长江三峡优质柑橘经济区、汉江流域优质沙梨带、316国道和107国道沿线优质桃枣带、三峡库区优质甜橙带。特色蔬菜产业充分利用"靠山靠水"的地理优势，已形成设施蔬菜、水生蔬菜、高山蔬菜、露地冬春蔬菜、食用菌等特色蔬菜，拥有全国领先的产业优势。花卉产业初步形成两条沿107国道和207国道的百千米花卉苗木长廊，以及鄂南、鄂中、鄂北三大片特色苗木产业集群。特色茶业已形成恩施硒茶等国家级特色农产品优势区，多家茶企获得国内外有机茶产品认证。截至2021年，全省育成国家级、省级茶树良种共计20个，其中由湖北省农科院果茶所选育的"鄂茶1号"，更是入选了2019年首届全国农业科技成果转化大会的百项重大农业科技成果。

二是品质不断提升，竞争力明显增强。"十三五"期间，湖北省加快品质提升步伐，逐步提高了园艺产品质量效益和竞争力。近2年省内精品果园核心示范区基本可实现优质果率保持在80％以上，每亩平均增收200元以上，化肥与农药用量减少10％以上，恩施州当前通过绿色、有机认证茶园近20万亩，比例达60％以上。与此同时，全省加强农产品抽检和产地环境检测，落实监测结果通报制度，建立农产品质量安全追溯信息平台，实行市、县（区）、乡镇三级追溯管理，园艺产品质量安全监测合格率达98％以上，并实现了与国家追溯平台有效对接。

三是品牌建设突破发展，营销推介力度不断提高。近年来，湖北省落实"三品一标"生产技术规程，按照"区域公用品牌＋企业产品品牌"培育模式，启动"222"行动方案，培育和打造了一批精品名牌。"孝昌血桃""秭归脐橙""洪湖莲藕""麻城福白菊""赤壁青砖茶"等园艺类地理标志被列入运用促进重点联系指导名录。宜昌蜜橘、秭归脐橙、恩施硒茶、洪湖莲藕、武当道茶、襄阳高香茶、随州香菇等8个种植类园艺农产品品牌入选中国农业品牌目录。此外，湖北省围绕"吃湖北粮油、品荆楚味道"向社会集中宣传推介优质品牌农产品，着力构建湖北省农产品品牌宣传、展示、交流、交易平台，举办武汉农业博览会、汉江流域农业博览会等农业展会，积极参加农业农村部举办的中国国际农产品

交易会，优质农产品品牌在中央电视台、人民日报、湖北省电视台等国内主流媒体得到专题宣传推介，扩大了湖北省园艺产业的社会影响力和市场竞争力。

四是标准化生产水平不断提高。近年来，湖北省各监测和监管部门高度重视园艺产品标准化工作，通过标准引领和源头治理，坚持风险监测和监督抽查，加强绿色、标准化生产和全过程监管。"十三五"以来，湖北省围绕产业发展，修改、完善、提升园艺作物生产技术规范和操作规程，健全农业标准体系，逐步形成一整套品牌农产品从田间到餐桌的全程质量控制标准体系。湖北省农业科学院共颁布实施农业技术标准 152 项，其中，行业标准 2 项、地方标准 131 项、团体标准 19 项。

（四）加工业绿色转型，产业链不断延伸

经过多年发展，湖北省园艺产业坚持加工减损、梯次利用、循环发展方向，统筹发展农产品初加工、精深加工和副产物加工利用，商品化处理、储藏保鲜和精深加工能力进一步增强，加工业逐步实现绿色转型。部分园艺产品规模化生产地区初步建立了园艺产品采收、包装、预冷、流通的技术体系，完善了田头预冷库、保温车运输、原料低温保鲜库、低温加工车间、真空预冷机、预冷冷库、保鲜冷库、冷藏车或冷柜运输、空调销售专卖店等冷链流通系统，扶持建设了一批园艺产品批发市场、拍卖市场、网络市场和物流配送体系。"十三五"期间，湖北省以农产品加工为核心，引导和支持龙头企业延伸，积极打造十大重点农业产业链。水果以柑橘为重点，逐步提升鲜果分选保鲜水平，开发饮料、休闲、保健等深加工产品，拓宽了柑橘精深加工和副产物综合利用；蔬菜以食用菌、莲、魔芋等为重点，构建了一批科技水平高、生产能力强、上下游相互衔接的优势产业集群，打造了蔬菜产业从育种、加工、副产物利用到仓储物流和销售的全产业链；花卉加工较早的有咸宁桂花，以及以福白菊为主的食用、药用花卉，产品包括香料、酒、点心、中成药等，色素提炼和干花加工渐有起色，加之赏花经济发展迅速，苗旅、花旅融合项目渐成时尚，各地纷纷以花为媒举办各类花卉节庆活动，如武汉东湖梅花节、樱花节和蔡甸花博汇等；茶产业近年来开始生产水洗茶、茶多酚等产品，不断推进饮料、食品、保健品、生物制剂、添加剂等精深加工，以期重振"东方茶港"。

（五）绿色科技基础加强，科研成果不断转化

作为农业科技大省，湖北省农业科技力量雄厚，科研人才众多。近年来，湖北省深入实施创新驱动发展战略，加快包括园艺产业在内的农业绿色发展科技自主创新。一是建队伍，强化科技支撑。包括水果、蔬菜、茶叶在内的十大农业产业链聘请了张启发、邓秀新、傅廷栋等 7 名院士，113 名知名学者、专家，为十大产业链"望闻问切"。二是建阵地，打造技术高地。积极争取农业农村部与湖北省共建洪山实验室，全力打造种业"种芯"，建成"中国种都"，近五年来，仅种业创新研究就先后获得国家科技奖励 7 项、省部级一等奖 21 项，共有 89 个农作物新品种通过国家或省级审（认）定，获得种业相关的发明专利 196 项、新品种权 35 项。三是抓对接，推进园艺产业成果转化。深入实施院士专家服务农业产业发展"515"行动，推进现代园艺产业技术体系建设，组织高校、科研院所与相关园艺产业的龙头企业对接，湖北省农业科学院将与枝江市共建，华中农业大学与襄州区共建，长江大学与石首市共建，为先行县提供园艺产业规划咨询、协同创新、集成

示范、园区建设、成果转化、主体培育、产业发展、人才培养等支撑，以项目化推进园艺产业科技成果转化，增强园艺产业科技由"纸变钱"的能力。四是构建人才链，强化园艺产业的人才支撑。2020年，全省培育培训高素质农民3万人、基层农业科技人员6 000名、农村创业人才2 000人、农业经理人和现代企业高管人才360名，农业科技进步贡献率超过61%，这极大促进了园艺产业人才队伍的壮大。

（六）经营主体培育加快，组织形式日益完备

在湖北省农业部门强有力的引导下，构建起了涵盖园艺产业协会、龙头企业、合作社、家庭农场、专业大户和从业农民在内的湖北园艺产业组织体系构架。通过促进经营主体类型多样化，能够保证湖北省在发展园艺产业过程中有效规避、抵御市场风险，促进湖北省园艺产业的标准化生产、品牌建设及营销体系构建。例如，水果产业通过抓住东部沿海地区橘瓣罐头企业战略西移的机遇，加大招商引资力度，大力培植柑橘加工型龙头企业。伴随着丰岛、荣盛和鸿星等12家橘瓣加工企业落户宜昌，宜昌现已成为全国最大的橘瓣罐头加工基地，并正在向其他深加工产品转型。2017年底，全市共有330家打蜡销售企业，分级、打蜡生产线近450条，柑橘深加工企业15家，产后处理率达80%以上，罐头年加工能力达20万吨，如天人果汁集团宜都柑橘产业链有限公司、屈姑食品有限公司等知名柑橘加工企业，这些企业将分拣出的柑橘进行深加工，制成酒、饮料、罐头、保健品等产品，解决次果销售，带动种植户增收。

三、湖北园艺产业发展的优劣势及存在的问题

（一）湖北省园艺产业发展的优势分析

1. 地理区位优势　湖北省地处长江中游，地理位置优越，土质肥沃，光热水气资源丰富，四季分明，气候多样，适宜多种园艺作物种植。"靠山靠水"发展湖北特色水果、蔬菜、茶叶有着得天独厚的条件，"千湖之省"是发展莲藕、茭白等水生菜的理想场所，湖北省已经形成了全国最大的高山反季节蔬菜集中产地。山区幅员辽阔，资源丰富，加上独特的立体气候是发展高山反季节菜、高山花卉的理想地方，也是水果"上山下滩"的重要产地。同时，湖北省又位于中原，承东启西，南北交汇，四通八达，是农产品理想的集散地和中转站，为湖北省园艺产品内外辐射提供了交通保障。截至目前，以武汉为中心，湖北省已打造"三枢纽、两走廊、三区域、九通道"综合交通运输格局，拥有引领中部、辐射全国、通达世界的现代化综合交通运输体系。湖北省独特的区位优势使得全省大中型农产品批发市场发展繁荣，武汉等大中城市已跻身全国重要的农产品交易中心行列，成为我国农产品重要集散地。随着农产品国际国内市场的一体化进程加快，区位优势将为湖北省园艺产业发展提供更为广阔的发展前景。

2. 气候优势　湖北省地处亚热带，位于典型的季风区内，气候、土壤、植被都具有明显的过渡性气候特点。境内既有面积较大的山区，又有波状起伏的丘陵岗地，还有辽阔坦荡的江汉平原。在季风气候的条件下，配合复杂的地形作用，制约着光、热、水资源的再分配，构成了省内许多农业气候类型和不同的农业气候区。全省除高山地区外，大部分为亚热带季风性湿润气候，光能充足，热量丰富，无霜期长，降水充沛，雨热同季。丰富

的农业气候资源，为园艺产业的发展提供了优越的条件。在光能上，全省大部分地区太阳年辐射总量为 85～114 千卡/平方厘米，多年平均实际日照时数为 1 100～2 150 小时（表 3-4）。其地域分布是鄂东北向鄂西南递减，鄂北、鄂东北最多，为 2 000～2 150 小时；鄂西南最少，为 1 100～1 400 小时。其季节分布是夏季最多，冬季最少，春秋两季因地而异。在气温上，全省年平均气温 15～17℃，大部分地区冬冷、夏热，春季气温多变，秋季气温下降迅速。一年之中，1 月最冷，大部分地区平均气温 2～4℃；7 月最热，除高山地区外，平均气温 27～29℃，极端最高气温可达 40℃以上。在降水上，各地平均降水量为 800～1 600 毫米。降水地域分布呈由南向北递减趋势，鄂西南最多，为 1 400～1 600 毫米，鄂西北最少，为 800～1 000 毫米。降水量分布有明显的季节变化，一般是夏季最多，冬季最少，全省夏季降水量为 300～700 毫米，冬季降水量为 30～190 毫米。6 月中旬至 7 月中旬雨最多，强度最大，是湖北省的梅雨期。总体来看，湖北省南部气温较高，雨量较多，具有中亚热带的特点，适宜种植柑橘、茶叶等喜温作物；北部气温偏低，雨量较少，日照时数较多，接近暖温带的气候。

表 3-4　湖北省园艺产业发展的气候优势

	年平均气温/℃	最热（7 月）月均温/℃	最冷（1 月）月均温/℃	年日照时数/小时	无霜期/天	年平均降水量/毫米
湖北省	15～17	27～29	2～4	1 100～2 150	230～300	800～1 600

3. 土地资源优势　湖北省地势大致为东、西、北三面环山，中间低平，略呈向南敞开的不完整盆地。在全省总面积中，山地占 56%，丘陵占 24%，平原湖区占 20%。土壤类型多样，共有 14 个土类，32 个亚类，162 个土属，根据成土的自然条件、土壤性状及农业生产特点等，大体上可分为红壤、黄壤、黄棕壤、紫色土、潮土和水稻土等六大类。从南到北，形成了从红壤到黄棕壤的地带性水平分布规律，山地土壤具有由下而上垂直分布的规律。红壤形成于温带气候条件下，矿物质分解比较彻底，土壤呈酸、瘦、黏、板的特点，主要分布在鄂东南海拔 800 米以下的低山丘陵或垄岗及松滋、宜都海拔 80 米以上的丘陵台地，适宜种植茶叶、油茶、麻类等作物；黄壤成土热量略逊于红壤，呈酸性反应，处于湿度较大的鄂西南 500～800 米的山地，主要种植茶叶、柑橘、烟草等作物；黄棕壤是湖北省主要土类，呈弱酸性至酸性反应，主要分布在长江以北的鄂西北、鄂北、鄂中及鄂东北，由于其自然肥力较高，在坡度缓、土层厚的山丘地区，可发展茶、果等经济林；紫色土呈小片状分布在恩施土家族苗族自治州和宜昌、孝感、咸宁地区的丘陵和山间盆地，其中，中性紫色土 pH 6～6.8，富含磷、钾，是发展柑橘的最好土壤；潮土主要分布于江汉平原及长江、汉水各支流的河谷冲积区，土层深厚、肥沃，养分丰富，富含较多矿物质和一定量的有机质，自然肥力高，目前几乎全部被垦为耕地，是粮食和经济作物的高产土壤；水稻土的发生发展与农业生产直接有关，为湖北省的主要耕种土壤，约占全省耕地总面积的 52%，主要分布在鄂西（不包括山地），其中以江汉平原分布面积最大，适宜水稻、小麦、油菜等多种作物的生长。

4. 水资源优势　水资源对种植业来说，是很重要的因素。湖北省降水充沛，河流水源补给充足，境内以长江、汉江为骨干，接纳了省内千余条中小河流。除长江、汉江干流外，省内各级河流河长 5 千米以上的有 4 228 条，河流总长 5.92 万千米，其中河长在 100

千米以上的河流 41 条。此外，湖北湖泊众多，素有"千湖之省"的美称，境内湖泊主要分布在江汉平原上，历来都起着调蓄、养殖、灌溉和航运的巨大作用。现有湖泊 755 个，湖泊水面面积合计 2 706.851 平方千米，100 平方千米以上的湖泊有洪湖、长湖、梁子湖、斧头湖。丰富的湖泊资源蕴含了丰富的水生植物资源，据调查，湖北省水生植物种类多达 100 多种，其中，分布面积广、生物量比较大的就有 10 余种，主要有野菱、莲、茭白等，是湖北省特色水生蔬菜的代表，具有较高的综合利用经济价值。作为工农业生产的物质基础，湖北省地表水体资源也非常丰富。2020 年，湖北省地表水资源量 1 734.96 亿平方米，比上年增加 197.4%。另外，省内过境客水的净流量十分充足，2020 年全省入境水量 7 750.1 亿立方米，充足的外来客水，在全国各省区中是为数不多的，不仅扩大了地表径流资源，而且是湖北省水资源条件的主要优势之一。

5. 种质资源优势　湖北省地处南北过渡地带，生态类型多样，物种资源丰富，是农业种质资源大省之一。其中，武陵山区、秦巴山区、大别山区、幕府山区、宜昌三峡库区、神农架林区有着优越的地理条件，保存了大量野生或半野生的园艺植物种质资源，为资源开发评价和利用提供了得天独厚的条件。2022 年，湖北省 7 家农作物种质资源库入选国家农业种质资源库（圃），其中与园艺相关的有依托武汉市农业科学院建设的国家水生蔬菜种质资源圃（武汉）、依托中国科学院武汉植物园建设的国家猕猴桃种质资源圃（武汉）和依托湖北省农业科学院果树茶叶研究所建设的国家沙梨种质资源圃（武昌）。通过种质资源鉴定评价和发掘创制，湖北省近 3 年年均审定农作物新品种 150～180 个，示范推广了一大批突破性新品种，油菜自主选育品种在长江中下游地区占主导地位，农业微生物产品等均以自主品种、自主资源为主。到 2025 年，湖北省将改扩建野樱桃等 28 个农业野生植物原生态环境保护区（点、圃）和 1 个异位保护点，柑橘、食用菌、药用植物等 50 个名特优地方品种保护区，扩建猕猴桃、水生蔬菜等 4 个国家级种质圃。丰富的种质资源为促进湖北省农业农村经济持续健康发展、加大优质园艺产品供给发挥了重要作用，产生了显著的经济效益和社会效益。

6. 品牌优势　培育地理标志品牌是助力乡村振兴、实现绿色崛起的战略选择，是做强县域经济、实现全域发展的有效路径，也是涵养地域气质、厚植文化自信的内在要求。湖北是鱼米之乡、农业大省，得天独厚的自然条件和厚重的历史文化孕育出了优质的、极具地方特色的产品，目前拥有相当数量的地理标志品牌。近年来，湖北省政府先后出台了一系列政策措施支持地理标志的发展，取得了一定成效，湖北省地理标志正加速走出国门。截至 2020 年 12 月，湖北省现有地理标志商标 475 件；地理标志产品 165 个，涉及水果、茶叶、蔬菜、粮油、家禽、家畜、花卉、药材、水产品、工艺品 10 个品类。地理标志品牌价值的不断提升，逐渐成为具有地域特色产品的"护身符"和"兴农富农"的"金名片"。

根据 2021 年 12 月国家知识产权局办公室出台的《第一批地理标志运用促进重点联系指导名录》，湖北省"孝昌血桃""秭归脐橙""洪湖莲藕""蕲艾""麻城福白菊""赤壁青砖茶" 6 个园艺类地理标志列入运用促进重点联系指导名录。此外，宜昌蜜橘、秭归脐橙、恩施硒茶、洪湖莲藕、武当道茶、襄阳高香茶、随州香菇等 8 个种植类园艺农产品品牌入选中国农业品牌目录。对于提升湖北省园艺产品品牌影响力和附加值，发展壮大特色产业，造福地方百姓，助力乡村振兴具有重要作用。表 3 - 5 是湖北省园艺类地理标志保护产品名录。

表 3-5　湖北省地理标志保护产品名录（园艺类）

品类	保护产品名称
水果	秭归脐橙、武当蜜橘、三湖黄桃、公安葡萄、杨店水蜜桃、赤壁猕猴桃、百里洲沙梨、窑湾蜜橘、武当椪梅、贡水白柚、八岭山朱橘、罗田甜柿等
蔬菜	洪山菜薹、蔡甸莲藕、火烧坪包儿菜、洪湖莲子、随州香菇、襄阳大头菜、嘉鱼莲藕、利川莼菜、吉阳大蒜、叶路大蒜、黄州萝卜、南乡萝卜、肖港小香葱等
花卉	麻城福白菊、随州银杏等
茶叶	邓村绿茶、大悟绿茶、英山云雾茶、恩施玉露、鹤峰茶、利川工夫红茶、伍家台贡茶、梅子贡茶、羊楼洞砖茶（洞茶）、黄梅禅茶、黄梅荷叶茶、龙峰茶、周巷凤凰茶、观音湖绿茶等

资料来源：湖北省知识产权局《湖北省地理标志保护产品名录》（数据截至 2020 年 6 月）。

7. 历史文化优势　湖北农耕文化历史悠久，活动于长江汉水一带的炎帝神农氏遍尝百草，教化稼穑，被奉为华夏农耕文化的创始者。湖北省是我国柑橘的原产地之一，有着极为深厚的柑橘文化。战国时期楚国大诗人屈原就在宜昌秭归故里写下《橘颂》不朽名篇，"后皇嘉树、橘徕服兮。受命不迁，生南国兮"，至今为世人颂唱；唐朝著名诗人杜甫，曾咏诗"春日清江岸，千甘二顷园"，赞美湖北宜昌柑橘的勃勃生机；北宋欧阳修任夷陵县令时也诗赞宜昌柑橘"残雪压枝犹有橘，冻雷惊笋欲抽芽"。由于湖北省独特的自然条件优势，其拥有多个具有历史文化渊源的特色蔬菜品种，如具有 2 300 多年的种植历史的洪湖莲藕，自古以来就有"长江的鱼，洪湖的藕，才子佳人吃了不想走"的美名；被封为"金殿御菜"的洪山菜薹，距今已有 1 700 多年的栽培历史，在先秦文献《夏小正》中，即有"正月采苔、二月荣芸"的记载，历来是湖北省地方向皇帝进贡的土特产。此外，不管是观赏还是药用，湖北省花卉产业的发展历史也十分悠久。于宋至道三年（997年）开始种植的麻城福白菊，历经千年培育，常年种植面积达 10 万余亩，品质和产能居中国三大菊花基地之首，具有观赏、药用、食疗、保健等多重作用。湖北省还是中国茶文化奠基地，自古蕴藏着丰富的茶文化资源。"茶祖"神农氏、"茶神"诸葛亮、"茶圣"陆羽和"茶使"王昭君的故里都在湖北。陆羽在《茶经》中写道："茶之为饮，发乎神农氏，闻于鲁周公。其巴山峡川，有两人合抱者，伐而掇之。"说明了神农氏是茶饮的源头，发现和应用茶叶较早的地方在湖北。近代，湖北省还是中俄"万里茶道"的源头。汉口被誉为"东方茶港"，茶文化历史厚重。因此，不管是水果、蔬菜、花卉还是茶叶，湖北省都蕴含着独特的历史文化，为园艺产业的发展提供了充足的文化基础。

8. 科技与人才优势　湖北省作为农业科技强省，拥有完备的农林业教育体系，既有国家柑橘育种中心、国家蔬菜中心华中分中心、园艺植物生物学教育部重点实验室、果蔬园艺作物种质创新与利用全国重点实验室，又有全国知名的华中农业大学、长江大学、武汉植物园、湖北省农业科学院、武汉市农业科学院等具有较强的科研力量，扎根湖北的华中农业大学园艺学科是 A+ 学科，进入双一流建设行列，此外，还有农林园林学校、职业学校，其中有不少著名的园林专家、教授，每年向社会输送大批的技术人才。湖北省有数十位国家柑橘（猕猴桃）产业技术体系、国家桃产业技术体系、国家梨产业技术体系、国家葡萄产业技术体系、国家大宗蔬菜产业技术体系、国家茶叶产业技术体系、中草药产业技术体系、食用菌产业技术体系及西甜瓜等产业技术体系的岗位科学家和国家重点蔬菜科技项目首席专家，同时，湖北省通过人才"引、留、育"等方式，形成人才效应。在水果产业上，与华中农业大学、省农业科学院等紧密合作，制定完善了包括品种选育、种植管理、采后加工等各环节的技术规范和实施标准，大力推广大苗建园、起垄覆膜、宽行密株、多主枝整形、长枝修剪、肥水一体化、绿色防控等高效栽培技术，开展行内覆盖、行间生草、枝条还田、种养结合、增施有机肥等，着力提升土壤肥力。注重农机农艺结合，实施合理负载，适时采收，推进轻简化栽培，着力减少劳动力成本。通过精品果园建设等项目的示范推广，关键技术得到有效落实。在蔬菜产业上，武汉建有国内唯一的"国家种质武汉水生蔬菜资源圃"，保存资源 3 000 多份，是世界上保存水生蔬菜资源种类、类型、生态型和数量最多的资源圃，为水生蔬菜品种的选育提供了丰富的材料。湖北省蔬菜研究所在高山蔬菜研究领域处于全国领先地位，武汉市蔬菜科学研究所在水生蔬菜研究领域处于全国领先水平。在茶产业上，茶园作业轻简化呈现新态势，湖北省茶叶加工在由手工到机械制茶转型的基础上，整体进入连续化、清洁化阶段，部分达到自动化水平，实现了二次飞跃。在花卉产业上，拥有全国闻名的中国科学院武汉植物研究所和边际各省市轴线的三级林业科研机构，主要开展梅花、荷花、菊花、百合、月季、非洲菊等花卉的相关研究，在品种选育和栽培技术领域成果丰硕。

9. 政策优势 湖北省发展园艺产业符合国家一系列方针政策。《中共中央 国务院关于全面推进乡村振兴加快农业农村现代化的意见》《乡村振兴战略规划（2018—2022年）》《全国乡村产业发展规划（2020—2025年）》等充分体现了国家对现代农业发展的重视，2023 年的中央一号文件与二十大报告也给我国园艺产业的发展带来了新的机遇。此外，湖北省也十分重视园艺产业发展，湖北省"十四五"规划建议中提出，要因地制宜发展蔬菜、水果、茶叶、食用菌等优势特色农产品，围绕茶叶、柑橘、蔬菜（食用菌）、药材等主导产业，打造"十大千（百）亿级优势农业产业链"。《湖北省推进农业农村现代化"十四五"规划》和《湖北省林业发展"十四五"规划》中也强调，打造全国特色农产品生产优势区，优化农业产业布局，着力发展蔬菜（食用菌、莲、魔芋）、茶叶、柑橘等十大重点农业产业链，重点发展珍贵盆景、高档盆花、鲜切花、高标准绿化苗木，不断优化产业布局，提高专业化、规模化生产水平，打造具有地方特色的苗木花卉产业品牌。2022 年的湖北省委"一号文件"重点强调了全面推进乡村振兴、持续推进十大农业产业链建设的重要性，并每年拿出 10 亿元支持十大农业重点产业链建设，10 位省领导担任产业链"链长"等措施夯实了湖北省园艺产业发展的基础。

（二）湖北省园艺产业发展的劣势分析

湖北省园艺产业绿色发展仍处于起步阶段，还面临不少困难和挑战。

1. 园艺品种不优，供需结构性矛盾突出 湖北省园艺产业规模偏小，农业资源优势没有转化为产业优势，全产业链前后脱节，结构性问题突出，出现"四多四少"的特点：一般产品多，名、优、特、新产品少；中熟或集中上市的产品多，早晚熟或专用品种少；初级产品多，加工产品少；低档次产品多，高品质、高附加值、高科技含量的产品少。例如，湖北省水果产业品种资源圃、繁育圃及大苗繁育圃建设滞后，本土繁育及运销能力不足，缺少大规模、专业化繁育基地等短板极大制约了水果供给能力。同时，由于湖北省地处暖温带和北亚热带的混交区域，在年有效积温与需冷量等方面难以达到柑橘与优秀落叶果树的生长要求，导致品种选择余地十分有限；湖北省蔬菜年播种面积 1 800 万亩左右，年需近 1 000 万千克蔬菜良种，但本省自给率不足 30%，缺口严重，严重影响了蔬菜产业的良性发展。

2. 产品品质不高，生产方式仍然粗放　一是农户贯彻绿色发展理念还不深入。农民对生态优先、绿色发展的重要性认识不足，发展农业生产与保护生态环境对立的问题仍然存在，农业生产还没有从单纯追求产量真正转向数量、质量并重上来。二是农业生产方式仍然较粗放。农业主要依靠资源消耗的粗放经营方式仍未根本改变，耕地用养结合还不充分，土壤退化和污染问题仍然突出，绿色技术集成创新不够，作物生产过程中化肥及化学农药过量施用，增加了生产成本，降低了产品品质，还产生面源污染，严重制约了园艺产业可持续发展。三是湖北省园艺产业绿色生产水平不够。根据 2021 年《绿色食品统计年报》显示，近 3 年湖北省新增有效用标绿色食品单位与产品数为 923 家、2 319 个，在全国各省份中仅排到第十位与第九位。四是绿色发展激励约束机制尚未健全。绿色生态的政策激励机制还不完善，与农业绿色发展相适应的法律法规和监督考核机制还不健全，生态产品价值实现机制尚未形成。

3. 产品品牌不响，"大路货"比重大　一是区域品牌整合困难，公共品牌滥用现象严重。相对于工业品，园艺产品季节性、时效性较强，且科技含量有限，包装易学易仿，在长期无序竞争的情况下，各种小商家滥用知名公共品牌扰乱市场。二是品牌总数多，但是在全国有重要影响的少，仅有"宜昌蜜橘""秭归脐橙""恩施硒茶""洪湖莲藕"等稍有名气，不少优质园艺产品给外地知名品牌做原料或贴牌生产，根据 2021 年中国品牌·区域农业产业品牌影响力指数排行榜，影响力指数排名前 100 的农产品中，湖北省有 3 例名列其中，园艺类仅有秭归脐橙 1 例上榜且排名较后，为全国第 80 名。三是品牌传播重视程度不够，宣传推广策略简单。湖北省多数园艺产品主产区并没有形成自己的公共品牌或区域品牌，或者品牌不响亮，"大路货"比重大。例如，"宜昌蜜橘"的品牌传播媒介主要有 3 种，即广告牌、产品推介会与流媒体广告，对于互联网新时代的新媒体传播方式，如微博、短视频媒体等应用较少，宣传渠道有待拓宽、力度有待加强。四是湖北省园艺产品市场开拓不够，产品大多销往省内。湖北省当前出口的农产品主要以调味品及制品、干香菇、茶叶和蘑菇罐头为主，水果、花卉等园艺产品出口数量则略显不足，并且从区位上来看，湖北省位于我国中部内陆，尽管有着九省通衢的美誉，但同样也代表着与长三角、珠三角等经济发达地区存在着一些距离，大量外地客商驻鄂采购也使本省长期以来未对产品营销及企业培育给予足够的重视，导致本土营销企业规模小、竞争力差。

4. 绿色标准化水平低，区域发展不平衡　不同地区之间仍存在较大差异，宜昌、恩施、武汉等地区发展水平较高，科技的作用发挥较好，其他同样是丘陵山区的地市相对滞后。目前，真正能带动湖北省园艺产业发展的龙头企业较少，呈现出"小、散、弱"的特点，单个企业规模不够大、实力不够强，加工商品单一、精深加工层次较低，据统计，2021 年湖北省农产品加工率约为 68%，其中精深加工率不足 20%，与国外发达国家和地区的 60% 以上先进水平相比仍有较大差距，这一现象导致湖北省园艺产品附加值较低，多以初产品销售为主的发展模式也在很大程度上缩小了园艺产品的利润空间，且生产组织形式和利益机制还不够完善和规范，大面积带动农户的能力不强，加之管理体制不适应，扶持政策不到位，人才、技术、资金缺乏仍然是制约湖北省园艺产业发展的"瓶颈"。这也导致了湖北省多数园艺产品仍以原始形态进入消费者视线，并没有对产品进行进一步的整理分类、包装，且长期以来主要依靠坐地销售，园艺产品的附加值较低。但由于收购商挑选产品的品质要求较高，对于外形、包装等方面都有较高要求，一般的散户基本上达不到相应的要求，导致农产品多而不优，品牌杂而不亮，绿色标准体系还不健全，全产业链绿色转型任务繁重，还不适应消费结构升级的需要。

5. 基层人才缺乏，农村劳动力老龄化问题突出　受人才政策、生活条件等多方制约，中高端人才往往不愿长期留在农村从事园艺生产，而园艺产业作为劳动密集型产业，其产品特点及湖北省生产园艺产品的立地条件决定了在未来一段时间内仍然需要大量劳动力。例如，果实采摘等。当前，湖北省农村劳动力老龄化问题突出，据统计，2020年湖北省农村老年人口数量已高达557万余人，农村老年人口占比为26%，高于23.81%的全国平均水平，已进入深度老龄化阶段。目前，在许多地方从事园艺生产的主要是50岁以上的人员，而且掌握田间管理技术要领的农民逐年老龄化，在效益较好的秭归等地区，还有80后的年轻人进入行业，但大多地方逐步出现后继乏人的情况，基层农业人才不足的问题逐步显现，可持续发展面临巨大挑战。

6. 机械化程度低，基础设施薄弱　湖北省地形复杂，丘陵山区是湖北省发展特色园艺产业的重要地带，果实、肥料运输和采摘等非常困难，加之各园艺主产区机械化发展不平衡、不充分的问题依然明显，园艺产品生产效率低下。一是节水灌溉发展缓慢，旱涝保收、稳产高产还未完全实现，应对自然灾害能力仍需加强。二是园艺产品仓储、烘干、保鲜等田头物流设施配套不全，水果、蔬菜等产后损耗较大，优质果率不到80%。三是适应丘陵山区作业的中小型农机应用相对缓慢。据统计数据，2020年末，水果、蔬菜、茶叶等综合机械化水平分别是31.8%、22%、46.4%，以柑橘为例，2020年末湖北省柑橘种植机械化水平在20%左右，原因是从地理地势上看柑橘大多种植于较陡峭的山坡上，但当前湖北省在适宜丘陵山区的专业农机研发与应用等方面稍显不足，这也导致湖北省在宜机化与水肥一体化等方面与其他柑橘主产省份相比存在较大差距，柑橘、茶叶等全程机械化水平有待提高。四是农机装备产业弱小，创新能力不强，政策支持力度不够，农机产品缺门断档、质量参差不齐，产业发展所需机具存在"无机可用""有机难用"的问题。五是农业基础设施建设滞后，难以满足农机作业要求。丘陵山区农田宜机化改造试点启动，实施范围尚未全面铺开。农机流通和维修服务网点、区域性农机抗灾救灾、应急救援中心、农机场库棚等方面建设滞后，农机"下田难""维修难"和"停放难"等问题依然制约湖北园艺产业发展。

7. 自主创新能力不足，科技推广体系不完善　虽然湖北省科学教育资源雄厚，但存在自主创新能力不足、关键技术水平不高、大的工商资本和企业入驻少等问题。主要体现在重引进、轻创新，重模仿、轻开发，缺乏自主知识产权的技术和品牌，科学技术方面虽有优势但难以落地。这导致了高档优质、节肥节水节药、适宜机械化生产、轻简化栽培的特用专用品种供给不足。此外，大多数农民虽有一定的传统栽培经验，但有关提高产品品质、采后处理、经营销售等方面的知识和技术仍严重欠缺。与此对应的基层农技推广却存在服务队伍不健全、老龄化问题突出、农业科研和农业推广存在"两张皮"现象。虽然从事园艺产业服务推广的人员数量较多，但技术服务体系中的许多关系还没有理顺，仍存在"最后一公里"现象，有的地方甚至面临"线断、网破、人散"的局面，加上各级技术推广人员未定期培训，其专业知识、技术、信息等还不能适应园艺产业高质量发展的需要。

四、湖北园艺产业发展的机遇与挑战

（一）湖北园艺产业发展的机遇分析

展望"十四五"，生态优先、绿色发展将成为全党全社会的共识，绿色生产生活方式加快形成，美丽中国建设扎实推进，为湖北省园艺产业绿色发展带来难得机遇。

1. 市场机遇　在国内市场上，我国人口众多，人民生活水平不断提高，对水果、花卉及蔬菜营养、保健产品将成为消费的新热点，需求量也随之增加。园艺产品是集营养、保健功能和精神文化享受于一体的特殊的日常消费品，其需求必然随着社会经济发展而不断增长，在国内外农产品中的地位不断提升。目前，我国国内市场虽然处于数量型的相对饱和状态，但随着人口增长、经济发展、生活质量提高，国内市场需求仍将不断扩大。在国际市场上，国际市场需求一直保持增长的趋势，世界园艺产品总消费量逐年上升，但由于投入要素的机会成本上升，发达国家的园艺生产正在逐步萎缩，园艺产品自给率不断下降。此外，贸易的相对自由化为湖北省园艺产业国际化创造了良好的国际环境。《区域全面经济伙伴关系协定》（RCEP）、"一带一路"倡议等贸易协定的签署将使一些国家设置的贸易障碍和关税壁垒自动取消，我国可获得永久的无条件最惠国待遇（正常贸易关系待遇）、非歧视性待遇，为湖北省园艺产业国际化创造良好的国际环境，有利于湖北省引进国外先进生产技术和优秀人才，有效地利用国际资源和开拓国际市场，促进湖北省园艺产品出口。贸易自由化也有利于湖北省引进国外高质量园艺产品。国外高质量园艺产品进入国内市场后，由于其品质好、价格高，会给国内的同类产品造成很大的冲击，这会刺激国内园艺产品质量的提升，更好地提升湖北省园艺产业的发展水平。

2. 产业结构调整机遇　从国内来看，随着经济的发展，土地、劳动和资本等要素使用的机会成本不断上升，当前我国园艺产品生产布局存在由东部向中西部转移的趋势。从地区上来看，以湖北、广西、云南等为代表的中西部主产省份园艺产品种植面积不断扩张，福建、浙江和广东等东部沿海省份园艺产品主产区减产；从品种类型上看，由于消费者需求旺盛，经济效益高，以宜昌蜜橘为代表的宽皮柑橘、以"火烧坪包儿菜"为代表的高山蔬菜和以"洪湖莲藕"为代表的水生蔬菜等出现了大幅度增产。从上市时间来看，高山反季蔬菜、水果早熟品种和晚熟品种增产，弥补了大中城市、平原低海拔地区园艺产品淡季供应不足的缺口。湖北省凭借得天独厚的自然条件及相对较低的生产成本可以承接园艺产业转移，生产特种蔬菜、水果等。由此可见，产业结构的调整为湖北省园艺产业发展带来了一定的机遇。

国际上，《乌拉圭回合农业协议》执行后世界农业政策的变化导致了国际农业生产结构和布局结构的大调整。农业保护的减少将导致世界农业的生产结构和布局结构重新调整，农业贸易自由化的结果是各国趋向按比较利益原则安排农业生产，发达国家和一些新兴工业化国家必将减少不具有比较优势的农产品生产。目前，世界上主要的一些园艺农产品生产大国由于土地资源、劳动力成本、机会成本等方面的压力与限制，园艺农产品生产与发展的空间日益狭小，园艺农产品生产已呈下降趋势。随着世界园艺农产品生产与消费的进一步分离，生产正由高成本发达国家向自然条件优越、劳动力资源丰富、生产成本低廉的发展中国家转移。湖北省正好利用这一契机，发挥园艺资源丰富、生产成本低等优势，积极发展水果、蔬菜、花卉、茶叶等园艺农产品的生产，扩大出口。

3. 新发展格局机遇　当前，新一轮农业科技革命和产业变革正在重塑世界农业创新格局，生命科学、数字农业、智慧农业、农业大数据等领域突飞猛进。为抢抓新一轮科技革命和产业变革带来的机遇，湖北省以科技助农、质量兴农、品牌强农为目标，组织实施"乡村振兴科技支撑工程"，加强绿色、优质、高效、安全农业技术研发，大力提升农业机械化、智能化、标准化发展水平，努力发展自主可控的种业技术，全面提升农业绿色优质高效生产技术水平，加强动物疫病和农作物病虫害绿色防控关键技术攻关，强化农产品加工储运与质量安全重点技术研发，大幅提高农业质量效益和竞争力，为打造农业强省，实现农业农村现代化提供科技支撑。"三个没有改变"的超强韧性为农业由大向强转变蓄积了强劲发展势能；"五期叠加"为全面推进乡村振兴孕育新的发展契机；打造国内大循环的重要节点和国内、国外双循环的战略链接将为农业农村开拓新的发展空间；新一轮科技革命和产业变革将赋予农业农村发展更大活力。

4. 政策机遇　政策环境不断优化。"三农"工作重心转向全面推进乡村振兴、加快农业农村现代化，更多资源要素向生态文明建设聚集，国家出台的《中共中央　国务院关于全面推进乡村振兴加快农业农村现代化的意见》《农业农村部关于落实好党中央、国务院2021年农业农村重点工作部署的实施意见》，以及新近发布的《"十四五"全国农业绿色发展规划》《"十四五"推进农业农村现代化规划》《2021年种植业工作要点》等，充分体现了对包括园艺产业在内的现代农业绿色发展的重视。此外，湖北省对园艺产业的发展在政策及财政等方面也给予了大力支持。近年来，湖北省积极扶持园艺产业，促进园艺产品生产向基地化、规模化、集约化的方向发展。通过建立和落实"链长制"，作为优势主导产业的柑橘、蔬菜、茶产业，将由单一的农副产品生产为主向科研、生产、加工、贸易、休闲旅游等全产业链拓展，打造"十大千（百）亿级优势农业产业链"。此外，湖北省将统筹安排中央和省级财政支农资金，支持国家现代农业产业园创建、农业产业强镇示范建设、特色产业发展等。同时，湖北省农业部门坚持与农业科研单位的合作，抓好园艺产品优质高产技术的开发与应用，创新农业科技成果转化体制机制，促使产品生产向着标准化、规范化的方向发展，努力把湖北省打造成全国农业科技创新引领区。为了更好地促进园艺产业的发展，湖北省将园艺产业发展列入了"十四五"时期重点项目。在政策上，湖北省依据《国家乡村振兴战略规划（2018—2022年）》《中华人民共和国国民经济和社会发展第十四个五年规划和2035年远景目标纲要》等制定了《湖北省推进农业农村现代化"十四五"规划》等一系列方针政策，出台了针对园艺产业发展的支持政策，破解了长期困扰园艺产业发展的产业化程度不高、绿色发展技术滞后等难题。这些相关政策都是湖北省园艺产业发展不可或缺的政策机遇。

（二）湖北园艺产业发展的挑战分析

从面临的挑战来看，新发展阶段湖北省园艺产业将面临更加复杂的发展形势。

1. 劳动力与土地流转的挑战　随着城镇化进程推进，大量青壮劳动力进城务工，"非农化"流失日趋严重，不仅导致农业劳动力短缺，季节性用工难问题日益突出，劳动力成本大幅上涨，而且剩下的劳动力年龄较大，接受和使用新技术、新知识、新信息能力较低；同时，很大部分农户群众"恋土情结"较重，仍存在小农经济意识，顾忌土地流转后劳作和温饱没有保障、设施投入大、产品难销等一系列问题，以致土地流转阻力更多，农业用地成本不断上升。劳动力与土地流转的双重约束，不利于劳动力密集型和技术集成化管理的蔬菜产业集约化、规模化的可持续发展。

2. 国内园艺市场竞争带来的挑战　随着优势区品牌意识的增强，近年来我国园艺产品市场上涌现出了多种驰名品牌，例如，赣南脐橙、烟台苹果、淮阳黄花菜、潍县萝卜、洛阳牡丹、红河灯盏花、信阳毛尖、太平猴魁等。其中，江西省、山东省、云南省、福建省等地区以标准化经营的优势打入了全国主要销售市场，并占据了相当数量的市场份额，这无疑对湖北省园艺产业发展带来前所未有的考验和挑战。近几年，我国在新品种的研发上取得了一定的进展，园艺产品品种越来越多样化，产量也越来越高。同时，这些畅销的园艺品种使得消费者的选择也越来越多样化。然而，品种多样化和消费者选择多样化给湖北省园艺产业的发展带来了巨大的威胁。

3. 进口产品日趋激烈的竞争带来的挑战　多样化的消费需求推动进口园艺产品在中国市场上越来越受到人们的青睐。这主要由三个因素所致，一是消费者的收入水平在不断提升；二是电商贸易的飞速发展带动了进口产品的热销；三是高端化、多样化的消费升级需求推动了园艺产品消费结构的改变。进口产品的增加对湖北省园艺产品的消费无疑将带来巨大的冲击。同时，国外几大园艺主产国都以其自身的比较优势占据着相当一部分市场份额。例如，美国以强大的品牌优势、巴西以丰富的劳动力优势占据着较多的国际市场份额，这无疑对湖北省园艺产品国际销售市场的开拓造成了巨大的阻碍。

4. 部分产品生产"过剩"带来的挑战　目前，我国园艺产品总体判断是总量过剩、结构性过剩、季节性过剩、低品质过剩，园艺产业发展最佳状态产量基本上达到饱和。品种产能过剩、产品集中上市，导致"供大于求"、行情价格异常波动，"丰产不丰收""菜贱伤农"等现象时有发生，这对湖北省园艺产业发展带来了新的威胁。然而，质量好的产品从来不存在过剩的问题，高品质园艺产品仍然很有市场。因此，湖北省要解决园艺市场"生产过剩"的问题，关键在于能否顺利地实现湖北省园艺产业转型升级，提升湖北省园艺产品品质，处理好"卖难"的问题，这对湖北省园艺产业来说是另一个不可忽视的威胁。

5. 国内消费需求变化带来的挑战　随着人民消费能力提高，国内园艺市场的消费需求也悄悄发生了改变。第一，消费需求量越来越大，园艺产品消费种类也越来越多。因此，随着市场上园艺产品种类越来越丰富，消费者的需求变得多样化，这无疑对湖北省园艺产品的市场销售提出更多挑战。第二，消费者消费需求更加注重品质、品牌。消费者对园艺产品的要求越来越高，不再像以往那样仅仅关注价格，而是在品种、卖相及品质上有了更高的消费需求。市场不断升级的消费需求必将对湖北园艺的种植生产造成一定的压力。第三，随着消费结构的变化，国内消费者对进口产品的消费需求快速增长，这也将对湖北省园艺的国内市场销售带来一定的冲击。

6. 农用地竞争激烈带来的挑战 2022 年政府工作报告中提出，坚决守住 18 亿亩耕地红线，划足划实永久基本农田，切实遏制耕地"非农化"、防止"非粮化"。包括湖北省在内的南方丘陵山区，耕地资源紧缺，以特色农业为主，耕地"非粮化"现象较为严重，是遏制耕地"非农化"、防止"非粮化"的重点地区。因此，在未来伴随着永久基本农田划定，粮食播种面积增加，园艺产品用地竞争将越发激烈，对未来湖北省园艺产业发展带来了一定的压力。表 3-6 为 2016—2020 年湖北省部分粮食和经济农作物种植面积状况。

表 3-6　2016—2020 年湖北省部分粮食和经济农作物种植面积

单位：千公顷

年份	小麦	稻谷	油菜籽	花生	中草药材	瓜果类	蔬菜	茶叶
2016	1 108.27	2 130.97	1 150.43	232.14	174.92	104.09	1 248.03	267.53
2017	1 153.21	2 368.07	971.17	230.53	155.39	92.42	1 188.62	283.31
2018	1 104.96	2 390.99	932.97	232.60	191.99	96.11	1 224.27	321.50
2019	1 017.74	2 286.75	938.31	243.62	239.80	96.91	1 257.94	347.71
2020	1 031.38	2 280.73	1 034.36	248.72	269.85	99.07	1 279.90	358.39

资料来源：《湖北省统计年鉴》（2017—2021 年），其中蔬菜包括食用菌。

7. 农业资源环境约束带来的挑战 随着湖北省工业化水平不断提高，资源环境的压力也不断加大，给园艺产业的发展带来了极大的挑战。一方面，耕地后备资源不足，人均耕地低于全国平均水平，集中连片耕地后备资源约 313 平方千米（47 万亩），区域分布和水田、旱地结构不平衡，部分地区落实耕地占补平衡压力较大；另一方面，农村环境形势十分严峻，面源污染治理短板突出，农业源对主要水污染物排放总量的贡献率较高。生活污染和工业污染叠加，各种新旧污染相互交织，土壤污染防治工作基础仍然十分薄弱。生活污水和垃圾无害化处理率低，部分农村黑、臭水体治理任务艰巨，地下水污染防治还处于探索阶段。农村环境保护的体制、机制不够健全，环保基础设施滞后，环境监管能力薄弱，优良农产品供给离人民群众对美好生态环境的期盼和向往还有很大差距。

五、湖北园艺产业发展的基本判断与结论

（一）湖北园艺产业发展的形势分析

从图 3-1 的分析可以看出，湖北省园艺产业从总体上来看有一定优势，尤其是湖北省特有的地理区位优势、气候优势和种质资源优势，是其他省份所无法比拟的。但是有很多存在的问题制约着湖北省园艺产业的发展，最突出的是"三品一标"方面的问题；外部因素在给湖北省园艺产业发展带来挑战的同时，也带来了发展机遇。

因此，湖北省园艺产业发展总体上看优势与机遇并存，要促进湖北省园艺产业可持续发展，必须采取增长型发展战略（表 3-7）。

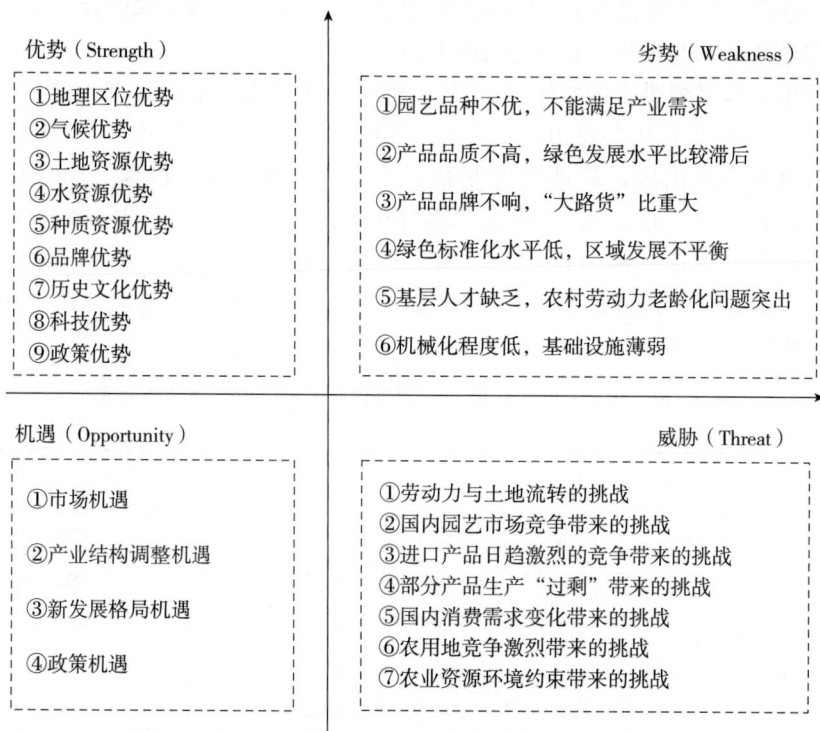

图 3-1　湖北省园艺产业发展 SWOT 战略分析表

表 3-7　湖北省园艺产业发展 SWOT 战略分析矩阵

	机会（Opportunity）	威胁（Threat）
优势 （Strengths）	SO 战略（增长型战略） 依靠内部优势，利用外部机会 提升品质，打造品牌 产品创新，保障质量	ST 战略（多种经营战略） 依靠内部优势，回避外部威胁 做好调研，夯实基础 发挥特色，强化服务
劣势 （Weakness）	WO 战略（扭转型战略） 克服内部劣势，利用外部机会 坚持特色，整合资源 加大投入，技术引领	WT 战略（防御型战略） 克服内部劣势，回避外部威胁 市场开拓，技术创新 人才培养，强化管理

（二）湖北园艺产业绿色发展的展望

总体来看，"十三五"期间，湖北省园艺产业稳定发展，稳产保供能力显著提高，产品结构持续优化，质量水平稳步提升，市场供给更加均衡。水果、蔬菜、花卉、茶叶形成了较为明确的优势区域，实现了"时不分四季、供应不断，地不分南北、想买就有"，保障了居民生活需求。此外，园艺产业绿色生产能力显著提高，在绿色基地大批建成的同时，绿色关键技术应用率明显上升。预计"十四五"期间，湖北省园艺产业生产积极性不减，品种结构进一步优化，市场供给整体宽松的局面仍将继续保持。

在园艺产品生产上，总体判断为"面积扩张有限，产量总体稳定，绿色供给增加"。一方面，为了防范化解耕地"非粮化"带来的粮食安全问题，各地逐步落实严格的耕地利用优先序，园艺产业面积扩张所受约束显著增强；另一方面，品种改良和生产管理水平改进推动单产提高，使园艺产品产量总体稳定。预计"十四五"期间，园艺产品产量年平均增速在2%左右，产量增加的同时，品质进一步提升，供给进一步优化，园艺产品绿色供给增加。

在园艺产品消费上，总体判断为"消费量持续增长，绿色优质产品更受青睐"。随着城乡融合发展，居民可支配收入增加，食物结构优化，推动园艺产品直接消费和加工消费增加。其中，直接消费向质量型转变，绿色优质产品将受到更多消费者青睐，作为园艺产品重要消费增长点，加工消费量将快速增长。此外，由于城乡冷链物流体系建设的完善和供应链水平的提升，园艺产品损耗占比也将显著降低，加之销售渠道多样化，线上消费逐步增加，直播购物、社区团购等新业态如火如荼地发展，居民对于高品质消费和品牌化消费将更为重视。

在园艺产品价格上，总统判断为"价格波动上涨，分化趋势明显"。未来10年是园艺产业由劳动密集型向技术密集型转变的关键时期，用工多及人工成本上涨，高品质产品价值不断彰显，支撑园艺产品价格整体波动上涨。此外，随着"优质优价"的机制愈加完善，符合消费升级需求的优质园艺产品价格趋于上涨，而相对过剩、同质化的普通园艺产品价格下跌风险较大。

第四章 湖北园艺产业发展的
市场前景与发展潜力

一、国内外园艺产品的市场供求现状

（一）国外园艺产品的市场供求现状

1. 世界园艺产业总体发展现状 园艺产业在世界种植业生产结构中占据着极为重要的地位，对丰富人类营养结构，美化和改造人类生活、自然生态环境有着极为重要的意义。近年来在世界园艺产业迅猛发展的背景下，伴随园艺产业栽培、繁育及加工等核心技术的不断成熟，世界园艺产品的年总产量、单产和销售额都有着大幅度的提高。

如表4-1所示，据FAO统计，10年间世界主要园艺产品产量和面积均有不同程度的提升。2020年世界水果总产量为88 702.74万吨，收获面积达97 288.95万亩，相较2010年，总产量和收获面积分别增加了15 008.21万吨和6 312.75万亩，增长了20.37％和6.94％；世界蔬菜总产量为114 844.63万吨，收获面积达87 447.00万亩，相较2010年，总产量和收获面积分别增加了22 732.72万吨和11 765.25万亩，增长了24.68％和15.55％；世界茶叶总产量为702.40万吨，收获面积达7 965.45万亩，相较2010年，总产量和收获面积分别增加了241.33万吨和3 231.45万亩，增长了34.36％和68.26％。

表4-1 2010—2020年世界园艺产品生产状况

年份	水果		蔬菜		茶叶	
	收获面积/万亩	产量/万吨	收获面积/万亩	产量/万吨	收获面积/万亩	产量/万吨
2010	90 976.20	73 694.53	75 681.75	92 111.91	4 734.00	461.07
2011	92 183.70	76 194.94	77 846.70	95 426.62	5 103.30	482.75
2012	92 968.20	77 517.53	79 971.00	97 755.15	5 268.60	502.57
2013	94 879.65	80 641.15	81 496.95	99 647.55	5 422.95	530.98
2014	96 226.05	82 273.05	82 382.85	103 032.23	5 681.70	549.40
2015	96 601.20	83 574.13	85 005.30	105 681.32	5 817.45	576.19
2016	95 987.25	83 900.43	85 843.95	107 663.42	6 231.75	580.27
2017	94 719.45	84 473.16	87 176.25	109 722.38	7 032.45	599.47
2018	96 277.80	87 120.03	87 300.30	110 380.39	7 282.05	632.69
2019	97 940.10	88 341.58	89 187.00	112 792.66	7 619.10	649.74
2020	97 288.95	88 702.74	87 447.00	114 844.63	7 965.45	702.40

资料来源：FAO数据库。

近年来随着全球化程度的加深及信息化水平的提升，世界各地园艺产品贸易活动频

繁，贸易额稳步提高。从进口、出口贸易额来看，如表4-2所示，2020年全球园艺产品
（不含花卉）进口、出口贸易额分别达到2 328.31亿美元与2 270.94亿美元，分别占世界
农产品进口、出口贸易总额的15.14％和15.22％，园艺产品贸易在世界农产品贸易中的
地位正在不断提升；从进口、出口总量看，如表4-3所示，世界园艺产品贸易量相较于
2010年增长迅速，2020年进口、出口总量分别达16 336.71万吨和16 815.21万吨，比
2010年分别增长17.45％和16.30％。

表4-2　2010—2020年世界园艺产品贸易额占农产品贸易额的比例

年份	进口					出口				
	农产品/亿美元	水果/亿美元	蔬菜/亿美元	茶叶/亿美元	比例/％	农产品/亿美元	水果/亿美元	蔬菜/亿美元	茶叶/亿美元	比例/％
2010	11 079.32	920.79	601.46	56.86	14.25	10 856.28	851.62	610.56	64.02	14.06
2011	13 582.48	1 046.32	645.49	66.29	12.94	13 214.45	970.11	656.62	66.10	12.81
2012	13 711.85	1 064.35	635.95	68.00	12.90	13 389.58	989.39	633.25	63.17	12.59
2013	14 306.67	1 153.97	707.14	71.40	13.51	13 979.51	1 055.94	712.07	75.76	13.19
2014	14 511.00	1 164.48	718.11	75.27	13.49	14 218.36	1 092.94	732.71	70.32	13.33
2015	13 174.19	1 137.30	697.53	71.98	14.47	12 750.64	1 036.44	701.91	65.08	14.14
2016	13 152.00	1 175.17	727.54	69.95	15.00	12 873.16	1 103.62	744.68	66.43	14.87
2017	14 414.63	1 258.11	775.43	72.70	14.61	14 112.89	1 192.55	801.17	80.93	14.70
2 018	15 003.43	1 346.02	797.43	70.28	14.75	14 540.99	1 247.37	827.77	76.64	14.80
2019	14 869.94	1 333.33	821.71	66.67	14.94	14 446.66	1 265.04	849.17	76.81	15.17
2020	15 380.33	1 392.93	867.09	68.29	15.14	14 922.11	1 319.15	870.96	80.83	15.22

资料来源：FAO数据库，不含花卉。

表4-3　2010—2020年世界园艺产品进出口量

单位：万吨

年份	进口				出口			
	水果	蔬菜	茶叶	总量	水果	蔬菜	茶叶	总量
2010	8 574.79	5 164.95	170.24	13 909.98	8 899.71	5 357.73	201.39	14 458.83
2011	8 966.15	5 333.14	188.91	14 488.20	9 208.57	5 574.23	197.78	14 980.58
2012	9 104.58	5 427.19	193.72	14 725.49	9 431.53	5 565.61	186.82	15 183.96
2013	9 492.72	5 668.65	186.87	15 348.24	9 789.13	5 833.70	209.17	15 832.00
2014	9 913.98	5 880.57	207.64	16 002.19	10 081.11	6 142.66	192.28	16 416.05
2015	10 314.46	6 004.47	198.39	16 517.32	10 132.12	6 139.96	184.71	16 456.79
2016	10 422.36	6 220.94	194.03	16 837.33	10 591.70	6 426.12	185.87	17 203.69
2017	10 945.28	6 347.74	195.41	17 488.43	11 244.43	6 626.54	213.39	18 084.36
2018	11 153.95	6 595.09	188.13	17 937.17	11 194.52	6 846.67	201.21	18 242.40
2019	11 271.75	6 788.84	185.50	18 246.09	11 402.78	7 002.62	200.87	18 606.27
2 020	10 979.58	5 164.95	192.18	16 336.71	11 243.45	5 357.73	214.03	16 815.21

资料来源：FAO数据库，不含花卉。

如表4-4所示，世界各国在园艺产品（不含花卉）的消费排名中前20名的国家以发展中国家居多。在发展中国家中，中国在3种园艺产品的消费量上均居第1位，2019年中国共消费水果18 098.2万吨，消费蔬菜56 502.8万吨，消费茶叶186.0万吨，且其他国家与中国在各类园艺产品消费量上均有着较大差距。在发达国家中，3种园艺产品以美国消费量最大，2019年美国共消费水果6 498.8万吨，消费蔬菜3 265.9万吨，消费茶叶18.9万吨。

表4-4 2019年全球主要园艺产品消费国家各类产品消费量

单位：万吨

水果		蔬菜		茶叶	
国家	消费量	国家	消费量	国家	消费量
中国	18 098.2	中国	56 502.8	中国	186.0
印度	10 056.8	印度	9 283.9	印度	116.6
美国	6 498.8	美国	3 265.9	巴西	48.1
巴西	2 678.1	越南	1 784.5	巴基斯坦	37.5
印度尼西亚	2 186.1	土耳其	1 537.4	土耳其	31.4
法国	1 884.0	俄罗斯	1 387.6	阿根廷	27.9
墨西哥	1 826.9	日本	1 280.5	伊朗	22.6
意大利	1 764.3	尼日利亚	1 148.8	埃及	21.6
俄罗斯	1 612.0	印度尼西亚	1 091.1	美国	18.9
伊朗	1 426.7	德国	1 072.8	俄罗斯	15.2

注：根据FAO食品供需平衡表计算整理。消费量计算公式：供给量（产量＋进口量）＝需求量（消费量＋出口量＋加工量＋损耗量）。其中，水果不含葡萄酒，茶叶含饮料。FAO数据库中加工量数据仅统计至2019年，故本表采用2019年的排名。

2. 世界园艺产品供需平衡状况 由表4-5所示，世界水果与蔬菜的供需状况尽管处于不平衡的状态，但呈现逐年改善的态势。其中，水果长期处于供大于求的状态，但近年来有逐渐缩小的趋势，剩余量由2010年的5 158.69万吨缩减至2019年的3 108.26万吨；蔬菜则是由供不应求转变为供稍过求，由2010年的96.83万吨供给缺口转变为2019年的890.53万吨供给盈余。相较下，尽管10年间茶叶供需缺口在不断缩小，但年需求缺口仍达到250万吨左右。随着世界人口增加带来的需求快速增长与气候、环境条件的不断恶化，在人们对高质量园艺产品需求快速增长的未来，如何保障产品生产供给、有效提升供给质量，实现园艺产业绿色可持续发展，将成为世界园艺产业发展所要解决的首要问题。

表4-5 世界园艺产品供需平衡表

单位：万吨

种类	年份	总供给			总需求			
		生产量	进口量	合计	消费量	出口量	损耗量	合计
水果	2010	73 694.53	8 574.79	82 269.32	69 074.90	851.62	7 184.11	77 110.63
	2011	76 194.94	8 966.15	85 161.09	71 476.80	970.11	7 430.15	79 877.06
	2012	77 517.53	9 104.58	86 622.11	72 980.30	989.39	7 638.43	81 608.12
	2013	80 641.15	9 492.72	90 133.87	75 974.70	1 055.94	7 919.72	84 950.36
	2014	82 273.05	9 917.11	92 190.16	78 237.90	1 092.94	8 105.30	87 436.14

（续）

种类	年份	总供给			总需求			
		生产量	进口量	合计	消费量	出口量	损耗量	合计
水果	2015	83 574.13	10 315.29	93 889.42	79 941.80	1 036.44	8 205.62	89 183.86
	2016	83 900.43	10 424.11	94 324.54	79 592.30	1 103.62	8 245.57	88 941.49
	2017	84 473.16	10 909.80	95 382.96	81 039.00	1 192.55	8 392.05	90 623.60
	2018	87 120.03	11 113.47	98 233.50	85 000.60	1 247.37	8 599.24	94 847.21
	2019	88 341.58	11 247.10	99 588.68	86 439.80	1 265.04	8 775.58	96 480.42
蔬菜	2010	92 111.91	5 164.95	97 276.86	84 160.90	5 357.73	7 855.06	97 373.69
	2011	95 426.62	5 333.14	100 759.76	86 484.90	5 574.23	8 094.14	100 153.27
	2012	97 755.15	5 427.19	103 182.34	88 922.40	5 565.61	8 323.29	102 811.30
	2013	99 647.55	5 668.65	105 316.20	90 757.30	5 833.70	8 487.60	105 078.60
	2014	103 032.23	5 880.57	108 912.80	92 753.40	6 142.66	8 908.05	107 804.11
	2015	105 681.32	6 004.47	111 685.79	95 248.50	6 139.96	9 148.20	110 536.66
	2016	107 663.42	6 220.94	113 884.36	97 222.40	6 426.12	9 319.44	112 967.96
	2017	109 722.38	6 347.74	116 070.12	98 873.70	6 626.54	9 474.78	114 975.02
	2018	110 380.39	6 595.09	116 975.48	100 234.10	6 846.67	9 646.48	116 727.25
	2019	112 792.66	6 788.84	119 581.50	101 902.60	7 002.62	9 785.75	118 690.97
茶叶	2010	461.07	171.95	633.02	733.80	202.28	20.11	956.19
	2011	482.75	189.94	672.69	777.90	198.33	20.83	997.06
	2012	502.57	193.50	696.07	798.90	180.60	21.65	1 001.15
	2013	530.98	189.34	720.32	805.90	205.14	23.09	1 034.13
	2014	549.40	208.77	758.17	840.40	192.43	24.67	1 057.50
	2015	576.19	199.65	775.84	845.60	184.89	25.76	1 056.25
	2016	580.27	195.27	775.54	846.90	186.11	25.81	1 058.82
	2017	599.47	197.12	796.59	851.60	213.59	26.64	1 091.83
	2018	632.69	190.50	823.19	858.50	201.46	28.34	1 088.30
	2019	649.74	187.32	837.06	856.90	201.10	28.84	1 086.84

资料来源：FAO 数据库计算整理，水果不含葡萄酒。

自第二次世界大战结束以来，随着人们收入水平的不断提升，对生活品质的追求也不再仅限于满足日常生活所需。收入中用于陶冶个人情操与装饰生活环境的比例在逐步提升，因此，鲜花绿植越来越受到人们的青睐，这推动着世界花卉产业发展迎来了大规模商品化生产时期，促进花卉消费量逐年上升并使其成为国际贸易大宗商品。

据 FAO 的统计，从 20 世纪 90 年代起，世界花卉产品贸易额就以每年 10% 的速度递增，尽管近年来增长速度有所减缓，但总体仍保持在 6% 的增长水平。20 世纪 80 年代初期，世界花卉销售额仅为 100 亿美元，20 世纪 90 年代初期，超过 1 000 亿美元，到 2019 年，世界花卉和观赏植物年消费总额已超过 3 100 亿美元。据 FAO 的统计，1998 年最大的花卉出口国前 10 位依次为荷兰、哥伦比亚、丹麦、意大利、美国、比利时、加拿大、以色列、厄瓜多尔、德国；前 10 位花卉出口国家的出口金额占总出口额 82％以上，其中，荷兰占 53％，中国排名第 20 位。进入 21 世纪后，由于肯尼亚花卉出口的快速增长，以色列花卉出口的降低，花卉出口国前 10 位的国家和位次发生变化，2020 年世界最大的花卉出口国前 10 位依次为荷兰、哥伦比亚、德国、意大利、厄瓜多尔、肯尼亚、比利时、西班牙、加拿大和丹麦；前 10 位花卉出口国家的出口金额共占总出口金额的 82.96％，出口金额在总金额中占比与 2019 年相近，其中，荷兰仍然保持其在出口领域的绝对优势，中国出口金额与第 10 名丹麦相近，由 1998 年的第 20 名上升至 2020 年的第 11 名，随着我国栽培技术与产品结构的进一步完善，未来我国将有望跻身世界前 10 大出口国的行列中。表 4-6 为 2004 年欧盟的花卉个人消费量和总消费量。

表 4-6　2004 年欧盟的花卉个人消费量和总消费量

国家	个人消费量/（欧元/年）	人口/百万人	总消费量/百万欧元
德国	36	81.65	2 972
英国	45	59.87	2 667
法国	33	60.70	1 939
意大利	31	57.95	1 804
西班牙	53	43.31	969
荷兰	21	16.29	877
比利时	43	10.48	450
奥地利	45	8.22	370
瑞典	34	8.99	310
波兰	7	38.40	252
丹麦	41	5.40	220
希腊	17	11.23	180
芬兰	32	5.24	167
葡萄牙	16	10.47	170
匈牙利	13	10.11	143

资料来源：农业工程技术编辑部. 欧盟切花（切叶）市场发展状况（二）［J］. 农业工程技术（温室园艺），2008，334（4）：50-52.

2020 年，世界花卉出口贸易的产品结构以观赏植物与鲜切花为主。其中，观赏植物占 50％，鲜切花切叶占 38％，球根占 8％，其他植物占 4％。2020 年，全球花卉出口贸易额为 217.3 亿美元，鲜花 83.12 亿美元，观赏植物 103.75 亿美元，球根 17.03 亿美元，其他植物 13.4 亿美元。国际市场上已形成了欧盟、美国和英国 3 个花卉消费中心，其进口量约占世界花卉贸易总额的 80％以上，其中，欧盟进口量约占世界贸易总额的 59％。荷兰是世界最大的花卉出口国，据统计，其 70％以上的花卉产品用于出口，其球根花卉出口额约占世界球根出口贸易额的 80％，其鲜花出口额占世界鲜花出口总额的 51％。哥伦比亚的花卉 98％是供出口的，其鲜切花出口量仅次于荷兰，居世界第二位，年出口额达到 14.1 亿美元，约占世界切花出口总额的 17％。哥伦比亚的鲜切花主要出口到美国、加拿大、欧洲和日本等国，主要出口品种为康乃馨、迷你康乃馨和月季。2016 年，哥伦比亚鲜切花出口量达 23.5 万吨，产值近 13 亿美元，出口范围覆盖全球 72 个国家及地区。其中，热带和珍奇花卉出口量最大，约占出口总额的 35.7%，玫瑰约占出口总额的 23.4%，康乃馨约占 11%。

当今世界花卉消费已形成三大消费中心，即欧盟、美国和英国。其中，欧盟为世界最主要的花卉消费地区。全球花卉消费呈逐年稳步增长的态势。据统计，1991 年花卉消费额约 1 000 亿美元，至 2019 年已超过 3 100 亿美元，年增长平均速度超过 7%，其消费结构为鲜切花占 60%，贸易量约占总额的一半，小盆花占 30%，观赏植物占 10%。预计未来全球花卉消费额将保持稳步的增长态势，每年的增长速度估计将继续维持在 7% 以上。在不少国家和地区，鲜花、盆景等不再仅为满足人们节日的需求而存在，已成为人们日常生活中不可缺少的装饰品，成为人们日常开支的一部分。花卉市场正从集团消费向家庭消费转变。伴随着人们消费水平的升级与多样化需求的增加，世界切花品种，在过去的四大切花为主导的基础上增加了剑兰、百合、扶郎、红掌、水仙花等品种；盆栽植物则以球根秋海棠、凤梨植物、一品红、猪笼草等最为畅销；一些新品种，如发财树、虎尾兰等在家庭消费市场上更受欢迎。

(二) 国内园艺产品的市场供给现状

1. 生产方面：产业规模稳步增长，产销能力不断增强　我国是世界园艺产品生产大国，园艺作物栽培历史悠久，品种资源丰富。2021 年，我国花卉种植面积 159 万多公顷，花卉销售额超过 2 160 亿元，花卉进出口贸易额突破 7 亿美元。

"十二五"以来，我国园艺产品产销情况继续保持稳定，种植面积持续增加，产量、销售额稳步增长，产品结构优化调整，增量提质效果明显。如表 4-7 所示，2020 年，我国园艺作物总播种面积为 58 315.5 万亩，较 2010 年的 46 443.0 万亩增长了 25.56%。其中，水果种植面积为 18 969.0 万亩，总产量达到 28 692.4 万吨，较 2010 年分别增长了 18.40% 和 42.78%；蔬菜种植面积 32 229.0 万亩，总产量 74 912.9 万吨，比 2010 年分别增长了 23.26% 和 30.82%；花卉种植面积为 2 290.5 万亩，零售额达 1 876.6 亿元，较 2010 年分别增长了 66.34% 和 117.70%，是 2010 年的 1.9 倍；茶园面积为 4 827.0 万亩，总产量为 293.2 万吨，较 2010 年分别增长了 66.56% 和 100.55%。

表 4-7　2010—2020 年全国园艺产品生产情况

年份	水果		蔬菜		花卉		茶叶	
	面积/万亩	产量/万吨	面积/万亩	产量/万吨	面积/万亩	零售额/亿元	面积/万亩	产量/万吨
2010	16 021.5	20 095.4	26 146.5	57 264.9	1 377.0	862.0	2 898.0	146.2
2011	16 212.0	21 018.6	26 865.0	59 766.6	1 536.0	1 068.5	3 084.0	160.8
2012	16 485.0	22 091.5	27 745.5	61 624.5	1 680.0	1 207.7	3 301.5	176.1
2013	16 564.5	22 748.1	28 254.0	63 198.0	1 840.5	1 288.1	3 550.5	188.7
2014	17 412.0	23 302.6	28 836.0	64 948.7	1 905.0	1 279.5	3 789.0	204.9
2015	16 818.0	24 524.6	29 419.5	66 425.1	1 957.5	1 302.6	3 961.5	227.7
2016	16 375.5	24 405.2	29 329.5	67 434.2	1 995.0	1 389.7	4 084.5	231.3

（续）

年份	水果		蔬菜		花卉		茶叶	
	面积/万亩	产量/万吨	面积/万亩	产量/万吨	面积/万亩	零售额/亿元	面积/万亩	产量/万吨
2017	16 723.5	25 241.9	29 971.5	69 192.7	2 088.0	1 533.3	4 273.5	246.0
2018	17 812.5	25 688.4	30 658.5	70 346.7	2 173.5	1 562.0	4 479.0	261.0
2019	18 415.5	27 400.8	31 294.5	72 102.6	2 262.0	1 656.0	4 657.5	277.7
2020	18 969.0	28 692.4	32 229.0	74 912.9	2 290.5	1 876.6	4 827.0	293.2

资料来源：国家统计局、《中国农业年鉴》、《中国农业统计资料》、《中国林业和草原统计年鉴》。水果面积采用年末实有果园面积；茶叶面积采用年末实有茶园面积。

图 4-1 展示了 2010—2020 年，我国四大园艺产品种植面积的变化趋势，可以看到自 2010 年以来我国四大园艺产品种植面积均保持着上升的态势。

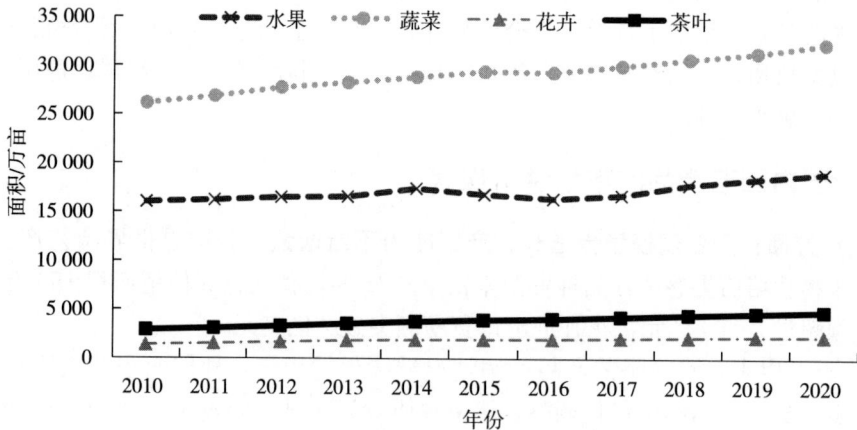

图 4-1　2010—2020 年我国园艺产品种植面积稳步增长
资料来源：根据《中国农业年鉴》《中国农业统计资料》等整理绘制。

从表 4-8 中可以看到，自 2010 年以来，我国园艺产品单位面积及销售额呈逐年增加态势，2020 年，水果单位面积产量为 1.51 吨/亩，比 2010 年的 1.25 吨/亩增长了 20.63%；蔬菜单位面积产量为 2.32 吨/亩，比 2010 年的 2.19 吨/亩增长了 6.15%；花卉单位面积销售额为 0.82 万元/亩，比 2010 年的 0.63 万元/亩增长了 30.88%；茶叶单位面积产量为 0.06 吨/亩，比 2010 年的 0.05 吨/亩增长了 19.74%。

表 4-8　2010—2020 年全国园艺产品单位面积产量（或销售额）

年份	水果/（吨/亩）	蔬菜/（吨/亩）	花卉/（万元/亩）	茶叶/（吨/亩）
2010	1.25	2.19	0.63	0.05
2011	1.30	2.22	0.70	0.05
2012	1.34	2.22	0.72	0.05
2013	1.37	2.24	0.70	0.05
2014	1.34	2.25	0.67	0.05
2015	1.46	2.26	0.67	0.06

（续）

年份	水果/（吨/亩）	蔬菜/（吨/亩）	花卉/（万元/亩）	茶叶/（吨/亩）
2016	1.49	2.30	0.70	0.06
2017	1.51	2.31	0.73	0.06
2018	1.44	2.29	0.72	0.06
2019	1.49	2.30	0.73	0.06
2020	1.51	2.32	0.82	0.06

资料来源：根据《中国农业年鉴》《中国农业统计资料》《中国林业和草原统计年鉴》计算整理。

2. 进口方面：进口额连年上升，园艺产品进口结构稳固 从进口总量来看，自 2010 年以来我国园艺产品的进口贸易迎来了跨越式发展时期，由 2010 年的 42.26 亿美元增加到 2020 年的 158.34 亿美元，增加了 2.75 倍，创历史新高（表 4-9）。其中，2020 年，鲜食水果进口额为 120.16 亿美元，比 2010 年的 21.39 亿美元增加了 98.77 亿美元，增长了 461.76%，在所有园艺产品进口中增幅最大；鲜食蔬菜进口额为 19.57 亿美元，比 2010 年的 15.16 亿美元增长了 4.41 亿美元，增长了 98.04%；茶叶进口额为 1.80 亿美元，比 2010 年的 0.48 亿美元增长了 1.32 亿美元，增长了 275%；花卉进口额为 2.44 亿美元，比 2010 年的 1.04 亿美元增长了 1.40 亿美元，增长了 134.62%。在 2020 年的进口水果和蔬菜中鲜食品分别占到 90.68%、90.64%，而其加工制品所占的比例很小，这与我国居民长期以鲜食为主的消费习惯有关，健康、绿色的消费理念使我国居民对鲜食品的进口需求量比较大。

表 4-9　2010—2020 年全国园艺产品进口额

单位：亿美元

年份	水果（鲜食）	水果（制品，不含柑橘汁）	水果（柑橘汁）	蔬菜（鲜食）	蔬菜（制品）	花卉	茶叶	合计
2010	21.39	2.18	0.99	15.16	1.02	1.04	0.48	42.26
2011	30.35	2.59	1.65	18.24	1.31	1.29	0.59	56.02
2012	38.08	2.45	1.44	24.07	1.78	1.37	0.71	69.9
2013	41.01	2.63	1.38	25.49	1.92	1.73	0.75	74.91
2014	51.45	3.51	1.28	25.80	2.05	1.89	0.92	86.9
2015	60.17	4.87	1.00	26.21	2.16	2.17	1.06	97.64
2016	58.65	5.96	0.96	18.64	2.15	2.26	1.11	89.73
2017	63.95	6.64	1.28	20.16	1.98	2.81	1.49	98.31
2018	86.80	8.47	1.50	20.38	2.59	2.93	1.78	124.45
2019	116.63	9.78	1.41	15.66	2.07	2.70	1.87	150.12
2020	120.16	11.14	1.21	19.57	2.02	2.44	1.80	158.34

资料来源：UN COMTRADE 数据库。

从园艺产品进口结构来看，水果（鲜果和制品）进口额最高，且进口总量远远超过其他园艺产品，其次依次是蔬菜、花卉和茶叶。根据联合国贸易商品统计数据库（UN COMTRADE）的统计，2020 年我国水果进口总量（鲜果和制品）为 132.51 亿美元，蔬菜进口总量（鲜果和制品）为 21.59 亿美元，花卉进口额为 2.44 亿美元，茶叶进口额为 1.80 亿美元。这主要是因为水果和蔬菜属于高需求农产品，在国内产品质量和品牌竞争力不足的情况下，通过进口国外不同档次和不同口味的水果和蔬菜产品可以满足国内对高端水果和蔬菜的多层次消费需求。

（三）国内园艺产品的市场需求现状

1. 消费方面：总量稳步增长，结构不断优化 从消费总量上看，随着人民生活水平的不断提高和生活方式的快速转变，我国居民消费结构迎来了较大的变化，开始追求食物结构的营养性和生活的舒适性，相应地带动我国居民园艺产品消费量逐年增长。其间，园艺产品消费在整个居民食物消费构成中的比重不断提高，总体需求不断增长。居民水果、蔬菜和茶叶消费总额由 2010 年的 60 905.47 亿元上升到 2019 年的 84 226.6 亿元，10 年间消费总额增加了 76 733.6 亿元，增长了 25.99%；花卉的消费额由 2010 年的 869.10 亿元增加到 2019 年的 1 658.70 亿元，增长了 90.85%，在所有园艺产品中增幅最大（表 4-10）。

表 4-10　2010—2020 年全国园艺产品消费额

单位：亿元

年份	水果	蔬菜	花卉	茶叶
2010	16 643.73	43 278.79	869.10	113.85
2011	17 624.00	45 166.26	107 7.04	128.17
2012	18 560.24	46 167.73	1 216.33	145.10
2013	19 147.48	47 332.29	1 298.98	156.66
2014	19 689.36	48 552.13	1 291.11	175.94
2015	19 945.14	51 411.55	1 316.12	190.43
2016	19 982.97	50 953.16	1 404.71	192.90
2017	20 393.31	52 409.13	1 552.23	205.12
2018	20 562.27	52 803.41	1 581.43	219.15
2019	21 513.60	53 325.61	1 658.70	235.69

注：FAO 数据库计算整理。计算公式：总供给（产量+进口量）＝总需求（消费量+出口量+加工量+耗损量），消费额＝消费量×产品单价。其中，水果不含葡萄酒，茶叶含饮料。FAO 中食品供需平衡数据仅统计至 2019 年。

从我国园艺产品的消费结构来看，随着城乡居民生活水平的提高和健康、环保与安全意识的增强，人们对水果、蔬菜、茶叶、花卉产品的营养、品种、品质、美观、方便性与安全性都提出了更高的要求，对优质、绿色园艺产品的消费情绪与需求日益高涨。随着社会生活节奏的加快，茶叶和具有保健功能的水果、蔬菜及花卉制品在整个园艺产品消费结构中所占的比重将会进一步提高。另外，名优特新品种、绿色有机品种、高质量品种也越来越受消费者青睐。

2. 出口方面：出口数量快速增长，加工品出口稳固 "十二五"以来，我国园艺产品出口表现出快速增长的势头。2020 年，我国园艺产品出口额累计达 257.38 亿美元，较 2010 年园艺产品出口额的 159.35 亿美元增加了 98.03 亿美元，增长了 61.52%，创历史新高，且主要表现为对园艺产品鲜食消费的增加（表 4-11）。

表4-11　2010—2020年全国园艺产品出口额

单位：亿美元

年份	水果（鲜食）	水果（制品，不含柑橘汁）	水果（柑橘汁）	蔬菜（鲜食）	蔬菜（制品）	茶叶	花卉	合计
2010	26.79	22.11	0.15	74.77	25.63	7.84	2.06	159.35
2011	31.88	28.07	0.16	87.23	30.67	9.65	2.29	189.95
2012	37.72	29.67	0.11	69.06	33.13	10.42	2.56	182.67
2013	41.72	30.50	0.10	78.71	37.73	12.46	2.75	203.97
2014	43.18	30.03	0.09	82.26	38.68	12.73	4.10	211.07
2015	51.61	28.91	0.09	90.24	38.01	13.82	3.00	225.68
2016	54.85	28.45	0.08	105.46	38.25	14.85	3.30	245.24
2017	53.37	30.88	0.08	111.64	38.46	16.10	3.38	253.91
2018	52.85	32.87	0.08	105.18	40.29	17.85	3.80	252.92
2019	62.29	29.72	0.07	103.28	43.40	20.26	4.32	263.34
2020	70.69	28.92	0.08	96.72	35.87	20.37	4.73	257.38

资料来源：UN COMTRADE 数据库。

在园艺产品鲜食出口方面，2020年鲜食水果出口额为70.69亿美元，比2010年的26.79亿美元增加了43.9亿美元，增长了163.86%，在所有园艺产品中增幅最大；鲜食蔬菜出口额为96.72亿美元，比2010年的74.77亿美元增加了21.95亿美元，增长了29.36%；茶叶出口额为20.37亿美元，比2010年的7.84亿美元增加了12.53亿美元，增长了159.82%；花卉出口额为4.73亿美元，比2010年的2.06亿美元增加了2.67亿美元，增长了129.61%。

在园艺产品制品方面，自2010年以来园艺制品的出口额也在稳步增加，由2010年的47.89亿美元增长至2020年的64.87亿美元。其中，2020年我国水果制品（不含柑橘汁）出口额总计达28.92亿美元，较2010年水果制品（不含柑橘汁）出口额22.11亿美元增加了6.81亿美元，增长了30.80%；2020年我国蔬菜制品出口额达35.87亿美元，较2010年增加了10.24亿美元，增长了39.95%。

（四）国内园艺产品供给侧与需求侧的均衡状况

园艺产品总量的供需均衡分析指在考虑进口、出口及损耗的情况下，供给总量与需求总量的平衡状况。由于数据的可得性，表4-12给出了水果（不含葡萄酒）、蔬菜和茶叶2010—2020年的总需求与总供给情况。

从表4-12中可以看出，随着我国水果流通市场的放开，国民对园艺产品数量与质量需求的快速扩张带动了各种园艺产品生产规模的扩大，改革开放战略的顺利推进与加入WTO等历史性发展机遇的交叠又使我国能够在供需国际化的快速发展中填补产品的需求缺口，在此期间我国园艺产品的生产与贸易额都有着显著的增加。从表4-12的总供给与总需求情况中我们可以看到，自2010年以来我国园艺产品的生产量与进口量仍保持着逐年递增的态势，且国内生产基本能满足国内市场需求，但是不能忽视的是我园艺产品总体质量仍旧不高，高端产品依赖进口的现象依旧明显，这是由于我国园艺产品生产仍然是粗放型经营，总供给的提升主要是靠种植面积的扩张所导致。因此，为更好地满足国内对园艺产品的需求、改善我国的供求关系，未来我国的园艺产品生产必须走改善要素禀赋条件、提升生产效率的绿色发展道路。

表 4 - 12　2010—2020 年全国园艺产品供需平衡表

单位：万吨

种类	年份	总供给			总需求		
		生产量	进口量	消费量	出口量	加工量	损耗量
水果	2010	19 793.45	451.24	16 643.73	603.31	961.00	2 036.65
	2011	20 744.73	529.41	17 624.00	596.17	912.70	2 141.27
	2012	21 736.88	541.14	18 560.24	605.85	869.80	2 242.13
	2013	22 430.81	519.43	19 147.48	601.28	891.20	2 310.28
	2014	22 981.98	590.76	19 689.36	558.70	954.90	2 369.78
	2015	23 186.16	634.54	19 945.14	572.16	941.00	2 362.40
	2016	23 312.51	621.23	19 982.97	641.12	913.20	2 396.45
	2017	23 785.00	670.34	20 393.31	650.76	967.70	2 443.57
	2018	23 872.90	781.84	20 562.27	649.63	971.70	2 471.14
	2019	24 838.37	920.49	21 513.6	651.54	1 038.40	2 555.32
	2020	24 545.28	840.96	—	669.10	—	—
蔬菜	2010	47 696.08	106.39	43 278.79	780.78	—	3 742.90
	2011	49 790.97	112.95	45 166.26	882.66	—	3 855.00
	2012	50 793.38	134.28	46 167.73	840.63	—	3 919.30
	2013	52 042.46	133.56	47 332.29	870.83	—	3 972.90
	2014	53 345.94	134.59	48 552.13	886.60	—	4 041.80
	2015	56 418.11	144.61	51 411.55	922.47	—	4 228.70
	2016	55 974.03	163.71	50 953.16	898.28	—	4 286.30
	2017	57 615.56	164.14	52 409.13	985.97	—	4 384.60
	2018	58 113.78	164.06	52 803.41	1 016.53	—	4 457.90
	2019	58 722.26	179.06	53 325.61	1 043.81	—	4 531.90
	2020	59 616.63	174.61	—	1 081.49	—	—
茶叶	2010	146.75	5.64	113.85	30.78	—	7.76
	2011	164.03	5.59	128.17	32.77	—	8.68
	2012	180.47	6.14	145.10	31.94	—	9.57
	2013	193.92	6.25	156.66	33.22	—	10.29
	2014	211.08	6.82	175.94	30.75	—	11.21
	2015	229.14	6.65	190.43	33.18	—	12.18
	2016	232.60	6.33	192.90	33.66	—	12.37
	2017	247.38	7.66	205.12	36.76	—	13.16
	2018	262.51	8.70	219.15	38.10	—	13.96
	2019	279.18	9.95	235.69	38.58	—	14.86
	2020	298.43	9.27	—	36.18	—	—

注：由 FAO 数据库计算整理，水果不含葡萄酒。计算公式：总供给（产量＋进口量）＝总需求（消费量＋加工量＋耗损量）。FAO 数据库未给出 2020 年各类产品加工量及耗损量数据。

二、湖北园艺产品的供求现状

（一）湖北园艺产品的供给现状

1. 水果生产　　水果在世界农产品生产结构中占据着极为重要的地位，随着社会的经济发展与人们消费水平的提升，人们对于水果数量及品质的需求在不断升级，进而促进世界各地水果产业的快速发展。2020 年世界水果收获面积排名前 10 的国家及地区如表 4-13 所示。

表 4-13　2020 年世界水果收获面积排名前 10 的国家及地区

排位	国家	面积/万亩	占比/%
1	中国	22 235.16	42.32
2	印度	10 845.95	20.64
3	巴西	3 123.26	5.94
4	尼日利亚	2 883.41	5.49
5	乌干达	2 670.62	5.08
6	墨西哥	2 348.87	4.47
7	西班牙	2 322.18	4.42
8	刚果民主共和国	2 102.26	4.00
9	土耳其	2 022.89	3.85
10	菲律宾	1 983.36	3.78

数据来源：FAO 数据库。

据 FAO 数据库统计，2020 年世界水果收获面积为 97 288.99 万亩，主要产品中葡萄 10 426.40 万亩、香蕉 7 805.27 万亩、苹果 6 933.55 万亩、橙子 5 826.88 万亩。2020 年世界水果收获面积位居前 10 的国家是：中国 22 235.16 万亩、印度 10 845.95 万亩、巴西 3 123.26 万亩、尼日利亚 2 883.41 万亩、乌干达 2 670.62 万亩、墨西哥 2 348.87 万亩、西班牙 2 322.18 万亩、刚果民主共和国 2 102.26 万亩、土耳其 2 022.89 万亩和菲律宾 1 983.36 万亩。2020 年世界水果产量排名前 10 的国家及地区如表 4-14 所示。

表 4-14　2020 年世界水果产量排名前 10 的国家及地区

排位	国家	产量/万吨	占比/%
1	中国	24 279.38	45.02
2	印度	10 597.11	19.65
3	巴西	3 975.88	7.37
4	土耳其	2 415.31	4.48
5	墨西哥	2 383.76	4.42
6	美国	2 374.78	4.40
7	印度尼西亚	2 274.40	4.22

（续）

排位	国家	产量/万吨	占比/%
8	西班牙	1 947.11	3.61
9	伊朗	1 896.36	3.52
10	意大利	1 782.75	3.31

数据来源：FAO 数据库。

据 FAO 数据库统计，2020 年世界水果产量为 88 702.74 万吨，2010—2020 年平均增长率为 1.89%，较 2000—2010 年的年平均增长率 2.55% 有所放缓。其中，香蕉 11 983.37 万吨、西瓜 10 162.04 万吨、苹果 8 644.27 万吨、葡萄 7 803.43 万吨、橙子 7 545.86 万吨。2020 年世界水果产量居前 10 位的国家依次是：中国 24 279.38 万吨、印度 10 597.11 万吨、巴西 3 975.88 万吨、土耳其 2 415.31 万吨、墨西哥 2 383.76 万吨、美国 2 374.78 万吨、印度尼西亚 2 274.40 万吨、西班牙 1 947.11 万吨、伊朗 1 896.36 万吨、意大利 1 782.75 万吨。

从 2020 年世界前 10 的水果生产区域分布来看，世界水果生产主要集中于东南亚、美洲等地区，中国在水果生产上优势明显，总产量为 24 279.38 万吨，比第 2 名印度多 14 132.27 万吨，差额相当于印度的 1.33 倍，占世界总产量的 25.37%，西瓜、苹果、柑橘等主要水果产量均居世界各国之首。

我国水果品种资源丰富，果树种类多样，是柑橘、梨、桃、龙眼、荔枝、猕猴桃、李、枣等多种水果的原产地。从 1993 年开始，我国水果总产量和种植面积相继超过印度、巴西和美国，位居世界第 1。

根据表 4-15 显示，2010—2020 年，我国水果果园面积增长了 2 947.92 万亩，年均增长率为 1.70%；水果产量增长了 8 596.96 万吨，年均增长率为 3.63%。2020 年全国水果总产量达到 28 692.36 万吨，其中，柑橘 5 121.87 万吨、苹果 4 406.61 万吨、梨 1 781.53 万吨、葡萄 1 431.41 万吨、香蕉 1 151.33 万吨。

表 4-15　2010—2020 年全国水果种植面积与产量情况

年份	面积/万亩	产量/万吨
2010	16 021.50	20 095.40
2011	16 212.10	21 018.60
2012	16 484.60	22 091.50
2013	16 565.00	22 748.10
2014	17 411.50	23 302.60
2015	16 818.30	24 524.60
2016	16 375.00	24 405.20
2017	16 722.90	25 241.90
2018	17 812.30	25 688.30

（续）

年份	面积/万亩	产量/万吨
2019	18 415.00	27 400.80
2020	18 969.42	28 692.36

数据来源：国家统计局。

根据中国农村统计年鉴显示，2020 年我国水果坚果及饮料产值为 15 097.5 亿元，在种植业中仅次于粮食和蔬菜，排名第 3。

2020 年全国水果种植面积排名前 3 的省份分别是广西壮族自治区（2 028.9 万亩）、陕西省（1 731.75 万亩）和广东省（1 546.95 万亩）（表 4-16），其中，广西壮族自治区和广东省分别是全国最大的柑橘和香蕉种植地区。

表 4-16　2020 年全国水果种植面积大省排序

单位：万亩

类别	全国面积	第 1		第 2		第 3	
		省份	面积	省份	面积	省份	面积
果园	18 969.42	广西壮族自治区	2 028.9	陕西省	1 731.75	广东	1 546.95
柑橘	4 247.25	广西壮族自治区	657.75	湖南省	624.15	四川	508.35
苹果	2 990.25	陕西省	930.30	甘肃省	372.90	山东	369.75
梨	1 450.20	河北省	215.85	辽宁省	131.85	新疆维吾尔自治区	106.95
葡萄	1 068.60	新疆维吾尔自治区	185.10	陕西省	73.20	河北	65.55
香蕉	490.80	广东省	166.95	云南省	123.60	广西壮族自治区	116.25

数据来源：国家统计局、《中国农村统计年鉴》。

2020 年全国主要水果产量排名前 3 的省份分别是山东省、广西壮族自治区和河南省，水果产量分别达到 2 938.9 万吨、2 785.7 万吨和 2 563.4 万吨（4-17）。各大水果主要产区分布呈现明显的南北差异，其中柑橘和香蕉的主要产地集中于我国南方地区，苹果、梨和葡萄的主要产地则集中于我国北方地区。

表 4-17　2020 年全国主要水果产量大省排序

单位：万吨

类别	全国产量	第 1		第 2		第 3	
		省份	产量	省份	产量	省份	产量
水果	28 692.36	山东省	2 938.9	广西壮族自治区	2 785.7	河南省	2 563.4
柑橘	5 121.87	广西壮族自治区	1 382.1	湖南省	626.7	湖北省	510.0
苹果	4 406.61	陕西省	1 185.2	山东省	953.6	山西省	436.6

（续）

类别	全国产量	第1		第2		第3	
		省份	产量	省份	产量	省份	产量
梨	1 781.53	河北省	350.2	河南省	138.2	辽宁省	133.0
葡萄	1 431.41	新疆维吾尔自治区	305.6	河北省	124.6	山东省	116.1
香蕉	1 151.33	广东省	478.7	广西壮族自治区	303.7	云南省	211.4

数据来源：国家统计局。

湖北省处于我国地势第二阶梯向第三阶梯的过渡地带，地貌类型多样，东、西、北三面环山，中南部为江汉平原与湖南省洞庭湖平原相连，全省除小部分地区为高山气候外，大部分为亚热带季风性湿润气候，日光照及降水量充足，适宜种植柑橘、葡萄、柚子等经济作物。当前，湖北省栽培的果树品种主要有柑橘、桃、梨、葡萄、猕猴桃等，建成了以宜昌蜜橘、秭归脐橙、清江椪柑、建始猕猴桃等为代表的水果地理标志。根据湖北省农村统计年鉴显示，2020 年湖北省种植规模最大的 3 种果树为柑橘、桃和梨，年末实有面积分别为 356.10 万亩、100.51 万亩、37.17 万亩。

柑橘长期以来一直是湖北省种植规模最大的果树品种，产区主要集中在宜昌、十堰、恩施等地区，品种主要有宜昌蜜橘、秭归脐橙和景阳白柚等。1993 年湖北省柑橘园面积为 141.86 万亩，占全省果园面积的 57.26%，到 2020 年底，湖北省柑橘园面积达 356.10 万亩，产量达 509.96 万吨，分别占全省果园面积与产量的 58.23% 和 47.78%，在全国柑橘产量排名前 5 的省份中湖北省果园面积和产量分别排名第 5 和第 3（表 4 - 18）。

表 4 - 18　2020 年全国柑橘生产大省排序

省份	产量/万吨	产量排序	面积/万亩	面积排序
广西壮族自治区	1 382.09	1	864.90	1
湖南省	626.66	2	624.15	2
湖北省	509.96	3	356.10	5
广东省	497.68	4	363.15	4
四川省	488.96	5	508.35	3

数据来源：国家统计局、各省（市区）2021 年统计年鉴。

当前，湖北省桃树的主要种植区域集中于随州、襄阳和孝感三地，主要品种有广水胭脂红鲜桃和曾都油桃等。2007 年湖北省桃产量为 50.23 万吨，正式取代梨成为排名第 2 的水果品种。到 2020 年底，湖北省桃园面积为 100.51 万亩，产量达 108.53 万吨，分别占全省果园面积与产量的 17.59% 和 10.75%，在全国桃产量排名前 5 的省份中湖北省桃园面积和产量分别排名第 3 和第 5（表 4 - 19）。

表 4 - 19　2020 年全国桃生产大省排序

省份	产量/万吨	产量排序	面积/万亩	面积排序
山东省	422.24	1	204.17	1
河南省	193.01	2	168.99	2

省份	产量/万吨	产量排序	面积/万亩	面积排序
山西省	157.56	3	75.15	4
河北省	142.30	4	—	
湖北省	108.53	5	100.51	3

注：国家统计局、各省（市区）2021 年统计年鉴。河北省统计年鉴未披露桃园面积情况。

湖北省梨的主产区分布广泛，主要有襄阳、荆门与荆州等地，主要品种为襄阳老河口市产的汉水沙梨。尽管在 2007 年以前湖北省梨的产量在少数年份中曾短暂少于桃的产量，但总体仍能保持在产量第 2 的水平。2007 年以后随着湖北省桃产业的迅猛发展，梨退居为湖北省产量排名第 3 的水果。2020 年湖北省梨园面积为 37.17 万亩，产量达 41.53 万吨，分别占全省果园面积与总产量的 6.09% 和 3.89%，总产量排名全国第 14（表 4 - 20）。

表 4 - 20　2020 年全国梨产量大省排序

省份	产量/万吨	产量排序	省份	产量/万吨	产量排序
河北省	350.19	1	山西省	97.73	8
新疆维吾尔自治区	154.47	2	四川省	95.56	9
河南省	138.16	3	江苏省	78.35	10
辽宁省	132.95	4	云南省	65.41	11
安徽省	127.51	5	广西壮族自治区	47.12	12
山东省	111.09	6	贵州省	44.78	13
陕西省	104.30	7	湖北省	41.53	14

注：国家统计局、各省（市区）2021 年统计年鉴。各省统计年鉴中梨园面积反映较少，故不展示。

2. 蔬菜生产　自有记录以来，蔬菜就一直与人们的日常生活紧密相连，《诗经》中提到的 132 种植物中就有 20 余种属于蔬菜。近代后，随着国际贸易的发展与生活品质的提升，世界各地对不同品种蔬菜的需求不断增长，这在一定程度上促进了世界蔬菜产业的迅猛发展。据 FAO1990 年的调查数据显示，维持人体日常生存所必需的 90% 的维生素 C 与 60% 的维生素 A 均需要从蔬菜中获取，因此蔬菜种植在世界农产品生产中占据着极为重要的地位。2020 年世界蔬菜收获面积排名前 10 的国家及地区如表 4 - 21 所示。据 FAO 数据库统计，2020 年世界蔬菜总收获面积约为 87 447.00 万亩，种植面积排名前 10 的国家分别是：中国 34 832.49 万亩、印度 13 707.34 万亩、尼日利亚 6 333.14 万亩、印度尼西亚 1 780.52 万亩、越南 1 495.11 万亩、美国 1 273.24 万亩、喀麦隆 1 140.14 万亩、菲律宾 1 132.48 万亩、土耳其 1 116.79 万亩和孟加拉国 1 088.14 万亩。其中，中国和印度的蔬菜总收获面积分别排名全球第 1 和第 2，占全球总量的 55.51%。中国在蔬菜种植方面占有绝对优势，总收获面积比第 2 名印度高出 21 125.15 万亩，差额为印度总收获面积的 0.54 倍，但差距在逐年缩小。

表 4-21 2020 年世界蔬菜收获面积排名前 10 的国家及地区

排位	国家	面积/万亩	占比/%
1	中国	34 832.49	39.83
2	印度	13 707.34	15.68
3	尼日利亚	6 333.14	7.24
4	印度尼西亚	1 780.52	2.04
5	越南	1 495.11	1.71
6	美国	1 273.24	1.46
7	喀麦隆	1 140.14	1.30
8	菲律宾	1 132.48	1.30
9	土耳其	1 116.79	1.28
10	孟加拉国	1 088.14	1.24

数据来源：FAO 数据库。

2020 年，世界蔬菜产量排名前 10 的国家及地区如表 4-22 所示。据 FAO 数据库统计，2020 年世界蔬菜总产量为 114 844.6 万吨，2010—2020 年平均增长率为 2.04%，较 2000—2010 年 3.18% 的平均增长率有所放缓。其中，鲜蔬菜 29 616.94 万吨、西红柿 18 682.12 万吨、干洋葱 10 455.45 万吨、黄瓜 9 125.83 万吨。产量排名前 10 的国家依次是：中国 59 404.94 万吨、印度 14 119.50 万吨、美国 3 312.45 万吨、土耳其 2 596.07 万吨、越南 1 700.22 万吨、埃及 1 613.50 万吨、尼日利亚 1 570.65 万吨、墨西哥 1 509.82 万吨、俄罗斯 1 395.07 万吨、西班牙 1 266.88 万吨。2020 年，中国的蔬菜生产总量超过世界第 2~9 名蔬菜生产国家产量的总和，占世界蔬菜总产量的 51.73%，超过第 2 名印度 45 285.44 万吨，差额相当于 2020 年印度蔬菜生产总量的 2.21 倍。

表 4-22 2020 年世界蔬菜产量排名前 10 的国家及地区

排位	国家	产量/万吨	占比/%
1	中国	59 404.94	51.73
2	印度	14 119.50	12.29
3	美国	3 312.45	2.88
4	土耳其	2 596.07	2.26
5	越南	1 700.22	1.48
6	埃及	1 613.50	1.40
7	尼日利亚	1 570.65	1.37
8	墨西哥	1 509.82	1.31
9	俄罗斯	1 395.07	1.21
10	西班牙	1 266.88	1.10

数据来源：FAO 数据库。

从 2020 年世界前 10 大蔬菜生产国的区域布局来看，世界蔬菜生产主要集中于东南亚、美洲中部及欧洲、非洲部分沿海地区。

自 20 世纪 80 年代我国蔬菜产销体制改革以来，我国蔬菜产业迎来了快速发展时期，产量大幅提升，供需基本平衡，成了世界上最大的蔬菜生产国与消费国。2010—2020 年我国蔬菜种植面积及产量情况如表 4-23 所示。我国蔬菜播种总面积由 1990 年的 10 000.5万亩增长至 2020 年的 32 228.20 万亩，产量由 1.95 亿吨提升至 7.49 亿吨，产值在种植业中仅次于粮食，排名第 2。

表 4-23 2010—2020 年全国蔬菜种植面积及产量

年份	面积/万亩	产量/万吨
2010	24 302.20	53 030.90
2011	26 864.80	59 766.60
2012	27 745.30	61 624.50
2013	28 254.40	63 198.00
2014	28 836.20	64 948.60
2015	29 419.60	66 425.10
2016	29 329.70	67 434.20
2017	29 971.60	69 192.70
2018	30 658.40	70 346.70
2019	31 294.10	72 102.60
2020	32 228.20	74 912.90

数据来源：国家统计局。

2020 年我国蔬菜产量排名前 3 的省份分别为山东省、河南省和江苏省，产量分别为 8 434.70万吨、7 612.40 万吨和 5 728.10 万吨。2020 年我国蔬菜种植面积排名前 3 的省份为河南省、山东省和四川省，种植面积分别为 2 630.67 万亩、2 231.01 万亩和 2 166.03万亩（表 4-24）。根据 FAO 统计数据显示，2020 年中国鲜蔬菜，以及黄瓜、西红柿、茄子等主要蔬菜品种产量均居世界各国之首。

表 4-24 2020 年全国蔬菜种植面积及产量大省排序

省份	产量/万吨	排序	面积/万亩	排序
山东省	8 434.70	1	2 231.01	2
河南省	7 612.40	2	2 630.67	1
江苏省	5 728.10	3	2 165.70	4
河北省	5 198.20	4	1 205.20	7
四川省	4 813.40	5	2 166.03	3
湖北省	4 119.40	6	1 919.85	6
湖南省	4 110.10	7	2 032.55	5

数据来源：国家统计局。

湖北省是中国蔬菜主产区之一，当前形成了以水生蔬菜、夏秋高山蔬菜、冬春露地蔬菜和食用菌为代表的四大特色蔬菜产业优势区，主要种植的品种有大白菜、萝卜、辣椒、黄瓜和莲等。2020 年，湖北省蔬菜及食用菌播种面积达 1 919.85 万亩，占湖北省农作物总播种面积的 16.05%。其中，白菜类、根茎类和叶菜类种植面积排名前 3，分别达到 339.56 万亩、307.94 万亩和 251.45 万亩，占蔬菜及食用菌总播种面积的 47.64%，在所有品种中大白菜种植面积最大，为 259.41 万亩。湖北省蔬菜总产量于 2019 年突破 4 000 万吨，较上年增长 3.1%，总量达 4 086.71 万吨，2020 年湖北省蔬菜总产量在 2019 年突破 4 000 万吨的基础上又有了进一步提升，总计达 4 119.36 万吨。

大白菜一般指白菜，原分布于我国华北地区，当前被我国各地广泛栽培食用，是湖北省蔬菜中种植面积最大的品种，省内各地市均有种植。2019 年湖北省大白菜种植面积达 259.41 万亩，产量为 581.77 万吨，分别占全省蔬菜及食用菌总量的 13.75% 和 14.24%。2016 年，湖北省大白菜种植面积和产量分别排名全国第 4 和第 5（表 4-25）。

表 4-25　2016 年全国大白菜生产大省排序

省份	产量/万吨	产量排序	面积/万亩	面积排序
河北省	1 866.48	1	350.82	2
山东省	1 426.53	2	357.75	1
河南省	755.51	3	210.12	8
江苏省	657.80	4	214.46	6
湖北省	575.52	5	274.14	4
辽宁省	454.41	6	127.76	10
贵州省	447.82	7	284.03	3
湖南省	443.36	8	213.83	7
四川省	428.01	9	180.99	9
云南省	393.65	10	252.84	5

注：数据来源于农业部公开数据。2016 年后农业部停止公布相关数据。

白萝卜属于根茎类蔬菜，被广泛应用于饮食使用与中医入药，我国种植白萝卜历史已有千年之久，当前为湖北省种植面积第 2 的蔬菜品种，各地均有种植，主要产地为武汉市黄陂区。2019 年湖北省白萝卜种植面积达 193.08 万亩，产量为 469.74 万吨，分别占全省蔬菜及食用菌总量的 10.23% 和 11.49%。2009 年，湖北省白萝卜种植面积和产量分别排名全国第 2 和第 3（表 4-26）。

表 4-26　2009 年全国白萝卜生产大省排序

省份	产量/万吨	产量排序	面积/万亩	面积排序
河南省	580.60	1	194.25	1
山东省	401.20	2	114.30	5
湖北省	351.30	3	166.80	2
四川省	318.60	4	157.95	3

（续）

省份	产量/万吨	产量排序	面积/万亩	面积排序
河北省	292.10	5	68.85	9
湖南省	233.00	6	132.75	4
江苏省	187.80	7	83.25	7
安徽省	174.00	8	83.10	8
辽宁省	141.60	9	37.05	10
江西省	139.90	10	90.30	6

注：数据来源于农业部公开数据。2009年后农业部停止公布相关数据。

　　辣椒原产于墨西哥，明朝末年传入中国，产地主要分布在我国河南省、河北省、四川省等地区，截至2023年是湖北省种植面积第3的蔬菜品种。2019年湖北省辣椒种植面积达126.65万亩，产量为194.41万吨，分别占全省蔬菜及食用菌总量的6.71%和4.76%。2004年，湖北省辣椒种植面积与产量分别排名全国第7和第5（表4-27）。

表4-27　2004年全国辣椒生产大省排序

省份	产量/万吨	产量排序	面积/万亩	面积排序
湖南省	161.40	1	163.20	1
四川省	139.60	2	112.05	2
安徽省	99.30	3	57.15	6
河南省	92.50	4	70.20	3
湖北省	90.70	5	50.40	7
广西壮族自治区	53.50	6	67.20	4
浙江省	41.70	7	33.00	9
贵州省	32.40	8	57.45	5
重庆市	30.10	9	33.30	8
海南省	19.20	10	12.30	10

注：数据来源于农业部公开数据。2004年后农业部停止公布相关数据。

　　3. 花卉生产　花卉具有广义和狭义2种含义。狭义的花卉指具有观赏价值的草本植物的总称；广义的花卉指除有观赏价值的草本植物外，包括草本或木本的地被植物、花灌木、开花乔木及盆景等。花卉种类繁多，用途广泛，但直到1940年前后，世界才开始规模化种植商品花卉，一开始主要以盆栽和地植的形式用于园林绿化的过程中，随后盆花、切花的快速发展挖掘了花卉的室内装饰作用，在家庭需求激增的影响下世界各国对花卉苗木的消费量逐年上升，成为当前国际贸易中重要的大宗商品。

　　2019年，全球花卉市场需求旺盛，花卉生产从发达地区逐渐向发展中国家转移。一是产业规模，据报道，2019年全球花卉种植面积约4 373万亩（其中，绿化观赏苗木1 673万亩），产值7 330亿元（其中，绿化观赏苗木产值2 283亿元），全球鲜切花年进出口额达1 025亿元；市场规模从2013年约3.2万亿元增长到2019年约5.33万亿元，增长近66％，年均增长率超过10％。二是产业布局，全球形成了非洲中部高原产销区（肯尼亚、埃塞俄比亚），主供欧洲市场；南美洲北部高原产销区（厄瓜多尔、哥伦比亚），主供北美市场；中国云南产销区，主供东亚及东南亚等新兴花卉消费国。

荷兰是世界花卉生产与销售举足轻重的国家，花卉产业是荷兰的支柱产业。荷兰每年大约培育90亿个鲜花球茎，年出口额达100亿欧元，出口量占全球市场约60％。其中，户外花球经济价值较高，其生产是荷兰经济发展的重要产业分支（图4-2）。

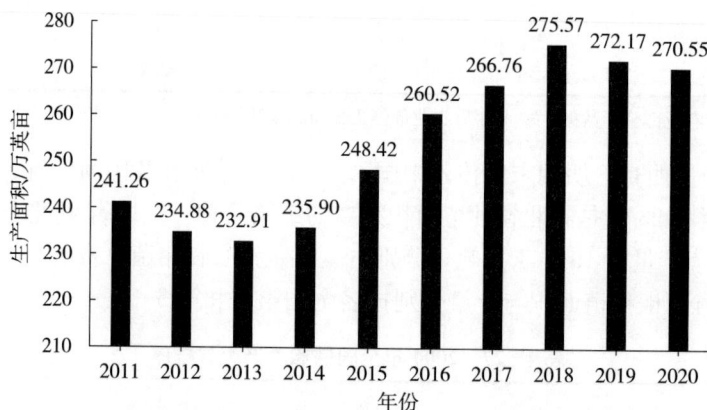

图4-2　2011—2020年荷兰户外花球生产面积
数据来源：德国Statista统计数据，课题组整理而得。

"花""卉"两字在我国分别出现在商代的甲骨文及汉代的《说文解字》中，"花"又作"华"，表达盛开的花形和枝叶葱郁之状；"卉"，草之总名也。在我国古代，花卉种植远不如作物生产地位那么高，因此"花卉"作为一个独立的词语最早要到南北朝时期才有相关记载，《梁书·何点传》中记载"园内有卞忠贞冢，点植花卉于冢侧"，表明花卉在古代常用作表达对逝者的追思。改革开放以来，随着市场开放程度与货物流通效率的提高，我国花卉产业迎来了迅猛发展时期，其后在移动互联网的普及和消费观转变的影响下，我国花卉产业已由传统的花卉种植向花卉加工和服务延伸，形成了完整的现代花卉产业链。2010—2020年我国花卉实有种植面积及各类产品种植面积和产量如表4-28所示。根据统计资料显示，2010—2020年，我国年末花卉实有种植面积由1 146.00万亩增长至2 290.05万亩，增加了1 144.05万亩，增长幅度达99.83％。其中，切花切叶产量由125.21亿支增长至238.03亿支，增加了112.82亿支，增长幅度达90.10％；盆栽植物产量由28.94亿盆增长至73.72亿盆，增加了44.78亿盆，增长幅度达154.73％；草坪产量由2010年的32 345万平方米增长至2018年的61 702万平方米，增加了29 357万平方米，增长幅度达90.76％，2019年《中国林业和草原统计年鉴》并未对草坪产量进行统计，但首次统计食用及工业用花卉面积，年鉴显示当年我国食用及工业用花卉面积共计410.48万亩。

表4-28　2010—2020年全国花卉种植总面积及分类产品种植面积和产量

年份	年末花卉实有种植面积/万亩	切花切叶产量/亿支	盆栽植物产量/亿盆	观赏苗木产量/亿株	草坪产量/万平方米	食用及工业用花卉面积/万亩
2010	1 146.00	125.21	28.94	57.08	32 345	—

（续）

年份	年末花卉实有种植面积/万亩	切花切叶产量/亿支	盆栽植物产量/亿盆	观赏苗木产量/亿株	草坪产量/万平方米	食用及工业用花卉面积/万亩
2011	1 293.23	142.34	29.16	120.86	40 833	—
2012	1 453.59	185.30	34.36	124.08	52 433	—
2013	1 563.76	181.71	54.01	124.32	47 273	—
2014	1 533.10	175.93	45.17	111.21	37 942	—
2015	1 938.44	183.60	41.42	100.34	39 647	—
2016	1 992.06	192.75	46.89	112.42	49 748	—
2017	2 173.28	193.80	50.44	120.22	48 675	—
2018	2 449.13	176.64	56.50	116.67	61 702	—
2019	2 261.55	262.27	82.05	97.36	—	410.48
2020	2 290.05	238.03	73.72	116.71		

注：数据来源于《中国林业和草原年鉴》（2016—2020 年）、国家林业和草原局。部分缺失数据为课题组根据历史数据、国家林业和草原局数据及网络公开资料测算所得，届时以官方发布为准。农业农村部、国家林业和草原局、中国花卉协会统计口径不完全一致，故部分数据存在出入。

　　2019 年我国花卉年末实有种植面积排名前 5 的省份及销售额、出口额数据如表 4-29 所示。根据统计显示，2019 年我国年末实有花卉种植面积排名前 5 的省份依次是江苏省（242.47 万亩）、浙江省（237.67 万亩）、河南省（227.11 万亩）、云南省（175.60 万亩）和湖北省（165.68 万亩），排名前 5 的省份种植面积占全国总种植面积的 46.36%；销售额方面，云南省 2019 年花卉销售额为全国第 1，总计 751.4 亿元，领先第 2 名河南省 538.07 亿元；出口额方面，云南省 2019 年度出口额为全国第 1，总计 5.56 亿元，高出第 2 名浙江省 2.11 亿元，湖北省花卉出口额数据未公布。2019 年，中国规模以上花卉企业共计 21 881 个，花卉从业人员 704.89 万人，主要分布在我国广东省、浙江省、云南省和江苏省等地区，主产地分布情况与全国花卉种植面积同销售额排序具有一致性。

表 4-29　2019 年全国花卉年末实有种植面积及销售额、出口额大省排序

省份	年末实有花卉种植面积/万亩	排序	销售额/亿元	排序	出口额/亿元	排序
江苏省	242.47	1	184.79	4	1.66	3
浙江省	237.67	2	190.61	3	3.15	2
河南省	227.11	3	213.33	2	0.68	4
云南省	175.60	4	751.40	1	5.56	1
湖北省	165.68	5	46.91	5	—	

数据来源：2020 年《中国林业和草原统计年鉴》。

　　湖北省具有丰富的花卉资源，自 20 世纪 80 年代以来建立了中国梅花、荷花等品种资源圃，多种花卉生产在国内占据着重要的地位。当前，湖北省花卉生产主要分布在武汉、孝感、宜昌和襄阳等地区，初步形成了鄂南、鄂中、鄂北三大片特色苗木产业集群。2019

年，湖北省年末花卉实有种植面积为 165.68 万亩，销售额为 46.91 亿元，种植面积和销售额均居全国第 5 位，主要产品包括观赏苗木、切花切枝切叶、盆栽植物和食用及药用花卉。

观赏苗木是针叶树类、阔叶乔木类、阔叶灌木类及藤本类苗木的统称。当前，湖北省初步形成了 3 条沿 107 国道、207 国道和 318 国道的百千米花卉苗木长廊，以及鄂南、鄂中和鄂北三大片特色苗木产业集群，建成江夏大花山花卉苗木基地。2019 年，我国观赏苗木生产超过 7 亿株的省份共有 5 个，依次是浙江省（13.83 亿株）、江苏省（13.48 亿株）、河南省（8.99 亿株）、湖北省（7.38 亿株）和湖南省（7.09 亿株），观赏苗木产量前 5 名的省份占我国观赏苗木总产量的 52.14%，湖北省观赏苗木产量在我国排第 4，占我国观赏苗木总产量的 7.58%（表 4 - 30）。

表 4 - 30   2019 年全国观赏苗木生产大省排序

省份	产量/亿株	产量排序	省份	产量/亿株	产量排序
浙江省	13.83	1	湖北省	7.38	4
江苏省	13.48	2	湖南省	7.09	5
河南省	8.99	3			

数据来源：2020 年《中国林业和草原统计年鉴》。

鲜切花主要分为切花、切枝、切叶，分别适用于制作花篮、花束及瓶栽花，因其制作简单、便于携带且具有极高的观赏价值，被广泛应用于人们的日常生活中。据统计，2014 年湖北省武汉市花卉市场中销售的鲜切花 90% 来自云南、广东和福建等省，本土产品市场占有率低（程维金 等，2017）。2019 年全国切花切枝切叶产量排名前 10 的大省生产均超过了 4 亿枝，湖北省切花切枝切叶产量为 1.08 亿枝，位居全国省份排名的第 13，但生产份额仅占全国的 0.41%，与前 10 名有着较大的差距（表 4 - 31）。

表 4 - 31   2019 年全国切花切枝切叶生产大省排序

省份	产量/亿支	产量排序	省份	产量/亿支	产量排序
云南省	139.00	1	辽宁省	6.30	7
广东省	37.14	2	山东省	5.86	8
福建省	19.80	3	四川省	5.03	9
江苏省	14.64	4	黑龙江省	4.16	10
海南省	13.72	5	…	…	…
浙江省	6.38	6	湖北省	1.08	13

数据来源：2020 年《中国林业和草原统计年鉴》。

截至 2023 年，国内市场上销售的盆栽植物有 90 多个品类，市面上销售的主要是多肉植物、蝴蝶兰和盆栽玫瑰等，主要产区为福建漳州、山东青州和云南昆明等地区。根据湖北省历年林业统计年报显示，湖北省种植的盆栽植物主要以紫薇、吊兰和文竹等品种为主，盆栽植物除用于一定规模的园艺景观游览与展示外，主要用于摆租展示与家庭消费，当前消费市场逐渐趋于饱和。2019 年全国盆栽植物产量超过 1 亿盆的省市有 9 个，湖北省生产的盆栽植物为 3 820 万盆，在全国省份排名第 14，竞争力较弱（表 4 - 32）。

表 4 - 32　2019 年全国盆栽植物生产大省排序

省份	产量/亿盆	产量排序	省份	产量/亿盆	产量排序
广东省	31.60	1	北京市	2.12	7
福建省	8.39	2	辽宁省	1.81	8
山东省	8.39	3	海南省	1.04	9
云南省	5.80	4	黑龙江省	0.89	10
四川省	2.65	5	……	……	……
内蒙古	2.29	6	湖北省	0.38	14

数据来源：2020 年《中国林业和草原统计年鉴》。

花卉中一些品种，如樱花、桂花等，因其营养价值高且全面，富含多种微量元素及生物碱、有机酸等功能成分，因此常被加工成花茶、配料、饮料、化妆品等产品，用于满足人们对于食物保健功能的需求。湖北省自 20 世纪 80 年代以来，以桂花加工为始大力发展花卉加工业，累计开发出桂花糕、桂花酒等 50 多种饮料食品。2019 年湖北省食用及工业用花卉面积总计 18.47 万亩，在全国各省份中排名第 8（表 4 - 33）。

表 4 - 33　2019 年全国食用及工业用花卉生产面积大省排序

省份	生产面积/万亩	排序	省份	生产面积/万亩	排序
云南省	76.30	1	四川省	19.17	6
安徽省	53.72	2	福建省	19.06	7
广西壮族自治区	51.16	3	湖北省	18.47	8
新疆维吾尔自治区	41.53	4	甘肃省	15.75	9
河南省	40.61	5	黑龙江省	14.90	10

数据来源：2020 年《中国林业和草原统计年鉴》。

4. 茶叶生产　据考古发现，世界上最早人工种植茶树的地方在距今 6 000 多年前的浙江余姚田螺山一带，茶叶最早是被作为祭品而使用，随着人类在历史发展过程中对其菜食、药用及饮料原料的作用的进一步发现，茶叶逐渐渗入到普通家庭的日常消费中，公元 14 世纪至 17 世纪，中国茶叶经陆路输入中亚、波斯等地区，经过了数个世纪的栽培与发展后，茶叶成了世界三大天然饮料（茶叶、咖啡、可可）之一，根据 FAO 的专家预测，茶叶有望成为 21 世纪最有发展前途的健康产业。据 FAO 数据库统计，2020 年世界茶园总种植面积为 7 546.15 万亩，较 2010 年的 4 733.96 万亩增长了 2 812.19 万亩，增长幅度达 59.40%，年平均增长率为 4.77%。2019 年，茶园面积排名前 10 的国家及地区如表（4 - 34）所示。2020 年中国茶园面积稳居世界第一，占全球茶园面积的66.67%，茶园面积排名前 10 的国家依次是：中国 5 030.77 万亩、印度 944.67 万亩、肯尼亚 404.10 万亩、斯里兰卡 397.03 万亩、印度尼西亚 161.86 万亩、越南 161.05 万亩、缅甸 135.03 万亩、土耳其 125.18 万亩、孟加拉国 89.05 万亩、莫桑比克 67.12万亩。

表 4 - 34　2020 年世界茶园种植面积排名前 10 的国家及地区

排位	国家	面积/万亩	占比/%
1	中国	5 030.77	66.67
2	印度	944.67	12.52
3	肯尼亚	404.10	5.36
4	斯里兰卡	397.03	5.26
5	印度尼西亚	161.86	2.14
6	越南	161.05	2.13
7	缅甸	135.03	1.79
8	土耳其	125.18	1.66
9	孟加拉国	89.05	1.18
10	莫桑比克	67.12	0.89

数据来源：FAO 数据库。

据 FAO 数据库统计，2020 年世界茶叶总产量为 702.40 万吨，较 2010 年的 461.07 万吨增长了 241.33 万吨，增长幅度达 52.34%，年均增长率为 4.30%，相较于 2000—2010 年 3.62% 的年平均增长率有较大提升，全球产量排名前 10 的国家及地区如表 4 - 35 所示。2020 年度产量排名前 10 的国家依次是中国（297.00 万吨）、印度（142.47 万吨）、肯尼亚（56.95 万吨）、阿根廷（33.52 万吨）、斯里兰卡（27.85 万吨）、土耳其（25.52 万吨）、越南（24.05 万吨）、印度尼西亚（13.83 万吨）、缅甸（12.65 万吨）、泰国（9.77 万吨）。

表 4 - 35　2020 年世界茶叶产量排名前 10 的国家及地区

排位	国家	产量/万吨	占比/%
1	中国	297.00	42.28
2	印度	142.47	20.28
3	肯尼亚	56.95	8.11
4	阿根廷	33.52	4.77
5	斯里兰卡	27.85	3.96
6	土耳其	25.52	3.63
7	越南	24.05	3.42
8	印度尼西亚	13.83	1.97
9	缅甸	12.65	1.80
10	泰国	9.77	1.39

数据来源：FAO 数据库。

从 2020 年世界茶园面积及产量排名前 10 的茶叶生产国分布情况来看，大多数国家地处东南亚地区，前 10 名中亚洲国家生产总量占全世界生产总量的 78.73%。中国和印度是世界上最主要的 2 个茶叶生产国，2020 年的茶叶产量均超过了 100 万吨。其中，中国生产的茶叶总量超过第 2 名印度 154.43 万吨，差额相当于印度年生产总量的 1.08 倍。中国在世界茶叶生产上具有绝对优势，年产量相当于世界茶叶排名第 2～6 名国家产量总和。

我国是世界第一大产茶国，茶叶品类多达 300 余种，主要分为绿茶、红茶、乌龙茶、黑茶、黄茶和白茶六大类，较为著名的有西湖龙井、太平猴魁、宜红工夫茶等。茶叶生产除供应国内消费外，贸易对象遍布世界 100 多个国家及地区。近年来，我国茶叶产业生产规模不断扩大，2020 年全国茶叶种植面积达 4 734.35 万亩，总产量约 297.00 万吨，相较于 2010 年，分别保持了 5.03% 及 6.94% 的年增长率。2020 年我国茶叶一产产值为 1 891 亿元，相较 2010 年的 676 亿元，年均增长率达到 10.83%（表 4-36）。

表 4-36　2010—2020 年全国茶叶种植面积及产量

年份	面积/万亩	产量/万吨	年份	面积/万亩	产量/万吨
2010	2 897.75	146.20	2016	4 084.16	231.30
2011	3 083.27	160.80	2017	4 273.08	246.00
2012	3 302.03	176.10	2018	4 478.70	261.04
2013	3 550.58	188.70	2019	4 657.50	277.72
2014	3 788.96	204.90	2020	4 734.35	297.00
2015	3 961.26	227.70			

数据来源：国家统计局。

茶叶进出口方面，由于受到新冠疫情的影响，中国茶叶进出口量相较 2019 年均有着不同程度的下降。根据海关数据统计，2020 年中国茶叶出口总量为 34.88 万吨，同比减少 4.84%；出口总额为 20.38 亿美元，同比增长 0.91%；出口均价为 5.84 美元/千克，同比增长 6.04%。其中，绿茶出口量最多，达 29.34 万吨，占总出口量比重的 84.1%。2020 年中国茶叶进口量为 4.33 万吨，同比减少 0.17%；进口总额为 1.80 亿美元，同比减少 3.85%；进口均价为 4.16 美元/千克，同比减少 3.69%。其中，红茶为我国主要进口茶叶品类，进口量达 3.54 万吨，占总进口量的 81.7%。根据《中国农村统计年鉴》和《新中国农业 60 年统计资料》显示，自 1949 年以来，我国茶园面积、产量一直保持着稳定增长的态势，2016 年全国茶园面积首次突破 4 000 万亩，产量突破 240 万吨。2020 年全国茶园种植面积及产量位居前 5 的省份如表 4-37 所示。

2020 年全国茶叶产量位居前三的省份为云南省、福建省和湖北省，产量分别为 46.32 万吨、45.14 万吨和 36.08 万吨；种植面积位居前三的省份为云南省、四川省和湖北省，茶园面积分别为 740.25 万亩、594.60 万亩和 537.60 万亩。

表 4-37　2020 年全国茶叶种植面积及产量大省排序

省份	产量/万吨	排序	面积/万亩	排序
云南省	46.32	1	740.25	1
福建省	46.14	2	335.85	4
湖北省	36.08	3	537.60	3

（续）

省份	产量/万吨	排序	面积/万亩	排序
四川省	34.42	4	594.60	2
湖南省	25.01	5	278.70	5

数据来源：《中国农业统计资料》。

湖北省产茶历史悠久，茶文化底蕴深厚。公元 758 年，"茶圣"陆羽在《茶经》中明确指出湖北省鄂西地区是茶叶的重要原产地之一，到了五代时期，湖北江陵作为沟通南北的交通要地，是当时全国最大的茶市。历史上，茶叶作为商品主要是供应国外市场，因此我国生产情况在很大程度上受到国际市场的影响，据资料记载，1914—1918 年湖北省茶叶年产量是 53 万担，达到历史最高点，但随后受制于国际形势的变化及国内生产水平不高等制约，一直到 20 世纪 80 年代，湖北省的茶叶产量才恢复到历史最高水平。湖北省现有茶类资源丰富，六大茶类均有种植与生产，现有茶叶品类主要是绿茶、黑茶、红茶和青茶四大类。

绿茶是中国的主要茶类之一，成品未经发酵，产地广泛分布于我国的南方各省份。截至 2020 年，绿茶是湖北省产量最大的茶叶品类，主要产地分布在湖北宜都等县（市、区），2020 年湖北省绿茶产量为 25.57 万吨，占全省茶叶总产量的 70.87%，在全国绿茶生产省份中排名第 3（表 4 - 38）。

表 4 - 38　2020 年全国绿茶生产大省排序

省份	产量/万吨	产量排序	省份	产量/万吨	产量排序
云南省	36.27	1	福建省	12.93	6
四川省	28.48	2	湖南省	11.45	7
湖北省	25.57	3	安徽省	11.35	8
浙江省	16.46	4	陕西省	7.67	9
贵州省	16.33	5	河南省	6.76	10

数据来源：2021 年《中国农村统计年鉴》。

黑茶因成品茶外观呈黑色而得名，在制作工艺上属于后发酵茶，主产区分布在我国两湖及西南地区。截至 2020 年，黑茶是湖北省产量排名第 2 的茶叶品类，主要产地分布在湖北省咸宁市的赤壁、通山等县，2020 年全国黑茶生产产量超过 100 吨的省份仅有 8 个，其中湖北省黑茶产量为 5.39 万吨，占全省茶叶总产量的 14.94%，在全国黑茶生产省份中排名第 2（表 4 - 39）。

表 4 - 39　2020 年全国黑茶生产大省排序

省份	产量/万吨	产量排序	省份	产量/万吨	产量排序
湖南省	10.26	1	陕西省	0.40	5
湖北省	5.39	2	广西壮族自治区	0.28	6
四川省	2.51	3	江苏省	0.05	7
贵州省	0.68	4	安徽省	0.02	8

数据来源：2021 年《中国农村统计年鉴》。

红茶在制作工艺上属于全发酵茶，在加工过程中发生以茶多酚酶促氧化为中心的化学反应，具有红茶、红汤、红叶和香味甜醇的特征。主产区分布在我国云南省、福建省及两湖等地区。截至2020年，红茶是湖北省产量排名第3的茶叶品类，湖北省主要产地有利川、五峰等县（市、区），2020年湖北省红茶产量为3.70万吨，占全省各类茶叶总产量的10.25%，在我国红茶生产省份中排名第3（表4-40）。

表4-40　2020年全国红茶生产大省排序

省份	产量/万吨	产量排序	省份	产量/万吨	产量排序
云南省	5.68	1	贵州省	1.67	6
福建省	5.25	2	四川省	1.04	7
湖北省	3.70	3	广东省	0.97	8
湖南省	2.35	4	江西省	0.85	9
广西壮族自治区	1.87	5	安徽省	0.69	10

数据来源：2021年《中国农村统计年鉴》。

青茶也被称为乌龙茶，由宋代贡茶（龙团、凤饼）演变而来，在制作工艺上属于半发酵茶，主产区分布在我国福建、广东及两湖地区。截至2020年，青茶是湖北省产量排名第4的茶叶品类，湖北省主要产地有蒲圻、赤壁等县市（区），2020年我国青茶产量超过1 000吨的省份仅有6个，其中湖北省青茶产量为0.13万吨，占全省茶叶总产量的0.36%，在全国青茶生产省份中排名第6（表4-41）。

表4-41　2020年全国青茶生产大省排序

省份	产量/万吨	产量排序	省份	产量/万吨	产量排序
福建省	23.80	1	四川省	0.43	4
广东省	5.59	2	贵州省	0.17	5
云南省	0.85	3	湖北省	0.13	6

数据来源：2021年《中国农村统计年鉴》。

2020年湖北省全省茶叶产量累计36.08万吨，其中，绿茶25.57万吨、黑茶5.39万吨、红茶3.70万吨、青茶0.13万吨，主要品种产量占全省茶叶总产量的96.42%。

2020年，湖北省形成了以"五座茶山"（鄂东大别山、鄂西武陵山及宜昌三峡、鄂西北秦巴山、鄂南幕埠山和鄂中大洪山）为代表的优势产区，品种主要有绿茶、富硒茶宜红茶及乌龙茶等，五大产区的茶园面积和产量均占全省总量的90%以上。全省分地区各品种茶叶生产情况如表4-42所示。湖北省茶叶主要产区集中在西部及东南部地区，包括恩施土家族苗族自治州、宜昌市、咸宁市等5个地区。

表4-42　2020年湖北省各地区主要茶叶品类产量排序

类别	全省茶叶产量	第1		第2		第3	
		地区	产量/万吨	地区	产量	地区	产量/万吨
茶叶	36.08	恩施自治州	24.47	宜昌市	18.99	咸宁市	11.97

（续）

类别	全省茶叶产量	第 1		第 2		第 3	
		地区	产量/万吨	地区	产量	地区	产量/万吨
绿茶	25.57	恩施自治州	8.95	宜昌市	8.03	黄冈市	3.74
黑茶	5.39	咸宁市	4.51	恩施自治州	0.56	黄冈市	0.11
红茶	3.70	恩施自治州	2.39	宜昌市	1.30	十堰市	0.14
青茶	0.13	宜昌市	0.68	恩施自治州	0.07	咸宁市	0.18

数据来源：2021 年《湖北省农村统计年鉴》及各地区统计年鉴。

（二）湖北园艺产品的需求现状

1. 湖北省水果消费需求的现状特征 其一，水果消费需求的城乡差异。中国二元经济结构明显，长期执行的重工业优先发展战略在一定程度上影响了农业发展与农业剩余劳动力的合理转移，且经济发展呈现出明显的区域差异。根据国家统计局发布的中国统计年鉴显示，2020 年按东、中、西部及东北地区分组的人均可支配收入中，东北地区城乡居民可支配收入比最小，为 2.15，中部地区紧随其后，为 2.32。湖北省地处我国中部地区，2020 年，湖北省城镇常住居民人均可支配收入达 36 706 元，是同期农村家庭年人均可支配收入的 2.25 倍，城乡收入比低于中部地区的平均水平。

2010—2020 年，湖北省城镇居民人均干鲜瓜果类消费金额从 265.53 元上升至 449.60 元，在不考虑果园日常损耗的情况下，农村居民的干鲜水果消费量从 15.70 千克上升至 33.65 千克。水果消费在人们的日常饮食结构中占据着越来越重要的地位。据现有资料计算，2014 年后湖北省城镇居民人均食品消费支出中，干鲜瓜果类消费在主要食品消费中份额总体维持在 9% 以上；农村家庭居民人均主要食品消费量中，干鲜瓜果类消费份额从 2010 年起持续提升，在主要食品消费支出中的比例从 4.08% 上升至 7.67%（表 4-43）。

表 4-43　2010—2020 年湖北省家庭的人均主要食品消费与水果消费

		2010 年	2015 年	2016 年	2017 年	2018 年	2019 年	2020 年
城镇家庭	主要食品消费金额/元	4 429.30	3 897.62	4 262.59	4 243.98	3 883.43	4 154.21	4 824.93
	干鲜瓜果消费金额/元	265.53	379.13	370.97	375.38	424.58	457.59	449.60
	干鲜瓜果支出份额/%	5.99	9.73	8.70	8.84	10.93	11.02	9.32
农村家庭	主要食品消费量/千克	384.65	393.65	402.65	411.65	420.65	429.65	438.65
	干鲜瓜果消费量/千克	15.70	22.42	26.28	28.68	34.02	32.93	33.65
	干鲜瓜果支出份额/%	4.08	5.70	6.53	6.97	8.09	7.66	7.67

注：数据来源于历年湖北省统计年鉴。水果为干鲜瓜果类。

在影响水果消费的各项因素中，居民收入的提升是最主要的因素。2010—2020 年，城镇常住居民家庭人均纯收入从 16 058 元上升至 36 706 元，增长了 128.58%，年均增长率达 12.86%，农村居民家庭年均纯收入从 5 832.27 元上升至 16 305.91 元，增长了179.58%，年均增长率达 17.96%。

其二，水果消费需求的收入差异。无论是在农村还是城镇，湖北省居民因所处地区与工作品种的不同存在着显著的收入差异，所属的不同收入阶层会影响其对水果的偏好与购买行为，因此不同收入群体在水果的年消费金额上也表现出明显的差异性。

从时间序列上来看，自 2013 年以来，湖北省城镇居民家庭不同收入组别的人均购买干鲜瓜果类金额呈总体上升的态势（表 4-44）。其中，低收入户购买干鲜瓜果类的金额增长最快，年均增长幅度达 7.64%；从不同收入组的横向比较来看，高收入户人均购买干鲜瓜果类金额是低收入户的 2.2～3.2 倍。水果作为当前最受湖北省居民欢迎的大众消费品之一，在现今人们对生活品质多样化需求不断上升的背景下其消费属性已逐渐向生活必需品转变，因此不同收入阶层所表现的消费需求差异大体上满足这一特点。

表 4-44　2013—2020 年湖北省城镇居民家庭按收入分等级的人均购买干鲜瓜果类金额

单位：元

年份	总平均	低收入户	中低收入户	中等收入户	中高收入户	高收入户
2013	364.65	185.07	254.89	362.16	443.09	578.05
2014	332.89	171.95	259.26	326.63	391.04	515.56
2015	394.99	226.24	312.84	390.37	499.25	546.26
2016	386.38	225.54	297.45	380.41	502.15	526.34
2017	389.75	220.47	307.77	394.19	498.30	528.03
2018	439.72	241.98	318.76	422.14	530.16	685.56
2019	477.45	258.57	363.93	464.08	585.48	715.17
2020	464.87	284.00	365.96	443.91	580.38	650.12

数据来源：《2014—2021 年湖北省统计年鉴》。

根据 FAO 最新数据显示，2018 年世界人均水果（不含葡萄酒）消费量为 76.79 千克，中国在所有国家中仅排第 42 位。在国家统计局发布的 2021 年中国统计年鉴中显示，2020 年度全国城镇居民家庭人均干鲜瓜果类消费数量达 65.9 千克。其中，湖北省为 49.2 千克，低于全国平均水平 25.34%，全国范围内比湖北省人均干鲜瓜果消费量低的省份仅有江苏、海南、贵州、青海与西藏 5 个省份，主要集中于我国的西南部地区。因此，湖北省干鲜瓜果类人均消费在未来一段时期中仍具有较大的扩张潜力。

自 20 世纪 90 年代以来，湖北省水果消费金额总体呈不断上升的态势，不同于 90 年代主要以人口与收入增长两方面因素对水果消费需求的共同推动，在我国人口结构老龄化、少子化不断加深的当下，人口因素将不再是促使湖北省水果消费增长的重要原因，收入的增长与对生活品质的追求将成为促进湖北省城镇居民水果消费的主要动力。

2. 湖北省蔬菜需求现状　其一，蔬菜鲜菜及菜制品消费差异。当前，湖北省在蔬菜消费上存在着明显的鲜菜及菜制品差异，如表 4-45 所示，自 2010 年以来湖北省农民家庭年人均蔬菜及菜制品消费量总体维持在 110 千克以上，其中 98% 以上为鲜菜消费，菜制品占比不足 2%，这是因为菜制品主要通过超市进行流通销售，农民家庭蔬菜消费大多采取自给自足的方式。

表 4-45　湖北省农民家庭年人均蔬菜（含菜制品）及鲜菜消费量

		2010 年	2015 年	2016 年	2017 年	2018 年	2019 年	2020 年
农民家庭	蔬菜及菜制品/千克	137.51	123.06	123.22	113.01	113.78	118.58	134.52
	鲜菜/千克	136.22	121.40	121.10	111.36	111.49	116.26	132.35
	鲜菜消费份额/%	99.06	98.65	98.28	98.54	97.99	98.04	98.39

数据来源：历年湖北省统计年鉴。

其二，蔬菜消费需求的城乡差异。湖北省蔬菜消费存在明显的城乡差异，相较于城镇家庭，农村家庭蔬菜消费将在主要食品消费中占据更大的比例。2010—2020 年，湖北省城镇家庭人均蔬菜及食用菌消费金额在主要食品消费金额中所占比例保持稳定，支出份额维持在 13%～17%，10 年间消费金额从 615.32 元上升至 699.05 元，增长了 83.73 元。2010—2020 年，湖北省农村家庭蔬菜及菜制品消费量尽管有所波动，但并未发生较大变化，2010 年，湖北省农村家庭蔬菜及菜制品消费量在主要食品消费量中所占比例为历年最高，达到 35.75%，尽管蔬菜及菜制品消费份额在主要食品消费份额中所占比例有所下降，但在长期中总体仍维持在 27% 以上（表 4-46）。

表 4-46　湖北省家庭人均主要食品消费与蔬菜消费

		2010 年	2015 年	2016 年	2017 年	2018 年	2019 年	2020 年
城镇家庭	主要食品消费金额/元	4 429.30	3 897.62	4 262.59	4 243.98	3 883.43	4 154.21	4 824.93
	蔬菜及食用菌消费金额/元	615.32	652.32	664.88	638.00	587.30	545.92	699.05
	蔬菜及食用菌支出份额/%	13.89	16.74	15.60	15.03	15.12	13.14	14.49
农村家庭	主要食品消费量/千克	384.65	393.65	402.65	411.65	420.65	429.65	438.65
	蔬菜及菜制品消费量/千克	137.51	123.06	123.22	113.01	113.78	118.58	134.52
	蔬菜及菜制品消费份额/%	35.75	31.26	30.60	27.45	27.05	27.60	30.67

注：数据来源于历年湖北省统计年鉴。蔬菜为蔬菜及食用菌或蔬菜及菜制品。

其三，蔬菜消费需求的收入差异。通过观察湖北省城镇居民不同收入等级购买蔬菜及食用菌的消费金额情况，发现不同收入阶层并未对蔬菜和食用菌的消费表现出较大的需求差异，收入因素对湖北省城镇居民蔬菜消费需求的影响不明显。

从时间序列来看，不同收入组的湖北省城镇居民家庭平均购买蔬菜和食用菌总金额自 2013 年以来呈一个下降的态势，平均消费金额从 2013 年 746.17 元的历史高点下降至 2019 年的 562.24 元，为历年来最低，2020 年度平均消费金额则较上年度有一较大的提升,增长额为 152.01 元,总量恢复至 714.25 元。从不同收入组的横向比较来看,高收入户人均购买蔬菜和食用菌金额是低收入户的 1.4～2.1 倍。蔬菜是人们日常饮食中必不可少的食物之一,不同收入阶层的居民对蔬菜的消费需求具有一定的刚性,消费数量与金额不会随收入的改变产生较大的变化,因此不同收入阶层对于蔬菜的消费需求符合这一特点。

根据 FAO 的最新数据显示,2018 年世界人均蔬菜消费量为 107.9 千克,中国人均消费量在世界范围内排名第 2,仅次于格林纳达。据国家统计局发布的 2021 年中国统计年鉴显示,2020 年度全国城镇居民家庭人均蔬菜及食用菌消费量达 109.8 千克,湖北省为 120.9 千克,高于全国平均水平 10.1%,全国范围内比湖北省人均蔬菜及食用菌消费量高的有重庆、辽宁、四川、河北与北京 5 个省份,主要集中在我国的北方和西南地区。表 4-47 为 2013—2020 年湖北省城镇居民家庭按收入分级的人均购买蔬菜及食用菌金额。

表 4-47　2013—2020 年湖北省城镇居民家庭按收入分级的人均购买蔬菜及食用菌金额

单位:元

年份	总平均	低收入户	中低收入户	中等收入户	中高收入户	高收入户
2013	746.17	534.52	636.79	759.27	836.62	963.65
2014	652.04	468.39	577.65	643.39	733.16	837.60
2015	668.07	514.74	567.31	649.00	807.97	801.35
2016	677.43	515.07	604.88	719.96	800.71	746.51
2017	649.63	521.18	568.41	650.71	765.58	742.29
2018	597.37	414.52	526.83	611.25	745.19	689.06
2019	562.24	335.77	456.79	600.83	723.93	693.86
2020	714.25	537.07	601.30	700.55	867.05	865.26

数据来源:《2014—2021 年湖北省统计年鉴》。

3. 湖北省茶叶需求现状　其一,茶叶消费需求的城乡差异。从表 4-48 来看,2011 年湖北省城乡居民茶叶消费表现出明显的群体差异,总体居民饮茶消费差异明显,但在固定饮茶人群城乡对比中则表现出较小的差异性。调查数据显示 30 日内湖北省总体城镇居民平均每日消费量达 1.48 杯,是农村居民每日消费量的 1.59 倍,表现出较大差异。但在固定饮茶群体中,城镇饮茶居民平均每日饮茶量为 3.19 杯,仅高于农村饮茶居民平均每日饮茶量 0.38 杯,饮茶群体中城乡差异不明显。

表 4-48　2011 年湖北省城乡居民茶叶消费量

	城镇		农村	
	所有居民	饮茶居民	所有居民	饮茶居民
过去 30 日平均每日 饮茶量/杯	1.48	3.19	0.93	2.81

注:数据来源于中国健康和营养调查(China Health and Nutrition Survey)2011 年调查数据。数据主要针对 18 岁以上成年消费者;因缺少湖北省数据,故选用中部地区城乡消费差异数据来予以替代。

其二,茶叶消费需求的收入差异。从表 4-49 来看,除 2020 年受新冠疫情影响导致茶叶消费市场低迷、人均消费量萎缩外,2004—2019 年湖北省不同收入组城镇居民家庭人均茶叶消费基本维持稳定。在所有影响茶叶消费量的因素中，收入因素效果明显，具体表现人均茶叶消费量同收入水平密切相关，茶叶消费数据显示历年高收入户人均消费均保持在低收入户的 2 倍或以上。

表 4-49 2014—2020 年湖北省城镇居民家庭按收入分等级的人均茶叶消费量

单位：千克

年份	总平均	低收入户	中低收入户	中等收入户	中高收入户	高收入户
2014	0.28	0.22	0.21	0.22	0.33	0.49
2015	0.28	0.17	0.27	0.22	0.38	0.40
2016	0.32	0.19	0.21	0.33	0.44	0.52
2017	0.27	0.16	0.25	0.29	0.32	0.37
2018	0.27	0.17	0.20	0.38	0.29	0.34
2019	0.25	0.12	0.19	0.23	0.27	0.55
2020	0.20	0.12	0.18	0.17	0.29	0.30

注：数据来源于 2015—2021 年《湖北调查年鉴》。2013 年及以前人均茶叶消费量统计口径为元，故此处未显示。

三、湖北园艺产业发展的市场前景

（一）湖北水果产业发展的市场前景及预测分析

未来 10 年，湖北省水果产业结构将进一步优化，品种结构日益丰富，各类主要水果优势区建设成效显著，绿色化、优质化、特色化、品牌化水果产品的产量和消费量将稳步增长，贸易规模及范围将持续扩大，价格波动上涨。

一是生产稳定，产量稳步提升。预计未来湖北省水果产量将稳中有升，随着全国产业结构优化及供给侧结构性改革任务的不断推进，中部地区在劳动密集型水果生产上的比较优势将越来越显著，在湖北省越来越注重产业区域特色、产业规模、水果品牌建设及市场营销的基础上，水果产量将稳步增长，通过进一步优化产业区域布局、品种结构及促进集群发展，为水果产业发展提供支撑。根据湖北省统计年鉴数据整理预测，未来 10 年湖北省水果产量年均增长率将达到 2.17%。

二是水果消费在居民消费结构占比提升。预计未来湖北省水果消费量将持续增长，消费结构将不断优化，其中水果加工品消费占比将进一步提升。随着中国经济的不断发展、城镇化水平的提升及居民人均收入水平的提高，消费者将更加重视水果的质量安全及营养供给能力，水果消费将成为大众饮食日常，推动水果消费持续增加、加工消费占比持续提升。根据国家统计局和农业农村部公布数据，展望未来 10 年，湖北省水果直接消费量及加工消费量年均增长率将分别达到 2.15% 和 2.93%。

三是贸易结构转变，果品质量逐渐向国外接轨。预计未来湖北省水果进出口总量将持续增加。随着中国经济持续增长，消费的不断升级，对榴梿、车厘子、蓝莓等进口水果的需求将会急剧增加，而国内果品生产、加工的标准化体系构建及冷链物流的快速发展又会促进湖北省水果产品质量与国外要求接轨，推动湖北省水果鲜果及制成品出口增长。根据国家统计局及海关总署公布数据整理预测，展望未来 10 年湖北省水果进出口年均增长率将分别达到 8.6% 和 6.7%。

四是果品价格波动上涨，且不同品质水果价格两极分化。随着劳动力成本的不断攀升及高品质、绿色化水果种植要求的提升，根据商务部发布的历年水果批发价格显示，国内各类水果价格在未来 10 年总体将呈现波动上涨的态势。而由于水果品质对价格的影响较大，因此同类型果品中则会出现两极分化现象，未来市场上符合消费者需求的优质水果价格将趋于上涨，而一些质量较低的水果价格将维持稳定甚至出现下跌趋势。

（二）湖北蔬菜产业发展的市场前景及预测分析

"十四五"时期，湖北省蔬菜产业发展具有良好的市场前景和发展趋势，主要原因有，一是各级政府部门高度重视蔬菜产业发展，从《"十四五"推进农业农村现代化规划》到《湖北省推进农业农村现代化"十四五"规划》，国家和地方连续出台了多项促进蔬菜生产的行动方案和政策措施，为湖北省蔬菜产业发展提供有力支持；二是居民消费升级为蔬菜产业发展带来动力，随着经济社会发展和生活条件改善，消费者对美好生活的需要日益增长，对优质蔬菜和食用菌等农产品的需求进一步增强；三是科技创新为蔬菜产业发展带来助力，随着新一轮产业革命和技术革命兴起，5G、云计算、物联网、区块链等与农业交互联动，数字农业和智慧农业等新技术、新模式、新产品在蔬菜种植和蔬菜市场信息化等方面的应用加速发展，也为快速推进蔬菜产业转型发展带来巨大推动力。未来湖北省蔬菜产业将主要呈现如下特点。

一是蔬菜需求持续增长。根据《中国农业展望报告（2020—2029）》，我国蔬菜总消费量继续增加，年均增长将达 1.6%，预计 2029 年达 7.96 亿吨，其中鲜食消费增长较快，年均增速 2.5%。

二是蔬菜种类多样化。随着城乡一体化进程的加快，满足不同消费群体、周年保供、出口等种类将不断涌现，湖北省蔬菜产业将呈现大宗蔬菜不少、特色和功能性蔬菜趋多的格局。

三是蔬菜消费品质化。消费者对蔬菜外观品相、内在品质、口感等要求越来越高，餐馆、社区、中央厨房配送等消费正在升级，私人订制消费方式也展露端倪，蔬菜产业走上品质化发展之路。

四是蔬菜营销品牌化。对品牌蔬菜消费需求越来越强烈，随着市场流通日益完善，蔬菜品牌化建设日益受到重视，让客户"闻名如见面"，蔬菜产业走上品牌化发展之路。

五是蔬菜生产机械化和设施化。随着规模化生产和劳动力成本上升，集约化育苗、水肥一体化、耕种收机械、避雨设施、高效植物保护设施设备等配套需求激增。

六是蔬菜产业信息化和智能化。生产技术和管理集约化加快，冷链物流体系快速形成，市场流通渠道不断拓宽，全产业链智能化和信息化发展加快。

七是蔬菜商品苗集约化。我国年移栽需苗量 6 000 亿～7 300 亿株，现有蔬菜集约化育苗场逾 3 000 个，全国年生产蔬菜商品苗约 3 500 亿株。其中，实生苗约 3 000 亿株，茄果类、瓜类嫁接苗约 500 亿株。集约化批量生产商品苗，也已逐渐成为湖北省蔬菜育苗的主要形式。

八是服务专业化。湖北省农业社会化服务不断创新、服务领域不断拓宽、服务链条不断延伸，对农业生产稳定发挥了重要作用。服务型农业企业、农村集体经济组织、农民专业合作社、供销系统等社会化服务取得成效，生产托管项目也逐渐受到重视。

（三）湖北花卉产业发展的市场前景及预测分析

花卉经济已成为推动乡村振兴的新引擎，更是城市申办国家园林城市必不可少的元素之一。随着文化和旅游部等六部门联合印发《关于推动文化产业赋能乡村振兴的意见》的提出，湖北省依托其良好的地理位置与自然资源条件，在发展花卉产业方面有着广阔的市场前景。未来湖北省花卉产业将主要呈现如下特点。

一是自然环境优越促进产业发展。湖北省花卉种植历史悠久、物种资源丰富，拥有适合花卉生产的良好自然条件。经过改革开放30多年的发展，湖北省花卉产业规模不断壮大，品种品质日趋优化，流通网络逐步完善，市场占有率不断提高，在促进农民增收、推动城乡社会经济发展中发挥着重要作用。

二是区位优势显著促进本土市场开拓。湖北省兼具"得中""得水"条件，承担"承东启西、接南纳北"功能，自古以来，"湖北通则中部通，中部通则中国通"，湖北省具有天然的资源组织优势和空间配置条件，这也促进湖北省花卉市场发展繁荣，形成了全国十大花卉专业市场之一的武汉花卉市场。

三是需求潜力巨大将带动产业发展。随着居民生活水平的提高，居民的花卉消费意识也逐渐增强，逢年过节、办喜事等赠送花卉也成为时尚。根据国家林业和草原局、中国花卉协会数据，2021年，我国花卉零售市场规模达2 205亿元，比2020年增长17.5％。预计2031年，我国花卉年市场消费需求可达5 000亿元，未来年均增长率达到8.5％。随着城镇化建设步伐加大，花卉将迎来新一轮消费热潮。近年来，随着打造园林城市、建设生态和宜居城市步伐加快，花卉需求量迅速增加，产销两旺，价格上扬。

（四）湖北茶叶产业发展的市场前景及预测分析

未来湖北省茶叶产业将主要呈现如下特点。

一是茶叶产量稳步提升。截至2022年，中国茶叶年生产总量占据全世界的40％以上，并在持续增加，但从茶园产量上来看，茶叶供给效率仍有较大的提升空间。茶叶作为湖北省的传统优势产业，在政府加强立法与规划工作的背景下有着较好的发展前景。根据湖北省统计年鉴相关数据整理预测，未来10年湖北省茶叶产量年均增长率将达到3.56％。

二是消费市场及群体不断扩大。随着"后疫情时代"的到来，人们将越来越注重挖掘茶叶的健康、保健功能，茶叶消费群体将不断扩大，消费量将快速增长。根据中国茶叶流通协会发布的相关数据整理预测，未来10年中国茶叶内销量年增长率将达到4.27％。

三是贸易朋友圈及规模逐渐扩大。预计湖北省茶叶进出口量将持续增加。近年来，中国茶产业主动融入与服务构建新经济格局，通过持续创新保持了稳定发展，在传统产品与业态持续发力的同时，新茶饮、新袋泡、花草茶、混搭风味茶等新赛道崛起，中国茶叶产业进出口贸易前景广阔。根据中国海关总署进出口统计数据整理预测，未来10年湖北省茶叶进出口量年增长率将分别达到2.60％和1.89％。

四是价格稳中有增。自2014年以来，茶叶销售均价总体呈现震荡上行的发展态势，而在疫情影响茶叶生产和流通的情况下，根据中国茶叶流通协会历年发布的统计数据整理预测，随着全球通货膨胀压力及我国居民人均收入水平提升，各类型茶叶价格在未来一段时期内将在波动中上涨。

四、湖北园艺产业的发展潜力

（一）湖北园艺产业土地资源潜力分析

土地是园艺产业发展中最重要的生产要素。在短期内作物生产、培育技术未发生较大革新的情况下，土地数量的提供与结构的变动往往决定着该地区园艺产品的生产规模与总量。

湖北省园艺产业土地资源潜力主要受到两方面的影响。

一是建设用地对农用地转化的影响，农用地的转化将改变湖北省园艺产业产品生产的结构与数量。据湖北省历年土地变更调查数据显示，各类农业用地利用情况总体维持稳定，但均呈逐年下降的态势，农用地总量由 2010 年的 22 130.1 万亩下降至 2020 年的 21 997.5 万亩。其中，耕地、园地、林地和草地变动情况如表 4-50 所示。自 2010 年以来，湖北省耕地、园地和草地利用数量均有着不同程度的下降。其中，耕地数由 7 968.45 万亩下降至 7 132.35 万亩；园地数由 741 万亩下降至 729.75 万亩；草地数由 439.35 万亩下降至 132.9 万亩。尽管设施农业、无土栽培等新型生产方式在农产品生产中正逐渐占据着越来越重要的地位，但当前以农地、园区等为主的传统生产方式仍然占据着主导地位，各类农业用地规模的下降将压缩湖北省园艺产业发展空间。而各类农业用地数量下降的主要原因是农用地流转所致，据湖北省自然资源统计年报显示，2018 年和 2019 年湖北省新增建设用地中，农用地转用比例均超过了 93%。在湖北省新型城镇化发展的背景下，工业及服务建设用地需求的激增将会进一步挤占农业土地用地规模与发展空间。

表 4-50　2010—2020 年湖北省农用地及分类用地利用变动情况

单位：万亩

年份	农用地	耕地	园地	林地	草地
2010	22 130.10	7 968.45	741.00	12 981.30	439.35
2011	22 089.00	7 952.25	738.00	12 962.85	435.90
2012	22 047.90	7 935.00	734.85	12 946.35	431.70
2013	22 014.75	7 922.70	732.30	12 930.45	429.30
2014	21 968.40	7 898.85	729.75	12 912.75	427.05
2015	21 931.65	7 882.50	724.35	12 902.25	422.55
2016	21 903.45	7 867.95	722.10	12 892.95	420.45
2017	21 877.20	7 853.85	720.30	12 884.85	418.20
2018	21 861.15	7 853.10	717.90	12 874.65	415.50
2019	21 937.65	7 152.90	730.50	13 920.15	134.10
2020	21 997.65	7 132.35	729.75	13 915.20	132.90

注：数据来源于 2010—2020 年湖北省土地变更主要调查数据。农用地数量＝耕地＋园地＋林地＋草地。

二是湖北省现有丰富的山地资源，园艺产品中水果、茶叶等产品的生产地主要集中在省内海拔 1 200 米以下的低中山带地区。从湖北省现有山地面积分布情况看，湖北省山地面积共计 7 884.60 万亩，在全国仅次于贵州、云南、福建、四川、江西 5 个省份，在所有茶叶主产省份中排第 5 位，相较于其他省份拥有着充足的山地后备资源，为未来湖北省水果、茶叶等园艺产业扩张提供了坚实的基础（表 4-51）。

表 4-51 山地面积分布情况及占比≥60%的茶叶生产县域数量及占比

地区		山地面积/万亩	县域数量/个	占比/%
全国		128 109.30	265	100.00
东部产区	江苏	946.05	1	0.38
	浙江	5 628.60	24	9.06
	福建	12 648.75	48	18.11
	山东	750.45	1	0.38
	总和	19 974.00	74	27.92
中部产区	安徽	4 631.25	18	6.79
	湖北	7 884.60	22	8.30
	湖南	7 098.75	16	6.04
	江西	8 131.35	17	6.42
	河南	2 046.30	5	1.89
	总和	29 792.10	78	29.43
西部产区	四川	9 573.00	18	6.79
	贵州	32 740.50	16	6.04
	云南	23 655.00	44	16.60
	广西	2 740.35	8	3.02
	甘肃	1 198.50	3	1.13
	陕西	5 921.40	18	6.79
	重庆	2 514.45	6	2.26
	总和	78 343.20	113	42.64

资料来源：俞春芳，2018. 中国茶叶生产布局特征及影响因素研究 [D]. 杭州：浙江大学.

（二）湖北园艺产业单产潜力分析

1. 水果 由表 4-52 中可以看出，自 2010 年以来，在先进技术及管理方式的推动下，湖北省水果单产一直高于世界平均水平，但低于美国的水果单产水平。近几年，湖北省水果单产较 2010 年有着很大的提升，尤其是在 2016 年，湖北省水果单产水平达到了历史高点，为 1.35 吨/亩，但随后几年呈逐年下降的态势。然而我们相信随着针对湖北省园艺产业的绿色发展战略提出的各项重点技术与方法的实施，必将有力地推动生产方式由低效粗放型向绿色集约型转变，这一举措将在极大程度上释放湖北省水果产业的单产潜力，带动湖北省水果单产水平的大幅度提高。

表 4 - 52　2010—2020 年湖北省水果单产情况分析

年份	种植面积/万亩	产量/万吨	单产/(吨/亩)	美国单产/(吨/亩)	世界单产/(吨/亩)
2010	515.58	446.81	0.87	1.57	0.81
2011	535.19	486.26	0.91	1.64	0.83
2012	525.89	559.81	1.06	1.64	0.83
2013	517.91	591.66	1.14	1.65	0.85
2014	531.23	641.75	1.21	1.57	0.86
2015	507.42	646.94	1.27	1.51	0.87
2016	508.26	686.28	1.35	1.56	0.87
2017	518.73	621.25	1.20	1.51	0.89
2018	549.26	655.46	1.19	1.46	0.90
2019	571.29	661.04	1.16	1.54	0.90
2020	601.25	—	—	—	—

注：数据来源于湖北省统计年鉴、国家统计局；FAO 数据库。水果包括园林水果。

2. 蔬菜　世界上蔬菜生产总量排名前 2 位的分别为中国与印度，表 4 - 53 列出了湖北省蔬菜的种植面积、产量和单产数据及印度与世界平均单产数据。自 2010 年以来，湖北省蔬菜种植面积和产量就一直处于上升的态势，2019 年湖北省蔬菜种植面积和产量分别达到 1 886.90 万亩和 4 086.71 万吨，均为历史最高水平，且产量水平的提升并非仅仅依赖蔬菜种植面积的增加。自 2010 年以来，湖北省蔬菜生产单产水平也有着一定幅度的增长，于 2019 年达到历史最高水平，为 2.17 吨/亩，远高于世界第二大蔬菜生产国印度及世界各国的平均单产水平，表明湖北省蔬菜产业正处于良性发展阶段，且随着湖北省园艺产业绿色发展战略的实施，未来湖北省蔬菜产业单产水平将会继续提升。

表 4 - 53　2010—2020 年湖北省蔬菜单产情况分析

年份	种植面积/万亩	产量/万吨	单产/(吨/亩)	印度单产/(吨/亩)	世界单产/(吨/亩)
2010	1 497.81	3 091.21	2.06	0.92	1.22
2011	1 534.04	3 244.71	2.12	0.94	1.23
2012	1 634.52	3 375.50	2.07	0.95	1.22
2013	1 638.78	3 438.55	2.10	0.93	1.22
2014	1 670.66	3 513.70	2.10	0.99	1.25
2015	1 715.51	3 664.08	2.14	0.97	1.24
2016	1 735.35	3 712.77	2.14	0.98	1.25
2017	1 782.93	3 826.40	2.15	0.99	1.26
2018	1 836.41	3 963.94	2.16	1.03	1.26
2019	1 886.90	4 086.71	2.17	1.04	1.26
2020	1 919.85	4 119.40	2.15	—	—

数据来源：湖北省统计年鉴、国家统计局；FAO 数据库。

3. 花卉　表 4 - 54 可以看出，自 2010 年以来湖北省花卉产销两旺，且每万亩单位面积产值呈逐年上涨的态势，从 2010 年的 0.45 亿元上升至 2018 年的 1.05 亿元，每万亩增长了 0.6 亿元，增长幅度为 133.33%，年均增长 16.67%。随着花卉苗木新品种的培育与生产技术的改进，将进一步调整、优化湖北省花卉产业结构，因此湖北省花卉产业的单位面积产值将有着良好的发展前景。

表 4-54 2010—2018 年湖北省花卉单产情况分析

年份	年末实有花卉种植面积/ 万亩	产值/ 亿元	单位面积产值/ （亿元/万亩）
2010	53.73	24.04	0.45
2011	53.52	30.72	0.57
2012	53.75	38.54	0.72
2013	64.85	44.84	0.69
2014	72.38	63.32	0.87
2015	129.23	90.40	0.70
2016	134.78	126.01	0.93
2017	160.71	147.19	0.92
2018	161.10	169.72	1.05

注：数据来源于 2010—2018 年《中国林业和草原统计年鉴》《湖北省统计年鉴》《湖北年鉴》等。由于花卉中盆栽植物、切花等计量单位不同，因此采用产值计算每万亩单产水平。

4. 茶叶 表 4-55 中可以看出，自 2010 年以来，湖北省茶叶种植面积与产量总体维持稳步上涨的态势，但生产水平并未有较大的提升，茶叶产量由 2010 年的 16.36 万吨上升至 2019 年的 35.25 万吨，主要原因是茶园种植面积扩张，而每亩单产水平基本不变，10 年间湖北省茶叶每亩产量仅从 0.06 吨/亩上升至 0.07 吨/亩，单产水平在世界上仍相对较低，低于世界第二大茶叶生产国印度与世界平均水平，在单产水平上有着较大的提升空间。因此，随着湖北省园艺产业绿色发展规划中对技术和生产方式的革新，有理由相信湖北省茶叶单产水平在未来一段时期内将大幅度提升，接近并超过世界平均水平。

表 4-55 2010—2020 年湖北省茶叶单产情况分析

年份	种植面积/ 万亩	产量/ 万吨	单产/ （吨/亩）	印度单产/ （吨/亩）	世界单产/ （吨/亩）
2010	292.62	16.36	0.06	0.11	0.10
2011	323.51	18.13	0.06	0.12	0.09
2012	338.18	20.41	0.06	0.13	0.10
2013	370.37	21.71	0.06	0.14	0.10
2014	376.55	24.41	0.06	0.13	0.10
2015	392.25	26.13	0.07	0.15	0.10
2016	401.30	28.70	0.07	0.14	0.09
2017	424.97	30.33	0.07	0.14	0.09
2018	482.24	32.98	0.07	0.14	0.09

（续）

年份	种植面积/ 万亩	产量/ 万吨	单产/ （吨/亩）	印度单产/ （吨/亩）	世界单产/ （吨/亩）
2019	521.56	35.25	0.07	0.15	0.09
2020	537.59	36.08	0.07	—	—

数据来源：湖北省统计年鉴、国家统计局；FAO 数据库。

（三）湖北园艺产业市场潜力分析

1. 水果　湖北省是全国重要的水果产区，生产品种主要包括柑橘、桃、梨与猕猴桃等，其中又以柑橘种植为最多。根据 2021 年湖北省统计年鉴显示，2020 年湖北省柑橘果园面积达 356.1 万亩，占全省总果园面积的 59.23%。湖北省柑橘种植格局呈两江一区分布，由长江中游柑橘带、清江流域带和丹江库区三大产区组成，主要品种为蜜橘、脐橙及椪柑等。宜昌蜜橘广泛分布于宜昌市所辖的 13 个县（市、区）中，是湖北省"三大名果"之一。2017 年 9 月 1 日，农业部批准对宜昌蜜橘实施国家农产品地理标志保护。宜昌蜜橘于 2019 年和 2020 年分别入选中国特色农产品区域公共品牌与中欧地理标志第二批保护名单。现代医药学研究表明，蜜橘果实营养丰富，既可鲜食又可加工成以果汁为主的各种制品，其果肉、皮、核均可入药，具有通络、化痰和治疗腰痛、疝气等一系列功效。

在园艺产业绿色发展战略的推动下，湖北省水果产业绿色、优质、健康与安全的特征将越发突出，随着现代人对于自身健康与生活品质的重视程度不断加深，将会促使人们在未来增加对水果及其制品的使用与消费，水果产业食用与药用上的市场前景十分广阔，未来具有良好的发展空间。

2. 蔬菜　蔬菜种类繁多，泛指一切能够做菜、烹饪成为食品的植物或菌类，是人们从日常饮食中获取维生素和矿物质等营养物质所必不可少的食物之一。近年来，蔬菜中抗癌因素研究成了当前的热点，众多学者已证实如番茄、番薯等品种在预防前列腺癌、结肠癌上有着显著的功效。随着我国 2020 年全面建成小康社会，国民温饱问题得到解决的同时，使得现代人对于蔬菜的消费需求发生了较大转变，越来越多的人已不再仅限于满足日常的营养摄入，转而对蔬菜是否有机、绿色提出了更高的要求。因此，在此背景下湖北省提出的蔬菜产业绿色发展的新要求能够减少蔬菜生产过程中化肥、农药的使用量，应用新兴生产技术降低成本从而更好地适应市场需求，为湖北省蔬菜产业发展提供广阔的市场前景与发展潜力。

3. 花卉　"绿水青山就是金山银山"的发展理念极大地促进了我国花卉产业的发展，但当前湖北省仍面临花卉生产规模小、产业水平较低等一系列问题。据统计，2017 年湖北省 1 652 家花卉生产企业中，年产值 1 亿元以上的企业仅有 2 个，4 000 万～10 000 万元的企业仅 7 个，2 000 万～4 000 万元的企业仅 16 个，其余企业产值均低于 2 000 万元（关伟 等，2020）。尽管 2018 年湖北省花卉企业数量增长至 2 410 个，但增长的主要为中小型企业，较小的企业规模无法满足市场的规模化、多样性需求，导致湖北省花卉产业本土市场占有率低，大量花卉消费主要依赖省外供应，据 2018 年武汉市统计年鉴显示，武汉市年需求量达 60 亿以上，但现有市场上 60% 的园艺景观、绿化花卉，70% 的切花、85% 的切叶和 90% 的春节盆花由外省提供，湖北省现有的生产规模无法与庞大的市场需求相匹配，因此湖北省花卉市场有着极大的发展空间。

4. 茶叶 茶叶源自中国，最早在春秋后期被人们作为菜食而使用，随后在西汉中期发现其药用价值而得以广泛使用，后经丝绸之路传入西方成为欧洲上流社会的奢侈饮品。现代医学研究发现茶叶富含儿茶素、咖啡因、矿物质与维生素等有益成分，故有安神、消食、抗癌等多种功效。食用红茶及其饮品能预防病毒性感冒，降低血糖、血脂，预防高血压。根据权威医学期刊《柳叶刀》发布的内容，早在 2017 年，我国的肥胖人口总量已经超过美国，成为世界上肥胖人口最多的国家。通过开发茶叶的保健功能，茶叶在我国具有广阔的市场发展潜力。

（四）湖北园艺产业出口潜力分析

1. 水果 根据《中国农业年鉴》显示，湖北省水果出口在 2004—2013 年呈现出阶段性特征。第一阶段为 2004—2010 年，湖北省水果出口量和出口额均迎来了快速增长。其中，水果出口量由 1 608 吨增长至 5 475 吨，出口额由 225.6 万美元增长至 801.6 万美元，增长幅度分别达 240.49% 和 255.32%，出口额在全国的排名也由 22 位上升至 20 位；第二阶段为 2011—2013 年，湖北省水果出口量和出口额迎来了断崖式下滑，出口量由历史最高点 5 475 吨下降至 2 084 吨，出口额由历史最高点 1 006.6 万美元下降至 393.8 万美元（表 4-56）。

表 4-56 2004—2013 年湖北省水果出口

年份	出口量/吨	出口额/万美元	出口额国内排名
2004	1 608	225.6	22
2005	1 778	197.7	23
2006	3 341	337.4	22
2007	3 928	388.7	24
2008	2 559	329.7	25
2009	3 536	653.5	21
2010	5 475	801.6	20
2011	5 091	1 006.6	21
2012	4 339	731.0	23
2013	2 084	393.8	25

注：数据来源于《中国农业年鉴》（2008—2014 年）。水果包括鲜干水果及坚果。

目前，湖北省的水果主要在国内进行销售，同时也有一部分销往国外。在出口国家和地区中，湖北省水果出口以销往东南亚、港澳台为主，2020 年成功开辟了哈萨克斯坦、阿联酋与乌克兰等共建"一带一路"国家。柑橘是湖北省第一大水果，也是宜昌市出口特色农产品，出口的国家和地区包括欧盟、俄罗斯和中亚等，2020 年湖北省秭归夏橙首次销往加拿大，出口量 4 800 千克，货值 48 325 元人民币。当前在产品质量不足和远离沿海的交通运输的不利影响下，湖北省水果的出口范围和数量仍然有限，大多数特色水果产品仅局限于在国内市场流通，但随着国际市场对优质果品需求的增加，未来湖北省在保证国内市场供应之外，有着极大的出口潜力，一方面，可以利用京广货运铁路网的优势出口到港澳台地区；另一方面，加强同广西、陕西西安等地区的联系，进入东盟和共建"一带一路"国家为主的国际市场，如蒙古等中亚和东南亚国家。随着 RCEP 和"一带一路"倡议的顺利推进，良好的国际市场发展前景必将加大湖北省水果的国际市场开拓步伐。表 4-57 为 2010—2020 年湖北省重要水果品种出口情况。

表 4-57　2010—2020 年湖北省重要水果品种出口情况

年份	柑橘属水果出口		梨出口		苹果出口	
	出口量/吨	金额/万美元	出口量/吨	金额/万美元	出口量/吨	金额/万美元
2010	1 489.2	187.7	696.7	99.9	0.0	0.0
2011	2 063.4	412.0	114.4	22.9	114.2	11.0
2012	2 407.9	372.3	0.0	0.0	0.0	0.0
2013	619.0	74.4	21.0	2.9	90.7	6.3
2014	3 398.4	608.2	1.6	0.3	353.9	33.4
2015	11 519.3	1 137.9	429.2	42.8	2 751.8	292.3
2016	17 119.8	1 377.0	609.8	60.2	8 928.2	511.1
2017	13 381.2	1 455.7	1 150.4	112.6	6 290.4	797.4
2018	21 056.0	2 288.9	1 582.0	159.5	15 116.8	1 862.0
2019	24 590.7	2 676.0	1 301.4	199.5	6 614.2	1 198.2
2020	15 910.9	2 280.9	1 155.6	197.1	—	—

注：数据来源于商务部贸易司《重要农产品出口月度报告》。2021 年商务部贸易司《重要农产品出口月度报告》已出，但缺乏湖北省数据，故不予显示。

2. 蔬菜　根据《中国农业年鉴》显示，湖北省蔬菜出口在 2004—2013 年呈现快速上升的态势。其中，出口量由 0.66 万吨上升至 11.36 万吨，出口额由 0.5 亿美元上升至 9.45 亿美元，且出口额在国内排名也由第 10 位上升至第 2 位（表 4-58）。

表 4-58　2004—2013 年湖北省蔬菜出口

年份	出口量/万吨	出口额/亿美元	出口额国内排名
2004	0.66	0.50	10
2005	2.15	0.79	9
2006	2.07	0.44	15
2007	1.26	0.38	16
2008	2.72	0.67	13
2009	3.32	2.06	10
2010	5.02	5.28	4
2011	8.49	7.60	2
2012	6.32	3.64	6
2013	11.36	9.45	2

注：数据来源于《中国农业年鉴》（2008—2014 年）。蔬菜（含根、茎）；2015 年及之后年鉴未公布进出口贸易相关数据。

食用菌是湖北省优势特色农产品，在出口方面具有极大的优势，是湖北省农产品出口的第一品牌。湖北省农业农村厅数据显示，2016—2018 年，湖北省食用菌出口额分别为 7.86 亿美元、10.42 亿美元、9.71 亿美元，分别占当年农产品出口总值的 46.44%、54.7%、52.04%，占湖北省农产品出口半壁江山。此外，食用菌出口已由过去的粗加工、简包装产品，发展到涵盖休闲食品、即食食品、罐头食品、酱类食品等五大系列 60 多个品种。随着出口品种的丰富，湖北省香菇出口市场由过去的以东南亚为主，向欧美拓展。2019 年，随州香菇年综合产值超 200 亿元，出口 60 多个国家和地区，出口创汇近 40 亿元。随着"十四五"时期湖北省大力发展蔬菜食用菌产业链，湖北省各地将抓住机遇，加大出口力度，增加出口种类，为湖北省蔬菜出口打开新的局面。表 4 - 59 为 2010—2019 年湖北省重要蔬菜品种出口情况。

表 4 - 59 2010—2019 年湖北省重要蔬菜品种出口情况

年份	食用菌罐头出口		香菇出口		大蒜出口		大葱出口	
	出口量/吨	出口额/万美元	出口量/吨	出口额/万美元	出口量/吨	出口额/万美元	出口量/吨	出口额/万美元
2010	491.1	259.3	25 300.7	36 332.1	581.0	100.1	36.3	2.8
2011	712.8	516.5	38 613.1	58 132.9	895.5	221.4	23.4	2.4
2012	401.5	513.6	18 240.6	24 858.3	833.0	283.3	5.6	0.2
2013	1 597.9	1 596.7	44 546.4	67 757.4	1 106.4	334.8	9.0	0.2
2014	363.8	91.4	30 575.6	50 734.2	3 866.0	629.5	14.4	1.1
2015	251.9	33.3	32 707.4	53 577.1	4 382.4	580.3	2.8	0.2
2016	314.3	32.0	45 637.9	66 271.7	4 227.1	1 017.8	2.5	0.3
2017	775.2	99.6	66 488.2	92 342.3	2 877.8	569.5	6.7	0.2
2018	825.7	79.9	49 374.0	72 529.4	3 362.3	384.2	39.9	3.6
2019	2 408.6	2 755.4	32 250.5	48 554.6	3 056.1	468.7	21.8	0.8
2020	10 343.9	12 841.8	35 602.6	45 735.4	—	—	—	—
2021	17 902.2	19 489.4	30 744.0	48 984.5	—	—	—	—

数据来源：商务部贸易司《重要农产品出口月度报告》。

3. 花卉 根据商务部贸易司发布的历年《重要农产品出口月度报告》显示，除个别年份外，自 2010 年以来，湖北省花卉出口额在波动中保持着缓慢增长的态势，出口额由 2010 年的 20.5 万美元增长至 210.0 万美元，出口额国内排名也由第 19 位上升至第 14 位（表 4 - 60）。

表 4 - 60 2010—2019 年湖北省花卉出口额

年份	出口额/万美元	出口额国内排名	年份	出口额/万美元	出口额国内排名
2010	20.5	19	2015	171.1	13
2011	17.4	20	2016	122.4	14
2012	16.9	21	2017	179.7	14
2013	49.2	20	2018	145.2	17
2014	4 640.4	5	2019	210.0	14

注：数据来源于商务部贸易司《重要农产品出口月度报告》。商务部贸易司《重要农产品出口月度报告》已更新至 2021 年，但缺乏湖北省相关数据，故不予显示。

4. 茶叶　根据中国海关总署发布的统计数据显示，2020 年我国茶叶出口总量与出口额分别达 34.86 万吨与 20.38 亿美元，全国年出口量突破万吨的省份共 6 个，湖北省茶叶出口总量为 1.84 万吨，排名全国第 5 位，占出口总量的 5.28%；全国年出口总额在 1 亿美元以上的省份共 6 个，湖北省茶叶出口额为 2.01 亿美元，排名全国第 4 位，占全国茶叶出口总额的 9.86%。2010—2019 年湖北省茶叶出口情况如表 4-61 所示。

表 4-61　2010—2020 年湖北省茶叶出口情况

年份	出口量/万吨	出口额/亿美元	出口额国内排名
2010	0.25	0.12	10
2011	0.28	0.19	9
2012	0.27	0.20	9
2013	0.52	0.64	7
2014	0.67	0.74	5
2015	0.94	0.79	6
2016	1.15	1.13	4
2017	1.31	1.24	4
2018	1.22	1.45	4
2019	1.74	2.14	4
2020	1.84	2.01	4

数据来源：武汉海关历年进出口统计数据。

2010 年湖北省茶叶出口额仅为全国第 10 位，但此后湖北省茶叶出口量和出口额逐年增加，2016 年出口额排名首次上升为全国第 4 位且保持至今。据武汉海关统计，2021 年 1—8 月湖北省累计出口茶叶已达 1.48 万吨，达到 2020 年出口总量的 80.4%，同比增长 12%，未来湖北省有望继续巩固茶叶出口的国内领先地位。

在出口量及金额方面，如图 4-3 所示，2021 年中国茶叶出口量万吨以上的省份有 6 个，依次是浙江省、安徽省、湖南省、福建省、湖北省和江西省，湖北省出口量达 2.35 万吨，同比增长 28.16%，出口额达 1.9 亿美元。

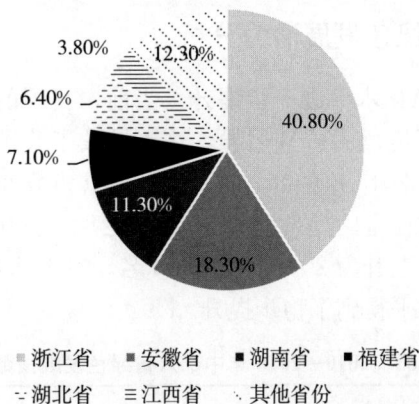

图 4-3　2021 年中国茶叶出口量破万吨省份占总出口量比重图
资料来源：中国海关。

在出口国家和地区方面，吴亚玲等（2021）统计了2011—2017年的湖北省茶叶主要出口对象，具体出口国家及占比变化情况如表4-62所示。自2011年以来，湖北省茶叶对外出口占比前四的国家或地区未发生变化，分别为非洲、中国香港、欧盟和马来西亚。非洲和欧盟在湖北省出口量占比中发生较大变化。其中，出口到非洲的茶叶占比由2011年的15.9%上升至2017年的38.6%；出口到欧盟的茶叶占比由2011年的48.7%下降至2017年的16.9%。

表4-62　2011—2017年湖北省茶叶主要出口国家或地区占比情况

单位：%

年份	出口量占比					货值占比				
	非洲	中国香港	欧盟	马来西亚	合计	中国香港	非洲	马来西亚	欧盟	合计
2011	15.9	1.1	48.7	2.5	68.2	3.9	7.9	1.2	35.6	48.6
2012	20.7	0	45.6	8.5	74.8	0	15.3	2.5	39.5	57.3
2013	20.6	15.5	29.8	8.3	74.2	26.5	8.0	4.5	15.7	54.7
2014	24.3	21.7	23.5	6.5	76.0	35.0	10.7	7.9	12.5	66.1
2015	25.2	21.9	17.4	8.5	73.3	21.1	15.7	15.8	10.7	63.3
2016	28.4	26.8	15.7	3.4	74.3	34.0	14.7	9.3	9.3	67.3
2017	38.6	18.7	16.9	7.1	81.3	29.3	18.9	13.5	9.2	70.9

数据来源：吴亚玲，方艳珍，陈青，等．湖北省茶叶出口贸易瓶颈与对策分析［J］．湖北农业科学，2021，60（13）：176-180．

截至2023年，湖北省茶叶出口到40多个国家和地区，出口量排名前五的分别是中国香港、越南、摩洛哥、马来西亚和德国。在茶叶品类方面，湖北省以绿茶出口为主，占全省茶叶出口总量的85%以上。当前，湖北省茶叶出口国家数量和茶叶品类仍然较为单一，但伴随着"一带一路"倡议实施，在未来一段时间内沿线各国对于茶叶的需求将会为我国茶叶出口带来广阔的国际市场。未来湖北省在保证国内茶叶供应的基础上，一方面，可以继续出口到香港和东南亚地区，维持在这些地区的市场份额与优势；另一方面，能够搭乘政策东风，积极扩展中亚与欧洲市场。良好的国际市场发展前景必将加大湖北省茶叶的国际市场开拓步伐。

（五）湖北园艺产业绿色发展潜力分析

1. 湖北省园艺产业绿色化水平进一步提升　当前，我国的生态资源空间分布极为不均，各地区间面临的资源环境压力差别迥异，这也导致了我国绿色发展出现了"中部塌陷"问题，通过整理2010—2018年中部六省的绿色发展指数变化情况（表4-63），可以发现中部六省绿色发展指数在全国排名均处于10位之后。其中，湖北省绿色发展指数全国排名由2010年的第23名上升为2018年的第18名，在中部六省中越居第二位，仅次于安徽省，湖北省绿色发展水平得到了稳步提升。

表4-63　2010—2018年中部六省绿色发展指数排名

省份	2010年	2011年	2012年	2013年	2014年	2015年	2016年	2017年	2018年
湖北	23	24	22	22	23	23	21	20	18

（续）

省份	2010 年	2011 年	2012 年	2013 年	2014 年	2015 年	2016 年	2017 年	2018 年
江西	19	17	20	19	17	21	23	23	22
湖南	26	28	27	26	25	27	25	24	21
河南	27	29	30	29	29	30	30	29	26
山西	29	25	25	23	24	25	28	26	29
安徽	18	21	24	24	26	24	27	14	13

数据来源：历年《中国绿色发展指数报告》整理得出。

2. 湖北省园艺产业资源节约保育水平不断提高　高标准农田建设及节水供水工程改造能有效促进园艺产业资源节约保育水平的提升。湖北省委、省政府历来高度重视高标准农田建设，并将其列入全省疫后重振补短板强功能"十大工程"，高质量按时完成了国家下达的 410 万亩高标准农田（含高效节水灌溉 19 万亩）建设的硬任务。因此，在 2021 年湖北省同江苏省、江西省、山东省、湖南省等地区被列入 2021 年度高标准农田建设激励省份名单，这也是湖北省首次入围高标准农田建设计划，并得到了中央财政定额补助激励资金 2 亿元以上。针对节水供水工程改造问题，湖北省在水土资源适宜的地区，统筹安排新建一批现代化灌区，适度新增灌溉面积。其中，湖北省漳河等 9 处大型灌区被纳入实施方案，规划改造面积 645.8 万亩，骨干工程规划投资 43.48 亿元，改造数量、面积及骨干工程规划投资均居于全国前列。

强化园艺产业种质资源保护利用，能有效降低资源开发利用强度。2022 年湖北省 7 家农作物种质资源库入选国家农业种质资源库（圃），其中与园艺相关的有国家水生蔬菜种质资源圃（武汉）、国家猕猴桃种质资源圃（武汉）和国家沙梨种质资源圃（武昌）。通过种质资源鉴定评价和发掘创制，湖北省近 3 年年均审定农作物新品种 150～180 个，示范推广了一大批突破性新品种，油菜自主选育品种在长江中下游地区占主导地位，农业微生物产品等均以自主品种、自主资源为主。到 2025 年，湖北省将改扩建野樱桃等 28 个农业野生植物原生态环境保护区（点、圃）和 1 个异位保护点，柑橘、食用菌、药用植物等50 个"名特优"地方品种保护区，扩建猕猴桃、水生蔬菜等 4 个国家级种质圃。丰富的种质资源有效降低资源开发利用强度，促进湖北省园艺产业的绿色发展。

3. 湖北省园艺产业产地环境保护与治理成效明显　湖北省园艺产业以化肥农药减量使用、畜禽粪污资源化利用、农膜减量与回收利用等为主要抓手，加强了产地环境保护力度，提升了治理成效。根据湖北省耕地质量与肥料管理总站（耕肥总站）的最新评价结果显示，全省耕地质量等级达 4.60，高于全国平均水平，作物测土配方施肥技术覆盖率每年稳定在 90% 以上，与此同时，化肥农药使用量持续减少，全省化肥年施用总量连续 10年递减，2021 年已减至 262.6 万吨，主要农作物化肥和农药利用率均达到 43%，有效减施化肥纯量 6 552 吨，化肥减量达到 15% 以上，氮、磷、钾施肥比例调优至 1：0.56：0.39，农膜回收率达到 85% 并呈逐年稳步提升趋势。具体到园艺产业部门，湖北省先后争取中央和省级财政资金 23.12 亿元用于推广畜禽粪污等传统农家肥资源化利用，建设了武汉市黄陂区、大冶市、十堰市郧阳区等 18 个绿色种养循环农业试点县（市、区），绿色种养循环粪肥还田利用（含商品有机肥）试点面积 10 万亩以上，有效促进了紫云英、油菜等绿肥作物种植。截至 2023 年，湖北省绿肥种植面积超过 230 万亩，园艺产业产地环境保护与治理成效显著。

4. 湖北省园艺绿色产品供给能力稳步提升 湖北省聚焦品种培优、品质提升、品牌打造和标准化，深入推进园艺产业"三品一标"提升行动，持续推进园艺产业全产业链绿色低碳转型。据统计，湖北省"两品一标"品牌数量再创新高，有效期内"两品一标"品牌超 3 000 个，总量规模位居全国前列。其中，2021 年新认证 402 个，累计对武当道茶、宜昌蜜橘、洪山菜薹等 40 个地理标志园艺产品实施了保护工程项目。为促进园艺产业生产标准化，湖北省以标准化果园茶园菜园等示范建设为重点，推动随州有机茶等三产融合示范区入选国家级农业农村及新型城镇化领域标准化试点示范项目名单。具体以长阳高山蔬菜为例，截至 2022 年，全县已培育蔬菜专业合作社 407 家、蔬菜生产及营销企业 14 家、培养蔬菜经纪能人 1 094 人及规模以上加工企业 7 家，有效提升了蔬菜种植与加工标准化水平，全县蔬菜商品量 160 万吨，蔬菜种植产值 27 亿元，蔬菜年加工产值达 15 亿元，全产业链综合产值达 50 亿元，湖北省园艺绿色产品供给保障能力得到了显著的增强。

五、湖北园艺产业发展市场前景与发展潜力的结论

（一）水果

1. 市场前景 在市场前景预测方面，立足于湖北省水果产销现状，本书认为随着社会经济发展及居民收入水平提高，对鲜果及加工品的需求正逐日增长，在"互联网＋"、水果专卖店等销售渠道的扩增，以及营销方式的创新对民众水果需求的促进作用下，湖北省水果产业市场前景可观。过去 10 年中，湖北省水果自给率较低，2017 年武汉地区人均水果产量仅有 14.66 千克，远低于 65 千克的世界平均水果消费量，这与湖北省良好的地理环境与气候条件形成了鲜明的对比。未来湖北省水果产业可立足于当前的自然资源及科技研发优势，以改善生产条件、转变生产模式和推进标准化、规模化、专业化生产为重点，充分挖掘老果园的增产潜力，提升现有果园的综合生产能力，深入挖掘自身的产业发展潜力与出口潜力，不断匹配市场对产品的消费需求。因此，根据 2000—2020 年国家统计局与农业农村部的公开数据，在水果本土消费方面，本书认为湖北省本土水果消费将呈现逐年增长的态势，预测未来 10 年湖北省水果鲜果直接消费量与加工品消费量的年均增长速度将分别达到 2.15％和 2.93％。在水果出口方面，本书认为随着水果供给总量的增长及水果加工业和冷链物流业的快速发展，质量标准逐渐与国际标准接轨将推动湖北省水果出口业的快速发展，预测未来 10 年湖北水果出口年均增长率将达到 6.7％。

在水果产品方面，以柑橘为例。湖北省种植柑橘历史悠久，随着本土种质资源挖掘和从国外引入纽荷尔脐橙、伏令夏橙等优良品种的步伐加快，湖北省已形成品种完备、极具特色的柑橘产业，是全国仅有的能够满足柑橘鲜果全年供应需求的省份。当前，湖北省主要种植的柑橘类果树有蜜柑、椪柑、橙类（脐橙、夏橙等）、柚类，主要分布在宜昌、荆门、十堰与荆州 4 个地区，其中宜昌地区的柑橘产量占全省柑橘总产量的 2/3 以上。鄂西地区是我国甜橙的生态适宜区，无周期性冻害，适合各类柑橘生长，晚熟品种可以安全越冬，技术力量雄厚，农民有种植柑橘的传统，无黄龙病危害，已形成较大的橙汁生产能力。凭借着丰富、肥沃的土地资源，各柑橘适宜区根据独特的自然资源禀赋优势，因地制

宜地进行柑橘差异化生产，发展了秭归脐橙、晓曦红蜜橘、清江椪柑、当阳椪柑等一大批独具特色的柑橘产品，打造了"秭归脐橙""夷陵蜜橘""当阳金水柑"等全国知名品牌。

在水果产业发展空间方面，湖北省水果产品相较于其他省份同类产品展现出了较强的竞争力，有希望在未来进一步提升湖北省水果产品在全国市场的占有率。在柑橘生产上，湖北省相较于全国其他柑橘主产区主要有品种、分布、生产、销售等方面优势，整体而言湖北省柑橘品种丰富，能够确保鲜果的周年供应，做到与全国其余柑橘主产区实现错峰发展，种植模式则与广西、四川等产区的疯狂扩种不同，湖北省柑橘类果树种植主要集中在"两江一区"流域，良好的区域环境使得产量、面积总体维持稳定，作为柑橘老产区，经过多年发展湖北省柑橘种植管理技术比较成熟，创新出"农技中心＋合作社＋种植户"等政府主导的、"经销商＋合作社＋种植户"等经销商合作社主导的、种植户自发的统防统治模式，种植户的用药水平领先于其余地区。在猕猴桃生产上，2021年武汉市规模较大的猕猴桃种植大户及拥有现代化设施猕猴桃产业园的企业已经达到6家，高端猕猴桃产量突破500万千克，是当前国内及国外市场上的主要货源。

2. 发展潜力 当前，湖北省水果产业主要有三大发展潜力，依次是土地资源潜力、市场潜力及出口潜力。

在土地资源潜力方面，湖北省现有农用地21 937.66万亩。其中，耕地7 152.88万亩、园地730.50万亩、林地13 920.20万亩、草地134.08万亩。此外，湖北省有数量可观的橡胶园和其他园地共计77.74万亩，可用于换种水果，而荒废、残次果园更是可加以改造。由此可见，湖北省拥有着丰富的土地可用于水果产业发展，且建园投资相对较少，发展水果生产潜力大。

在市场潜力方面，随着生活水平的不断提升，中国居民特别是大中城市居民越来越关注水果的养生、保健功能，对水果消费需求结构已从"数量型"追求转向"质量型"追求。一方面，人们在消费过程中对产品的质量要求越来越高，消费者在购买水果时，开始越来越多的考虑其安全性与产地环境，人们越来越青睐绿色、有机食品；另一方面，人们更加注重产品的营养、品种等特征，许多消费者倾向于选购具有高营养价值的产品，营养价值高的水果如柑橘、苹果等更受消费者欢迎。随着消费者需求日益多样化，水果品种也随之多样化，水果市场的竞争日趋激烈。由此可见，湖北省水果的市场需求较为丰富。

在出口潜力方面，当前湖北省生产的水果主要是在国内进行销售，同时也有一部分销往国外。在出口国家和地区中，湖北省水果出口以销往东南亚、港澳台为主，2020年成功开辟了哈萨克斯坦、阿联酋与乌克兰等共建"一带一路"国家。柑橘是湖北省第一大水果，也是宜昌市出口特色农产品，出口的国家和地区包括欧盟、俄罗斯和中亚等，2020年湖北省秭归夏橙首次销往加拿大，出口量4 800千克，货值48 325元人民币。当前，湖北省生产的大多数特色水果产品仅局限于在国内市场流通，但随着国际市场对优质果品需求的增加，未来湖北省在保证国内市场供应之外，有着极大的出口潜力。

（二）蔬菜

1. 市场前景 在市场前景预测方面，立足于湖北省蔬菜产销现状，本书认为，"十四五"时期，由于各级政府部门对蔬菜产业的高度重视，加上居民消费升级和科技创新水平的提高，湖北省蔬菜产业发展将呈现需求持续增长、种类多样化、消费品质化、营销品牌化、生产机械化和设施化、产业信息化和智能化、商品苗集约化、服务专业化 8 个趋势。在蔬菜消费方面，根据国家统计局 2020 年调查数据显示，在蔬菜总产量排在全国省份中第 6 位的情况下，湖北省人均蔬菜及食用菌年消费量达到 126.8 千克，仅次于重庆市，位居全国第二，早在 2013 年武汉市"菜篮子"产品自给率即突破了 70％，基本满足区域内蔬菜消费需求。根据国家统计局公开数据，展望未来 10 年湖北省蔬菜人均消费量将保持 1.6％的增长速度，其中鲜食蔬菜增长将高于整体增长，年均增速达到 2.5％。在蔬菜出口方面，2021 年湖北省干蔬菜出口金额占全国干蔬菜总出口金额的 27.84％，其中食用菌是湖北省第一大农产品出口品类，出口种类由单一的干制食用菌转向蔬菜罐头、香菇酱。未来湖北省可以结合本区域蔬菜产业所具有的土地资源潜力、单产潜力、市场潜力及出口潜力等大力发展特色优势蔬菜，得天独厚的自然条件、区位条件和巨大的市场需求使湖北省发展蔬菜产业市场前景十分广阔。

在蔬菜产品方面，湖北省是冬春蔬菜优势产区，蔬菜产业更是湖北省四大千亿级"农字头"产业之一，传统优势品种有大白菜、白萝卜、辣椒等，根据农业农村部统计数据显示，湖北省三大传统品种产量在全国各省市中均排在前五位。伴随着国民对蔬菜品种、品质提出更高的要求，2021 年湖北省出台相关文件聚焦设施蔬菜、露地冬春蔬菜、水生蔬菜、高山蔬菜及食用菌五大优势特色蔬菜产业，有效地推进了蔬菜产业升级发展。在蔬菜品牌建设上，湖北省高标准打造了"蔡甸莲藕""随州香菇""洪湖藕带""洪山菜薹"等全国知名蔬菜品牌。其中，"洪山菜薹"更是先后获得国家地理标志产品保护、"鄂·洪山菜薹"证明商标、中国驰名商标等，成了湖北省蔬菜产业一张闪亮的名片。

在蔬菜产业发展空间方面，湖北省在同类型新产品区域间比较和市场占有率等方面都有着一定的优势。根据全国蔬菜产业发展规划（2011—2020 年）显示，湖北省位于长江流域冬春蔬菜优势区域中，主要进行喜凉蔬菜的露地栽培，面临着四川、重庆、湖南、江西、浙江、上海、江苏、安徽等省份的竞争，在划定的 149 个蔬菜产业重点县（市、区）中，湖北省占据 24 席，总数仅次于四川省与湖南省，与区域内其他省份相比优势明显，有着更大的产业发展空间。

在市场占有率方面，根据湖北省农业农村厅相关报道显示，2021 年湖北省蔬菜产业综合能力在全国处于第一方阵，综合产能除保障本省供应外，年调出量 900 万吨以上，外调能力居全国首位。

2. 发展潜力 当前，湖北省蔬菜产业主要有四大发展潜力，依次是土地资源潜力、单产潜力、市场潜力及出口潜力。

在土地资源潜力方面，土地是蔬菜产业发展中最重要的生产要素。在短期内作物生产、培育技术未发生较大革新的情况下，土地数量与结构的变动往往决定着该地区蔬菜产品的生产规模与总量。据湖北省历年土地变更调查数据显示，各类农业用地利用情况总体维持稳定，但均呈逐年下降的态势，农用地总量由 2010 年的 22 130.1 万亩下降至 2021 年的 21 937.66 万亩。农用地数量的减少虽然对蔬菜扩大种植面积具有不利的影响，但由于湖北自然资源丰富，地形复杂，蔬菜种植时，可以上山下滩，利用"四荒"资源种植，蔬菜种植仍具有较大发展潜力。

在单产潜力方面，自 2010 年以来，湖北省蔬菜种植面积和产量就一直处于上升的态势，2020 年湖北省蔬菜种植面积和产量分别达到 1 954 万亩和 119.37 万吨，均为历史最高水平。且产量水平的提升并非仅仅依赖蔬菜种植面积的增加，自 2010 年以来湖北省蔬菜生产单产水平也有着一定幅度的增长，于 2019 年达到历史最高水平，达 2.17 吨每亩，远高于世界各国的平均单产水平，表明湖北省蔬菜产业正处于良性发展阶段，随着技术的发展，未来湖北省蔬菜产业单产水平将会继续提升。

在市场潜力方面，随着我国 2020 年全面建成小康社会，国民温饱问题得到解决的同时使得现代人对蔬菜的消费需求发生了较大转变，越来越多的人已不再仅限于满足日常的营养摄入，转而对蔬菜是否有机、绿色提出了更高的要求。因此，在此背景下，湖北省加快推进蔬菜产业绿色发展和"三品一标"建设，生产绿色生态的蔬菜完全符合消费者的需求，干净优质的品牌形象将得到市场越来越广泛的认可，从而为湖北省蔬菜产业发展提供广阔的市场前景与发展潜力。

在出口潜力方面，食用菌是湖北省优势特色农产品，在出口方面具有极大的优势，是湖北省农产品出口的第一品牌。湖北省农业农村厅数据显示，2016—2018 年，湖北省食用菌出口额分别为 7.86 亿美元、10.42 亿美元、9.71 亿美元，分别占当年农产品出口总值的 46.44%、54.7%、52.04%，占湖北省农产品出口半壁江山。此外，食用菌出口已由过去的粗加工、简包装产品，发展到涵盖休闲食品、即食食品、罐头食品、酱类食品等五大系列 60 多个品种。随着出口品种的丰富，湖北省香菇出口市场由过去的以东南亚为主，向欧美拓展。2022 年，随州香菇年综合产值超 300 亿元，出口 60 多个国家和地区，出口创汇近 40 亿元，出口额位居全省第一、全国前列。随着"十四五"时期湖北省大力发展蔬菜食用菌产业链，湖北省各地将抓住机遇，加大出口力度，增加出口种类，为湖北蔬菜出口打开新的局面。

（三）花卉

1. 市场前景　在市场前景预测方面，我国花卉市场发展模式与西方发达国家市场不同，长期以来花卉消费都以市政建设为主导，居民花卉消费在总消费中份额相对较低，但近年来伴随着居民生活水平的提高，花卉日常消费明显增多，花卉消费逐渐成为一种新型、绿色、时尚的生活方式。因此，本书认为随着居民对花卉消费需求的增长，湖北省花卉产业在未来有广阔的市场前景。在花卉消费方面，受到新冠疫情影响，2020 年我国的花卉行业销售收入在 2 488 亿元左右，据此预计到 2026 年，我国花卉行业的销售收入将达 3 948 亿元左右，年增长率将达 8% 左右，其中武汉花卉交易市场年销售额在 5 千万元左右。

在花卉产品方面，湖北省花卉种质资源丰富，花卉植物种类拥有 3 700 余种，在我国位居前列，2010 年湖北省具有自主知识产权花卉品种超过 40 种，当前湖北省主要种植的花卉品种有兰花、杜鹃花与各类盆景、插花等。湖北秭归是爱国诗人屈原的故乡，据现有资料记载屈原是中国历史上最早栽培兰花、诗咏兰花的名人。截至 2023 年，秭归有 27 属 35 种兰草，其中列入二级以上名贵兰草的有 8 个品种，特别是三峡蕙兰，品种多样、分布广泛。2022 年屈原故里端午文化节系列活动之秭归县首届兰花文化博览会上有 2 000 余盆兰花亮相，兰花交易额近 500 万元。

在花卉产业发展空间方面，尽管湖北省花卉种植面积较大，但总体来说大而不强，有着较大的提升空间。据国家林业和草原统计局显示，2018 年湖北省花卉种植集中度排名第 5，种植面积占全国总种植面积的 6.58％，但大多供给省内消费，运往外省及出口量较少，据不完全统计，截至 2023 年在湖北省地区市场销售的鲜切花和耐荫植物中有 90％来自云南省、广东省、福建省等地区，园林绿化植物中有 45％来自湖南、浙江、河南等省份。

在市场占有率方面，湖北省花卉产业基础薄弱，在传统花卉生产大省的竞争下面临较为严峻的市场形势，国内市场上鲜切花生产地以云南、广东、上海、北京、四川、河北为主，浙江、江苏等地的绿化苗木在国内占有重要份额，如云南省在国内鲜切花市场上占据 70％以上的市场份额，福建省在水仙花及盆栽榕树生产上占有 90％以上的市场份额。

2. 发展潜力 当前，湖北省花卉产业优势明显、潜力巨大，发展潜力主要体现在资源、消费、就业和生产力等方面。

在花卉资源开发利用方面，湖北省花卉种质资源丰富，花卉植物种类有 3 700 余种，位居我国前列，是很多名贵花卉的世界起源中心和野生花卉资源宝库。其中，尤以珍稀观赏物种和特有品种为举世瞩目。在上千年的花卉栽培过程中，湖北省培育出了多个花卉品种。合理开发利用这些资源，可以培育出具有特殊性状与竞争力的花卉新品种。

在花卉国内消费市场方面，一方面，随着我国经济发展，城市化进程进入相对平稳或放缓的时代，这对花卉产业的生产结构提出新的需求，从城市建设向居民的日常消费进行转变；另一方面，人民生活水平日益提高，城乡居民消费层次和消费结构不断升级，对花卉需求日趋多样化，为花卉消费带来巨大的增长空间。据国家林业和草原局统计数据显示，世界人均盆花和鲜切花年消费额 20 美元，而据荷兰花卉协会统计数字，中国人均花卉消费金额每年仅有 0.7 欧元左右，仅为世界人均水平的 1/10，市场潜力巨大。

在花卉生产能力提升方面，我国花卉产业与现代花卉产业相比，在专业化、规模化、标准化、规范化、国际化上与花卉强国还相距甚远。我国以占世界 30.0％ 的花卉栽培面积贡献了 5.0％ 的产值，相当于世界平均水平的 15.0％，是荷兰的 1.7％、以色列的 5.9％、哥伦比亚的 7.7％。我国花卉产业大而不强。对比国内，湖北省花卉产业从产业规模和经济效益与云南、广东、浙江、福建、河南等省份相比也有较大差距。以云南省为例，2017 年云南省花卉种植面积 10.4 万公顷，产值 503.2 亿元，单产效益 48.38 万元/公顷，是湖北省的 3.59 倍。

在花卉产业解决就业问题方面，花卉产业是劳动和技术密集型产业，涉及部门多、领域广、链条长，需要大量劳动力参与。花卉种植可以有效吸纳大量农村劳动力，花卉加工、营销服务等可以提供城乡就业机会。

（四）茶叶

1. 市场前景 在市场前景预测方面，立足于湖北省茶叶产销现状，本书认为随着世界居民消费结构逐渐向"产品＋生活方式"健康化转变，茶叶产业有望随着健康消费观念的大趋势而迎来崛起，湖北省茶叶产业可借助当前丰富的山地资源、劳动力资源，调整优化产品结构，加快红茶及黑茶种植以适应健康化茶饮方式的消费需求，利用好国内、国外两个市场，深入挖掘自身的市场潜力、出口潜力。在茶叶消费方面，根据中国茶叶流通协会调查数据显示，预测未来 10 年湖北省茶叶内销量将保持 4.27％ 的年均增长速度。在茶叶出口方面，湖北省茶叶出口量仅占产量的 5％ 左右，未来还有很大的提升空间，根据中国海关总署出口数据整理，预测未来 10 年内湖北省茶叶出口将保持 1.89％的年增长速度。在国内外两个市场消费需求激增的推动下，未来湖北省茶叶产业发展将面临广阔的市场前景。

在茶叶产品方面，湖北省茶叶种质资源丰富，衍生出众多知名茶叶产品。湖北省高度重视茶叶产品质量，截至 2022 年共计有 25 个县 200 余家企业获得国内外有机茶认证，数量居全国第二，另根据农业农村部茶叶质量多批次抽查检测，湖北省茶叶产品合格率达100％，质量安全水平居全国前列。在茶叶品牌建设方面，根据 2020 年中国茶叶经济年会发布的年度茶叶行业调查报告显示，湖北省共有 7 家企业上榜 2020 年度茶业百强企业；在 2021 年度的"中茶杯"鼎承茶王赛上，湖北省选送的山南晟茗牌远安黄茶和楚希牌远安黄茶喜获特别金奖，另有 11 个茶叶产品摘得金奖，获奖数量位居全国前列。

在茶叶产业市场空间方面，湖北省作为传统产茶大省，种类齐全，质量水平较高，相较于全国其他省份有着较好的市场发展空间与竞争力。传统的绿茶产品与新兴的红茶、黑茶产品在全国皆有着较高的知名度与市场占有率，2015 年，湖北赤壁青砖茶占据全国市场份额首次超三成，达到 35％。湖北省茶叶以内销为主，总量约占 90％，其余则大量销往浙江、安徽、江苏等消费大省。在品种构成上，2018 年湖北省各大茶系的市场份额分别为绿茶占 60％，黑茶、红茶占 30％，其他茶系占 10％。

2. 发展潜力　当前，湖北省茶叶产业主要有四大发展潜力，依次是土地资源潜力、单产潜力、市场潜力及出口潜力。

在土地资源潜力方面，与蔬菜、花卉等作物不同，茶叶种植对海拔、地势起伏、坡度和坡向都有着较高的要求，很多茶园特别是"名优"茶多栽种在山地丘陵海拔较高的茶叶产区。从山地面积分布情况看，湖北省山地面积共计 7 884.6 万亩，在全国仅次于贵州、云南、福建、四川、江西 5 个省份，在茶叶主产省中排第五位，而 2019 年湖北省茶园面积仅为 522 万亩，仅占全省山地面积的 6.62％，相较于其他省份拥有着充足的山地后备资源，为未来湖北省茶叶产业扩张提供了坚实的基础。

在单产潜力方面，当前茶叶生产的采摘环节主要以人工采摘为主，茶叶采收机械水平不足，因此需要大量的劳动力资源。截至 2022 年，湖北省农村人口约 2 065 万人，仅低于河南、湖南、安徽和云南 4 个省份，拥有着大量的农业劳动力后备资源，足以支撑湖北省茶叶产业扩大生产规模、挖掘生产潜力。

在市场潜力方面，从需求角度来看，随着收入水平和生活水平的不断提升，人们对于茶叶的消费需求方式正在逐渐发生转变，并不仅是满足于以往对茶叶消费的数量追求，更多地开始关注茶叶产品的质量并注重挖掘茶叶的多功能性。一方面，人们在消费过程中对茶叶质量的要求越来越高，越来越重视茶叶的农药残留超标、重金属与人工色素等问题，把茶叶产品的安全性放在首要地位；另一方面，随着人们平均寿命的提高，茶叶产品的养生、保健功能得到了更多消费者的认可，主要消费人群也从以中老年为主向年轻人群扩散，如红茶就因其具备养胃护胃、预防帕金森的功能而得到消费者的青睐，使得消费量持续增加。由此可见，未来湖北省茶叶产业具备较好的市场潜力。

在出口潜力方面，湖北省茶叶出口到 40 多个国家和地区，出口量排名前五位的分别是中国香港、越南、摩洛哥、马来西亚和德国；在茶叶品类方面，湖北省以绿茶出口为主，占全省茶叶出口总量的 85％以上。当前，湖北省茶叶出口国家数量和茶叶品类仍然较为单一，但伴随着"一带一路"倡议实施，在未来一段时间内共建"一带一路"国家对于茶叶的需求将会为我国茶叶出口带来广阔的国际市场。未来湖北省在保证国内茶叶供应的基础上，一方面，继续将茶叶出口到香港和东南亚地区，维持在这些地区的市场份额与优势；另一方面，搭乘政策东风，积极扩展中亚与欧洲市场。良好的国际市场发展前景必将加大湖北省茶叶国际市场的开拓步伐。

第五章　湖北园艺产业绿色发展的战略构想与战略部署

一、湖北园艺产业绿色发展的战略目标与战略思路

（一）指导思想与基本原则

1. 指导思想　立足新发展阶段、贯彻新发展理念、构建新发展格局，牢固树立和践行"绿水青山就是金山银山"理念，坚持节约资源和保护环境的基本国策，以高质量发展为主题，以深化农业供给侧结构性改革为主线，以实施乡村振兴战略为总抓手，以农民增收为基点，以构建绿色低碳循环发展的园艺产业体系为重点，加快建设园艺产业强省，强化科技集成创新，健全激励约束机制，完善监督管理制度，转变农业发展方式，优化空间布局，节约利用资源，保护产地环境，提升生态服务功能，推进资源利用集约化、投入品减量化、废弃物资源化、产业模式生态化，构建人与自然和谐共生的园艺产业发展新格局，为全面推进乡村振兴、加快农业农村现代化提供坚实支撑。努力探索具有湖北特色的园艺产业绿色发展道路，在"建成支点、走在前列、谱写新篇"中展现"三农"新作为。

2. 基本原则

（1）坚持以空间优化、资源节约、环境友好、生态稳定为基本路径。牢固树立节约集约循环利用的资源观，把保护生态环境放在优先位置，落实构建生态功能保障基线、环境质量安全底线、自然资源利用上线的要求，防止将园艺产品生产与生态建设对立，把绿色发展导向贯穿园艺产业发展全过程。

（2）坚持以绿色供给、农民增收为基本任务。突出保供给、保收入、保生态的协调统一，增加绿色优质园艺产品供给，构建绿色发展产业链价值链，提升质量效益和竞争力，变绿色为效益，促进农民增收，助力乡村振兴。

（3）坚持以创新驱动、依法治理为基本动力和保障。全面深化改革，构建以资源管控、环境监控和产业准入负面清单为主要内容的园艺产业绿色发展制度体系，科学适度有序的园艺产业空间布局体系，绿色循环发展的园艺产业体系，以绿色生态为导向的政策支持体系、科技创新推广体系，创新驱动与法治保障相得益彰的绿色发展支撑体系。全面激活园艺产业绿色发展的内生动力。

（4）坚持以农民主体、市场主导、政府引导为基本遵循。既要明确生产经营者主体责任，又要通过市场引导和政府支持，调动广大农民参与绿色发展的积极性，推动实现资源有偿使用、环境保护有责、生态功能改善激励、产品优质优价。加大政府支持和执法监管力度，形成保护有奖、违法必究的明确导向。

（二）战略目标

绿色优质的园艺产品是人民健康不可或缺的生活必需品，也是全面推进乡村振兴，落

实大食物观的具体载体。湖北省园艺产业应在保障粮食安全和大食物观的基础上，保障清洁生产，力争在"十四五"期间，全省园艺产品种植面积稳定在 3 600 万亩左右，实现园艺（作物）产业综合产值达到 2 800 亿元，水果、蔬菜、茶叶等综合机械化水平有望分别达到 40％、30％、50％以上，化肥和农药利用率均稳定在 40％以上，作物绿色防控覆盖率提高到 45％，产品质量安全抽检合格率保持在 98％以上，逐步实现湖北省园艺产业绿色高质量发展，达到全国领先、中部第一的地位。到 2035 年，湖北省园艺产业综合产能更坚实，科技与装备水平得到新提升，绿色发展取得新进步，产业融合发展获得新突破，农民人均增收达到新高度。

1. 品种选育取得突破 推进园艺种业良繁基地提质增效，选育推广一批节肥、节水、抗病、抗逆的绿色园艺新品种，园艺产业实现由"传统育种"向"现代育种"转变，由"高产优质抗病"到"高产优质绿色高效"拓展，显著提高园艺产品的生产效率和优质化率。

2. 资源利用节约高效 耕地、水等农业资源得到有效保护，利用效率显著提高，退化耕地治理取得明显进展，耕地数量不减少、耕地质量不降低、地下水不超采得以实现，以资源环境承载力为基准的农业生产制度初步建立。

3. 农业投入品减量增效 化肥、农药使用量持续减少，农业面源污染得到有效遏制。力争在"十四五"期间，园艺产业测土配方施肥技术覆盖率稳定在 90％以上，化肥和农药利用率均稳定在 40％以上，绿色防控覆盖率提高到 45％。

4. 生产能力显著提高 加强标准化育苗、栽培、保鲜、储运、病虫害防治等技术研究和推广，大力推广园艺新品种、新技术、新成果，加速科研成果向生产力的转化，实现园艺产业基地化、规模化、专业化建设。在保障总量供求基本平衡的同时，按照多样化、市场化、安全化需求，持续优化园艺品种结构，通过稳面积、增单产、调结构、降损耗，实现数量充足、品种多样、供应均衡，防止价格大起大落，切实提高园艺产业综合生产能力。

5. 绿色供给明显增加 全面提高园艺产品质量安全水平，产品须符合国家农产品质量安全标准和国家食品安全标准，产品质量安全抽检合格率应保持在 98％以上。加快推行标准化清洁化生产，园艺产品的采收、处理和储藏环节实现更加严格的质量控制，商品化处理更加清洁高效，加工副产物获得综合利用。全链条、快速化的多元绿色低碳联运网络基本形成，休闲农业和乡村旅游加快发展，园艺产业生态服务功能大幅提高。

6. 市场认可度不断提高 园艺产品质量安全水平和品牌农产品占比明显提升，绿色园艺产品标准体系完成构建，绿色食品、有机农产品、地理标志农产品认证管理不断加强，食用农产品达标合格证制度深入推进，园艺产品追溯体系不断推广。

7. 出口创汇明显增加 重点推进湖北省有区域特色和优势的外向型园艺产业发展，实现具有比较优势的柑橘、食用菌等特色产品等外销率稳定达到 50％以上，增加当地农民收入，有效支撑全国园艺产品市场供应，增加出口创汇额度。

（三）战略构想

未来，湖北省园艺产业应以高质量发展为统揽，以绿色为底色，坚持以市场为导向，以深化农业供给侧结构性改革为主线，以技术、制度和商业模式创新为动力，坚持"稳面积、提单产、优结构、降投入、提品质、增绿色、强品牌、拓市场"的内涵式发展，抓住"低碳化""数字化"两个战略方向，着力在补短板、强弱项、固底板、扬优势、激活力等方面下功夫，在品种结构调整、产业结构优化、全产业链培育、区域空间布局等方面推动发展方式转变，进一步提高湖北省园艺产业质量效益和竞争力，促进湖北省园艺产业绿色发展。

1. 产业布局由分散插花向相对集中规模化转变　依托《"十四五"全国农业绿色发展规划》《"十四五"推进农业农村现代化规划》和《湖北特色农产品优势区建设规划（2018—2022 年）》，立足水土资源匹配性，围绕解决空间布局上资源错配和供给错位的结构性矛盾，对园艺产业进行合理布局。坚持水果等特色园艺产品"上山下滩，不与粮、棉争地"，充分利用湖北省"靠山靠水"的自然资源优势，保证园艺产品"适地适栽"和"就近供应"，实现园艺产业布局向最适产区集聚，逐步形成功能齐全、布局合理的园艺产业绿色发展格局。

2. 产业投入由数量型增长向质量型注重资源节约转变　牢固树立保护环境就是保护生产力、改善环境就是发展生产力的理念，加快推行绿色生产方式，科学使用农业投入品，循环利用农业废弃物，有效遏制农业面源污染，树立节约集约循环利用的资源观，推动资源利用方式根本转变，加强全过程节约管理，降低农业资源利用强度，促进农业资源永续利用，实现湖北园艺产业绿色发展。

3. 产品生产由简单低效种植向现代高效绿色生产转变　深入实施创新驱动发展战略，加快蔬菜产业绿色发展科技自主创新，构建蔬菜产业绿色发展技术体系。健全以质量为核心的生产、采后、包装、储藏、运输等园艺绿色标准化生产体系，聚焦重点园艺产品、技术和业态，逐步实现要素投入精准减量、生产技术集约高效、产业模式生态循环、设施装备配套齐全，推动园艺产业向绿色高效生产转型。

4. 产业经营由"提篮小卖"向产业化、多功能发展转变　推进功能集合，延伸园艺产业链，合理布局种养、加工等功能，完善绿色加工物流、清洁能源供应、废弃物资源利用等基础设施，打造绿色产业链供应链，推动形成"种养加销"一体化、一二三产业联动发展的现代复合型循环经济产业体系。严格保护生态环境，挖掘自然风貌、人文环境、乡土文化等价值，开发休闲观光、农事体验、生态康养等作用，实现园艺产业社会、经济、生态、有机、自然等多种功能。

5. 产品消费由保障"数量"向满足"质量"转变　适应园艺产业现代需求，确保产品提供绿色化。一是净化产地环境、执行严格生产规范，确保绿色产品提供以适应市场对园艺产品的健康、保健需求。二是深入推进绿色食品行动，加强投入品监管及监督抽查来保障果品质量安全。三是推进园艺品牌建设，丰富果品品牌内涵，调动经营主体打造水果品牌积极性。

6. 产品供求由供不应求向批量外销转变　重点推进湖北省有区域特色和优势的外向型园艺产业发展，柑橘、食用菌、绿茶等外销率稳步提高，加大力度支持园艺产品市场营销，做好园艺产品市场推介工作，为园艺产品拓宽外省销售渠道，增加当地农民收入，有效支撑全国园艺产品市场供应，增加出口创汇额度。

二、湖北园艺产业绿色发展的战略部署

(一) 品种结构调整

在湖北省水果品种的谋划上，应当充分利用湖北省南北气候兼具、地形条件复杂多样等特征，积极发展柑橘、桃、梨、葡萄、猕猴桃等传统特色水果，相较于内地水果主产区提早或推迟水果成熟期，实现"一早一晚，中间有特色"，即"早中更早""晚熟有潜力"，突出"不早即晚，中间有特色更优质"（也可称之"早晚优特"，即不早则晚，同期则优，不优则特），从而保证湖北省水果实现错季上市和周年供应，提升湖北省果品市场竞争力。此外，应当坚持品种多元化，巩固提升传统品种，引进推广优良品种，积极打造特色品种。其中，柑橘着力推广适应机械化、高产优质多抗品种；梨重点推广早熟沙梨品种，填补北方梨和苹果供应不足的空档；桃突出发展早熟品种，提升产品均衡上市能力，着重发挥各产区优势，调整优化内部品种结构，开发低糖、高酸等差别化和个性化品种；葡萄着重推广无核、优质、抗病、耐储运品种。最终使得湖北省"四季有果，周年供应"，即湖北省果品能够达到周年均衡供给，均衡上市。

在湖北省蔬菜品种的谋划上，应当充分利用湖北省的地理优势和气候优势，相较于内地蔬菜主产区提早或推迟蔬菜成熟期。湖北省蔬菜品种谋划的原则设想是"两早一晚两特色"，"两早"指以喜冷凉秋冬和冬春叶菜为重点，发展露地冬春蔬菜，在城市郊区发展设施蔬菜，解决蔬菜生产的时空局限，参与支撑我国秋冬蔬菜市场供应；"一晚"指在冬长春短无夏、气候冷凉湿润的山区积极发展高山蔬菜，在城郊设施蔬菜的淡季（8—10月）上市，弥补大中城市蔬菜淡季供应的缺口；"两特色"指在长江、汉江流域，发展特色水生蔬菜，在鄂西北、鄂东等地区发展食用菌，最终使得湖北省蔬菜能够达到周年均衡供给。

在湖北省花卉品种的谋划上，应利用湖北省兼具南北的过渡性气候特点，且特色产品如麻城福白菊在全国有较高知名度等优势，利用季节差和海拔差进行错季节花卉的生产，促进露地花卉的栽培管理，开展球根花卉种球繁育，大力推进花卉苗木基地建设，发展赏花经济，形成独具特色的花卉产业，以"销售南北过渡带观赏植物、亚热带绿化苗木、盆景为主，兼营盆栽植物和食用、药用花卉"为谋划重点。重点发展兰花、杜鹃、紫薇、红花玉兰等花卉育苗，香樟、桂花、茶花、玉兰、龙柏、樱花、红花檵木等绿化观赏苗木，国兰、热带兰、凤梨等高档盆栽；鼓励发展百合、郁金香、石蒜、香石竹等花卉种球种苗；因地制宜发展五针松、罗汉松、杜鹃等盆景和造型苗木，百合、香石竹、非洲菊等切花切枝，金边瑞香、观赏竹和蕨类等特色植物，铁皮石斛、福白菊、玫瑰等食用、药用和工业用花卉。形成有地域特色的产业集群：武汉东湖的梅花、荷花，随州的兰花，建始县的盆栽百合花，京山的对节白蜡，宜昌三峡的火棘，九宫山的盆景杜鹃，咸宁桂花，保康县的紫薇，荆门的白掌、红掌、兰花，麻城福田的河白菊等地域优势花卉产业。

在湖北省茶叶品类的谋划上，原则设想是"巩固提升绿茶，重点振兴红茶与青砖茶，适度开发特色茶，创新发展高端抹茶"。在品类结构上，湖北省茶叶种植应主动适应当前茶叶市场逐渐多样化、年轻化的消费特点，改变茶叶品类结构，加快老茶园品种改良，大力发展红茶、黑茶，适当兼顾白茶、黄茶等专用型及兼制型茶树良种。大力收集、选育、栽培传统优势茶树品种资源，在中茶 111、鄂茶 8 号、安庆 8902 和五峰 602 等茶树品种中选育适合制作恩施玉露、采花毛尖的无性系良种，着力提升"专特优"茶树无性系良种比例，力争在 2025 年湖北省茶树无性系良种率达 75％以上。

（二）产业结构优化

统筹考虑产业基础、区位优势、市场条件、资源禀赋等各方面情况，稳传统优势产业、培新兴产业、育"数字-低碳＋"园艺产业、发展设施园艺产业，加快构建以绿色为导向，"种加销"一体、一二三产业联动发展的现代复合型园艺产业结构，建设具有湖北特色、全国一流的现代绿色园艺产业体系。

一是传统优势产业转型升级。大力发展设施园艺，深入推进绿色增产模式攻关，促进园艺产品生产由传统高投入的增产技术模式向现代环境友好型和资源节约型的绿色高产高效集成技术模式转型。依托资源优势，大力发展绿色有机特优质产品，促进园艺产品生产由传统初级产品供给向现代绿色功能型产品供给转型。大力扶持园艺产品精深加工和副产物加工利用，提高园艺产品市场竞争力；大力发展休闲观光产业，促进园艺产业由传统生产型向现代一二三产业融合发展转型。

二是新兴产业加快培育。推动园艺产业功能从食物保障、原料供给等传统功能，向生态保护、休闲观光、文化传承等现代功能扩展，成为拉动湖北省经济发展的新的增长点。加快培育一批经营特色化、管理规范化、服务标准化的休闲农业示范点，重点发展各类休闲农庄和农业观光采摘园，打造一批集农业生产、农耕体验、文化娱乐、科普教育、生态环保、加工销售于一体的休闲农业园区。

三是设施园艺迅速提升。以日光温室为龙头，形成日光温室、拱圆大棚和中小拱棚相互衔接和配套的设施园艺生产体系、技术体系和市场体系；建设标准化设施园艺生产基地；推广新型设施和覆盖材料，提高机械化作业水平和设施环境调控能力；引进、选育和开发设施专用园艺品种。

四是"数字-低碳＋"园艺产业快速发展。应对碳达峰、碳中和的目标要求，以绿色生态为主线，应用数字技术赋能绿色园艺产业，实现高标准的化肥碳排放；建设绿色智慧农业示范区，引领绿色园艺产业高能效、高质量发展。实施耕地保护的智慧化转型，推广应用高效节水灌溉技术，提高农业水土资源利用效率。探索基于大数据驱动与多组学融合的植物生长发育精准调控、环境变化智能应激，建立适应气候变化的现代智慧生态农业生产体系，实现精准种植，减少农业系统碳排放。推动智慧型生态保护建设，建立智慧生态保护与修复示范区，实现生态环境动态监测预警与智能监管。

湖北省水果产业结构谋划的原则设想是"以生产、加工和运输销售发展为主线，推进产业深度融合"。即加快水果生产及加工运输方面发展，稳定提高水果产能满足产业发展格局，促进产业融合发展以优化产业结构，满足社会多样化需求。在水果生产方面，稳固现有格局，有条件地逐步调整树种比例，保证水果季节性供求平衡。在水果加工处理方面，坚持加工减损、梯次利用、循环发展方向，统筹发展水果产品初加工、精深加工和副产物加工利用。在产品运输及销售方面，以高效、快速为导向，加快建设高效联动的综合立体运输网络，加快建设覆盖主产区和消费地的冷链物流基础设施，健全产品冷链物流服务体系。在产业融合发展方面，探索水果产业与旅游、观光产业融合新形式，延长产业链条深度挖掘水果产业的文化功能，促进一二三产业融合发展。

湖北省蔬菜产业结构谋划的原则设想是"以蔬菜产品产地初加工为主，大力发展精深加工和副产物综合利用"，坚持加工减损、梯次利用、循环发展方向，重点发展预冷、保鲜、冷冻、清洗、分级等商品化处理，干制、腌制、灌制、熟制等初加工；以龙头企业为主体，加快生物、工程、环保、信息等技术集成应用，发展传统食品制造、营养与健康产品创制等；采取先进的提取、分离与制备技术，开发新产品、新材料、新能源等，提升增值空间。在产品运输上，发展蔬菜产品绿色低碳运输，以全链条、快速化为导向，建设水陆空一体、便捷顺畅、配送高效的多元联运网络；在农旅结合上，积极通过"公司＋农户＋基地"，进行产地标准化改造；在产业集群上，坚持产业集群战略与国家产业战略一致的原则，以省内、国内高端园艺产品市场和国外高端园艺产品市场为定位，依据市场发展规律，借助政府政策的推动，大力培育市场主体，发挥政府在产业发展规划、标准制定、扶持政策、激励政策、服务支持方面的职责，大力营造适合蔬菜产业发展的大环境，促进产业格局由分散向集中、发展方式由粗放向集约、产业链条由单一向复合转变。

湖北省花卉产业结构谋划的原则设想是"在积极发展传统特色花卉生产的同时，大力发展精深加工业和花卉关联产业，鼓励外向型高端发展"。在加工业上，瞄准花艺装饰、健康养生、美容养颜等新兴潜力市场，开发以花卉产品为原料的工艺品、食品、化妆品、医疗保健品等，引导对花卉产品进行精深加工，培育新的产业增长点；在农旅结合上，积极发展以花卉为依托的休闲旅游、婚庆礼仪、家庭园艺等现代服务业，带动花卉物流、金融、电商、餐饮等产业发展。支持发展具有地方特色与优势的产业领域，鼓励提升多元化的花卉休闲产业，构建完善的花卉产业链；在产业集群上，加强规划引导和政策支持，依托重点花卉产区良好的产业基础和区位资源优势，按照产业、文化、旅游、社区功能"四位一体"和生产、生活、生态融合发展的原则，集聚人才、技术、资本等高端要素，实现小空间大集聚、小平台大产业、小载体大创新，推动资源整合、产业融合，加快推进产业集聚、产业创新和产业升级，形成新的花卉经济增长点。

湖北省茶叶产业结构谋划的原则设想是"以生产和加工运输环节为发展主线，推进产业集聚循环发展"。生产环节注重"三品一标"。在品种培优上，选育一批绿色安全、优质高效的无性系茶树良种；在品质提升上，推广应用一批优质、特色茶叶品类优化产品结构；在品牌打造上，要促进茶叶行业迅速打造一批在全国乃至全世界知名的区域公用品牌与企业；在标准化生产上，按照"有标采标、无标创标、全程贯标"的要求，建立现代茶叶标准化生产体系，支持茶叶企业、专业大户按标生产。加工运输环节着力构建现代化高效茶叶供应链。在加工上挖掘茶叶深加工潜力，重点开展液态茶饮料、固态速溶茶和含茶食品研究工作，推动茶叶加工及茶饮料、茶食品生产实现绿色转型；在运输上，加强交通基础设施建设，加快新能源和清洁能源运输设备及绿色航道工程发展，推动茶叶运输结构不断优化，实现铁水联运、公铁联运、空铁联运、江海联运等多式联运组织模式快速发展，在产业链布局上，推进产业集聚循环发展，提高茶叶精深加工水平，延伸产业链条，建立茶叶产业与种植业、加工业和生态旅游业等产业间的联结机制，促进资源投入和废弃物的重复、高效利用，着力构建一批要素集聚、企业集中和功能集合的绿色茶叶产业园区、茶叶强镇和茶叶产业集群，实现产业闭环发展。

（三）全产业链培育

一是以特色资源发展园艺产业。根据种质资源、地理地貌、物候特点等独特资源禀赋，在最适宜的地区培育最适宜的园艺产业，发展水果（柑橘、猕猴桃等）、蔬菜（食用菌、莲等）、花卉（菊花、荷花等）、茶叶（红茶、绿茶等）等园艺产业种植。二是以加工流通延伸园艺产业。推进园艺产品加工，引导农户和家庭农场建设家庭工场、乡村车间，用标准化技术改造干制果蔬、食用药用花卉等特色园艺产品加工。鼓励龙头企业建设标准化、智能化加工厂，用自动化技术提升园艺产品加工水平。推进商贸和物流，鼓励各地在园艺产业优势区域布局产地批发市场、物流配送中心、商品采购中心、大型特产超市、餐饮和体验中心。在商贸活跃区、交通枢纽、网红打卡地等发展特产商店、连锁门店等。三是以信息技术赋能园艺产业。以市场需求为导向，从田间到餐桌，积极应用区块链、大数据等技术，紧密联结农户生产、企业加工、仓储物流、快递配送、市场营销和终端消费，完善园艺产品信息化产销对接体系，多渠道搭建产销桥梁，推进"互联网＋"园艺产品出村进城工程。以消费者为核心，运用信息技术预测市场变化和消费活动，建设数字化供应链公共服务平台，健全绿色智能园艺产品供应链，创新营销模式，实现精准化、个性化销售。培育农商直供、直播直销、会员制、个人定制等线上线下新模式，推进农商互联、产销衔接。四是以新业态提升园艺产业。加快发展乡村旅游、休闲康养、智能仓储、电子商务等新产业新业态，转变园艺产业发展、经营和消费方式。加快推进品种和技术创新，提升园艺产品的内外品质，以优异品质实现增值。积极开发农商旅融合等新功能，将绿水青山等生态资源转化成生态价值。积极发掘民俗风情、历史传说和民间戏剧等荆楚文化价值，融入科技、人文元素，赋予园艺产品文化标识。

（四）区域空间布局

园艺产业区域布局的重点应该与湖北省区域生态资源禀赋和社会经济发展水平相协调，依据生态类型选择发展模式。

1. 水果产业　湖北省水果产业拟按照"三区多点"的构想进行开发，即在鄂西、316国道北线、汉江流域及武陵山区分别打造柑橘、桃和沙梨产业集群，同时持续推进葡萄及猕猴桃优势产区建设。

在柑橘生产上，重点建设长江中游柑橘带、清江流域柑橘带、丹江库区柑橘带，围绕大三峡片区，打造柑橘优势产业集群。重点区域主要分布在宜昌、荆门、十堰和荆州4个地区，重点建设秭归县、兴山县、巴东县、夷陵区、枝江市、宜都市、当阳市、漳河新区、松滋市、长阳县、宣恩县、丹江口市、郧阳区等区域。

在桃生产上，重点建设316国道沿线优质桃产业带、107国道沿线优质桃产业带。重点区域为广水市、宜城市、枣阳市、随县、曾都区、襄州区、老河口市、大悟县、孝昌县、孝南区等区域。

在梨生产上，重点建设江汉流域沙梨产业带、长江沿岸沙洲沙梨产业带、武陵山区优质沙梨生产区。重点区域为老河口市、宜城市、钟祥市、京山市、沙洋县、潜江市、仙桃市、枝江市、公安县、江陵县、监利市、宣恩县、咸丰县、利川市等区域。

在葡萄生产上，重点区域为公安县、荆州区、松滋市、石首市等区域。

在猕猴桃生产上，重点建设幕阜山猕猴桃生产区、武陵山猕猴桃生产区、秦巴山及大别山猕猴桃生产区。重点区域为赤壁市、通山县、崇阳县、通城县、浠水县、新洲区、建始县、咸丰县、利川市、宣恩县、夷陵区、竹山县、丹江口市、茅箭区等区域。

2. 蔬菜产业　湖北省蔬菜产业拟按照"四区多点"的构想进行开发。"四区"主要是利用湖北省山多、水多的特点，在高山和湖泊附近发展高山蔬菜、食用菌和水生蔬菜，在鄂中地区发展露地冬春蔬菜，形成特色蔬菜生产区，将资源优势转化为经济优势；"多点"是以武汉市为核心，全省各中等城市和主产县（市、区）为据点发展城郊设施蔬菜，保障本省蔬菜供应。

一是城郊设施蔬菜生产点。以武汉市为核心，强化"一圈一带"建设，即以"武汉1＋8"城市圈为重点的核心设施蔬菜基地，以省内其他大中城市为重点的设施蔬菜辐射带，包括黄陂区、新洲区、枝江市、孝南区、荆州区、公安县、浠水县、麻城市、咸安区、赤壁市、潜江市等区域。

二是露地冬春蔬菜生产区。重点区域：以江汉平原为重点，包括嘉鱼县、当阳市、枣阳市、掇刀区、沙洋县、钟祥市、云梦县、应城市、石首市、天门市等。

三是高山蔬菜生产区。重点区域：以武陵山区为重点，包括夷陵区、长阳县、五峰县、恩施市、利川市、建始县、鹤峰县等。

四是水生蔬菜生产区。重点区域：以长江、汉江沿线的江汉平原地区为重点，包括蔡甸区、江夏区、汉川市、嘉鱼县、监利市、洪湖市、仙桃市等。

五是食用菌生产区。重点区域：以鄂西北、鄂东和武汉、荆门为重点，包括郧阳区、房县、远安县、南漳县、宜城市、东宝区、京山市、曾都区、随县、广水市等。

3. 花卉产业　由于湖北省自然条件的多样性，既有面积较大的山区，又有波状起伏的丘陵岗地，还有辽阔坦荡的江汉平原，为了满足花卉产业发展规划和因地制宜分类指导花卉种植的需要，湖北省花卉产业拟按照"四区三类"的布局构想进行开发。"四区"指长期以来湖北省的地理分区，即鄂东、鄂西、鄂中和江汉平原地区；"三类"指湖北境内花卉生产主要的地貌类型，即山地、丘陵和平原。

一是鄂西山地花卉生产区，包括十堰市、宜昌市、恩施州、襄阳市、神农架林区。该区紧邻我国西部大开发地区，是湖北省花卉资源最丰富的地区，今后发展方向应本着保护与开发并重的原则，开展野生花卉资源的驯化利用，加大珍稀特有种的开发研究力度，发挥花卉资源优势，利用季节差和海拔进行错季节花卉的生产，开展球根花卉种球繁育，形成独具特色的花卉产业。

二是鄂中丘陵花卉生产区，包括随州市、荆门市、孝感市，该区是湖北省新兴花卉产区。今后应立足本省，面向大西北市场，坚持发展拳头产品和引进新品种并举，在扩大绿化苗木栽植与经营的同时，积极开发市场前景好的花卉新品种。

三是鄂东山地丘陵花卉生产区，包括黄冈市、黄石市、鄂州市、咸宁市。该区植被丰富，适宜多种植物生长，特别是花卉、绿化苗木的生产。今后应以各种观叶绿化苗木和观花苗木的生产为发展方向。

四是江汉平原花卉生产区，包括武汉市、荆州市及周边部分平原县（市、区），该区是我国南北花卉商品流连集散地，花卉营销市场网络初步形成。科技机构众多，科技力量雄厚，科研手段先进。今后应把扩大花卉生产经营规模，提高产品质量，引进、开发、培育新品种，提高经营水平和技术水平，加快基础设施的建设作为重点，充分挖掘潜力，带动全省花卉业的发展。

4. 茶叶产业　湖北省茶叶产业发展拟呈现"五山五区"的发展格局。

一是鄂西武陵山及宜昌三峡片区，包括恩施市、利川市、建始县、巴东县、宣恩县、咸丰县、来凤县、鹤峰县、宜昌市辖区、夷陵区、宜都市、长阳土家族自治县、五峰土家族自治县、兴山县、远安县、秭归县等区域。

二是鄂东大别山片区，包括红安县、麻城市、罗田县、浠水县、蕲春县、黄梅县、英山县、大悟县、孝昌县、黄陂区、新洲区等区域。

三是鄂西北秦巴山区，包括丹江口市、郧阳区、郧西县、房县、竹山县、竹溪县、保康县、谷城县、南漳县等区域。

四是鄂南幕埠山片区，包括咸安区、赤壁市、通城县、通山县、阳新县、嘉鱼县、崇阳县、大冶市等区域。

五是鄂中大洪山区，包括枣阳市、随县、广水市等区域。

（五）目标市场定位

1. 水果产业

（1）国内市场。水果鲜果要以国内销售为主，同时挖掘鲜果出口潜力。以柑橘为例，在国内销售方面，当前湖北省柑橘已销往全国30个省份、50多个大中城市，集中在东北三省和华东十几个省市。因此，未来湖北省水果鲜食要继续巩固在东北及东部地区省份中的地位，并积极开拓华南以及西部等市场，提升湖北省水果在各地的市场占有率。在水果加工上，要稳固并提升湖北省水果加工制成品的市场占有率，将湖北省建成中部乃至全国的果品加工示范基地。

（2）国外市场。湖北省水果鲜食主要出口市场包括俄罗斯、吉尔吉斯斯坦、乌兹别克斯坦、加拿大、越南、新加坡、泰国、菲律宾、马来西亚、缅甸等10多个国家和地区，未来应搭乘"一带一路"倡议的东风，提升果品品质，努力适应国外高标准，将精品果销往欧洲及北美地区的发达国家，挖掘并提升湖北省水果出口潜力。在国际市场上，要探索水果罐头精深加工技术，提升国际竞争力，实现深加工农产品"快出优出"，畅通出口环节，提升出口份额。

2. 蔬菜产业

（1）国内市场。对于露地冬春蔬菜，湖北省喜冷凉露地越冬菜在全国具有十分明显的优势，是湖北省外调蔬菜的主要产品，今后仍将以外销为主，参与支撑我国秋冬蔬菜市场供应，尤其是销往东部沿海地区城市，人口数量多且需求量较大。对于高山蔬菜，湖北省是全国高山蔬菜生产第一大省，在全球气候变暖背景下，产业发展潜力更大，前景更加广阔，目标市场是全国各地，以东南沿海地区为主。对于水生蔬菜，湖北省水生蔬菜面积、产量均居全国首位，当前应由自给为主向外销为主发展，产品销往全国各地。对于城郊设施蔬菜，产品数量和质量总体稳健，但其目标市场以省内为主，主要保障本省城市居民蔬菜供应。

（2）国外市场。蔬菜产业应积极打通渠道开展外销，利用"一带一路"倡议、RCEP等协议优势主要销往东盟、中亚等地区。政府部门应协助龙头企业参加"湖北好蔬菜走进粤港澳大湾区"、华中预制菜之都招商大会、中国-东盟博览会等产销对接活动，推动形成一批龙头企业的深度合作。积极协助龙头企业和品牌取得 AEO（中国海关经认证的经营者）认证企业证书，实现出口产品 24 小时内顺利通关，提升品牌国际市场竞争力。

3. 花卉产业 近年来，湖北省花卉产业的发展取得了一定成就，但是由于发展起步相对较晚，与花卉产业大省如云南、浙江等省份存在较大差距，未来一段时间，湖北省花卉产业仍将是以省内为主、省外为辅，出口创汇以食用、药用花卉为主的格局。

（1）国内市场。湖北省花卉产业主要供应全省各地市需求，由于武汉市花卉需求相对较大，周边地区生产的花卉如鲜切花等在满足本市需求的同时，将花卉通过外调等方式供应武汉市。与此同时，以武汉市为核心，花卉供应向周边进行辐射，满足中部地区的花卉需求。

（2）国外市场。以麻城福白菊等食用、药用花卉为主体，以入选中欧地理标志首批保护名录、成为第一批中欧"100＋100"地理标志互认互保产品为契机，大力发展对欧盟、东盟等地的出口，逐渐从代理出口向自营出口转变。

4. 茶叶产业

（1）国内市场。要努力开拓市场，青砖茶、白茶等茶类的销售在保证南方及江浙市场的供应外，要走出舒适圈，通过参与茶叶博览会及产业推介会等活动，努力开拓西部及北方地区。各类黑茶、红茶也要努力缩小同国内优势产区的差距，通过找准本地特色开拓出一条新赛道，实现弯道超车。

（2）国外市场。2023 年一季度湖北茶叶出口值跃居全国第三，湖北省茶叶出口拥有着较好的发展潜力，未来应当积极探索合作渠道，扩大贸易朋友圈，将各品类茶产品销往全球各地，提升湖北省茶叶的出口值。同时，在条件允许的情况下，鼓励省内的茶叶零售店、品牌茶楼、茶艺馆到国外开设分馆，将湖北省的饮茶文化带到国外，拓宽了销售渠道的同时，提升湖北省茶叶的知名度与美誉度。

第六章　湖北园艺产业绿色发展关键
技术需求与科技创新方向

当前，园艺产业绿色发展正逐渐成为湖北省农业发展的关键增长点。科研创新方向的选择应该坚持产业需求导向和问题导向，真正解决实际问题。为此，必须明确湖北园艺产业绿色发展的关键技术需求（主要技术瓶颈），并在此基础上总结出关键科学问题，通过基础研究、重大共性技术、技术集成与示范3个层次，凝练出园艺产业绿色发展的科技创新方向，为实现乡村振兴产业兴旺提供科技支撑。

一、关键技术需求与主要技术瓶颈

（一）育种能力不足

湖北省近年来审定园艺品种数量大幅增加，为农民提供了多样化选择，但部分主栽品种以国外育成品种为主，自主知识产权品种占比低，且同质化品种多，高档优质产品少，无法适应农业绿色发展和供给侧结构性改革需要。须从培育高产优质、节本增效、高抗广适的有突破性或重大的园艺新品种，满足消费者对园艺产品多样化和优质化的不断需求，满足生产者对绿色、低成本的管理需求，满足加工企业对品种专用化的需求，满足经销商对新品种一致性、周年均衡供应的多样化需求，保障食物安全与园艺产品有效供给。

（二）化肥农药投入粗放

2015年以来，农业农村部组织开展化肥农药使用量零增长行动，截至2020年底，湖北省化肥农药使用量显著减少，化肥农药利用率明显提升，促进园艺产业绿色发展效果明显，但由于技术研发、推广水平不高，现有园艺产品种植投入仍存在使用不均衡和过量使用的现象，造成土壤板结、酸化和盐渍化逐年加重，产品农药残留超标现象严重。需加快研发科学施肥用药技术，推广应用新型肥料和高效低风险农药，优化施肥用药模式，支撑园艺产业提质增效和农民持续增收。

（三）绿色化、标准化生产技术水平低

长期以来，湖北省园艺作物生产方式传统，低、小、散的现象突出，连作障碍致使土壤酸化、次生盐渍化、土传病害加重，面源污染时有发生，且小农生产模式下难以实现生产标准化和可追溯，进一步导致园艺产品质量内隐，优质产品也难以实现优价，在生产成本日益增长的情况下，单位面积效益不断下滑。因此，绿色生产关键技术的研究开发与示范、无病毒苗木栽培体系构建等方面的研发推广仍是湖北省园艺产业实现绿色化、标准化生产的重要方向之一。

（四）采后处理和精深加工不充分

湖北省园艺产业采后处理技术滞后，储藏保鲜与加工水平低、采后损耗率高、质量安全控制和营养品质评价滞后，园艺产品常以原始状态上市，不分等级、包装简单，更没有预冷等其他采后处理措施，产品在加工储藏和运输过程中的损耗仍然较大。仅水果一项，相较于发达国家接近 100％ 的商品化处理率，截至 2023 年湖北省大部分果品处理率仅在 80％ 左右。此外，同质化产品多，精深加工产品较少，加工废弃物综合利用水平不足，特别是在药用、食用、保健、化妆等方面开发力度不够，缺少以园艺产品为原料的工艺品、食品、化妆品、医疗保健品等。因此，采后处理和精深加工关键技术研究开发与示范是湖北省园艺产业技术发展的重要方向之一。

（五）适宜机械化技术与装备供给不足

湖北省农机装备产业弱小，农机产品缺门断档、质量参差不齐，专用设施、设备与资材等研发缺乏，在丘陵山区农机农艺融合配套机械产品的研发等方面存在较为明显的短板。主要表现为小型机械占主要部分，而大中型机械较少；动力机械较多，而相应的配套机械却较少；简易低档次的机械较多，高性能的机械较少；种植业机械较多，林果业、畜牧业、渔业机械少；粮食作物的农业机械多，经济作物的农业机械少，使得农业机械无法发挥最大效用。现有园艺作物如蔬菜种植机械化率为 30％～40％，远远低于大田作物的 60％～70％ 的水平，主要难点在于"机不好用、无好机用、用不好机"，导致收获采摘等农事活动大多以人工为主，加之生产成本上涨的压力加大，"用工贵、用工难"越发明显，阻碍了园艺产业标准化发展、成本节约与效率提升。因此，省力化机械替代劳动是未来较长时间内必然趋势。

（六）数字化、信息化建设不够

当前，全国各地紧抓大数据智能化发展战略的机遇，积极搭建智慧农业平台，通过农业可视化实时监控、信息化质量追溯等技术手段，提升农业生产效率、提高农产品品质、推动小生产连接大市场。通过近几年的发展，区域内园艺产业信息化水平得到了一定程度的提升，为农户增产增收、价格与病虫害监测、企业发展提供了信息渠道与保障，但当前湖北省园艺产业信息化水平总体较弱，主要表现为信息化引导机制不足、服务体系建设不到位、信息化基础设施利用率低、信息化技术支撑不足、区域示范性试点工作滞后等问题。未来实现园艺作物种植环境智能监控、水肥药精准施用、生产智能分析决策、农机智能作业与在线调度监控等数字化建设势在必行。

二、关键科学问题

（一）种源优质化和品种多样化

一方面，推进园艺产业种质资源的高水平保护和高质量利用，主要包括健全种质资源保护体系，完善种质资源调查、鉴定、评价和创新体系，强化企业育种创新主体地位等；另一方面，推进园艺产业高效育种技术研发与突破性重大品种培育，选育和推广一批高效优质多抗的园艺新品种，重点挖掘高产、优质、广适、多抗、适宜机械化等重要经济性状的关键控制基因，显著提高园艺产品的生产效率和优质化率。

（二）化肥农药投入减量增效

推进测土配方施肥，调整优化施肥方式，推进绿色防控、统防统治、科学用药，研发一批绿色高效的功能性肥料、生物肥料、新型土壤调理剂，以及低风险农药、施药助剂和理化诱控等绿色防控品，突破湖北省园艺作物生产中化肥、农药减量的安全高效等方面瓶颈问题。

（三）绿色化轻简化智能化栽培

加快绿色发展关键技术研发，促进科企深度合作，加强园艺作物高品质栽培、生态化栽培、轻简化栽培、抗性鉴定、连作障碍机理和解决措施研究，结合大数据技术，研发一批土壤改良培肥、雨养和节水灌溉、精准施肥、有害生物绿色防控和废弃物循环利用、面源污染治理和农业生态修复、轻简节本高效机械化作业等农业绿色生产技术，突出"三减三增"绿色生产模式，推动园艺作物生产向绿色化、智能化改造。

（四）采后处理和精深加工技术研究

加强采后商品化处理技术研究。开展园艺特色优势单品整理清洗、分拣分级、预冷保鲜、多层次加工和包装储运等关键技术研究，加强园艺产品产地初加工技术的研发、引进和示范推广，提升现有设施装备水平，推动产地商品化处理。改善产地储藏、预冷、保鲜、清洗、分级、包装、检验检测等采后商品化处理设施装备条件，构建设施完备、技术先进、管理高效的蔬菜产品采后商品化处理体系。

（五）传统农机装备的绿色、高效、智能转型

针对精量播种、育苗嫁接、移栽和收获等环节机械化技术装备短板，重点研发和推广一批规模种植、精密播种、标准化育苗、高效移栽和机械收获的园艺作物，推动高效节能农用发动机、高速精量排种器、喷雾机喷嘴等重要零部件研发制造，深化北斗系统在农业生产中的推广应用，大力发展轻简节本减排的"耕种管收"技术装备、低损保质收储运与产后处理技术装备，实现规模化农场全程机械化生产工艺及机器系统。最终推动传统农机装备向绿色、高效、智能、复式方向升级，支撑"十大千（百）亿级优势农业产业链"发展。

（六）利用大数据指导作物生产

围绕数字果园、数字菜园和数字茶园建设，推动数字农业技术与相关装备在园艺产业领域的集成应用，构建数字农业应用典型模式模型，实现种植环境智能监控、水肥药精准施用、生产智能分析决策、农机智能作业与在线调度监控等，提升蔬菜生产精准化、智能化水平。

三、科技创新方向

科技创新方向围绕关键技术需求和关键科学问题，系统部署 24 个任务方向。基础研究部署 8 个任务方向，解决园艺作物重要性状形成与调控、园艺作物对环境的响应机制及绿色优质丰产生理基础等科学问题；重大共性关键技术部署 8 个任务方向，解决园艺作物高效育种技术研发与品种创制、无病毒苗木繁育和设施生产关键技术研发、绿色化轻简化智能化生产技术研发、园艺产品加工关键技术研发等技术问题；技术集成与示范部署 8 个任务方向，进行园艺作物优质轻简高效栽培技术集成和产业链一体化示范，为产业提质增效提供示范模式。

（一）基础研究

1. 园艺作物种质资源调查、鉴定、评价和创新

（1）水果产业。针对柑橘创制新种质，构建柑橘高效育种体系；培育具有无核、优质、抗逆等性状的柑橘新品种。深入开展沙梨种质资源的鉴定评价；开展沙梨抗黑斑病种质的鉴定和筛选；创制沙梨抗黑斑病种质，选育抗黑斑病优良新品种；多组学解析沙梨抗黑斑病分子机制研究；特色红啤梨种质创新与新品种选育研究。建立猕猴桃种质资源保护体系，进行资源的深入评价研究；开发新的猕猴桃野生资源，从中选育新的品种或作为杂交亲本与现有良种进行杂交，进一步改良现有猕猴桃品种的品质与抗性。

（2）蔬菜产业。针对旱地蔬菜品种研究开发相关分子标记、主要病害的快速鉴定技术，创制优质多抗核心育种材料。针对水生蔬菜研究莲藕重要性状的分子标记辅助育种；开展莲藕、子莲、茭白、芋、荸荠的优质、高产、抗病品种选育，选育一批优质、高产、抗病新品种，以及适合轻简化栽培和机械采收的适宜不同地区消费及不同保鲜、加工用途的水生蔬菜多样化专用新品种。针对食用菌开展珍稀食用菌种质资源的收集、保护和利用研究，进行系统分析评价；开展传统与高新育种技术相结合的食用菌高效育种技术研究。

（3）花卉产业。全面收集保存主要花卉品种、重要乡土特色花卉品种、传统名花品种、珍稀濒危物种花卉品种等种质资源，揭示其遗传调控机制。研发湖北省花卉种质资源保护体系。根据花卉品种选育的方向和利用目的，开展种质资源鉴定和评价。加强花卉重要功能基因挖掘和重要乡土特色花卉的引种驯化，加快传统名花品种改良与质量提升、优势商品花卉品种选育与新品种引进、食用药用花卉与家庭园艺品种选育及推广。

（4）茶产业。利用多组学技术，从物候期、产量、品质、抗寒（旱）性、机采优质率等方面开展品种特性评价，选育聚合高抗性、适合机械采收、品质优良的优质茶树新品种。

2. 多年生园艺作物无性系变异和繁殖的基础与调控

针对柑橘、梨、葡萄、桃、猕猴桃等多年生园艺作物的体细胞变异、嫁接繁殖、离体快繁、无性生殖、自花结实与自交不亲和、开花与果实发育等生殖和繁殖的关键科学问题，解析芽变（体细胞变异）的基因组基础、变异性状形成和调控机制；研究离体繁殖过程中体细胞无性系变异的规律和分子基础；挖掘控制无性生殖的关键基因并解析其调控机制；解析嫁接（砧穗

互作）影响产量、品质和抗性的生理和分子基础，以及自花结实与自交不亲和的分子基础和调控网络；针对错开果实成熟期的产业需求，解析开花与果实发育的分子基础与调控机制。

3. 园艺作物生长发育对设施环境的响应机制与调控　针对番茄、辣椒、茄子、黄瓜、西甜瓜、典型根茎叶菜和葡萄等园艺作物生长发育对低温弱光、高温高湿、次生盐渍化、低 CO_2 等适宜设施生长环境的响应机制与调控的关键科学问题，研究设施光温条件对重要生长发育性状的影响、设施特殊生态环境与作物光合作用能量代谢、产量和品质的关系；研究园艺作物对设施环境因子的感知与适应机制、设施作物抗逆信号网络与激素调控、设施作物抗逆反应中的器官互作机制；研究设施作物连作障碍发生的根际生物学机制及其可持续生产的生态调控途径，挖掘利用设施作物抗逆、高产和优质相关的关键调控基因，创新设施作物生长发育和抗逆调控途径和方法。

4. 果树果实品质形成与调控　针对柑橘、梨、葡萄、桃、猕猴桃等果树果实品质形成与调控的关键科学问题，研究果实色泽、香气、风味、苦涩味和质地等重要品质的物质基础，揭示关键初生代谢和次生代谢品质物质在果实中的积累特点，挖掘其合成、代谢和运输的关键结构基因和调控因子，鉴定其生物学功能并阐明其作用机理，解析关键品质物质的调控机制；研究重要品质成分在果实成熟及品质保持过程中的代谢规律，解析其保持机制；研究光照、温度和水分等环境因子调控果实品质的机制和措施。

5. 果树抗性机制与调控　针对柑橘、葡萄、梨、桃、猕猴桃等果树逆境应答的生物学基础与调控的关键科学问题，研究果树应答非生物（干旱、盐碱、低温、高温、营养失调等）或生物（细菌性病害、真菌性病害等）逆境的生理与代谢基础，鉴定在抗性中发挥作用的代谢途径和关键代谢产物；阐明果树逆境抗性形成的遗传基础，解析抗性调控的分子机制；挖掘具有抗性功能的关键基因及调控元件，鉴定重要调控蛋白质，解析其生物学功能及作用机制；解析果树逆境应答的信号传导途径，构建基因调控网络，建立抗逆调控技术。

6. 花卉重要性状形成与调控　针对菊花、梅花、荷花等花卉重要性状形成与调控的关键科学问题，发掘湖北省原产野生花卉特异品质和抗性性状的优异基因资源，揭示其遗传调控机制；研究成花诱导、花器官决定和花型发育的遗传和生理基础，揭示其调控的分子机制；研究花色和花香等次生代谢过程的物质基础，揭示其合成和代谢调控的分子机制；研究花卉作物应答生物和非生物胁迫的信号转导途径，阐明其分子调控机制；研究花卉产品采后品质形成与保持的遗传和生理基础，揭示其调控的分子生理机制。

7. 茶叶重要性状形成与调控　研究内容有，针对茶叶重要性状形成的关键科学问题，研究其花器官形成、性别分化、叶片和果实发育及自交不亲和性的规律与调控机制；研究多不饱和脂肪酸、多糖、健康功能因子等重要品质物质的形成与调控机制；研究光合产物积累、养分运输分配等与经济产量有关的性状形成的生理和分子基础，克隆关键基因和调控因子，解析其调控机制；研究特色经济林树种在生物和非生物逆境条件下的适应与防御机制。

8. 园艺产品加工与食品安全的互作关系与调控基础研究　系统分析空肠弯曲杆菌、副溶血性弧菌等致病菌在不同园艺产品加工条件下的生长增殖及产毒机制；针对湖北省园艺产业主要低温预制食品及其物流过程，研究耐冷致病菌在低温下的生长规律及在不同食品中的发生规律，阐明耐冷致病菌低温生长机制及对食品安全性的影响机制；以典型致病菌和病毒、真菌毒素作为研究对象，系统研究光动力消毒过程中致病菌、病毒的杀灭机制，重点关注在单线态氧作用下，产生的消毒副产物等风险物质的安全性，在此基础上研究光敏剂制备方法和配套激发设备，开发成套的光动力食品杀菌促鲜剂及装备。阐明食品原料中残留的真菌毒素等其他有害物在加工过程中的转化规律与产物形式，研究针对毒性位点的识别与定向掩盖及调控策略，研究不同加工方式对真菌毒素等外源有害物的内控机制及产物安全性评价。

（二）重大共性技术

1. 高产优质多抗园艺品种选育　采用 SSR、SNP 等分子标记方法，构建园艺种质资源的分子身份证；研发分子标记辅助选择、全基因组选择、转基因和基因编辑等生物育种关键技术，构建分子设计育种技术体系；创新并建立智能育种技术体系，深度融合生命科学、信息科学和育种科学，应用基于基因型大数据、表型大数据和环境大数据建立的基因型-表型环境模型，对杂交后代的适应性、产量、品质等性状进行大量计算机模拟，模拟在不同环境条件下的表现和稳定性。

2. 环保高效肥料、农药与生物制剂的研发　研究开发高效液体肥料、水溶肥料、缓/控释肥料、有机无机复混肥料、生物肥料、肥料增效剂、新型土壤调理剂等的生产技术；开发高效低毒低风险化学农药、新型生物农药、植物免疫诱抗剂、害虫理化诱控产品、种子生物制剂处理产品、天敌昆虫产品的制造技术和微生物、酶制剂、高效植物提取物等新型绿色饲料添加剂生产技术；生产一批纳米智能控释肥料、绿色环保型纳米农药、新型可降解地膜及地膜制品、农产品包装材料与环境修复制品。

3. 化肥农药减施增效技术研发　重点研发智能化养分原位检测技术、基于化肥施用限量标准的化肥减量增效技术、基于耕地地力水平的化肥减施增效技术、新型肥料高效施用技术、无人机高效施肥施药技术、化学农药协同增效绿色技术、农药靶向精准控释技术、有害生物抗药性监测与风险评估技术、种子种苗药剂处理技术、天敌昆虫综合利用技术、作物免疫调控与物理防控技术、有害生物全程绿色防控技术模式、生物灾害应对与系统治理技术、外来入侵生物监测预警与应急处置技术。研究园艺作物最佳养分管理技术、水肥一体化精量调控技术、有机肥料定量施用技术、农田绿肥高效生产及化肥替代技术、农药高效低风险精准施药技术、主要作物病虫害综合防治新技术。

4. 绿色生产技术的研发　主要围绕耕地质量提升与保育、控水与雨养旱作、废弃物循环利用、面源污染治理、重金属污染控制与治理、水生生态保护修复，开展作物光合作用、矿质营养吸收运转分配与需求、水分吸收运转分配与需求、土壤-植物-微生物互作、土壤盐渍化与酸化、水肥耦合和利用效率、光合产物运输与代谢、果实品质形成、休眠、作物与环境互作、连作障碍等生理与调控机制研究。大力研发合理耕层构建及地力保育技术、作物生产系统少免耕地力提升技术、园艺产业用水生产效率研究与监测技术、作物需水过程调控与水分生产率提升技术、废弃物直接发酵技术、园艺作物重金属低积累种质资源关键基因挖掘利用与品种培育技术、水生生物资源评估与保护恢复技术。

5. 低碳减污加工储运技术的研发　推动快速预冷、节能干燥、绿色储藏、低温压榨、高效去皮脱壳、清洁度分级及冷链物流等关键技术与装备研发制造。重点研发绿色园艺产品质量监测控制技术、园艺产品质量安全监管与溯源关键技术、园艺产品产地商品化处理和保鲜物流关键技术、园艺产品物理生物保鲜和有害微生物绿色防控关键产品和技术、新型绿色包装材料制备技术、园艺产品智能化分级技术。

6. 智能化精深加工技术研发 重点突破酶工程、生物工程、现代发酵工程，以及新型高效分离、分级、杀菌、防腐、保鲜、干燥等园艺产品精细加工技术，开发超高压加工、脉冲电场杀菌、微波真空干燥、超微粉碎等新型加工设备。重点研发加工过程中食品的品质与营养保持技术、食品功能因子的高效利用技术、过敏原控制技术、食品3D打印技术、超微细粉碎技术、真菌毒素脱毒酶制剂和菌制剂的开发技术。推进园艺产品资源梯次加工技术、发酵与酶催化技术、高值化利用技术、功能因子稳态化技术、功能成分高效制备技术等重大关键技术攻关。研发功能性园艺加工新产品、新食品原料和营养健康食品。

7. 节能低耗智能化装备的创制与升级改造 探索自动导航、自动驾驶、多机协同、天基物联网技术在农机上的应用，重点研究北斗自动导航、ISOBUS（农机总线）、高压共轨、动力换挡、无级变速、新能源动力、机电液一体化等技术在农机装备上的集成应用方法，加快研究大型高端智能农机装备，推动农机导航、农机作业管理和远程数据通信管理等技术系统集成，推进农机装备作业传感器、智能网联终端等关键技术攻关，加快农机作业监测数字化进程。运用智能制造、生物合成、3D打印等新技术，重点研发种子优选、耕地质量提升、精量播种、高效移栽、作物修整、精准施药、航空施药、精准施肥、节水灌溉、低损收获、清洁处理、残膜回收、坡地种植收获、废弃物自动处理、采收嫁接、分级分选、园艺产品智能精深加工的关键技术装备，以及园艺产业机器人。

8. 食品安全大数据关键技术研究 以促进湖北省园艺产品种植和食品生产、流通和消费环节全链条安全为出发点，研究园艺产品种植和食品生产经营中企业自身管理、食品检验检测、公共卫生健康监测、产品监督抽检、风险监测评估、员工监督管理，以及公共媒体或自媒体数据采集共享、分析挖掘和智能应用的相关核心技术；重点突破结构化与非结构化数据采集、存储与分析技术，研究多源数据融合、清洗、深度挖掘和数据可视化等分析关键技术；研发园艺产品安全风险追踪与溯源、预测与预警、分析与决策等大数据应用与服务技术；研究自主可控的园艺产品安全大数据加密与脱敏及相关信息安全技术，构建安全可信的园艺产品安全智慧监管大数据中心及云服务平台。

（三）技术集成与示范

1. 常绿果树优质轻简高效栽培技术集成与示范 以柑橘为对象，针对常绿果树产区温度高、雨水多、土壤酸化、树体高大郁闭、人工成本高、优质果品率偏低等问题，开发优良树形培育、简化修剪、枝梢与花果调控、机械作业、轨道输送、水肥药一体化等技术；组装以优质节本增效为主、适宜常绿果树生产的智能化轻简化栽培技术；集成针对不同立地环境、基质栽培或错季栽培的省力降本、提质增效的生产管理技术，形成常绿果树优质轻简高效的栽培技术体系，并在优势产区示范推广。

2. 落叶果树优质轻简高效栽培技术集成与示范 以梨、葡萄、桃、猕猴桃为对象，针对落叶果树产区干旱少雨、土壤酸化、花果和枝梢管理繁杂、人工成本高、优良果品率偏低等问题，采用优化的砧穗组合，开发优良树形培育、限根栽培、简易覆膜、套袋或免袋栽培、田间管理机械化与智能化、水肥药一体化等技术；组装以优质节本增效为主、适合落叶果树生产的轻简化栽培技术；集成针对不同立地环境或错季栽培的省力降本、提质增效的生产管理技术，形成落叶果树优质轻简高效的栽培技术体系，并在优势产区示范推广。

3. 蔬菜优质轻简高效现代生产技术集成与示范 以番茄、辣椒、茄子、黄瓜、西瓜、甜瓜、萝卜、胡萝卜、莲藕和食用菌为对象，针对蔬菜生产中用工多、连作障碍、低温寡照和阴雨等引起蔬菜产量和生产效益下降等问题，开发工厂化嫁接育苗、连作障碍绿色防控和栽培智能管理等设施蔬菜生产技术；开发集约化穴盘育苗、全程（耕作、定植和采收）机械化作业和肥水精准管理等露地蔬菜生产技术；集成和形成蔬菜优质轻简高效的现代生产技术体系，并在优势产区示范推广。

4. 切花和盆花花卉轻简高效栽培技术集成与示范 以菊花、百合、月季、兰花为对象，针对切花和盆花周年供应不足、种苗和种球标准化生产水平偏低，以及设施栽培花期调控不精准和轻简化程度不高等问题，开发高品质种苗种球工厂化和标准化繁育技术；开发高效低耗水肥一体化智能调控技术及设施栽培土壤连作障碍防控技术；开发智能环境控制、花期精准调控、轻简化栽培和采后品质保持技术；集成以上技术，形成切花和盆花轻简高效的生产模式，并示范推广。

5. 重要木本花卉轻简高效栽培技术集成与示范 以梅花、牡丹、紫薇、山茶为对象，针对种苗和成品苗生产方式落后、标准化程度低、品质和效率不高等问题，开发种苗工厂化和标准化繁育关键技术，以及水肥一体化和花期调控等精准、智能生产技术，组装保护地容器化、基质化轻简栽培技术；集成以上技术，形成木本花卉轻简高效的生产模式，并示范推广。

6. 茶叶等特色经济林优质高效栽培技术集成与示范 以茶叶、板栗、柿等为对象，针对优质良种率不高、栽培机械化水平低、人工成本高等问题，组装优质高效轻简栽培技术；针对叶花果管理，开发营养诊断、精准施肥、节水灌溉、病虫防治和水肥一体化技术；开发品种优化配置、低产低效林综合改造技术；集成以上技术，形成特色经济林可持续发展的优质安全栽培技术体系，在重点产区示范生态经济型栽培模式，在特色产区示范轻简化栽培模式。

7. 茶叶产品质量安全控制技术及健康功能评价应用示范
研究茶叶的农药残留及其代谢物、氟、重金属等有机无机风险物质的监测识别技术；研究茶园环境、茶叶加工过程中农药残留等有机无机污染物的迁移规律、代谢机制及阻控技术；研究发酵茶加工储藏过程中微生物组学及动态变化；研究发酵茶品质形成过程中可能存在的有害微生物与生物毒素的污染特征、精准检测和污染控制技术体系；开展茶叶风险物质和功能成分的安全性评价；对代表性茶类预防代谢性疾病的健康功能进行系统研究和筛选，并按其特定的健康功能进行评价和分类，阐明其健康功能的机制；发掘不同茶类中的功能成分；开展基于人群调查的茶叶健康功能评价和安全风险评估，建立茶叶健康功能的科学评价体系；通过基地示范、新型经营主体和现代职业农民培训，进行大面积推广应用。

8. 特色园艺作物产业链一体化示范 以水果、蔬菜、花卉、茶叶为对象，以在产业链末端开发多种特色加工产品为目标，针对主栽品种退化、优质专用品种筛选滞后、储藏保鲜及精深加工技术欠缺等问题，开发专用品种筛选、无病毒良种提纯复壮、高效繁育及绿色轻简栽培技术；组装采后特色储藏（含陈化）、保鲜和精深加工技术，开发多种功能性产品；开发主要品质指标的检测技术，形成依不同用途和代谢产物差异的产品分级标准，以及相应的感官评价技术标准（技术规程）；集成以上技术，形成企业、合作社（行业协会）和农户共同参与的经营协作模式，并进行全产业链一体化示范。

第七章　园艺产业绿色发展的国际经验与借鉴

园艺产业的绿色发展方式从投入生产到产出遵循着一致性规律，具体表现在生产要素投入、生产方式、绿色产品及消费、科技支撑、制度安排、政策支持 6 个方面，因此许多国家和地区先进的绿色发展经验值得我们借鉴参考。本书根据世界各国要素禀赋条件的差异，将世界各国划分为人少地多型、人多地少型和人地适中型三类国家，并在 3 种要素禀赋类型国家中分别选取 1～2 个典型，从生产要素投入、生产方式、绿色产出及消费、科技支撑等方面对园艺产业的发展历程进行了针对性的分析，最后通过对国外经验进行分析比较，根据我国园艺产业的要素禀赋条件及发展的阶段总结出适合我国农情与国情的绿色发展国际经验。

一、人少地多型国家园艺产业发展的现状特点

当前，世界范围内人少地多型的国家主要包括美国、加拿大及澳大利亚等。人少地多型国家基本国情为地广人稀且生产主要以大规模农场较为普遍，农业劳动力供给相对不足。本书主要以美国为例进行分析。美国位于北美洲中部，东临大西洋，西临太平洋，国土面积约 969 万平方千米，总人口约 3 亿人，全国大部分地区为温带大陆性气候，其光热充足、昼夜温差大等特点适宜发展多种农业生产。截至 2023 年，美国耕地面积约占总国土面积的 20%，约 27.9 亿亩，人均耕地面积约 8.45 亩，农业人口约 246 万，农业人口人均耕地面积达 700 亩以上。其具备的地理优势及自然条件使得美国成了一个农业大国，同时在园艺产业领域具有独特的优势。当前，美国的园艺产业主要包括水果、蔬菜、花卉及苗木生产。近 10 年，除 2019 年、2020 年受新冠疫情影响导致批发销售总额有一定程度的萎缩外，美国花卉总产值长期稳定在 50 亿美元以上，水果和蔬菜总产值接近 500 亿美元。

（一）生产要素投入

1. 种子种苗及苗木　美国在种子、种苗及苗木的研发上投入了大量的时间与资金，针对农作物新品种的培育，现有研究机构主要有公立机构（大学、研究所、试验站）、私有种子公司、个体，不同研究主体互相配合并在不同时期依次发挥着主导作用。1970 年之前，美国大部分农用品种是由大学等公共科研机构培育出来并无偿提供使用的。但随着1970 年《植物新品种保护法》的颁布与实施，社会资本迅速进入农作物品种选育领域，这对美国的新品种培育产生了极大的影响，此后的 20 多年里，私有种子公司的科研育种工作迅速开展并逐渐超过了公共机构的育种力量，这一变化使得农作物育种速度和新品种的数量大大增长，极大地改变了原有种业踏步不前、创新缓慢的面貌，并使科研成果的回报超过了投入，形成了良性循环。同时，为维护种子市场的正常秩序，保护种子生产者与使用者的利益，美国制定了《联邦种子法》，以法律条文的形式对种子的生产、加工与国

际贸易等问题都做了明确的规定，各州立法机构则在《联邦种子法》的基础上修改并完善了各州的种子法，以适应当地的特色农产品生产。

2. 农资 农业面源污染会使土地资源遭受难以逆转的损害，而当前化肥、农药是农业面源的主要污染物，美国为改善土壤条件做出了许多努力且取得了较好的效果。据1990 年美国的调查评估报告显示，美国面源污染占总污染的 2/3 左右，其中，农业面源污染占面源污染总量的 68%～83%。然而，经过 10 余年的污染治理，2006 年美国农业面源污染面积相较于 1990 年减少了 65%，其主要做法如下。

一是针对土壤的修复与改良活动。美国自 20 世纪 80 年代便设立了土壤修复超级基金制度，对涉及有机污染物的场地中的有害土壤、废弃物与沉淀物进行清理，这一做法不但有效地阻止了由人类活动产生的污染物转移对大气、水体和生物产生危害，同时通过修复高污染土地为农业发展提供了大量的储备用地。

二是对农药、化肥的使用实行严格管制。通过建立化肥、农药登记与管理体系等，对生产过程中所要使用的农药和化肥种类、数量实现精准调控，当现有登记的农药无法抵制紧急病虫害时，那些尚未被录入登记体系的农药只有在经过了各州农业机构和环境保护局的层层审批后方可批准使用。

3. 机械化 由于地广人稀，如何利用好有限的人力资源成了美国促进园艺产业快速发展的最大难题。100 多年以来，美国都在坚持培育高素质农民，在农业立法、经费管理、农业试验站设立、技能培训和风险防范等方面积累了丰富的经验。美国农民不仅具有传统农民对作物栽培、种植、收获的丰富经验，还掌握着运营销售、模式管理等现代化管理技能，这为实现园艺产业的健康、可持续发展提供了丰富的人力资源储备，提升了农业生产效率。

人力生产技术与管理水平的提升有效缓解了农业生产效率不足的难题，但仍然无法突破生产瓶颈。因此，推进农业机械化进程成了美国避免人力资源供给不足的解决途径之一。美国是当前世界农业机械化发展水平最高的国家之一，早在 20 世纪初加利福尼亚州就已经推广和普及农业机械化技术，农业翻种和收割都已实行机械化，农业机械取代了人力和畜力，使农业劳动生产率大幅度提高，美国现已进入全面机械化和现代化阶段，不仅在农田作物的生产和收获上实现了机械化，在部分难度较大的经济作物上也实现了机械化作业，如以种植坚果、蔬菜和葡萄等经济作物为主的加利福尼亚州的农业生产过程的95% 以上都有着农业机械的参与，到了 1978 年，深加工蔬菜及水果的机械收获率约达到100%，人工作业则仅出现在极少数生产环节。

4. 品种结构 在国内市场需求变动及国际贸易增长的推动下，美国农业品种结构逐渐呈现多样化的特点，农业由原来单一从事粮食生产的传统产业转变为一个生产门类多样化、现代化的农业产业。近 20 年来，美国加利福尼亚州的农业产业结构调整过程明显加快，已由低产值、单一结构的传统农业转变为高产值、多元结构的现代农业。生产品种也不再仅限于粮食作物，而是形成了包括水果栽培、畜牧养殖、蔬菜种植、粮食作物生产与花卉苗木栽培在内的五大主导产业。其中，水果栽培和蔬菜种植等具有高附加值的经济作物种植比例明显升高，粮食作物种植呈逐年下降的态势。

(二) 生产方式

1. 专业化生产与区域化布局 美国农场的专业化生产程度很高，其中园艺作物农场专业化比例达到 98.5%。在园艺产业方面主要形成了 4 种类型的专业化生产。一是专门种植 1～2 种作物的农场,这种农场的品种专业化生产程度高,相关品种的生产技艺娴熟,且便于管理。二是实行轮作制的专业化农场,执行适度的作物轮作制,该做法不仅没有降低农场生产专业水平,合理轮作还有助于抑制杂草及病虫害,进而可以提高生产效率,也在实际上提高了其生产的科学水平。三是结合型的专业化生产,这种专业化生产的好处是可节省流通费用,如饲料、肥料的流通费等;可减少化肥的施用量,既降低购买肥料的生产成本,又可减轻农业化学品带来的环境污染;可充分利用劳动力资源,避免或减少因农作物季节性而带来的人工损失。四是良种生产专业化农场,它们通常是和科研机构有着紧密的联系,一些农场本身便是科研机构附属实验基地,另一些则与科研机构签约从事特定品种的专业生产。这种区域内生产与科研相结合的方式使美国各个地区农场能够与当地的科研机构紧密衔接,充分地发挥各自的比较优势,探索出更适合本地区作物生长的发展模式,使资源禀赋得到充分的利用,有利于降低成本,提升农业竞争力。

美国本土面积巨大,横跨北美大陆,有着得天独厚的自然、地理与气候资源,确保了作物种类的多样性,也为实现农作物的区域化布局提供了良好的条件,有效地发挥了各地农业生产的比较优势。自 21 世纪以来,在土地资源、气候条件,以及市场、技术、加工转化等因素的共同作用下,美国形成了 10 大农作物种植区域,如以饲草、烟草和果菜为主的新英格兰区,以饲料、饲草为主的中部大西洋区,以生产玉米、大豆和小麦为主的中部东北区,盛产水果、蔬菜和花生的东南部地区,传统烟草产区的南部大西洋区,主要生产饲草的西部山区,以水果种植为农业主导产业的太平洋区。例如,苹果的主产区有华盛顿州、密歇根州、加利福尼亚州和宾夕法尼亚州等,柑橘的主产区主要在加利福尼亚州和佛罗里达州,花卉主产区有加利福尼亚、佛罗里达州、得克萨斯州、密歇根州及俄亥俄州。

2. 生产标准化 美国是世界上实施精准农业最早的国家之一,早在 1990 年美国就将全球定位系统(GPS)技术应用到农业生产领域。为保证农产品的生产质量,减少对环境的影响,为实现全过程的标准化生产,美国主要采取了如下几项措施。

一是确保标准的农产品生产环境。在生产有机、绿色农产品及其他特色农产品时,美国对农产品生产环境实施严格的标准化管理,生产过程中严禁使用不符合标准的土壤、肥料与农药,保证农业生产环境的可持续发展。

二是执行标准的生产过程和工艺技术。美国要求农产品生产过程严格遵照有关国际、国内与行业标准,对包括农作物种子选育与培土时用到的肥料、农药和农产品加工车间的卫生环境、设备条件、温度等进行了严格管控,其标准覆盖率达 98%～100%。

三是规定入市销售的农产品必须遵从一定的质量标准。美国建立了农产品质量安全可追溯体系,从生产环节、包装加工和运输过程对进入市场销售前的农产品实现了全程监控。美国农产品质量分级管理已有 100 年的历史,经过最近 60 年的实践变得更加完善,截至 2023 年美国国家级的农产品分级标准大致有 300 多个,每年会对 7% 的分级标准进行修订、完善。

3. 精深加工 为提升农产品附加值,美国通过拓展、延长农业产业链的方式,积极探索开发农产品的深加工产品,如美国玉米深加工已有 150 余年的发展历史,创造出 3 000 余种新产品。农业的深加工为农业产业创造了新的增收途径,但在加工过程中如何实现对废弃物的无害处理却成了亟待解决的问题，如在果蔬加工过程中会产生大量不合格果及大量果皮、种子、叶、茎、花等下脚料。

为解决此类问题，美国从环保与经济效益两个角度出发，对生产、加工过程产生的废弃物实现了综合利用，坐落于马里兰州的公立堆肥厂配备有大型翻抛机、粉碎机、自动装袋机等大型设备，其以杂草和树叶为主要堆肥原料，堆肥时间长达 9～12 个月，年处理杂草落叶 7.7 万吨，生产堆肥 50 万包折合 0.8 万吨。在园艺产业方面，其改进加工技术从废弃的柑橘果籽中提取 32％食用油和 44％蛋白质，从橘子皮中提取并生产柠檬酸均已形成规模化生产，使上述原料及加工废弃物得到了综合、有效的利用。

4. 产业融合和集群　起初美国的农场大多只是进行一种或几种农产品的专业化生产，由于其种植作物单一，因此最初美国农场抵御风险的能力较差，在遭受自然灾害时往往需要经受较高的经济损失。为抵抗自然风险、市场风险，美国生产、加工、仓储、物流、营销、销售等环节的生产者和企业自发联合，共同抵御自然风险共享收益，进而形成了以某一种产品或者某几种产品为中心的大型农业产业集群。

例如，位于美国西南部的加利福尼亚州为当前美国最大的瓜菜生产基地，其最为出名的便是葡萄酒产业。加利福尼亚州是一个土地、水源、气候等各个自然要素优秀的区域，更重要的是适合水果、蔬菜的种植，而葡萄园及葡萄酒业凭借着加利福尼亚州优秀的资源条件，成为其相当有特色的地区性产业，而且显示出强烈的产业集群效应，而经过多年发展，最终成为优势产业集群。截至 2023 年，加利福尼亚州葡萄酒产业集群内拥有 680 多个葡萄酒厂、几千个独立经营的葡萄种植园，以及与制造葡萄酒相关的储存设备、灌溉设备、采摘设备、包装设备（瓶、瓶盖、软木塞、标签）等多种相关产品的企业、广告商等，同时还包括许多仓储、运输等相关物流部门为其服务。除此之外，还包括众多与加利福尼亚州葡萄酒产业集群有关的各式各样的地方机构，如在议会中有酒业委员会，在加州大学戴维斯分校有世界著名的葡萄栽培和葡萄酿造研究机构等。

（三）绿色产出及消费

1. 绿色产品　美国极其重视绿色产品认证，也是最早提出绿色农产品理念的国家之一。在 20 世纪末，绿色农产品行业在美国农业经济中就占有一席之地。由于美国发达程度较高，政府和人民群众都很注重健康问题，因此在农业种植生产过程中严格限制化肥、农药等各类化学物质施用量。美国的绿色农产品领域主要包含蔬菜、水果等高附加值农作物，在这些产品的生产过程中限制使用人工化肥、农药、添加剂、激素等物质。为区分普通农产品与绿色农产品，美国还专门构建了绿色农产品认证体系，落实力度也非常强。绿色认证不仅反映在绿色生产中，还贯彻绿色农作物从种植到形成产品的全过程，每个环节都有严格的规范标准。只有通过绿色认证的农产品才能正式进入市场进行买卖。同时，为确保认证体系的中立性和独立性，美国绿色认证机构是由非利益第三方开展工作，并广泛接受公众监督。

2. 质量安全　随着经济全球化的加深，各国农产品进入美国虽然确保了国内产品的多样化供给，但同时也带来了各种外来病种与生物，威胁到了美国本土产品安全。为保障国内农产品供给质量，2002 年美国国会通过了《生物反恐法》，将食品安全问题提升至国家战略高度，并建立了农产品质量安全可追溯制度体系，该制度体系主要由三部分构成。

一是农产品生产环节可追溯。生产环节追溯制度要求所有生产过程，从种子处理、土壤消毒、栽培方式、灌溉、施肥、使用农药到收获采摘都要记录。能够追溯到生产基地、品种、生产时间。

二是包装加工环节可追溯。由于美国的鲜食农产品生产往往从种植到包装都是一体化的，因此美国建立了《药品生产质量管理规范》（GMP）和危害分析的临界控制点（HACCP）两种管理体系。例如，美国的一家蔬菜加工厂，蔬菜从进厂后进行负压清洗，然后金属探视、消毒、人工去掉黄叶、速冻、包装。对每个关键点进行质量控制，每个环节都有生产操作规程。对洗涤剂和大肠杆菌实行严格检测与控制，企业生产的产品每天都要送到独立化验室检测，合格的产品才被允许贴上标签及条形码，送入冷藏保鲜库。

三是运输销售过程的可追溯。产品供应商提供的信息除要输入电脑以外，还要对产品进行分类标识，建立企业条形码信息，该条形码信息主要包括物流信息、批发企业信息、产品入库货柜编号、产品产地信息、生产者信息等。

3. 品牌建设 美国极为重视园艺产品的品牌建设，探索出"品牌联盟＋协会"的品牌建设新道路。较有名的有新奇士种植者公司，在该联盟中公司与种植户分工明确，种植户根据公司对产品的品质要求从事生产活动，公司则负责具体的技术服务提供、品牌运营与推广业务，主要包括技术改良、技能培训、全球营销和市场推广等。新奇士种植公司以消费者需求为导向细分市场，研究各国消费者爱好，有方向进行针对性销售，旗下包含柳橙、柠檬、葡萄柚等 40 多种柑橘产品，足以满足市场多样化的消费需求。在经过 130 年的发展后，它从一家非营利性的合作社成长为拥有 6 000 多个果农和 60 多个包装公司的柑橘营销联合体，以公司命名的"新奇士"也顺利成为美国著名的区域公共品牌，深受世界各国消费者的信任与喜爱，其营销收益连续多年超过 10 亿美元。

（四）科技支撑

1. 多层次研究机构 为提升农业技术水平，美国形成了联邦及州政府、农业院校、私人企业的三级农业科研体系。在联邦及州政府层面，美国在各园艺主产区建立了专业化程度高的应用型研究机构或实验站，投入了大量资金资助基础项目和重要项目的研究。在农业院校层面，相关的农业院系依托学科优势，研究解决水果产业发展过程中的共性、关键性技术问题，并负责培养实验室和基础性科研人才，这方面主要是通过接受农业专业合作组织的委托或政府的资助，对关键性的技术问题进行科研攻关。在私人企业层面，一些中型或大型的园艺专业化农场及实力较强的农业专业合作组织，也会组织自己的科研团队，对园艺产品的生产、储运、加工和销售等方面出现的问题开展相关的研究工作。

三层农业科研体系使得各实验站、高等院校、科研机构、科研团队能够直接参与到农业生产过程中，并与农业基层人员保持紧密联系，根据生产、加工与运输过程中的实际需要进行技术攻关。

2. 科研、教育与技术推广结合 为简化技术推广流程，保证最前沿的技术成果及时转化到生产过程，美国将技术推广融入科研与教育中，具体通过各州的大学农学院（系）执行。教学、科研和推广是赠地大学农学院工作中必不可少的重要组成部分，教学工作主要在农学院本部完成，农学院下设的科研与教育中心（或称农业实验站）及若干示范点是主要的科研机构，每县设一个农业推广站作为主要的推广机构。这样做的好处是可以把最新的科学知识传授给学生，同时把最好的技术和信息（不管是否为本校的成果）推广给农民，在推广过程中发现的问题又能及时反馈给科研，从而得到及时的研究解决。

（五）制度安排

高效、完备的产业组织形式使美国园艺产业得以同其他国家和地区相区分。在园艺产业的发展过程中，产业服务组织的作用十分明显，为实现农业和现代化市场的融合，美国以多元的农业产业化经营模式实现了企业化生产、现代化管理与市场化运作。

1. 垂直一体化的农业公司　该类型公司大多由工商或金融资本直接投资建立，特点是集"产、供、销"为一体。尽管该类型企业的总量不多，也并非当前美国农业企业的主要组织形式，但大多具有较大的规模，拥有着属于自己的庞大销售集团与网络，公司通过与农场主签订生产供应合同，给合同农场提供技术指导与新型拖拉机等生产机器，实现了农业的产业化、集中化与专业化。

2. 合同制农业企业　当前，美国农业产业普遍采纳该类型的组织形式，2005 年以后，合同农业的生产值占农业总产值的比例首次突破 40%，尽管近年有所波动，但总体仍稳定在 35% 以上。合同制农业其本质上是合同经营，具体形式分为生产合同与销售合同两大类型，期限从数月到数年不等。一般由工商管理公司与农场主签订协作合同，对劳动力提供的设施、农资等都有着明确的规定，将"产、供、销"（或"产、加、销"）环节联合成一个有机整体，且广泛分布于畜禽、果蔬、甜菜加工等各个行业。

3. 农场主合作社　农场主合作社是由各地农场主自发组织成立，通过联合投资的形式对生产资料的供应与农产品的生产销售进行统一管理的合作社。该组织形式在美国的农业一体化服务体系中占据着重要的地位。由于美国地广人稀，大多数农业生产以家庭经营为主要形式，因此农场主合作社能够解决单个农场难以办到的难题，为其提供各种的生产服务与信息，降低生产成本。

美国农业的产业化组织相当完备，多种产业组织形式支撑着美国农业的高效发展。有按照种养门类划分的各种协会组织，如谷物种植者协会、奶牛养殖者协会和柑橘种植者协会等，协会经营范围从农场、加工厂直到食品连锁超市。协会在其中发挥着负责产品销售、处理同政府的关系、联系科研机构解决病虫害等问题的作用。通过发达的信息网络与信用体系，农场主在播种的同时即可通过期货市场实现产品的销售，从而规避了市场风险。特别是在水果产业中，美国已经形成了以教学科研单位在果区设立的机构为核心组成的技术服务网络，以及由果农参加并资助的行业协会组织。如美国加利福尼亚大学在全州范围内设立了 20 余个研究推广中心，这些中心主要负责对当地果品公司、果园、加工包装间的技术人员进行培训和指导。他们的研究方向来自果品产销实践，研究成果又被果农及果商及时采用。美国水果协会利用组织的力量优势将单个果农组织起来，通过对水果产销全过程的参与而进行企业化运作，在市场准入、技术服务、信息咨询、规范经营行为、价格协调、调解利益纠纷、行业损害调查等方面发挥着重要的作用；办成了单个果农想办但办不成的事，促进了水果产业的发展。

（六）政策支持

为保障园艺产业的绿色发展，美国制定并实行了绿色补贴、杀虫剂规制、资源保护与环境立法等多项政策。

1. 农业生产的绿色补贴政策 美国针对农产品生产安全问题构建了一套关于绿色补贴的政策体系，该体系的主体由营销贷款、不挂钩直接支付、反周期支付三大部分构成，领域涵盖了农产品价格与农户收入等方面。美国历年的财政收入中有将近 40% 用于农业生产补贴，远高于我国 10% 的财政收入占比，据统计 2012 年，美国的农业补贴高达 2 860 亿美元，且范围覆盖了自然灾害与保险补偿、农业附加产业发展、机械与生产要素等方面。自 2000 年以来，美国联邦农业保险计划年均财政支出规模呈增长趋势，从 2000 年的 15.8 亿美元增长到 2014 年的 57.0 亿美元。通过将农业的支持与环境保护进行捆绑，美国政府逐步将农业补贴转化为农业污染补贴，同时要求受补贴农民必须自觉地检查他们的环保行为，定期对自己的农场所属区域的野生资源、森林、植被进行情况调查同时还要对土壤、水质、空气进行检验和测试，限期向有关部门提交报告。政府根据农民的环境保护情况，来决定是否给予补贴以及补贴的金额大小（张蕊和张术环，2011）。

2. 资源保护政策 首先，在土地保护方面，美国出台了一系列措施用以支持农户在农业土地（包括耕地、牧场、树林等）上采用利于环保的土地管理和结构保护方法。其次，针对性进行休耕土地的恢复工作，政府每年会提供一定数目的年度租金和特定用途的活动激励金来激励农户在休耕土地上种植耐久性强的草本、灌木及树种用以保证土壤肥力、水源及野生动物的恢复与存续。最后，考虑到农业生产中在土壤、水源、空气质量等方面面临的整体环境问题，当地政府会通过向农牧民提供资金补贴和技术援助来促使农场主采用适当的生态方法从事农业生产，实现农业生产效率提升和改善生态质量的目的。

3. 环境立法保护政策 从 1990 年开始，美国农业补贴法案就设置了一些强制性条件，用以确保将农业生产过程中产生的环境污染降低到最小，具体包括要求接受补贴的农场主定期检查自身的环保行为，按要求对农场周围的野生动植物资源进行调查，对土壤、水质和空气等各项重要的自然条件进行监测，等等（李万军和李艳君，2014）。其后为了推进园艺产业的持续、健康发展，美国采取了一系列措施加大了对园艺产业的支持力度，建立了科技含量高、资源耗费低、环境污染少的技术构建绿色技术体系，对单项技术的研发和应用向着资源节约、绿色环保和食品安全的方向转变。在"绿色消费、持续发展"理念的推动下，美国构建起了包含生态治理、农业防治、生物控制等技术措施在内的综合防治体系，使得绿色植保技术在美国农业生产活动中得到了广泛的应用。为推广绿色植保技术体系，美国政府首先将绿色植保理念深入各级农业部门官员、科研机构及农业生产者心中，其次通过配套制定并实施减少和规避风险计划（RAMP）、作物风险管理计划（CAR）来大力推进以生物防治为基础的农作物有害生物综合防控替代使用农药为主的化学防控，以稳定的经费来保障各级的农业技术推广活动，建设"推广与研究一体化"的科研团队。例如，为了培育优质的产品品种与生产专业人才，美国在各园艺主产区建立了专业化程度高的应用型研究机构或实验站，大量资金被投入用于资助基础性和重要项目的研究；相关的农业院校则依托学科优势，研究解决水果产业发展过程中的关键性技术问题，并负责培养实验站和基础性科研人才，对专门性、关键性的技术问题进行科研攻关。特别是在柑橘产业发展方面，美国已经形成了一套汇集产前的要素投入及服务等部门、产中的农业部门，以及产后的加工、销售及服务等部门的支持系统。

二、人多地少型国家园艺产业发展的现状特点

人多地少型国家主要包括日本、韩国和荷兰。其中，日本和荷兰在园艺产业的绿色发展上有着丰富的经验，且最具代表性，因此这里以日本和荷兰为例。人多地少型国家的基本国情是：人多地少，资源缺乏，耕地面积少，生产形式以小农场经营为主。

日本位于亚洲大陆东部，太平洋西北部，由北海道、本州、四国、九州 4 个大岛及 3 900 多个小岛组成。总国土面积为 37.78 万平方千米，占世界陆地总面积的 0.27%。其中，土地面积约 37.47 万平方千米，水域面积 0.31 万平方千米，领海面积 447 万平方千米。日本是世界人口密度最大的国家之一，平均每平方千米 347 人，人口密度是中国的 2.5 倍。从产业结构来看，日本属于发达国家，农业生产对国内生产总值的贡献较小，经济发展主要依赖第二、三产业，其中第一、二、三产业比例约为 1∶29∶70。受限于国土面积与自然资源，日本各项园艺产品种植规模小、产品供给少，大量产品依赖国际进口，但在园艺产品生产上，日本却展现出了高度分工、精细化、高端化等特点。

荷兰位于欧洲大陆西北部，为温带海洋性气候，四季降水量分布均匀，且地处莱茵河、马斯河和斯凯尔特河三角洲区域，因此拥有着极为丰富的水资源。其国土总面积为 4.25 万平方千米，总人口约 1 700 万，平均每平方千米 508 人，人口密度是中国的 2.8 倍。在农业生产条件方面，荷兰耕地总面积仅达到中国耕地总面积的 0.5%，人均耕地面积仅为 560 平方米，虽然农业劳动力不足，但在农产品出口总值上长期位居全球第二，农产品年出口总额占全国总出口的 30% 左右。荷兰虽然在国土面积上是个小国，但在园艺生产上却是世界强国。荷兰园艺产业发展历史悠久，园艺产业在农业总体结构中占比 38% 左右，现已成为荷兰农业的支柱性产业。由于其独特的气候条件和耕地面积较少对农业生产的限制，荷兰在园艺产业生产形式上以设施园艺为主，且以花卉栽培和蔬菜种植为主要发展方向，水果产业在荷兰园艺产业发展中所占比重较小。

(一) 生产要素投入

1. 种子种苗及苗木　日本极为重视植物的品种权申请与注册工作，1999 年 4 月 1 日种子种苗中心建立了植物品种审查办公室。办公室的审查员对申请品种的名称、DUS（特异性、一致性和稳定性）和新颖性进行审查。而品种权申请的受理和解释、费用的收取、公报中信息的公布这些行政操作，则由种子种苗中心注册部负责。日本的参照品种保藏在国家种子种苗中心（NCSS）及其 DUS 试验站。2005 年，保藏在中心总部的种子植物品种 1 094 个（蔬菜品种 644 个、观赏品种 450 个）、蘑菇品种 64 个。无性繁殖植物品种 596 个，主要为观赏植物，保藏在 8 个试验站。无性繁殖植物的参照品种主要为市场上不能随意得到或从育种家与市场上获得较为困难的品种，以及在 DUS 测试中使用相当频繁的品种。

荷兰高度重视对花卉资源的收集与新品种的选育工作，几乎每种花卉在荷兰都有专门的花卉公司进行育种，专门收集、选育市场上出现的各种花卉品种，并每年都进行成千上万个组合的品种杂交，一般从中选出 100 个左右进行对比试验，将选育出的新品种提交荷兰植物品种权利委员会申请新品种鉴定，经荷兰植物新品种检测中心进行 1 年或 2 年的测

试鉴定后推广生产。如荷兰 DE RUITER 月季公司，该公司提供育种、经营、销售一条龙服务，每年从世界各地收集、杂交近 1 000 个月季品种，每年都要向荷兰植物品种权利委员会提出 5～7 个花卉新品种的申请并向市场投放生产，近年来该公司培育的"Faith"和"Fiction"月季系列有效地适应了北欧地区高寒地区的种植条件，并填补了茶香型月季消费领域的空白。不断推出新的花卉品种，一方面，能有效地提供差异化产品，完善品种结构，使荷兰花卉生产在国际市场上保持着领先地位；另一方面，优质、适应性强的花卉品种能够将以往无法种植其他作物的闲置土地资源加以利用。

2. 农资　化学农药与肥料的大量使用在破坏生态环境的同时，也会通过食物链和大气传播进入人体，对健康造成危害，因此日本农作物一般采用天敌和人工的方法减少虫害，这就大大减少了农药的使用。还有就是设施防虫，物理防治、生物防治病虫害，安全使用高效、低毒、低残留农药。之所以这样是因为消费者或经营者一旦发现有农药残留，通过有关方面就能直接找到生产者，所以生产者不敢超标，以此保证了产品的绿色化提供。同时，日本也极为注重新型肥料的研发，早在 20 世纪 60 年代就开始研发缓效型肥料，是世界缓控释肥的研究与应用的引领者。20 世纪 80 年代，以包膜尿素为代表的新型缓效型肥料日趋成熟，用在水稻上的缓效期从 1 个月到 3 年，其氮肥利用效率高达 80％。目前，日本的肥料研发机构根据各都道府县的施肥标准和地域品种研制适宜本地区的专用型缓控释肥，可以做到因地制宜，使肥料发挥更好的效果。

3. 机械化　机械化有效促使日本实现了对园艺产业的合理化布局及高度集约化的生产经营模式，使其有限的资源禀赋得到了合理的利用。由于人多地少，日本十分重视集约化生产和机械化耕作，从而不断提升农业生产中各要素的利用水平。

一方面，日本园艺产业的集约化生产水平较高。随着高科技的快速发展，计算机技术已经发展成为实现农业优质、高效、可持续发展的重要工具和手段。日本将现代化的计算机技术与农业生产有机地结合起来，通过建立现代化的农业生产温室，自动调节室内温度和湿度、光照的时间和强弱、作物生长所需的基质和营养液的调配，以及收获后的清洗、包装和配送等采后处理过程，有效地节约了各类资源的使用，避免了资源浪费现象的出现。

另一方面，日本园艺产业机械化普及程度很高。近年来，日本政府大力倡导农业机械化使用，不仅加大了对于农户购置现代化农业生产机械的补贴力度，而且还根据本国小区块、分散型的农业耕地结构特点，研发并推广了一批使用效率高、生产适应性强的智能化小型农机，有效地节约了劳动力投入成本，降低了农药、化肥的使用。

4. 品种结构　温室技术的应用大大地改变了荷兰园艺产品的生产方式，其以日光温室培养蔬菜使得光能得到了充分利用，作物的病虫害现象得到了缓解，产量得到了提升。受制于国土面积不足，荷兰难以提供大量的国土面积来种植水果、蔬菜等园艺经济作物。因此，因地制宜地发展温室生产技术使荷兰的农作物出口长期占据世界领先地位，且广泛应用到果蔬、花卉栽培上，据统计荷兰 1/3 的温室用于栽培果蔬，其余 2/3 用于花卉栽培。

（二）生产方式

1. 专业化生产与区域化布局　在柑橘生产布局上，根据 USDA（美国农业部有机认证）数据库 2019 年数据显示，日本柑橘种植面积约 100 万亩，主要种植区布局在南部沿海，尤其濑户内海周边的县，其中爱媛县（EHIME）在中国具有很高的知名度。日本柑橘栽培品种以宽皮柑橘（主要是温州蜜柑）为主。近些年来，日本立足本国实际情况积极推行适合本国区域化、规模化和机械化的柑橘产业发展模式。

　　生产及服务的专业化是荷兰园艺产业发展的一大特点。在荷兰，一个农场一般只生产一种蔬菜作物，这种专业化的生产方式不仅有利于种植者积累经验、提高技能，而且有利于稳定和提高产量与品质，促进专业设施设备的开发利用，实施温室的机械化、自动化控制，提高劳动生产效率和降低生产成本。另外，荷兰拥有庞大的产前、产中、产后服务体系为生产提供技术支撑，例如，育苗、环境调控、营养液配制、病虫害防控等方面均有专业公司提供高质量的技术服务。生产者与这些公司开展深度合作，服务于生产者的公司之间不存在竞争关系，它们相互配合，使得荷兰番茄的生产技术水平不断提高。

　　2. 生产标准化　日本的农业生产标准化主要体现在农产品的田间生产环境、过程与技术两个方面。其中，农产品生产环境标准化是指对不同地区种植的产品类型，农田水利、道路、坡度等提出明确的建设标准与要求。生产过程和技术的标准化体现在对农产品生产全过程进行指导，从品种的区间选育试验、栽培技术工艺到收获加工储藏方法等都非常具体。为应对人口老龄化问题，日本在柑橘果园中广泛开展农业机械化作业。在果园内每 2 排树铺设宽 1 米的机械作业道，为农机作业做准备，为省力开发的超小型风筒式防除机防治病虫害，用小型作业车在园内作业道上运输、施肥。在柑橘园内引进各种不同功能的小型作业机械，建立柑橘园小型机械化体系，适应了高品质果实大规模生产的需要。日本不断进行新技术的使用和推广，省力化栽培技术和大枝矫正修剪技术不断的推广、更新和使用。尤其是日本果园基本上都位于海拔较低的丘陵地带，规模都不大，因此建设了很多小型的浅耕机械、除草机和果园的运输轨道。日本除了进行柑橘生产机械化之外，对于无法机械化的情况，继续开展省力化栽培管理技术研究与应用，从而降低了生产成本并取得了明显的成效。

　　3. 采后商品化及处理　日本园艺产品的采后处理环节最初是由人工完成，随后逐步向半机械化和机械化发展，特别是将计算机和光电子学加入分选过程，使得日本果品采后处理环节体现着精细化、自动化与智能化的特点。这里以柑橘的采后处理模式为例，农户将柑橘果实从果树上采摘后，会被放入专用箱中送往选果厂，选果厂根据专用箱上标注的农户信息，通过数据信息平台对果实进行品质评级及数量清点，最后集中与农户进行结算。而在运输过程中所使用的一系列包装物将会在分拣完成后进入流水线下的纸袋回收系统，用压缩机进行环保处理，克服了不同人操作差异的同时提升了生产效率，并在最大程度上避免了对环境造成危害。

　　4. 清洁生产　日本通过对农产品生产全过程的严格监管减少了对环境的污染，实现园艺产品的清洁生产，在实现经济利益的同时也兼顾了环境的可持续发展，摸索出了一套环境友好型农业发展模式，其主要表现为以下几个方面。

　　首先，为了推进环境保全型农业的发展，日本制定并修改了"农业环境三法"，在法律和政策上对农业生产活动的可持续性、废弃物处理与化肥、农药的使用进行了限制。

　　其次，为了鼓励农户在生产过程中注重对生态环境的保护问题与生产环境友好型产品的积极性，日本成立了有机农业协会，在农作物种植过程中全面使用有机肥料，农户生产出的农产品由有机农业协会进行高价收购，解决了产品售价高而带来的出售难题，这种消费者与生产者之间的合作伙伴关系使得有机农业在日本迅速发展。

最后，日本建立了完善的政策补偿体系，拓展了农业补贴的领域及范围，通过完善环境友好农产品的认证体系，从财政补贴、税收减免等多方面对生态型农户进行资金支持。

5. 产业融合和集群 由于日本历来重视自然环境，重视生态的保护，日本农业也是如此。因此，在日本农业发展的过程中，也极大地促进了日本观光农业的发展，而且逐渐成为日本农民收入及劳动的主要形式，日本观光农业产业包括农园观光和农户农园。其中，农园观光主要农业产业集群是通过采用一些高新科技，如无土栽培等技术；同时，因地制宜，发展一些特色种植、养殖农产品；另外，农园观光吸收了与农产品相配套的加工企业及配套性企业，形成产业集群。因此，可以在农园内实现从农产品到高附加值产品的转变，并且在农园观光集群周边进行销售。而农户农园主要是日本农户通过把少量耕地出租给都市市民进行农业耕作体验。

（三）绿色产出及消费

1. 绿色产品 日本的农产品具有有机等特征，这是因为其在农产品生产过程中对农药的使用实行严格的分级制度，一是有机栽培，在农作物生产过程中100％不允许使用农药；二是特别栽培，也称为绿色栽培，该种栽培方法比普通栽培的农药使用减少一半；三是普通栽培，但栽培过程中的农药使用量与品种必须达到日本全国的最低环保标准。

2. 品牌建设 日本农业的发展过程中品牌建设有极其重要的地位，注重发掘各地区独特的资源优势，以1979年大分县开展的"一村一品运动"为契机，逐步创建了大分香菇、富士苹果和越光大米等著名区域公共品牌。通过强化对品牌的定位要求，通过不断创新提高产品品质，增强民众对品牌的认同感与忠实度。例如，日本的富士苹果最早于1939年以"国光"为母本、"元帅"为父本杂交而面世，尽管刚培育出的富士苹果有晚熟、质优、耐储藏等一系列优点，但在培育过程中仍然暴露出如果实着色度差等缺点。为保证富士品牌的竞争力，日本通过选育着色度好的富士苹果进行芽变，试验一直持续到60年代末才得以解决这一问题，并最终造就了现在著名的红富士品牌。

3. 质量安全 日本高度重视农产品的质量安全问题，将其视为农业持续发展的生命线。为保障进入市场的农产品符合质量要求，日本对农产品进行了全程的质量控制、监测。针对农产品的生产环境控制，日本出台了《关于农林物资规格化及其品质正确标记部分修正的法律》，规定有机农业栽培条件是果树和茶在收获前3年、蔬菜和稻米等在播种前2年不使用农药和化学肥料。

针对农产品的质量安全管理，日本对有机食品的质量要求非常严格，要求农产品必须符合国家食品卫生法的要求和食品行业质量标准，加工过程中不得使用任何化学合成的食品防腐剂、添加剂、人工色素。

针对农产品的身份识别，日本生产出的每一个有机农产品都有其专属的身份证，用于标注产品产地、商标和生产者信息，使消费者能够快速确认该产品是否有有机认证、是否有农药残留、是否新鲜。

4. 市场营销 建立规范、推行品牌认证制度是保障农产品市场营销得以顺利进行的必要保证，在市场营销上日本注重设计农产品可视化的外部识别标志，主要是从两个方面实行。

一是设立了特选农产品认证制度，该认证项目制定由认证委员会测定品种、味道、鲜度、原创性和安全放心的要求等准确评价和认定品牌的标准。千叶县为推广"千叶品牌"，对千叶不使用农药和化肥的有机农产地及农产品进行认证，通过认证的农产品可使用「ちばエコ！物」标志。该认证制度和标志发布，提高了人们对千叶农产品环保安心的整体形象。

二是充分发挥品牌设计机构的专业规划作用，有利于产品的整合营销与推广。日本广告公司等品牌专业机构从"一村一品"运动时期，即农产品品牌建立初期就参与其中，为其进行专业的品牌规划。例如，作为日本著名的蔬菜品牌的"博多万能葱"，在作为调料的青叶葱中，生产量和销售量都居全国第一，占到上市总量的50％左右。该品牌一开始就在日本著名广告公司博报堂九州分社的策划下，首先成立了"博多万能ねぎ"生产部会，为该品牌主体专门制定了"博多万能葱"栽培基准，指导相关生产部门和农民的生产活动。公司还精心打造出"博多万能葱"这一品牌名称。

（四）科技支撑

1. 多层次研究机构　先进的科学研究、发达的市场、现代化的生产与加工技术是推动日本农业现代化发展的三大支柱。当前，日本主要形成了三个层次的农业技术研发及应用体系，为日本的农业产业的高质量、持续发展提供了坚实的科技支撑。

一是由农林水产省直接开设并资助的数十个试验及研究机构，研究范围涵盖农业、林业及水产业等多个领域，这些研究机构主要分布在筑波地区的农林水产科技园及各特色农产品主产区，国家拨款的大部分也被专项用于进行特色农产品的科研攻关、发展关键科学技术。

二是设置在各县市的农业技术改良机构，该机构的作用相当于我国的农业科技推广站，主要针对当地所种植的主要作物品种从事生产技术普及与改良活动，推动了特定品种的技术升级。

三是各私人农业企业通过设置研究所或吸收外来技术对公司主力产品的商业开发，如京都市龙井种苗株式会社通过在世界各地设置多个种苗分理处和繁殖基地，最终得以在世界范围内首次推出甘蓝、白萝卜等高品质蔬菜。

2. 科研、教育与技术推广结合　日本的科研、教育与技术推广体系的构建主要参照的是美国的做法与经验，但在美国的基础上又走出了一条适合自身国情的发展道路。不同于美国走以农业科研为基础、教育与技术推广为辅助的发展道路，日本的农业科研与农业技术推广则脱胎于农业教育中。在该体系内，农业教育为核心，各大农业专业院校及院系为提供具有研究和推广能力的技术人才奠定了坚实的基础，发挥着项目研究和技术培训的功能，反过来农业科技与农业推广又为农业教育提供了广阔的科技研究与技术应用平台，三者共同促进着日本农业技术水平的不断提升。

（五）制度安排

日本和荷兰在园艺产业发展过程中都建立了完善的农业合作组织，分别是农业协同组合（以下简称农协）和农业发展与经营一体化系统。

1. 农业协同组合　完善的农业协同组合是日本农业生产组织形式的最大特点，日本农协分为综合农协和专业农协。综合农协是地域性的，按地域内组合成员的需要开展全面而广泛的服务；专业农协一般是由从事同一专业生产的农户成员组成，主要从事本专业范围内的服务项目。

据统计，日本全国 90% 以上的农户都成了农协会员，在存贷款、保险业务等方面享有各类优惠政策与支持。农协为成员提供完整的产前、产中、产后全过程服务。在农户的产前育种和生产选择环节，日本农协主要提供新品种研发与推广服务，且农户所需生产资料的七成以上是通过农协得到，其研发的樱桃新品种"Junoheart"及其特级品"青森Heartbeat"经农户种植后 2 颗售价超过了 60 元，填补了国内高端樱桃的供给空缺。在生产环节，农协能够根据会员提供的农业机械与设施设备服务需求，与农业机械开发公司进行深度合作，由农协建好或购买后租用给农户进行使用，如大型拖拉机、选果场和农机维修站等，这样做一方面能够迅速掌握农户在农业生产过程中面临的农业设施需求，另一方面能够同研究开发公司保持良好的合作关系，是日本的农业科技得以保持世界领先地位的重要原因；产后的农产品加工事业也是日本农协合作经济的重要组成部分之一，加工的主要品种有果汁、葡萄酒、茶叶与饲料等。

2. 农业发展与经营一体化系统　荷兰依据自身特点则发展出了一条特色的"OVO 三位一体"农业发展与经营一体化系统，"OVO"三个字母分别代表荷兰语中的"科研""教育""推广"。其中，推广部分所包含的农业合作组织有农民联合会及各种专业技术协会等，这些组织每年都代表农民就价格政策、农产品补贴、税收和环保等问题同农渔部协商，参与政策制定。另外，这些组织往往也承担着政府的部分职能，在某些年份接受政府对特定产品所指定的生产计划，协助政府参与市场管理、平抑市场波动、分配限产补贴、协调地区和经济组织之间的发展。合作社内部密切结合，相互之间在信贷、采购、加工、销售和技术培训等方面形成紧密合作制度。一体化发展系统既能充分发挥农民的生产积极性促进产量提升，又能以经济的办法提高农业从业人员的素质从而提升生产力水平。

（六）政策支持

自 20 世纪 70 年代起，日本便已经开始颁布关于绿色农业的相关法律，主要包括《食物、农业、农村基本法》《可持续农业法》《堆肥平直管理法》和《食品废弃物循环法》等。

1. 农业生产绿色补贴政策　在日本农林水产省的主页上，包括林野厅和水产厅在内，形形色色的补贴项目约 470 种，具体涵盖了农田保护和灾害防治、土地改良、基础水利、森林病虫害防治等农业生产的各个方面，农林牧渔各行业各环节都得到了无微不至的补贴。补贴对象除了涵盖整个农业体系外，也有部分补贴是专为特定对象设置。在绿色补贴类型上，日本农业补贴分为软件补贴和硬件补贴。硬件补贴的对象包括机械、设施等，约400 种，主要包括"建设强大农业补助金"和"农业、食品产业竞争力强化援助项目"等；而软件补贴的对象则是议会、推进会议、调查项目、实证项目等。

除了国家提供的补贴外，地方政府也提供各种补贴，如岛根县从 2012 年决定给 45～64 岁的新务农者提供每年 75 万日元的补贴，补充了国家要求 45 岁以下才提供补贴的制度，以促进建立务农环境。

2. 特定品种的产业发展政策　日本政府为了促进柑橘产业发展，采取了一系列措施加大对柑橘产业的扶持力度。例如，日本政府制定了柑橘产业发展计划，增加了资金、技术及研究项目投入，建立专业化柑橘产业组织以实现柑橘生产增值。尤其是在柑橘品种更新方面，日本柑橘从最普通的温州蜜橘到早熟、特早熟、极早熟，再到脐橙及杂柑，大量的优秀品种在日本研发并推广，从根本上推动了产业的可持续发展。由于老龄化的问题，日本政府大面积推广使用省力化栽培技术，支持创办新一代自动化分级选果场，以及开展柑橘营养功能和防病功能宣传，扩大柑橘消费。此外，政府制定了一系列的法律法规，加强对柑橘产业发展的立法与监督。

三、人地适中型国家园艺产业发展的现状特点

人地适中型国家包括意大利、法国、西班牙、葡萄牙等。人地适中型国家基本国情是：劳动力和耕地资源都不太丰富，而多山多丘陵的地理特点更是导致耕地地块零碎，造成农场规模普遍较小。因此，该类型国家一般都有自给自足的小农经济传统，发展现代农业多以进行农业制度变革、适度规模土地经营为特色。这里以法国和意大利为例。法国位于欧洲西部，为欧盟成员国中第一农业大国，也是世界重要的农产品出口国与加工农产品出口国，其国土面积 64.38 万平方千米，地形平坦，且西欧平原大部分位于法国境内，平原占总面积的 2/3，为法国农业提供了大量的耕地，现有人口约 6 700 万，平均每平方千米 122 人。优越的土壤和气候环境使得法国本土生产的园艺产品种类繁多，档次多样，苹果、桃为法国主要的水果品种，葡萄酒已成为法国园艺加工的代表性产业。

意大利位于欧洲南部，国土面积为 30.13 万平方千米，地形狭窄，主要由靴子型的亚平宁半岛和位于地中海的西西里岛、萨丁岛组成，总人口约 6 000 万，平均每平方千米 200 人。意大利大部分地区属于亚热带地中海气候，气候温和、阳光充足的特点使其农业产量长期位居欧盟前 3，为当前欧洲头号有机食品生产国，主要农产品有葡萄、橄榄等果蔬。

（一）生产要素投入

1. 种子种苗及苗木　法国拥有现代化的种业发展体系，推动着园艺产业的高质量发展。具体体现在以下几个方面。

一是种业发展呈现出规模化、集团化和产业化的特点。种业在法国属于较为成熟的产业，已发展成集科研、生产、加工、销售、技术服务于一体的产业体系。法国最大的种子企业 Limagrain，由最初的专业种子公司现已发展为集种子生产经营、生物技术研究、食品加工等相关业务为一体的集团化跨国公司，成为世界排名第 4 的种业集团。2010 年其总销售额 149 亿欧元，其中，蔬菜种子销售额为 42 亿欧元，位居世界第 2。

二是完整的新品种登记和选育系统。在法国，新品种只有获得国家登记后，才可进行种子生产、经营、推广，否则将被处以罚款。新品种的选育试验包括 DUS 测试和 VCU （适应性）测定 2 种。只有通过 DUS 测试的品种，才可申请品种保护。

三是规范的种子生产程序。种子生产过程中的关键技术环节由种子公司负责，农场主负责提供种子生产用地、劳动力和其他生产条件，并根据种子公司的技术人员的安排和指

导，进行操作和管理。种子收获后，农场主将种子田所产未经处理的农产品（如玉米果穗）用专用货车直接运往种子公司，由公司完成去杂、烘干、脱粒、精选、拌种、包装和标注标签及检验等后续环节。

2. 农资　法国是农业生产大国，据统计，2016 年法国农产品产量占欧盟总产量的 18%。法国化肥、农药使用量呈现剧增，在化肥的使用中又以氮肥使用量最多，法国氮肥使用量占欧盟使用量的 20%，农药使用量则在欧盟中位居第二。而面对土壤肥力下降、生态环境恶化、农产品质量和国际竞争力下降等一系列问题，法国适时提出了"理性农业"概念，农业的本地化、多元化得到了不断发展，生产者重视农产品的质量，农产品有了原产地标志（AOC）、有机标签、地理保护标志（IGP），滥用农药、化肥的情况得到了限制，在保证产量的前提下，允许不同地区发展特定农产业，既能保持自然景观，又能产出独具特色的食品。

3. 机械化　法国在作物育种机械和葡萄园机械方面较发达。作物育种从栽培床准备、播种、田间管理到收获及收获后清选、分级、包装、包衣等有一整套机械供应。特别是种子加工厂，各种设备配套齐全，自动化程度也较高。葡萄园机械从拖拉机到配套的栽植、剪枝、整形、施肥、施药、采收、包装、运输都有相适应的机械，机械化作业达到了世界先进水平。

农业机械是意大利最具优势的集群产业之一。作为世界农业机械主要生产国和销售国，意大利拥有菲亚特、兰博基尼等世界级的农机厂商，有数据显示早在 20 世纪 90 年代，意大利拖拉机出口量就占其总产量的 70% 以上。20 世纪 90 年代，意大利的农业机械化程度就达到了很高水平。意大利葡萄种植面积在 1 500 万亩以上，从挖沟、种植、灌溉、剪枝、病虫害防治、施肥到采摘已实现了全程机械化。除了种植业外，意大利的猪、奶牛和家禽饲养也全部实现了机械化与工厂化饲养，并达到了高度机械化水平。

（二）生产方式

法国的葡萄生产主要是为酿造葡萄酒服务。其生产方式主要是从以下三个方面进行调整与升级。

1. 专业化生产与区域化布局　为保证葡萄的酸度与含糖量同要酿制的葡萄酒品种相适应，法国根据各地独有的气候、土壤、品种等条件实现了葡萄品种的区域化特色布局。例如，干邑地区主要种植适宜酿造为白兰地酒的白玉霓葡萄，香槟省主要种植可以酿制成香槟酒的霞多丽葡萄。一个生产大区可能种植多个葡萄品种，但是为防止品种混杂，具体到一个合作社、一个农户其生产的品种就较为单一。因此，各地都形成了适宜本地区发展的主力产品，避免了同类型产品国内竞争现象的发生。

2. 生产标准化　葡萄产业逐渐向全程机械化转变。自二战结束后法国就着力推进农业现代化发展，并在 20 世纪 50 年代开始实行农机具购置补贴，这在一定程度上推动了葡萄产业的机械应用水平。随着 1970 年法国第一台葡萄收获机面世，各类型农业机械用具几经更新换代已实现包含栽植、减枝、采收、包装与运输在内的全程机械化，减少了劳动力的投入，提升了生产效率。

3. 采后商品化及处理　加工工艺的现代化革命。面对自然发酵条件下酒精浓度高、卫生条件差、品质得不到保障等一系列问题，酿酒厂研发并应用了冷水循环降温或通风降温的设备，通过将发酵罐的温度控制在 25～28℃，使得加工过程中葡萄酒的营养成分保存良好，并且缩短了酿酒时间，集中、密闭的发酵环境更是使得发酵过程中产生的果梗、皮渣等残留物易于收集和处理。

4. 清洁生产　法国和意大利作为欧盟的成员国，自 20 世纪 80 年代末便开始实行"自愿性伙伴计划"，通过农业技术与支持政策相结合的方式推行良好农业生产规范（GPA），并将其与农户的直接补贴相挂钩。2003 年，欧盟提出了单一农场补贴与强制性的交叉达标理念和标准，即对农民的直接补贴不再与生产面积相挂钩，但是农民必须遵守环境保护、食品安全标准和动物健康标准的法律法规，同时还要保持土地质量符合相关农业种植和环境标准，若是农民没有达到相关标准要求，则将视具体情况对补贴额度予以削减或者扣除。除了执行欧盟法令外，欧盟各国围绕各自面临的农业面源污染问题有针对性地制定规章，引导和鼓励农户开展更为细致的农业清洁生产技术实践。

5. 产业融合　将农业与旅游业巧妙结合能够有效地实现产业链条延伸，提升经济效益。作为世界闻名的葡萄酒产地，法国的葡萄旅游业发展迅速，产业化发展成熟，是其他国家葡萄旅游发展的典范。自 2019 年起，法国葡萄园观光业高等理事会正式允许开展葡萄园的观光采摘业务，截至 2023 年法国大约 1 万个酒窖，每年接待"葡萄酒观光客"约 1 000 万人次，其中大约 420 万是外国游客。法国不仅针对区域特色开发出众多葡萄酒旅游项目，还结合葡萄酒产地的历史文化深入挖掘游客的精神需求。葡萄酒旅游项目每年大约可以为法国创造 52 亿欧元产值，接待游客最多的是波尔多、阿尔萨斯、勃艮第和卢瓦河谷产区。

（三）绿色产出及消费

1. 绿色产品　意大利有着悠久的传统饮食文化，向来十分重视食品安全与绿色农业。根据调查显示，意大利拥有着世界上数量最多的生产有机食品的公司，严格、复杂的食品安全监管体系使得意大利农产品的化学残余物只有 0.3% 左右，比欧盟国家平均水平低 5 倍，且远低于世界平均水平。

法国有机产品消费市场规模庞大，在欧盟国家中位列第二，仅次于德国。据法国生态农业发展和促进署的调查数据显示，75% 的法国人有经常购买有机产品的习惯，12% 的法国人每天消费有机产品，这给法国绿色农产品提供了有利的条件。2004 年，在法国生产绿色农产品的农户为 11 025 家；到 2018 年，法国有机农业种植面积达到 3 052.5 万亩，比 2012 年增长 97%，占全国农业种植总面积的 7.5%。

2. 品牌建设　法国的农产品品牌建设非常具有特色且非常成功，其成功的秘诀在于建立了完备的品牌认证体系。法国从品牌认证这一关键出发，以传统文化和地方特色资源为基础，制定了一系列的产品认证体系，从严格的质量管控和政府扶持入手，对农产品品牌进行深度挖掘。其中，最有代表性的是"原产地命名控制"认证体系，即 AOC 认证标志。该认证标志体现的是农产品与其产地之间的密切关系，只有该农产品在地理环境、气候环境、种养技术和经营管理方面都有着自身独特的优势才能得到 AOC 认证标志，因而该认证标志得到了消费者的广泛认可。AOC 认证标志对法国葡萄酒的原料种植选地、品种选择、酿造方式、储存、标识、酒精含量等都作出了严格的规定。农产品有了认证，使消费者多了一份信任，对农产品品牌的发展有着重要的促进作用。

（四）科技支撑

法国和意大利都具有完善有力的支撑体系来促进园艺产业的发展。法国对农业发展的科技支撑体系主要是由两方面组成：农业科研体系和农业推广体系。

1. 多层次研究机构　法国农业科技基础研究主要由法国政府出资的公共研发机构进行，包括法国农业研究科学院、法国海洋开发学院、法国农用机械和森林灌溉科研中心等。其中，法国农业研究科学院（简称法国农科院）是法国，也是欧洲最大的农业科研机构，成立于 1946 年。法国农科院对全国水土和农业资源进行系统的调查研究，为各地的农业经营出谋划策，培育改良作物和家畜品种，提升农产品加工、保存技术，研究农业资源的合理利用和保护等。目前，法国农科院的研究重点是农业可持续发展、食品安全和环境保护。法国农业科技应用研究主要由技术研究机构承担，包括法国植物研究院、畜牧研究院、油料研究院等。其中，法国最大的谷物应用技术研究机构——法国植物研究院，其研究对象有小麦、玉米、甜菜、马铃薯，以及饲料。这些机构的经费间接由农业生产者承担，如植物研究院一年研究经费预算约为 5 000 万欧元，其中，50％来自相关领域企业的自愿捐款或会员费，30％为自筹资金，20％由农业部发放（每年向农民收取的税金）。

2. 完备的科技推广体系　法国各地的农会、合作社、粮商承担了农业科技推广工作，包括法国小麦生产者协会、法国合作社联合会、法国全国农会、法国农民联合会等。中央政府下设全国农业发展协会，对纳入国家级计划的技术推广活动给予资助。各省设有农业技术推广委员会，各市镇设有农业生产者自愿组成的农业推广组织。

意大利则是通过多方面的政策支持构建了独具特色的农业技术推广体系，具体如下。

一是利用金融手段，鼓励农业技术推广。意大利国家农工业信贷银行是为农业发展提供优惠贷款的政策性银行，其贷款直接面向农民。其中，多种类型贷款与促进农业领域的技术进步有关，如主要针对农业企业设备更新的贷款。为了鼓励农民淘汰落后的农业机械与固定设施，对使用 10 年以上的机械和设施，国家给予其原价 10％的补助用于换新。

二是利用信息技术，提升农业技术服务效率。意大利从 2000 年开始实施"Leader＋"计划，构建农业信息网络，建立了为农户等农业生产者提供农业政策、技术、法规等全方位服务的平台，便于政府与农户有效对接，帮助农户等农业生产者了解产业前景与技术进展。

三是充分发挥农民协会的作用，通过大区、省、选区、市镇四级农民协会，向会员推广农业新技术，并及时地向农民提供法律法规、先进技术等方面的信息，有效地促进了农业技术推广体系的建设。

（五）制度安排

1. 多层次合作社有机结合

法国和意大利都是合作经济比较发达的国家，合作社有着久远的历史，遍布各个部门和生产的各个环节，中小家庭农场小而不弱、小而不散的原因在于它们通过不同层次合作社的有机结合来参与竞争、抵抗市场风险。

法国的合作社主要有三种类型。一级合作社，一般由农户自发组建形成，主要通过集资或贷款兴建各类生产设施，为社员提供农产品种植、清洗、挑选、分级、包装、储存服务。二级合作社，一般是地区性组织，负责一级合作社的全部出口商品和内销商品的销售，同时为生产者提供市场信息、生产建议及技术指导服务。三级合作社，为全国性的合作组织，代表各地二级合作社与政府协商，确定商品价格和销售政策。合作社主要服务于农业产中、产后活动，各种农业生产过程，从种子、苗木供应到产品运输、销售，都有相应的专业服务公司。这种层层负责的合作机制为农民提供了"产、供、销一条龙"服务，对成员的果蔬进行收购、分级、储藏、保鲜、加工和销售，消除了农户的后顾之忧，生产者只需全力投入提高产量、改进品质。

2. 高度复合化的农业产业支持系统　立足于挖掘农业的食品经济功能，实现农产品质量安全可追溯。法国组建了复合化的农业产业支持系统，实现了农业的高度产业化。其最显著的特点是系统内各主体以农业食品的生产、加工与营销为目的，遍布于一二三产业，实现了农产品的生产、加工、包装、储运及销售功能的一体化。早在1993年，法国全国范围内共拥有农业生产资料供应企业5万个、农业企业85万个、食品加工制造企业5万个、食品批发零售主体11万个、餐饮服务企业15万个。该系统使法国的农业从业者处于一个良好的经济、技术与社会环境保护中，使农业得以稳固发展，从而保证了农业产业化的实现。

（六）政策支持

1. 技术研发支持　意大利是老牌柑橘生产国，出口量大。政府对支持柑橘组织新的销售策略、开展研究和创立品牌的支持对保障果农柑橘的高品质起到了很大的支撑作用。政府大力支持柑橘研究，主要集中在柑橘育种、植保、生产、采后处理及生物工程。意大利十分重视柑橘研究，而且应用研究与理论研究并重。对柑橘生产具有重要意义的品种选育、病虫害防治、水肥控制、质量管理和储藏运输等研究项目，都能长期、稳定和持续地进行。在资源育种方面，特别重视柑橘近缘属的收集，并通过常规杂交或体细胞融合，培育出许多属间、属内新品种。科研经费也主要由政府提供。除此之外，政府还专门开展无病毒苗圃注册和检疫工作，其中，无病毒苗圃的注册管理主要由农业行政部门负责，注册带有一定强制性，新设苗圃必须经政府注册，苗木质量要求达到其制定的国家标准，并接受政府部门监控。

2. 绿色发展资金支持　为了满足人们对绿色农产品日益增长的需求，法国政府也在近几年颁布了生态农业的发展规划，并提出了在短期内将生态农业面积扩大3倍的发展目标，力争生态农业总面积达到可耕地面积的6％。从具体的措施来看，首先，政府设立了生态农业基金，投资1 500万欧元用于农业产业结构的调整与升级。其次，农民如果从非生态农业向生态农业进行转变，政府还可以为其提供减免税收的待遇，从而大大调动农民的积极性。最后，政府在法规上对从事生态农业生产的农民予以充分的政策倾斜，在生态农产品价格及设备购买上均有着不同程度的补贴和优惠政策，相较于以往的传统农业生产活动，从事生态农业生产可以获得更大的利润。

3. 教育科研单位支持　为促进农业产业化，保证农业的高效、可持续发展，法国政府积极引导国内的各大教学与科研单位将其研究方向向食品经济转变。1985年，法国政府制定了2000年食品发展规划，通过加强对相关研发单位的经费支持，提高了国内食品科研能力，促使相关成果向食品产业的转化。

四、国外经验对湖北园艺产业绿色发展的借鉴与启示

实现园艺产业绿色发展其实质就是要更好地满足人民日益增长的美好生活需要的发展。湖北省园艺产业只有立足于本省的实际情况，借鉴、吸取其他国家的成功发展经验，制定具有湖北省特色的园艺产业绿色发展政策体系，才能实现质量兴农和绿色兴农。

（一）加强园艺产业资源管理

强化园艺产业生产资料管理，从种子、土地资源与水资源等方面确保农业投入品的安全无害，高效、节约利用现有资源。

一是推进种苗事业的研发与应用，挖掘园艺产业发展的后劲与潜力。应加强省内现有种质资源的收集、保护与鉴定工作，创新育种理论方法和技术，创制改良育种材料，加快培育一批突破性新品种；应积极培育或引进适宜本省种植的外来新品种与品种资源，加强新技术与传统育种技术的结合，建成多元化、商业化的育种技术体系，培育一批适应机械化作业、设施化栽培的高产、优质、多抗的新品种。湖北省应当大力引导推广优质种源及苗木资源的收集与管理，加强对高效优质多抗新品种的研发支持，以种苗使用优质化、种子生产基地化、苗木供应市场化为目标，尽快形成"统一管理、统一标准、统一价格、统一供苗、专业经营"的良种繁育与供应体系。

二是改进农业资本投入结构，实现园艺产业可持续、绿色发展。要大力研发并推广环保高效肥料、农业药物与生物制剂的使用，并在主要园艺作物化肥、农药减量使用的基础上全面提升利用率。

三是研发使用节能低耗的农业设备，加快发展节水农业与园艺产业机械化进程。提升园艺产业生产过程信息化、机械化与智能化水平。重点研发种子优选、智能加工、低损收获与清洁处理等环节的关键技术装备。以蔬菜、瓜果等作物为重点，探索水资源高效、节约利用新模式，提高天然降水与灌溉用水利用效率。

四是加强园艺作物用地质量建设与管理。针对土地质量问题，加强全省园艺作物用地质量监测网络建设，开展实施新一轮高标准农田建设规划，继续推进土地平整、土壤改良、灌溉排水等工程项目建设，开展土地质量调查评价。

（二）革新园艺产业生产方式

实现园艺产品的绿色化生产，必须扭转现有传统、粗放的农业生产方式，向着标准化、精细化转变。主要从以下几个方面着手。

一是加强耕地用养结合功能。在耕地规划编制上坚持全域一盘棋，对湖北省现有耕地开展水土生态治理工作，针对园艺生产用地实现用地和养地相结合，根据园艺产品市场供需情况与当地资源禀赋特点，坚守耕地红线，通过轮作休耕、培育养护和调整作物种植结构等方式，分阶段、分区域推进耕地实现休养生息，针对耕地酸化、重金属污染及生态严重退化区域，适度扩大休耕面积；推行高效种养模式，有效引导各地推进农业结构调整，在适宜地区发展粮菜轮作等模式，拓宽蔬菜等经济作物的发展空间，扩大种植规模。

二是推进园艺产品的标准化、专业化生产。利用湖北省现有区位资源、技术管理、品

牌建设等独特优势，积极主动推进湖北省园艺产业标准化生产。建设政府、行业同龙头企业等基层生产者的连接机制。首先，以龙头企业为核心，以标准化生产为依据、以经济利益为纽带，通过与农户建立稳定的合作关系，推动各类园艺作物实现标准化生产；其次，突出政府在规划编制和政策执行上的优势，鼓励、支持龙头企业主导的产品体系建设，通过将原料生产基地、加工车间及销售市场有机整合，实现一体化经营，将农产品的生产、加工与销售结合在一起；最后，龙头企业通过生产合同将分散的小规模农户组织起来，按照统一的要求和规格组织标准化、专业化生产，提升产品质量与辨识度。

三是完善湖北省园艺产品的区域布局。推进湖北省优势和特色园艺产品向传统优势产区集中，实现专业化规模生产，充分发挥各大园艺产品的比较优势，为完善湖北省园艺高效产业体系、园艺产业发展在我国中部地区取得率先突破、实现整体产业绿色转型打下坚实基础。在作物种植方面，应当明确湖北省园艺产业区域布局的助攻防线及发展目标，有序推进各类产品在主产区实现集中连片生产，同时鼓励临近区域积极对接发展种植大户，规划建设优势园艺产品产业带，形成品牌效应以提高规模效益；要提升园艺产品加工业的区域集中度来加快产品的加工转化，针对现有园艺产品储藏、保险、烘干等加工设施简陋、数量不足、自主创新能力弱等特点，充分考虑不同区域的资源禀赋，有条件聚集、引导成立一批有效应对当地园艺产品发展规划的加工企业，培育和发挥比较优势，实现抱团取暖，引导不同地区、产业和园区实现科学定位与整体布局，提升产品的综合和精深加工率，努力使本省园艺产品加工达到国内加工业发达地区和加工业发达国家的水平。

（三）推进园艺产业绿色生产行动

一是优化园艺产业种植结构，保障市场中绿色产品提供。确保蔬菜生产质量与有效供给，推进水果、茶叶与花卉等特色产业实现转型升级，探索园艺生产与养殖业结合，实现种养循环发展，以牲畜粪便向有机肥的转变实现生产的绿色化，提升综合产能。

二是加强园艺产品绿色品牌建设，探索绿色产品营销新形式。积极推进园艺产业生产"三品一标"行动，加强园艺绿色产品生产标准修订工作，引导省内各地区农业地方标准同国家、行业生产标准相适宜，组织省内蔬菜、水果与茶叶主产区围绕绿色和有机农产品生产和农产品地理标志申请目标，深入推进标准化生产基地建设、农业品牌建设。

三是提升园艺产品质量安全水平。加快多级质量安全监管队伍建设，构建市、县、镇、村"四级联动"的农产品质量安全网络监测体系，加强农业投入品和农产品生产过程监管，不断提升农产品质量安全保障水平；建立、健全园艺产品质量安全可追溯制度，规范产品生产、加工、包装、标识，实现生产可记录、加工可追踪、运输可追溯、商品可查询的联动机制。

（四）强化园艺产业生产环境整治

施肥、喷药、覆盖薄膜等使农用化学物质大量使用，对促进增产、增收起到了重要作用。但与此同时，也使水体、土壤遭受到极其严重的农业面源污染，有机质大量缺乏，土壤结构变差，肥水保蓄能力下降。因此，加强农业面源污染的治理与监控工作，是强化园艺产业生产环境整治、净化产地环境、实现绿色生产的重中之重，主要工作应当从以下两个方面开展。

一是深入推进农药、化肥减量增效行动。推动实现农药、化肥投入品结构的持续优化,在水果、蔬菜、茶叶重点产区实行有机肥替代化肥行动,重点推广测土配方、堆肥还田、商品有机肥施用与沼泽沼液还田等技术模式,支持一批有条件的主产区重点推广物理、生物等农药减量技术,开展园艺作物病虫害统防统治,建立安全用药制度,实现绿色防控技术全覆盖,在确需使用农药区域推动高效低风险农药替代化学农药。

二是加快建立农膜污染防治与包装物回收机制。强化农膜准入管理和源头减量工作,首先,加大力度查处不合格农膜的生产与销售,从源头上确保市场内农膜产品质量达标。其次,在全省范围内遴选可降解农膜推广示范区,在示范区内加强新型可降解农膜产品使用,并逐渐推广至省内适宜地区。最后,加强对废旧农膜及包装物的处置技术研究,积极探索废旧农膜与包装物的回收利用机制,健全废弃物回收体系,对农药喷洒过程中产生的玻璃瓶、金属罐桶、抹布等采取掩埋或焚烧处理,避免二次污染。

(五)加强园艺产业科技支撑体系建设

加强园艺产业科技支撑需要建立完善、有力的科技支撑体系来促进园艺产业的绿色发展。该体系主要由两部分组成:产业科研体系与推广体系。

园艺产业科研体系的构建。一是确保资金投入的针对性,在保障科研资金投入中非专项资金投入规模的情况下,增加对专项资金的投入,针对生产过程中出现的关键性技术问题,政府与企业双方共同出资在园艺产业的基础和重要研究领域投入专项资金,确保对生产过程中出现的专业性、关键性技术问题实现科研攻关。二是在技术研发中,实现基础研究与关键技术研究并重,针对当前世界上出现或未来领域内将会重点聚焦的基础性、前沿性技术问题,相关的农业院系、科研机构应该依托学科优势,整合、解决产业发展过程中的基础性、前沿性技术问题。

园艺产业推广体系的构建。第一,鼓励专业大户、合作社针对自身发展需要,针对某项生产技术设立企业研发基地,或者同研究所、科研院校和其他科研力量合作,实现技术的直接应用。第二,拓宽科研技术的间接应用渠道,完善企业等新型经营主体与高校的对接机制,使研究机构一手、先进的农业绿色生产技术能够及时、直接地被引入到具体生产实践当中,从而更加有效地指导农业生产活动。第三,主要由高等农业院校培养各类专业技术人员、中等农业院校培养直接从事农业和园艺生产的人员,针对性培养基础研究人才和园艺产业从业者以适应技术应用需要。

(六)完善园艺产业经营组织制度

当前,湖北省园艺产业组织化、产业化水平仍然很低。立足于当前湖北省小农生产分散性、封闭性的特点,湖北省应以家庭经营为基础的农业合作经营体系为主,发展多种形式的新型农业经营组织形式。从以下几个方面加快湖北省园艺产业现代化进程。

一是进一步明确农业合作组织法律地位,规范合作组织内部治理形式。现有政策主要集中于推动组织发展、发挥组织优势及创新组织形式等,鲜有政策与研究注重对农业合作组织法律地位及内部治理问题进行深入探究。因此,为完善合作组织经营制度,应从法理上赋予农业合作组织更高的法律地位及自主权,以内部成员平等权和秩序有效性实现为基础,保障组织成员的合法权益,进而吸纳更多农民加入农业专业合作组织。

　　二是整合现有农业合作组织，打造多种形式农业适度规模经营和社会化服务体系，扩大生产经营规模，提升专业大户的示范带动能力。实现园艺作物精细生产是促进产业绿色化的有效方式，而发展精细农业的内在要求即是适度规模经营与社会化服务提供。针对园艺产业适度规模经营问题，需要改革现有土地流转制度，深度贯彻中央关于农村"三权分置"改革的要求，发挥农村土地集体所有的优势，通过加快农村土地承包登记及颁证制度，统筹农民集体承包地的发包、调整、监督和收回事项，鼓励采用土地股份合作、托管及代耕代种制度，扶持一批具有先进生产能力和组织形式的合作组织，扩大生产经营规模；针对农业社会化服务提供问题，首先，应当健全公共服务机构，推动农业公共服务下沉，向乡村和基本农业生产经营主体延伸。其次，鼓励民间组织自发成立农业产业链各环节上的各类服务型农民专业合作社，支持合作社为其成员及其他生产经营主体提供全产业链服务。最后，支持农业科研院所和高等院校在园艺主产区建设农业综合服务示范基地，为农民提供会计审计、资产评估与法律咨询服务。

　　三是提升农业合作组织社员综合素质，促进高素质农民和专业化技能人才培育。首先，需要整合现有资源，通过人力资源与社会保障、农业、教育、科技部门的通力协作，以农民合作社、种植大户、家庭农场主为重点，广泛开展全产业链和园艺产品品牌化建设培训。其次，鼓励园艺种植户同各类技能培训、技术推广机构合作，有针对性地培育一批生产经营型、专业技能型、服务提供型和销售推广型农民，完善新型经营体系。最后，创新技能培训内容及形式，根据不同生产主体的需求制定不同培训内容，同时将教育培训课堂下沉至乡村田野及种植基地，将技术应用渗透进农户的生产实践中。

第八章　湖北园艺产业绿色发展的措施与建议

一、重大（工程）建议

（一）坚持因地制宜、分类指导、因品施策，走绿色高质量发展之路

第一，完善顶层设计，制定合理规划。根据湖北省区域生态资源禀赋和社会经济发展水平，制定完善湖北省水果、蔬菜、花卉、茶叶等园艺作物绿色发展规划，针对湖北省各地区园艺产业发展不平衡、不充分的问题，通过"抓两头带中间"进行分类指导，制定好滞后地区的发展规划，促进区域间协调发展。

第二，分期分批开展园艺产业基础设施提升工程。各地区找准自身特色园艺产业，如宜昌的柑橘产业、恩施的茶叶产业等，因地制宜完善产业基础设施，通过灌区等水利设施建设和改造升级、农田水利设施补短板、新建和改造提升现代设施园艺基地、发展仓储保鲜冷链物流设施建设等措施，改水改道，将园艺产业发展与美丽乡村建设结合起来，实现产业可持续发展。

（二）加大科技支撑，培养园艺人才

第一，推进园艺产业科技创新。在科技选题方面，以产业需求为导向，使湖北省园艺产业的科研更加贴近产业，增加相关科技投入；在科研组织方式方面，大力学习沿海发达地区的先进经验，成立地方产业研究院，促进科研单位与园艺产业的结合；在生产方式方面，培育多样化品种，满足不同市场需求，加快研发绿色生产技术，提升园艺产品质量效益和竞争力。

第二，推动园艺人才"上山下乡"。一方面，联合高等院校、科研院所，如华中农业大学等，启动湖北省园艺产业强基工程，推动人才"引、留、育"，通过订单培养等方式，培养年轻园艺人才、农村致富带头人等，为湖北省园艺产业绿色可持续发展和乡村振兴打下坚实基础。另一方面，通过设立园艺技术工匠工作站、孵化基地等形式，开展师徒传承，传授种植技艺，打造众创空间，培育一批技艺精湛、带动产业发展能力强的园艺技术工匠，支持鼓励返乡青年、职业院校毕业生、大学生、致富带头人等群体参加园艺技术工匠培训，列入后备人才库。

（三）实施园艺园地基础地力提升工程建设

第一，数字化监测园地质量。建立健全园地质量监测网络和大数据平台，科学开展园地质量调查与评价工作。一是完善园地质量监测网络，开展已建园地质量监测点情况调查摸底和质量提升，有条件的地方可探索将园地质量监测与土壤墒情、苗情、虫情监测一体化建设；二是建设大数据平台，建立省级园地数据平台，及时掌握分区园地质量状况，为领导决策和园艺生产提供依据和支撑；三是开展园地质量调查评价，对园地立地条件、设

施保障条件、土壤理化性状、环境状况等进行全面调查，综合评价园地质量等级。

第二，培肥改良耕地地力。以均衡养分管理、有机质提升为核心，通过增施有机肥、种植绿肥、精准施肥等措施，持续提升土壤肥力。一是增施有机肥，建立水果、蔬菜、茶叶等园艺作物有机肥替代示范区，推广应用有机肥；二是种植绿肥，在适宜地区，引导新型农业经营主体示范推广冬种紫云英等绿肥；三是开展测土配方施肥，不断完善园艺作物施肥指标体系，优化肥料配方，开展田间肥效试验，建立化肥减量增效示范区。

第三，开展退化园地治理。以酸化土壤治理为核心，改良土体，消除土体中明显的黏盘层等障碍因素。通过施用石灰质物质或酸性土壤调理剂，改施碱性肥料品种，开展耕地酸化治理示范。

（四）完善绿色生产标准，着力打造园艺产业绿色生产技术体系

第一，相关部门逐步完善绿色生产标准，制订一套园艺产业绿色生产技术体系实施规程综合手册。在质量管控上，相关部门应制订一套贯穿整个生产过程的《园艺产业绿色生产体系实施规程》，即技术集成模式实施指南，用以介绍囊括园艺产品生产产前、产中、产后，尤其是果园、菜园、茶园等有害生物监测方法及步骤的各项技术，包括昆虫生命周期表、种群经济阈值水平信息，以及当害虫种群超过经济阈值时应采取的措施等。此手册旨在突破农业科技成果转化"最后一公里"难题，确保绿色技术集成模式推广"落地"，力求"傻瓜化"，便于使用者查阅、学习。开展园艺产品质量追溯示范建设，探索建立以名录管理、准出证明、包装标识、追溯系统等为重点的追溯管理制度，实现从田间地头到厨房餐桌全程监测，以此与消费者建立绿色信任机制。

第二，建立园艺产业绿色生产技术体系推进机制。要让绿色技术集成模式真正高效"落地"实施，需要强有力的保障措施。宏观管理上，借鉴国内优势农产品产区特色产业发展成功的经验，园艺产品主产地可采取"政治家＋科学家＋企业家"三家结合、通力协作的模式，形成政府管理部门支持、技术专家指导、企业等多方参与的运作机制，支持科研院所、企业、合作社及产业协会等形成利益共享、风险共担的利益主体，通过密切配合分步骤、有序地将绝大部分的园艺园区等纳入到绿色生产技术体系中。建议设立"构建园艺产业绿色生产技术体系"重大项目进行联合攻关，加快形成系统的解决方案。对家庭农场等新型经营主体开展《园艺产业绿色生产技术体系实施规程》等一系列培训，科学精准高效地开展绿色技术推广应用。按中央要求，把农业绿色发展纳入领导干部任期生态文明建设责任制内容，建立园艺产业绿色生产技术体系推进机制，确保各项措施落到实处。

第三，实施园艺产业有害生物综合防治体系建设工程。积极组织和开展园艺种植基地有害生物生态学的基础研究，在有害生物和生态数据的集中收集、整理基础上，充分利用有害病虫种群数量的监测系统，评定有害生物的危害程度和用药的关键时间，当系统达到预设的有害阈值时，施用最少的农药进行防治。农业农村管理部门应监督推行减量化和清洁生产技术，根据评定的有害生物危害程度确定用药时间的有害生物综合防治（IPM）体系减少"硬性"农药使用或更有针对性的施用农药，着力控制农药残留，净化产地生产环境。同时，引导农户、家庭农场等其他生产经营主体最大限度的实现化肥、化学农药施用量零增长，打造环境友好型的园艺产业绿色生产技术体系。

（五）部署建设一批园艺绿色全产业链标准化示范基地

第一，构建现代园艺绿色全产业链标准体系。按照"有标贯标、缺标补标、低标提标"的原则，加快产地环境、品种种质、投入品管控、产品加工、储运保鲜、包装标识、分等分级、品牌营销等方面标准的制修订，着力构建布局合理、指标科学、协调配套的现代园艺绿色全产业链标准体系。

第二，提升基地按标生产能力。建立健全基地标准化制度体系和实施激励机制；支持基地开展生产、加工、储运、保鲜等环节设施设备标准化改造，改善标准化生产条件；推行绿色生产技术和生态循环模式，制定与技术模式相配套的标准综合体，编制简明易懂的模式图、明白纸和风险管控手册；建立标准化专家队伍，开展标准宣贯培训，推动标准规程"进企入户"；构建"产加销一体"的全链条生产经营模式，提升各环节数字化、标准化水平。

第三，加强产品质量安全监管。强化生产者主体责任，加强产地环境和投入品使用管理；建立生产记录制度，完善农事操作和种植用药记录档案，建立基地内检员队伍，落实自控自检要求，规范出具承诺达标合格证；推行质量追溯和信用管理，推动建立信息化质量控制体系；实施网格化管理，加强基地日常巡查检查，鼓励基地设立标牌，明示种植品种、地域范围、技术模式、责任主体等内容，推动质量安全情况公示上墙。

第四，打造绿色优质园艺产品精品。以绿色、有机、地理标志、良好规范等园艺产品为重点，培育绿色优质园艺产品精品；建立园艺产品营养品质指标体系，开展特征品质指标检测与评价，推动分等分级和包装标识；加强农产品批发、商超、电商、餐饮、集采等单位与基地对接，培育专业化市场，建立健全优质优价机制。

（六）加大丘陵山区农机研发力度，开展农业机械化技术集成应用与推广

第一，针对湖北省丘陵山区重点区域、重点产业、重点环节开展有组织的科研，设立专项资金加大对丘陵山区农机研发的支持力度。在做好顶层设计、统筹谋划的基础上，采取"揭榜挂帅""赛马制"等形式，组织农机、农艺、农地协同研发团队，分区域、分产业、分品种、分环节查找丘陵山区农机装备在整机、零部件、关键技术方面存在的短板，形成短板需求目录，明确发展路径、应用场景、技术方案，研发重点机具，以解决迫切需求、提升作业质量为首要目标，优先安排山地运输、通用动力、耕整、播收、田间管理、产地初加工等关键环节的先进适用农机研发，统筹有序推进丘陵山区全程机械化。进一步发挥国家现代农业产业技术体系专家作用，加大对丘陵山区农机研究支持力度。

第二，把丘陵山区农机制造作为一个特殊产业给予扶持。遴选一批有实力的农机企业进行定点生产，通过税收、金融及政府购买服务等方式给予企业适当支持和补贴，鼓励制造出先进适用的丘陵山区农机。支持打造丘陵山区农机产业联盟，联合产业体系的研发力量、相关领域的设计和制造力量，探索建立"科研院所＋制造企业＋合作社＋基地"的农机产品"研发、生产、推广一体化"新模式，打造丘陵山区农机装备自主研发的策源中心、行业技术进步的促进中心，为湖北省丘陵山地农业机械化乃至智能化和智慧化发展提供有力支撑。借鉴新能源汽车产业扶持发展策略，将丘陵山区先进适用农机优先纳入农机购置补贴目录，并加大补贴扶持力度。通过加快推进丘陵山区农机技术推广服务体系建

设，强化农机推广和社会服务组织力量，完善和提高基层农机推广服务能力。

第三，通过加大丘陵山区农地基础设施与装备条件建设，加快农业机械化技术集成应用和示范推广。在高标准农田建设项目中加大对丘陵山区坡耕地改造和山地标准化果（茶）园建设等方面的支持力度，同时在国家农业现代化示范区、现代农业产业园、产业强镇、三产融合等国家重点农业现代化建设项目中给予丘陵山区特殊倾斜和支持。通过丘陵山区高标准农田和标准化果（茶）园建设等相关项目支持，建设一批示范工程，加快生态化、宜机化丘陵山区高标准农田和果（茶）园新模式、新技术、新装备的推广应用和机械化水平提升，根据地形地貌特点分别形成山地农业机械化作业系统和丘陵农业机械化作业系统。

（七）推进绿色园艺产业链"链长制"，打造区域公用品牌

第一，继续推广实施绿色园艺产业链"链长制"。党政分管领导兼任"链长"，日常工作由一个合作制的产业协会（联盟）会长协助。注意产业链上下游配套，统筹各方配套企业资源，形成采购链、供应链、生产链的国内国际双循环，形成一个有效的商业运作系统。按照"六个一"的工作模式，即一个区域公共品牌、一位党政分管领导（责任人）、一个政府支持部门、一个产业协会（或行业公会）会长、一个工作推进方案、一套支持政策，打造"一县（市、区）一业一品牌"。用区域公用品牌引领全产业链条，实施"一体双翼"品牌发展战略，整合区域公用品牌与企业品牌的协同优势，开展品牌化市场营销。

第二，实行"分灶吃饭"的双品牌经营模式。采取"统一品牌、商标各异、注明基地、保护产地、政府引导、统一管理"的办法，各市所产符合生产标准的园艺产品全部使用一个区域公用品牌，在产品的包装和对外宣传上，用区域公用品牌字样作为全市范围内所产园艺产品统一使用的商品名。在此基础上，各地可依法自主决定果品、茶叶等商标。如在统一使用"宜昌蜜橘"品牌时，其产品包装和广告宣传可注明"湖北省宜昌市 xx 县（市、区）xx 生产基地"字样，以此区分产地。

第三，推进产业协会组织经营实体化。区域公用品牌建设的组织载体是产业协会（集团），而不是政府。在组织层面，政府相关部门通过整合全区域、全产业链的力量，指导组建和支持行业协会。通过法律法规形式赋予产业协会（集团）专营权，规定产业协会（集团）是农户、家庭农场及涉农企业的合作组织，建立"产业协会＋企业＋合作社""合作社＋家庭农场＋农户"的合作制农业供给体系。通过产业协会（集团）把产业链上的各经营主体拧成一股绳，实现从农药和化肥的购买、新技术的推广应用、园艺产品的加工销售及出口等的"产供销一体化"。

（八）抓住"数字化""低碳化"两个战略方向，开辟绿色园艺产业竞争新赛道

第一，部署园艺领域"新基建"，打牢数字化基础。推进园艺产业"新基建"工作，建设泛在、先进、开放、共享的农业新型信息基础设施体系。加快5G网络、数据中心、仓储保鲜冷链物流等新型基础设施建设，开展农业基础数据资源体系建设，建设农业大数据标准化技术和数据交换机制，逐步形成湖北省农业农村基础数据资源"一张图"，不断建设园艺产品预警机制，促进数据信息转化为实际价值，实现农业信息服务精准化、智能

化，为湖北省农业农村大数据平台建设奠定坚实基础。

第二，推进生产数字化转型，批量建设智慧农场。发展"天、空、地"多尺度农业资源环境信息获取网络、农业资源环境信息感知技术系统，围绕数字果园（菜园、茶园）建设，打造一批行业标准化示范基地和示范企业，推动数字农业技术与相关装备在园艺产业领域的集成应用，构建数字农业应用典型模式模型，实现种植环境智能监控、水肥药精准施用、生产智能分析决策、农机智能作业与在线调度监控等，提升农业生产精准化、智能化水平。此外，在加强数字化、区块链的基础上建立一套相应有效的计划或订单生产模式，从而避免市场的无序竞争。

第三，突出绿色生态理念，助力碳达峰与碳中和。以绿色为底色，利用低碳技术引领园艺产业高能效、高质量发展。一是提高作物用水效率，按照"三减三增"的技术路径，集成推广节水技术，加强农业用水管理，强化水资源刚性约束；二是实施化肥、农药减量增效行动，推广控肥增效技术，开展水肥一体化、有机肥替代化肥、新型肥料应用技术示范，推广病虫害专业化统防统治；三是加强废弃物资源化利用，加大废旧农膜、包装废弃物回收和处理利用，推广尾菜堆沤、菌渣循环利用、堆肥还田等技术应用，提高尾菜处理和资源化利用水平。

二、保障措施

（一）加强组织领导

落实"推进农业绿色发展是农业发展观的一场深刻革命"的重要指示要求，成立由政府主导、农业农村局、林业局等部门协调的园艺产业绿色发展协调机制，重点突出政府在园艺产业链长制发展中的领导作用，省、市、县、乡四级政府要高度重视"菜篮子""果盘子"工程建设，继续大力推行水果、蔬菜及茶叶产业链"链长制"，由省领导领衔，院士挂帅，分管领导具体负责，成立专家团队和工作专班来进行强链、补链，领导小组统筹协调"菜篮子""果盘子"工程建设工作，部门间密切配合，共同推动解决工作中的各类问题和困难，保障全省园艺产品生产、供应平稳有序。

（二）开展绩效评价

制定园艺产业绿色发展评价指标体系，进一步完善综合评价方法，科学运用统计数据、长期固定观测试验数据和重要农业资源台账等数据资源，开展园艺产业绿色发展效果评价。建立健全规划实施监测评估机制，完善化肥农药使用量、废弃物资源化等调查核算方法，加强数据分析、实地调查、工作调度，对规划实施情况进行跟踪监测，科学评估规划进展情况。强化效果评价结果应用，探索将耕地保护、节约用水、化肥农药减量、废弃物资源化利用等任务完成情况，纳入领导干部任期生态文明建设责任制、乡村振兴实绩考核范畴。

（三）强化政策保障

健全农业绿色发展投入保障体系，在认真落实国家各项惠农、支农、富农政策的前提下，积极争取各级地方政府研究出台扶持政策，加大对发展园艺产业的支持力度。一是以政府投资为主导，吸引和带动金融机构和龙头企业参与，促进投资主体多元化。协调推进财政投入向绿色发展领域适度倾斜，将绿色发展相关计划和措施作为园艺产业重点支出项目进行优先保障，在保证政府投资为主导的基础上，壮大市场化运作模式，吸引各类金融机构同生产主体参与。二是加大园艺产业绿色发展金融信贷政策支持。完善农业金融服务体系，健全农业信贷担保体系，推进农业保险提标、扩面、增品，创新金融产品和服务方式提供，加大对从事园艺产业绿色生产、加工和销售的新型农业经营主体的支持力度。三是健全园艺产业金融保险政策服务体系。加快完善中小银行和农村信用社治理结构，保持农村中小金融机构县域法人地位和数量总体稳定。实施优势特色农产品保险奖补政策，鼓励各地因地制宜发展优势特色农产品保险。稳妥有序推进农产品收入保险，健全农业再保险制度。发挥"保险＋期货"在服务园艺产业发展中的作用。四是优化园艺土地资源配置。鼓励对依法登记的宅基地等农村建设用地进行复合利用，发展休闲农业、乡村民宿、园艺产品初加工、农村电商等。建立土地征收公共利益认定机制，缩小土地征收范围，规范征地程序。保障和规范农村一二三产业融合发展用地，鼓励各地根据地方实际和农村产业业态特点探索土地资源配置新方式。

（四）增强科技支撑

加强农业绿色发展领域人才队伍建设，强化科技人才支撑，做好人才衔接。深入实施院士专家服务农业产业链发展"515"行动，整合科研力量，依托湖北省农业科学院、华中农业大学等相关机构，在园艺产业领域布局一批国家级和省部级重点实验室、试验站，开展绿色技术创新工作。推进绿色技术先行先试，在全省范围内遴选合适的园艺主产区创建绿色发展试点先行区，建立园艺绿色科技成果转化平台，做好绿色使用技术的推广与应用工作，加快科研成果落地转化。强化农技推广队伍建设，支持有条件地区通过"定向招生、定向培养、定向就业"的培养方式，吸引具有较高素质和专业水平的青年人才进入基层农技推广队伍，加强绿色增产、清洁加工、环境友好和质量安全等领域关键技术集成示范，积极开拓人才培养新路径，加强培育园艺产业领域懂经营、善管理、有技术的复合型专业人才，通过创办田间课堂与高校下基层宣讲等方式增设基层农业绿色生产技术培训课程，指导生产人员参与绿色技术应用。

（五）广泛宣传引导

开展普法宣传，结合宪法宣传周、中国农民丰收节等重要时间节点，省农业农村厅及相关机构成立专班深入到我国各大园艺产品优势区，开展农业绿色发展法律法规及政策解读等宣传教育，增强农民节约资源、保护环境的法治观念。加大先进典型的宣传力度，充分利用传统媒体和新媒体，宣传可复制、可推广农业绿色发展案例，讲好农业绿色发展故事，注重发挥典型带动和龙头带动作用。实施农业绿色发展全民行动，广泛开展绿色低碳生产生活宣传，推动形成厉行节约、反对浪费的绿色生活方式，营造全社会共同推进农业绿色发展的良好氛围。

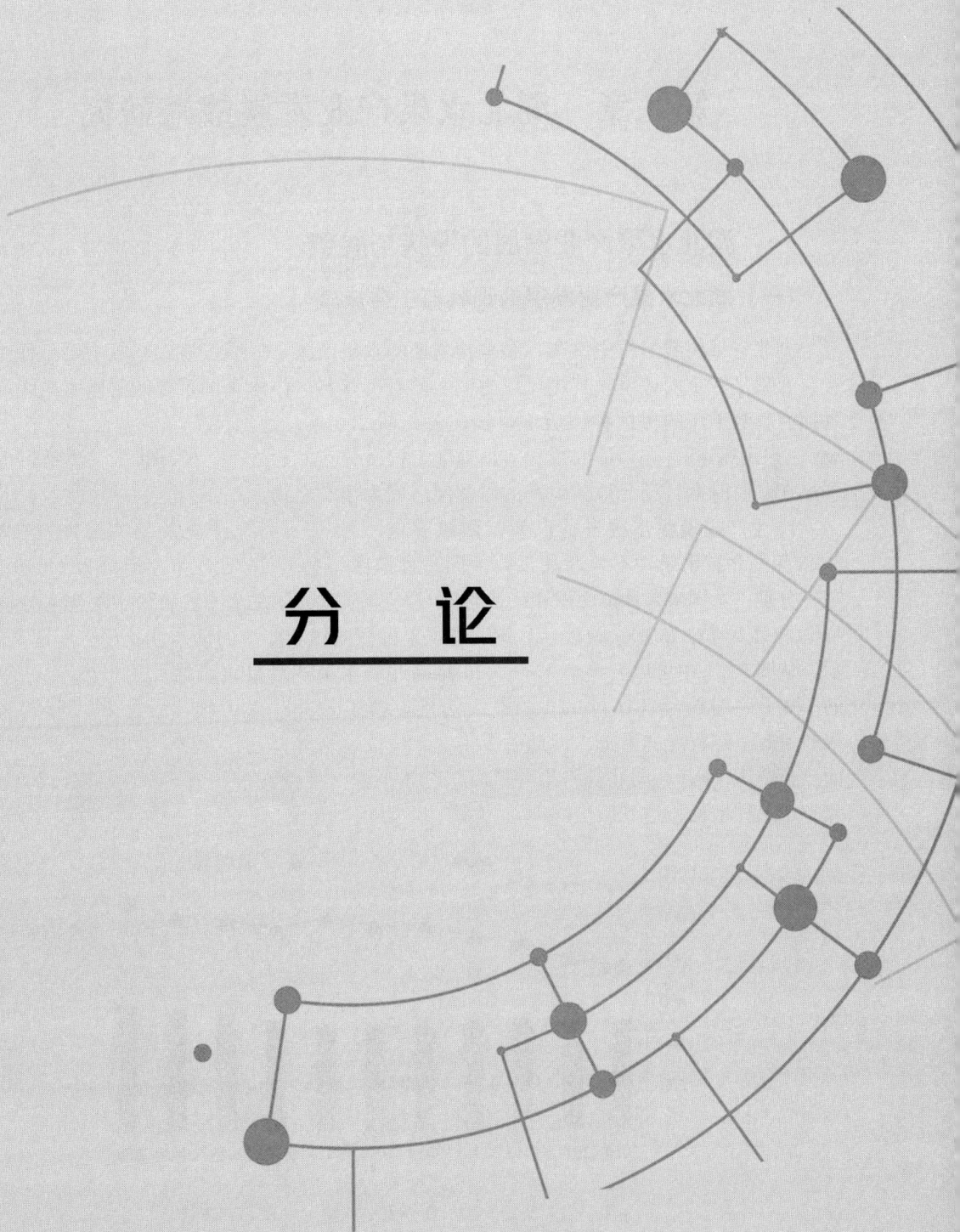

分 论

第九章　湖北水果产业发展战略研究

一、湖北水果产业发展的现状与展望

（一）湖北水果产业发展的现状与主要成就

湖北省果树栽培历史悠久，是全国重要的水果产区，柑橘、桃和梨等主要品种在全国皆有着举足轻重的地位，其中又以柑橘生产最负盛名。作为全国重要的柑橘主产区，湖北省拥有着数千年的柑橘种植历史，早在公元前 270 年，楚国诗人屈原就在其所著的《橘颂》一书中借橘言志，证明古代宜昌地区有柑橘分布，而战国后期问世的《禹贡》也证明了早在夏商时期，湖北地区生产的柑橘便已成为朝贡之物。

1. 生产规模稳步提升，产量、面积齐增　依据国家统计局及相关报告发布显示，2020 年湖北省水果（不含西甜瓜，下同）种植面积为 601.25 万亩，产量为 1 066.83 万吨，分别占全国水果种植面积和产量的 3.17% 和 3.72%，在全国各省份中的排名分别为第 13 位和第 10 位。2010—2020 年，湖北省水果种植面积和产量的动态变化趋势如图 9-1 所示，从图 9-1 中可以看出 2010—2016 年湖北省水果产量呈缓慢增长的态势，从 2010 年的 771 万吨增长至 2016 年的 1 003.22 万吨，增加了 232.22 万吨，尽管 2017 年湖北省水果产量有一定程度的下降，但此后 2 年中产量快速恢复并超过 2016 年水平。种植面积方面，自 2010 年起，湖北省水果种植面积总体平稳，维持在 500 万～600 万亩，2020 年湖北省水果种植面积达到历史峰值，为 610.25 万亩。

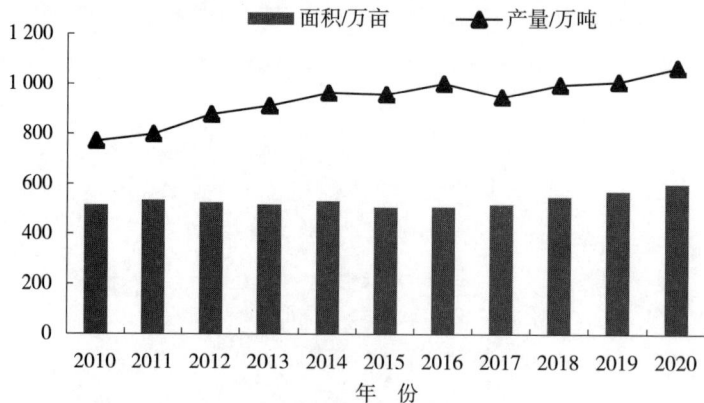

图 9-1　2010—2020 年湖北省水果种植面积和产量

数据来源：国家统计局。

2. 水果品种结构保持稳定，优势水果地位日趋稳固　依据国家统计局及相关报告发布显示，2020 年湖北省水果种植面积为 610.25 万亩，产量为 1 066.8 万吨。其中，种植规模最大的果树品种依次是柑橘、桃和梨。柑橘年末实有种植面积和产量分别为 356.10 万亩和 509.96 万吨，占湖北省水果种植面积和产量的比例分别为 58.35% 和 47.80%；桃年末实有种植面积和产量分别为 100.51 万亩和 108.63 万吨，占湖北省水果种植面积和产量的比例分别为 16.47% 和 10.18%；梨年末实有种植面积和产量分别为 37.17 万亩和 41.53 万吨，占湖北省水果种植面积和产量的比例分别是 6.09% 和 3.89%。从图 9-2 中可以看出，2010—2020 年湖北省三大主要水果品种的种植面积和产量变化情况。

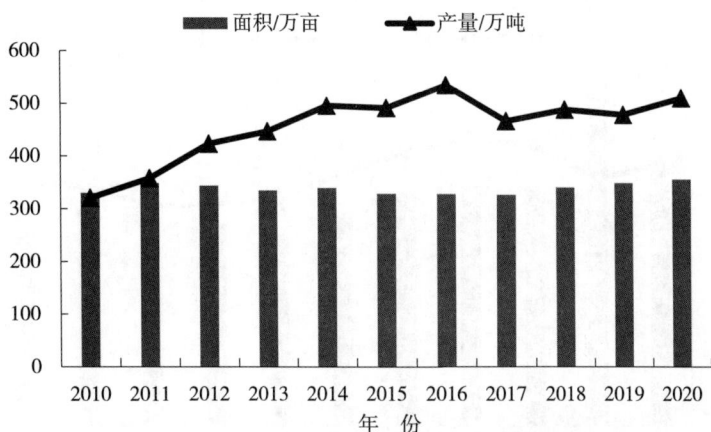

图 9-2　2010—2020 年湖北省柑橘种植面积和产量
数据来源：国家统计局。

从图 9-3 中可以看出，2010—2018 年，湖北省桃产量在波动中呈增长态势，从 2010 年的 60.75 万吨增长至 2018 年的 100 万吨，达到历史最大值，增长了 29.25 万吨，而 2019 年湖北省桃生产迎来寒冬，产量大幅缩减，仅有 86.54 万吨，低于过去 5 年的平均值。在桃种植面积方面，其增长趋势同产量相同，在 2010—2018 年均保持着良好的增长态势，由 2010 年的 73.65 万亩增长至 2018 年的 106.05 万亩，达到历史最大值，增长了 32.4 万亩，尽管 2019 年湖北省桃种植面积大幅缩减，仅为 82.5 万亩退回至 2012 年水平，但 2020 年湖北省桃种植面积迅速恢复并突破了 100 万亩。

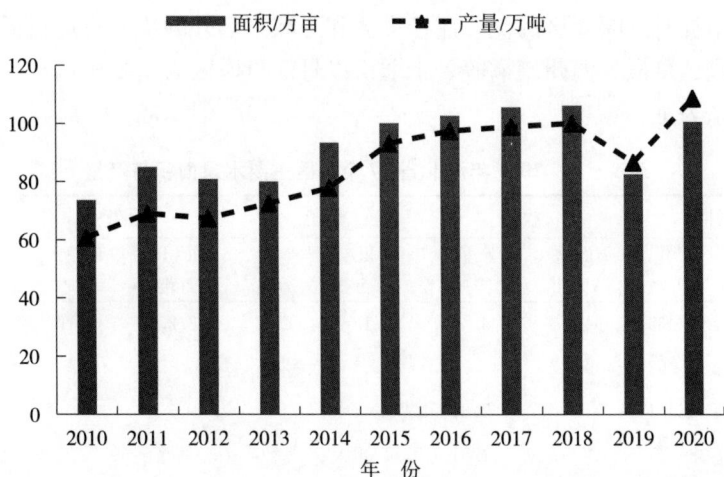

图 9-3　2010—2020 年湖北省桃种植面积和产量
数据来源：国家统计局。

从图 9-4 可以看出，2010—2020 年，湖北省梨产量总体保持平稳，产量并未出现较大的波动，从 2010 年的 44.35 万吨到 2020 年的 41.53 万吨，大多数年份产量均保持在 40 万～45 万吨，2013 年达到峰值，为 48.94 万吨。种植面积方面，除少数年份外，十年间湖北省梨种植面积保持稳定，稳定在 35 万～45 万亩，2011 年湖北省梨种植面积达到历史峰值，为 56.16 万亩。

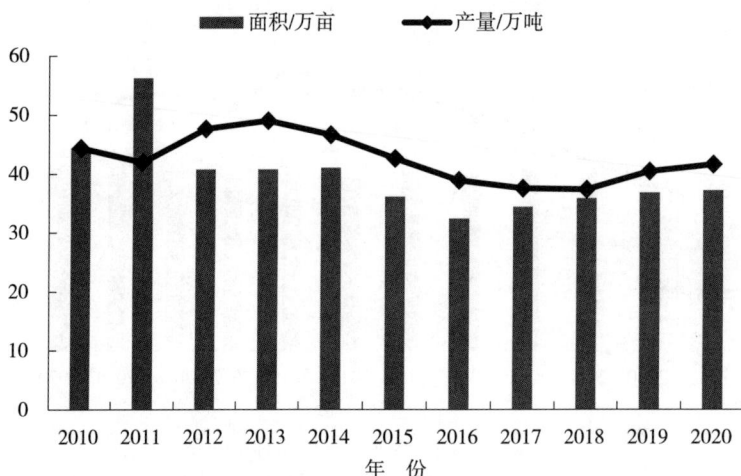

图 9-4 2010—2020 年湖北省梨种植面积和产量
数据来源：国家统计局。

由表 9-1 所示，湖北省种植的水果品种主要有柑橘、桃、梨、葡萄和猕猴桃五类，种植面积前三的水果分别是柑橘、桃和梨。

在柑橘生产方面，湖北省传统柑橘类水果主要有蜜柑、椪柑、橙类（脐橙、夏橙等）和柚类，而近年来，湖北省柑橘品种结构发生了一定的变化，早熟、晚熟品种发展速度很快，2018 年秭归脐橙早晚熟品种种植规模扩大到 18 万亩，其中，早熟脐橙占 1.4%、晚熟脐橙占 25.8%、中熟脐橙占 72.8%。在地区分布方面，宜昌市和十堰市是湖北省柑橘主产地，宜昌市拥有三峡库区的优质甜橙产区和三峡库区外的优质宽皮柑橘产区，品种包括了脐橙、锦橙、夏橙、温州蜜橘等。十堰市以丹江口库区为主要柑橘产区，以温州蜜橘早熟及高糖品系为主。

表 9-1 2020 年湖北省 17 个地区主要水果面积与产量

行政区	柑橘		桃子		梨子		葡萄		猕猴桃	
	面积/万亩	产量/万吨	面积/万亩	产量/万吨	面积/万亩	产量/万吨	面积/万亩	产量/万吨	面积/万亩	产量/万吨
武汉市	3.60	3.65	3.75	5.45	1.13	1.62	2.23	2.51	1.51	1.09
黄石市	12.15	7.62	2.40	1.74	0.53	0.23	0.39	0.78	0.08	0.08
十堰市	—	28.64	—	2.81	—	—	—	—	0.84	0.25
宜昌市	209.75	386.39	4.91	4.31	2.05	2.86	0.72	0.60	2.58	2.26
襄阳市	3.18	2.44	37.35	53.76	2.60	4.54	1.18	1.20	0.69	0.53
鄂州市	—	—	—	0.40	—	—	—	—	0.04	0.04
荆门市	11.03	13.04	7.09	6.93	6.83	17.41	1.66	2.10	0.27	0.14

（续）

行政区	柑橘		桃子		梨子		葡萄		猕猴桃	
	面积/万亩	产量/万吨	面积/万亩	产量/万吨	面积/万亩	产量/万吨	面积/万亩	产量/万吨	面积/万亩	产量/万吨
孝感市	0.93	1.97	5.47	8.47	0.58	1.06	0.64	1.15	0.21	0.20
荆州市	25.33	30.45	2.00	2.73	0.91	1.46	6.04	14.03	0.07	0.08
黄冈市	3.88	2.58	7.06	3.60	0.83	0.53	1.62	0.63	0.67	0.07
咸宁市	13.63	4.49	4.82	1.33	6.04	1.39	1.39	0.59	4.39	1.35
随州市	0.28	0.34	16.72	12.97	0.63	0.79	1.73	1.51	1.37	0.37
恩施州	40.78	23.32	5.28	1.52	13.34	7.13	3.66	1.85	4.72	0.93
仙桃市	3.23	0.54	3.56	0.43	0.85	0.14	3.85	0.50	—	—
潜江市	—	—	—	1.80	—	—	—	—	—	—
天门市	0.19	0.39	0.10	0.38	0.22	0.86	0.13	0.15	0.01	—
神农架	—	—	—	0.001	—	—	—	—	0.02	—
总计	356.10	509.96	100.51	108.63	37.17	41.53	24.29	31.29	17.46	7.39

注：数据来源于湖北省统计年鉴、各地区统计年鉴。十堰市、鄂州市、潜江市和神农架林区未给出分类水果产量和种植面积情况。湖北省桃园总面积根据现有数据整理得到，猕猴桃总产量和面积根据各地区统计年鉴加总得到，故和湖北省统计数据有一定差别。

在桃子生产方面，湖北省是中国早熟桃的主产区之一，形成了 316 国道及汉十高速沿线优质桃产业带，随着城镇居民消费升级，大果、红肉、甜脆桃比例过低的缺陷凸显出来，而市场对鲜食黄肉桃及黄桃罐头的需求则逐年增加，因此湖北省桃子品种结构也处于不断地调整过程。从产品结构来看，近年来湖北省油桃生产占比处于下降的态势，曙光、金山早红、千年红等油桃品种因种植效益偏低，面积逐年减少，与之相对，普通桃的比例则上升至 50％以上，春美、春雪等品种因其果面浓红、丰产性好已成为当前主栽品种，在加工桃方面则主要是以黄桃罐头为主，占比达到 5％以上。

在梨生产方面，湖北省主要生产沙梨，规模和产量在南方各省份中均位居前列。通过加大国内外新品种的引进力度，湖北省梨的品种布局得到了进一步优化，在早熟品种方面有翠冠、西子绿和爱甘水等，早中熟品种则以清香、幸水为主，晚熟品种包含新高和华梨一号等。

在葡萄生产方面，20 世纪 80 年代以前，南方地区往往被认为属于葡萄非适宜种植区和次适宜种植区。因此，除了庭院中有零星种植外，基本无成片栽培，但伴随巨峰葡萄在南方地区的栽培成功，湖北省葡萄产业迎来高速发展，当前形成了鄂北、平原、鄂东及鄂西南四大产区，主栽品种有巨峰、藤稔和阳光玫瑰等。

在猕猴桃生产方面，湖北省猕猴桃种植历史悠久，鄂西山区是世界猕猴桃产业的发源地主栽品种主要有金魁、海沃德、金桃和红阳等，其中金魁占 60％左右。1980 年，由湖北省农科院果茶所牵头的猕猴桃资源调查显示，全省除江汉平原未见猕猴桃分布外，在海拔 100 米以上的山地都可见到，全省 60％以上的县均有分布。近年来，湖北省猕猴桃产业发展迅速，产区遍布鄂西及鄂东南地区。

3. 水果品质提升取得突破，保障质量安全能力显著增强 湖北省在"十三五"期间以标准化生产为主线，加快品种更新、改良步伐，以精品果园建设为契机，通过推行优选良种、果园改造、轻简化修剪、绿色防控、果实管理、机械化栽培等技术大力推进水果品质提升行动。近两年，省内精品果园核心示范区基本可实现优质果率保持在80%以上、每亩平均增收200元以上、化肥与农药用量减少10%以上。与此同时，湖北省还加大了农产品的质量检测力度，自2019年开始，全省每年开展水果等产品质量安全例行监测和监测抽查各2次，共抽检样品3 128批次，在承接国家监测任务方面共抽检样品1 288批次，有效地保证了产品的质量安全。据统计，过去6年，湖北省农产品质量安全监测合格率连续保持98%以上，位居全国前列。

4. 品牌建设取得新进展，营销推介成效显著 近年来，湖北省把农产品品牌建设作为工作重点，以区域品牌为引领、企业产品品牌为支撑，按照"区域公用品牌＋企业产品品牌"的培育模式，围绕"222"行动方案，湖北省重点培育了宜昌蜜橘、秭归脐橙、公安葡萄等多个知名水果品牌。2019—2017年，湖北省成功推荐宜昌市为国家级特色农产品优势区，为湖北省特色水果发展树立了标杆。在品牌宣传及产品推介上湖北省坚定推进"走出去"战略，邀请中央电视台、人民日报、湖北日报等主要媒体积极参与产品推介活动，利用线下广告投放及线上流媒体渠道加大了宣传推介力度，通过组织召开湖北农业博览会、农产品区域公用品牌推介会、特色农产品交易会等形式，提升了湖北省水果的知名度与社会影响力，有效地促进了水果产业的稳定发展。在2021年4月的外交部湖北全球特别推介会上，宜昌脐橙饼等水果及制成品更是作为"湖北味道"闪亮登场，受到了国际友人的青睐与广泛好评。

5. 科研能力增强，标准化生产水平提升 科研与科技服务方面，当前湖北省建有国家柑橘产业技术体系宜昌市宽皮柑橘综合试验站，以及国家梨产业技术体系老河口综合试验站、鄂西南猕猴桃试验站等多个国家级科研机构，多年从事湖北省水果科研及科技服务保障，长期致力于进行高产、优质、高效、生态、安全水果标准化栽培技术的研究，从育苗、种植、管理、采收、保鲜、包装、运输逐步形成了完整的标准体系。通过科技下乡、举办培训班、印发技术资料等多种形式，多渠道地为湖北省水果产业发展提供科技服务保障。围绕着标准化生产发展目标，湖北省针对水果产业大力推进农科教结合战略，湖北省农业科学院建院70年来，研发并推广了一大批新成果、新技术与新模式，累计获得省部级以上科技奖励500余项，在水果科研方面研发出天然蒽醌类化合物杀菌剂产品，其不但低毒、低残留，在杀菌效果方面更是优于一般化学杀菌剂，为防治果蔬真菌病害做出了巨大贡献。其研发出的梨树"双臂顺行式"新型棚架栽培模式简单易学，亩产高品质梨果超3 500公斤、每亩年产值超2万元，已在全国20个省（自治区、直辖市）示范推广。

如何将科技成果应用到水果标准化生产过程中也是湖北省水果产业高度关注的议题之一。针对该项工作湖北省委省政府出台了《省人民政府关于深化标准化工作改革创新的意见》，成立了包含38个成员单位在内的省标准化工作领导小组，在农业标准体系构建、凸显农业支撑地位、保障产品质量安全等方面为湖北省水果产业的发展提供了坚实基础。有了政策保障，湖北省水果产业发展以标准化为纽带，通过全产业链的质量安全追溯体系，实现从产地到餐桌全过程质量可控。农产品"一码通"的实施让消费者通过扫描农产品上方的二维码标签即可了解所购产品的生产日期、生产厂家、生产产地、农药残留检测等基本信息，让消费者放心消费。同时，湖北省极为注重水果生产标准化示范区建设，2021

年底湖北省安陆市国家果品标准化示范区项目通过考核验收，加速了湖北省水果产业向现代化转变，提升了农业生产经营标准化水平和组织能力。

6. 产业结构日渐合理，产业链延伸加快 在种植结构方面，近年来湖北省稳定发展以柑橘、梨、桃为主的传统优势品种，通过开发高产、多抗品种等措施提升了产品档次，并着重发挥各产区的独特优势，调整优化各品种结构，在各主产区布局建设了一批水果标准园、精品园和高效园。当前，湖北省初步形成了长江三峡优质柑橘经济区、三峡库区优质甜橙带、316国道和107国道沿线优质桃带、汉江流域优质沙梨带，有效地提升了水果产业竞争力。

商品化处理企业方面，湖北省水果产业紧盯市场，针对不断升级的消费需求加快延伸产业链，促进了水果加工业的发展。截至2020年，湖北省农产品加工转化率已达70%以上，综合产值超1 000亿元，优势农业产业链共2条，国家级重点龙头企业共62家。以湖北省最具优势的水果品种柑橘为例，果品商品化处理的主要业务以果品加工和制罐为主，特别是橘瓣罐头已在宜昌市形成产业集群，区域内聚集近20多家企业，年加工能力达20多万吨。同时，柑橘加工逐渐向精深加工领域进军，每年有10%以上的柑橘果实以柑橘调味品、果醋等形式通过深加工的方式进入市场，代表性企业有土老憨和屈姑食品等。

7. 经营主体培育加快，组织形式日益完备 在湖北省农业部门强有力的引导下，构建起了涵盖果品产业协会、龙头企业、合作社、家庭农场、专业大户和从业农民在内的湖北省水果产业组织体系构架。通过促进经营主体类型多样化，能够保证湖北省在发展水果产业过程中有效规避、抵御市场风险，促进湖北省水果产业的标准化生产、品牌建设及营销体系构建。

通过抓住东部沿海地区橘瓣罐头企业战略西移的机遇，湖北省加大招商引资力度，大力培植柑橘加工型龙头企业。伴随着丰岛、荣盛和鸿星等12家橘瓣加工企业落户宜昌市，宜昌市现已成为全国最大橘瓣罐头加工基地，并正在向其他深加工产品转型。2017年底，全市共有330家打蜡销售企业，分级、打蜡生产线近450条；柑橘深加工企业15家，产后处理率达到80%以上，罐头年加工能力达20万吨。天人果汁集团宜都柑橘产业链有限公司、屈姑食品有限公司等知名柑橘加工企业将分拣出的柑橘进行深加工，制成酒、饮料、罐头、保健品等产品，解决次果销售，带动种植户增收。

（二）湖北水果产业发展的优劣势及存在的问题

1. 湖北水果产业发展的优势分析

（1）种质资源优势。湖北地处南北过渡地带，生态类型多样，物种资源丰富，特产水果有秭归脐橙、松滋柑橘、百里洲沙梨等，丰富的种质资源为全省水果产业发展提供了坚实的基础。在种质资源研发方面，湖北省涉农高校、科研院所达150余所，从事研究与试验发展活动规模以上的农副食品加工企业224个，涉农科技人员超过7 000人，现建有国家级和省级作物种质资源库各1个，国家级作物种质资源圃4个，各类作物种质资源保藏量达4万余份。丰富的种质资源为促进湖北省水果产业持续健康发展，促进适应性强、经济效益高的水果品种研发，加大绿色、优质水果产品供给发挥了重要作用，产生了显著的经济效益和社会效益。

（2）气候优势。温度、降水量、光照、风等气候条件会对果树的生长发育产生一系列影响，因此湖北省当地的气候条件对水果产业的健康发展极为重要。

在光照方面，全省大部分地区太阳年辐射总量为 89～114 千卡/平方厘米。多年平均实际日照时数为 1 100～2 150 小时。光照地域分布是鄂东北向鄂西南递减，鄂北、鄂东北最多，为 2 000～2 150 小时，鄂西南最少，为 1 100～1 400 小时。

在温度方面，湖北省位于典型的季风区内，受到境内山地、丘陵、岗地和平原等多种地形地貌的影响，年平均气温为 15～17℃，适合柑橘、桃树和梨树等果树种植。在季节方面，全省大部分地区冬冷、夏热，春季气温多变，秋季气温下降迅速。一年之中，1 月最冷，大部分地区平均气温在−9～4℃。7 月最热，除鄂西、鄂北等高山地区外，平均温度在 27～29℃，极端最高温度可达 40℃以上，全省无霜期在 230～300 天。

在降水量方面，亚热带季风性湿润气候给湖北省带来了充沛的降水量，雨热同季，各地平均降水量在 800～1 600 毫米。降水地域分布呈由南向北递减趋势，鄂西南最多达 1 400～1 600 毫米，鄂西北最少为 800～1 000 毫米。降水量分布有明显的季节变化，一般是夏季最多、冬季最少，全省夏季雨量在 300～700 毫米，冬季雨量在 30～190 毫米，6 月中旬至 7 月中旬雨量最多。

（3）土地资源优势。湖北省土壤类型较为复杂，主要有水稻土、潮土、黄棕壤、黄褐土等 8 种类型，占全省耕地总面积的 90% 以上，且具有明显的南北过渡特征，鄂西北、鄂中、鄂北岗地及鄂东长江以北的广大地区多为黄棕壤、黄褐土，鄂东南多为红壤，鄂西南多为黄壤，江汉平原则分布有潮土、水稻土等隐域性土壤。

水稻土为当前湖北省面积最大的耕作土壤，广泛分布于各地区，主要用于生产粮食与油料作物；潮土主要分布于江汉平原及长江、汉江沿岸的冲积平原、河流阶地和滨湖地区的广阔低平地带，土层深厚、肥沃，养分丰富，富含较多矿物质和一定量的有机质，自然肥力高，当前几乎全部被开垦为耕地，是粮食和经济作物的高产土壤。

黄棕壤则主要分布于湖北省的鄂西南山区和鄂北地区，是湖北省生产小麦、玉米和茶叶等粮经作物的主要产区土壤。

红壤形成于温带气候条件下，矿物质分解比较彻底，土壤呈酸、瘦、黏、板的特点，主要分布在鄂东南海拔 800 米以下的低山丘陵或垄岗及松滋、宜都海拔 80 米以上的丘陵台地，适宜种植茶叶、油茶、麻类等作物。

黄壤成土热量略逊于红壤，一般呈酸性，处于湿度较大的鄂西南 500～800 米的山地，适宜种植茶叶、柑橘、烟草等作物。

黄褐土则主要分布在襄阳、十堰、荆州北部等地区，该类型地区地理条件多为海拔 800 米以下的低山、丘岗、盆地，该类型土壤质地黏重，土体结构紧实，难犁难耙。

棕壤则主要分布于湖北省的鄂西山地，零星分布于鄂东大别山地区。

除十堰地区以外，紫色土在湖北省各地区均有分布。其中，以宜昌、襄阳和孝感等地区面积较大，紫色土土壤有机质含量较低，通气透水性能良好，具有一定的保肥蓄水能力。其中，中性紫色土 pH 6～6.8，富含磷、钾等矿物质，是发展柑橘生产的最好土壤类型。

石灰土分布广泛，遍及湖北省 80% 的县（市、区），鄂西山地地区面积最大，该类型土壤富含碳酸盐，pH 较高，呈中性和微碱性，荒山荒坡分布较多。

当前，湖北省主要种植的水果品种有柑橘、桃、梨、葡萄和猕猴桃等，生长所需的最适 pH 范围在 5.9～8.0，要求种植地区土壤条件呈弱酸性，现有的红壤、黄壤和紫色土等均为湖北省果树种植提供了良好的土壤资源条件。

（4）水资源优势。水分是果树树体的基本组成部分，果树枝叶和根部的水分含量约占50%，水果果实的含水量大多在 80%～90%，而当前湖北省种植面积和产量排名第一的水果品种是柑橘，柑橘往往偏好温暖湿润的生长环境，一般要求年均降水量为 1 000～2 000 毫米，因此水资源对湖北省水果生产至关重要。湖北省地处长江流域中心位置，江河水系发达，各类型河流、湖泊及水库等为湖北省水果种植生产提供了有利的条件。

在总量供应方面，2020 年，湖北省地表水资源量 1 734.96 亿立方米，比上年增加197.4%，另外，省内过境客水净流量十分充足，2020 年全省入境水量 7 750.1 亿立方米，为湖北省提供了充足的外来客水。

在河流方面，截至 2023 年，全省境内除长江、汉江干流外，流域面积 50 平方千米及以上河流 1 232 条，总长 4 万多千米，河流密度 66 条/万平方千米，河网密度 0.22 千米/平方千米，各项指标均居全国前列。

在降水量方面，全省平均年降水量稳定在 800～2 500 毫米，且自西南、东南向西北递减。

在水库方面，据湖北省水利厅统计，截至 2014 年底，全省已建成水库（含电站水库）6 275 座。其中，大（1）型 8 座，大（2）型 61 座，中型 280 座，小（1）型 1 211 座，小（2）型 4 715 座。全省水库总库容 1 201 亿立方米，占全国的 12.8%，居全国第 1；水库数量位居全国第 5，占全国的 6%，其中大型水库座数居全国第 1。

在湖泊方面，湖北省有着"千湖之省"的美誉，知名度较高的湖泊有东湖、洪湖、梁子湖等，全省现有 100 亩以上湖泊和 20 亩以上的城中湖泊共 755 个，湖泊数量在全国排第 4。

（5）区位交通及市场空间优势。在区位交通方面，湖北地处中国经济地理与人文地理的中心，地跨 108°21′42″—116°07′50″、北纬 29°01′53″—33°6′47″，东西长约 740 千米，南北宽约 470 千米，东邻安徽，南界江西、湖南，西连重庆，西北与陕西接壤，北与河南毗邻，古往今来素有"九省通衢、川鄂咽喉、西南门户"之称，而进入现代后，以京珠、京九为纵轴的南北交通网和联通沪蓉的东西交通网交汇于此，形成了"三枢纽两走廊三区域九通道"的综合交通运输格局，为湖北省提供了独具"承东启西、接南纳北"的区位优势，也为各地农产品、轻工业品等交易活动提供了中转与储货服务，使湖北省成了沟通我国经济发达和不发达地区的交通、商贸要冲，而长江流域河道贯穿全省的优势也为湖北省提供了极为便利的水运条件。

据湖北省 2029—2035 年国土空间总体规划显示，未来湖北省将以武汉城市圈、"襄十随神""宜荆荆恩"三大城市群为主打造立体交通网络，并着力构建武汉、襄阳、宜昌和"黄冈-鄂州-黄石"四大综合交通枢纽，建成引领中部、辐射全国、通达世界的现代化综合交通运输体系。湖北省独特的区位优势使得全省大中型农产品批发市场发展繁荣，武汉等大中城市已跻身全国重要的农产品交易中心行列，成为我国农产品重要集散地。随着农产品国际国内市场的一体化进程加快，区位交通优势将为湖北水果产业发展提供更为广阔的发展前景。

在市场空间方面，湖北省作为国内大循环重要节点和国内国际双循环战略的重要链接。在武汉 500 千米同心圆范围内，汇集有长沙、南昌、郑州、合肥及南京等 5 个省会城市。其中，武汉、长沙、南昌作为长江中游城市群发展重要组成成员，极近的地理距离确保了区域间要素有效地整合，推动区域内劳动力流动、科研技术交流及市场共享，尽管在水果种植面积和产量等方面湖北省暂时处于劣势，但相较于湖南省、江西省等地区，湖北省在科技力量、水运交通条件等方面优势明显，这些有利条件为湖北省水果产业在长江中下游地区预留了广阔的市场空间。在武汉 1 000 千米同心圆中包含着全国 17 个省会城市和直辖市，上海、杭州、广州等东南部沿海发达城市也在其中，由于时令水果保鲜期较短，1 000 千米冷链运输距离能够保证湖北省水果做到当天装车当天到达，能够提早进入、抢占东南部发达地区市场，为湖北省水果发展提供了良好的市场空间。

（6）品牌优势。在行政力量推动和市场化运作下，湖北省于 2010 年成功推出"宜昌蜜橘""秭归脐橙""汉水沙梨"等三大湖北名牌，实现了湖北省水果品牌建设的重大突破并得到了全国各地消费者的广泛好评，"宜昌蜜橘"在华北、东北和西北市场上享有盛誉，"秭归脐橙"和"汉水沙梨"分别在东北和南方市场上占有着较高的市场份额。其中，"宜昌蜜橘"先后被评为"湖北十大农产品""全国最具市场竞争力地理标志""宜昌市知名商标""中国地理标志保护产品"。"秭归脐橙"先后被评为"中国知名品牌""中华名果""湖北十大农产品""中国名牌农产品""中国地理标志保护产品"。"汉水沙梨"先后获得"湖北省著名商标""湖北名牌产品""湖北省十大名果"中国国际博览会金奖等荣誉。

（7）历史文化优势。湖北省农耕文化历史悠久且是我国柑橘的原产地之一，有着极为浓厚的柑橘文化。战国时期楚国大诗人屈原在宜昌秭归故里写下《橘颂》这一不朽名篇，"后皇嘉树、橘徕服兮。受命不迁，生南国兮"至今为世人颂唱。唐朝著名诗人杜甫，曾咏诗"春日清江岸，千甘二顷园"，赞美湖北宜昌柑橘的勃勃生机。北宋欧阳修任夷陵县令时也诗赞宜昌柑橘"残雪压枝犹有橘，冻雷惊笋欲抽芽"。

（8）产业规模优势。湖北省水果产业经过多年发展，现已形成如下优势。

一是种植面积稳步增加，产量大幅提高。据国家统计局公开数据显示，2020 年湖北省果园面积达到 601.25 万亩，产量 1 066.8 万吨，面积和产量分别位居全国第 13 和第 10。柑橘是湖北省种植规模最大的水果，2010 年全省柑橘面积为 330.06 万亩，产量为 320.41 万吨，分别占据全省水果总种植面积和产量的 64.02% 和 41.56%，经过 10 年的发展，2020 年全省柑橘种植面积和产量分别为 356.1 万亩和 509.96 万吨，占同年全省水果面积和产量的 58.35% 和 47.8%，表明 10 年间湖北省通过改进生产技术与完善区域化布局确保了水果优势产品的生产，在柑橘种植面积占比下降的情况下实现了产量的提升。

二是区域布局合理，板块基地建设成效显著。初步形成了柑橘、桃等特色水果主导的产业格局，围绕"大三峡"片区打造了柑橘优势产业集群，建成了长江流域、清江流域及丹江口库区 3 条柑橘产业带，围绕 107 国道和 316 国道在沿线科学安排桃树种植，以汉江、长江及武陵山区为重点成功形成了"两江一山"的梨树种植格局。自湖北省 2004 年开展优质水果基地建设以来，相关职能部门联合各大科研机构与主产地重点建设了柑橘基地、梨基地和桃基地。通过新开发果园、改造提升老果园、建设水果良繁基地等一系列重大工程，成功在全省各地建立起一批水果优势区与生产大县。

（9）政策优势。在"创新、协调、绿色、开放、共享"新发展理念的指导下，围绕着国家推动农业产业绿色发展出台的一系列举措，湖北省高度重视本土水果产业发展，不仅在湖北省"十四五"的相关规划建议中提出，要因地制宜发展蔬菜、水果、茶叶、食用菌等优势特色农产品，围绕茶叶、柑橘、蔬菜（食用菌）、药材等主导产业，打造"十大千（百）亿级优势农业产业链"；而且在《湖北省推进农业农村现代化"十四五"规划》和《湖北省林业发展"十四五"规划》中强调，要着力打造全国特色农产品生产优势区，优化农业产业布局，发展蔬菜（食用菌、莲、魔芋）、茶叶、柑橘等十大重点农业产业链。

2. 湖北水果产业发展的劣势分析

（1）良种苗木繁育体系不健全。当前，湖北省尚未建立完善良种苗木繁育体系，对果树引种、苗木繁育与销售等环节的监管稍显不足，主要体现在以下几个方面。

一是湖北省果树苗木生产停留在传统品种，具有自主知识产权的果树品种占比小，在梨苗木生产上，矮化、脱毒苗木的繁育所占比率不高。二是品种资源圃、繁育圃和大苗繁育圃建设滞后，本土繁育、运销能力不足，缺少大规模、专业化繁育基地等短板，使得水果品种难以纯正并制约了湖北省果品供给能力。三是标准化程度有待提升，当前湖北省并未就各类苗木生产技术标准达成统一，苗木质量检验监测体系尚未建立，苗木生产的可追溯制度还未形成，生产专业化程度低，标准化水平有待提高。

（2）应对病虫害威胁能力不足。湖北省位于长江中游地区，属亚热带季风性湿润气候，夏季高温多雨，容易导致病虫害的发生，且随着种植规模的不断扩大加上近年来暖冬现象、极端灾害天气频繁出现，导致病虫害发生日趋多样化和复杂化。当前，湖北省水果产业面临的主要病虫害有柑橘衰退病、葡萄霜霉病、猕猴桃细菌性溃疡病、果实软腐病和桃树蚜虫等，对湖北省水果产业发展造成较大威胁。此外，由于水果种植地点分散且规模较小，部分种植户盲目追求经济利益，管理随意、滥用农药、化肥，忽视了对果园可持续发展能力的重视，致使果园抗病虫害能力遭到进一步削弱。

（3）果品生产标准化程度低。一是在"大国小农"的基本国情影响下，湖北省果品生产的产业化、标准化程度较低，难以形成系统配套、先进适用的果品生产标准技术体系。二是受制于当前湖北省果农总体素质水平不高、技术应用能力不足等难题，大多数产区仍以传统栽培模式为主，果园机械化和智能化水平较低，2020年水果综合机械化水平仅为31.8%，湖北省果品栽培管理技术水平加强与栽培模式更新等问题亟待解决。三是进入消费者市场后由于收购商对产品品质要求较高，针对外形、包装等方面都有较高要求，但湖北省果品生产标准化体系缺失的问题仍旧存在，使得果品质量均一性不足，市场竞争力被进一步削弱。

（4）果园管理水平较低，生产效率低下。当前，湖北省果园基地面临着水、电、路、网等基础设施年久失修和配套设施不足等一系列问题，而果树苗木繁育、果园建设和果园管理等环节所需的果实采摘平台、移栽机和起苗机等机械种类较少或研发不足，缺少性能稳定、质优价廉的多功能果园机械。湖北省柑橘果园大多建于山地丘陵地带，交通运输和用水用电问题难以得到有效解决，机械化水平较低更是加大了对劳动力的需求，进一步挤占了果农的利润空间，果农无力应用投入成本高、回本周期长的标准化生产技术。

（5）龙头企业少且示范带动作用不强。湖北省果品企业众多，且涌现出一批如湖北土老憨生态农业开发有限公司、秭归屈姑食品有限公司在内的优秀龙头企业，但对湖北省水果产业发展的带动能力仍显不足。主要表现在如下几个方面：一是生产组织形式和利益机制不够完善与规范，已有龙头企业的成功模式不可复制，无法带动中小型企业与农户共同发展；二是政策扶持不足，资金、人才获取困难，尽管中央与省各级机构均强调农业的重要性，作为先天性的弱质产业，政策保护和支持力度不足，果品企业融资老大难问题依然存在，这些都延缓了湖北省果品产业的产业化发展进程。

（6）区域公共品牌建设滞后。农产品区域公用品牌是指在一个具有特定自然生态环境、历史人文因素的区域内，由相关组织所有，若干农业生产经营者共同使用的农产品品牌。该类品牌由"产地名＋产品名"构成，原则上产地应为县级或地市级，并有明确生产区域范围。当前，湖北省农产品区域公共品牌建设存在如下问题：一是区域品牌整合困难，公共品牌滥用现象严重，相较于工业品，水果生产季节性、时效性较强，且科技含量有限，包装易学易仿，长期无序竞争导致各种小商家滥用知名公共品牌扰乱市场；二是农产品区域品牌数量多，但全国知名品牌少，根据 2021 年中国品牌·区域农业产业品牌影响力指数排行榜显示，影响力指数排名前 100 的农产品中，湖北省仅有 3 例，果品类中更是只有秭归脐橙 1 例上榜且排名较后，为全国第 80 名；三是品牌传播重视程度不够，宣传推广策略简单，如当前"宜昌蜜橘"的品牌传播媒介主要有广告牌、产品推介会与流媒体广告三种，对于互联网新时代的新媒体传播方式，如微博、短视频媒体等应用较少，宣传渠道有待拓宽、力度有待加强。

（7）科技支撑比较薄弱。湖北省是全国科教大省，综合实力仅排在北京、上海与江苏之后，但仍存在大而不强的问题。一是科技人才队伍建设不足，湖北省现有华中农业大学等涉农高校和科研机构近 70 所，农业科技人才 5 000 余人，但受制于体制机制，地区间人才流动不够，全省农业科学院中硕士学历及以上的人员超过一半在武汉市区域范围内工作。二是自主创新能力不足，以往重引进、轻创新的发展模式尽管加速了产业规模提升，但也导致湖北省水果产业虚胖现象严重，关键技术受制于人。三是科研成果转化能力不足，对水果科研成果转化推广联动机制不健全，成果推广主要依赖政府指令强制执行，农业科研部门、农业农村部门、科技部门等相关单位尚未建立科学有效的信息交流共享机制。

（8）电商销售管理水平较低，产品品质以次充好。互联网时代，智能化与大数据化不断深入人们生活的各个环节中，湖北省水果及制成品线上销售主要面临着两个方面的问题：一是缺乏知名的龙头电商企业，现有线上销售主体规模小且联结机制不够完善，导致现有的一些小型的商家缺乏电商运营的基本素质，经营管理混乱等现象频出，降低了产品的认可度，电商销售量普遍不高，并且由于不重视加工、包装及运输等问题，导致了许多差评出现，这对电商商家的销售量有很大影响。二是缺乏品牌意识，一些电商商家为了追求短期利益，以次充好，不惜在电商平台频繁更换店铺，导致消费者上当受骗。根据武汉市 2021 年发布的 12315 年度分析报告显示，食品类产品投诉举报连续 2 年商品类投诉举报量第 1 位，其中，关于肉及肉制品、水果、乳制品等的投诉量最多，占一般食品投诉举报量的 54.11％。假冒的水果产品势必给正宗、优质的水果产品带来不良的影响。

（三）湖北水果产业发展的机遇与挑战

1. 湖北水果产业发展的机遇

（1）市场机遇。根据农业部 2017 年印发的《特色农产品区域布局规划（2013—2020年）》显示，湖北省按照相关要求重点打造了特色葡萄（中南区）、特色桃（孝感产区）、特色柚（湖北宣恩）三大产区，在国家战略定位加持及财政支持力度逐年递增的情况下，湖北省水果产业发展有着充足的潜力与后劲，且湖北省传统优势水果产品如柑橘、梨、柿子等淘汰了一批落后的果园与品种，使得湖北省果品结构得到了进一步优化，形成了集生产、加工和营销于一体的产业链，为湖北省果品创立著名品牌、走出国门、扩大国际市场份额做出了贡献。

据海关总署统计数据显示，2021 年湖北省农产品出口总额达 27.27 亿美元。其中，主要水果产品中柑橘类出口总量为 1 100.93 吨，出口总额达 98.22 万美元；鲜梨及其罐头出口总量为 128.34 吨，出口总额达 13.09 万美元；葡萄及葡萄制品出口总量为 119.16 吨，出口总额达 33.03 万美元；特色果蔬汁出口额为 5.5 亿美元。湖北省水果出口不再仅限于传统国家和地区，近年来成功地开拓了哈萨克斯坦、乌克兰和阿联酋等市场，加快了与共建"一带一路"国家的商贸往来。

（2）国内生产布局结构调整的机遇。随着经济的发展，土地、劳动与资本等生产要素使用的机会成本在不断攀升，且该情况又以东部等沿海地区为甚，面临着生产成本快速提升、建设用地供应紧张的压力，因此我国水果生产布局由东部向中西部转移的趋势明显。

从地区分布来看，近年来，福建、浙江和广东等东南部沿海传统水果主产区减产现象严重，种植面积和产量排名均有一定程度的下降，而湖北省则抓住了经济发达地区产业转型的契机，扩增了本省各类型水果种植规模，抢占了市场空间。

从品种类型上来看，在市场需求的驱使下，湖北省水果产业结构逐渐偏向于种植经济效益高的品种，如以宜昌蜜橘为代表的宽皮柑橘等。

从上市时间上来看，在大中型城市及平原低海拔地区水果生产淡季无法满足市场需求的情况下，湖北省能够凭借自己得天独厚的地理优势与自然条件，承接水果产业转移，给市场提供各类型早熟与晚熟水果品种。

由此可见，国内水果生产布局产业结构的调整为湖北省水果产业发展带来了一定的机遇。

（3）新发展格局机遇。作为传统的农业大省，湖北省素来有"鱼米之乡"的美称，长期为我国保障粮食有效供给与食品安全发挥着极为重要的作用。但随着传统农业向现代农业转型升级、坚持推进供给侧结构性改革任务的关键时期到来，湖北省农业产业内结构在面临着风险的同时也有着融入新发展格局从而加快产业升级的历史机遇。在该机遇下，为拓宽农户收入渠道，实现节本增收，种植水果等经济作物来弥补传统粮食作物生产在农户增收致富过程中的缺陷成为当前的有效途径。

在鲜果生产方面，湖北省应当坚持将推进供给侧结构性改革作为产业发展的主要任务，整合现有生产要素与资源，确保水果产业实现"三优"（品种优、品质优、产业优）。

在水果加工品生产方面，湖北省现有从事果品精加工企业应充分利用不同季节的主产品种，挖掘深加工潜力，创新品种并优化结构，让加工制品能够更好地契合消费者的需求，充分利用信息资源实现产地供应与消费者的无缝对接，加快湖北省水果产业实现绿色发展。

（4）政策机遇。《特色农产品区域布局规划（2019—2020）》《中国果品产业"十三五"发展规划纲要》《全国主要农产品加工业发展规划》及近期发布的《"十四五"推进农业农村现代化规划》《2021 年种植业工作要点》等，都从不同方面体现了国家对发展现代农业的重视。此外，湖北省级层面对水果产业的发展在政策及财政等方面也给予了大力支持。

近年来，湖北省积极扶持水果产业，促进水果生产向基地化、规模化和集约化等方向发展。通过建立并落实"链长制"，拉长传统优势的水果产业链条，引导柑橘等单一产品的生产向生产、加工、贸易、旅游等全产业链拓展，打造优势农业产业链。同时，加快了产业平台建设，每年统筹中央农业生产发展资金和省级农业转移支付资金4亿元左右，重点支持了农产品加工强县、农业产业示范园、加工园建设。在政策方面，湖北省依据上级指示精神，在吸收借鉴《国家乡村振兴战略规划（2018—2022年）》《中华人民共和国国民经济和社会发展第十四个五年规划和2035年远景目标纲要》等中央文件的基础上，因地制宜，制定了《湖北省推进农业农村现代化"十四五"规划》《湖北省农业可持续发展规划（2019—2030年）》等一系列方针政策，针对湖北省水果发展提出了翔实的支持政策，有效地破解了湖北省水果产业发展产业化程度不高、绿色生产技术滞后等难题。

2. 湖北水果发展的挑战

（1）传统水果优势主产区带来的竞争挑战。随着传统优势区品牌意识的增强，近年来，我国水果产品市场上涌现出了许多知名品牌，如赣南脐橙、洛川苹果、烟台樱桃等。其中，江西省、山西省、山东省、湖南省等地区因其标准化的生产与高效的经营模式迅速抢占各类型产品的市场份额，在全国销售市场上掌握着极高的话语权与定价权，这无疑给湖北省水果产业弯道超车、实现又好又快的发展带来了前所未有的挑战。近年来，我国水果产业科学家通过引入和杂交在水果新品种的研发上取得了较好的成果，如苹果梨、柠檬柚等，这些新品种的问世尽管给湖北省当地水果产业结构转型提供了可能性，但随着各地水果品种越来越多样化，产量越来越高，消费者的需求也将发生转变，逐渐从传统产品过渡到新产品上，因此品种多样化和消费者需求的变化给湖北省水果产业发展带来了巨大的挑战。

（2）水果生产"过剩"带来的挑战。当前，对湖北省水果产品产销形式的总体判断是总量过剩、结构性过剩、季节性过剩和低品质过剩，且当前在产量已基本达到饱和状态下，质量与结构略有不足。面对人们日益提高的水果消费需求，质量好、档次高的产品仍然具有广阔的市场前景。因此，湖北省如何解决好低端水果生产"过剩"问题，以及如何通过提升湖北省水果产品的品质、打造全国知名品牌来助推湖北省水果产业实现转型升级，对湖北省水果生产来说都是不可忽视的挑战。

（3）进口水果日趋激烈的竞争带来的挑战。对水果健康化、多样化的消费需求助推了高质量水果在中国市场受欢迎程度的提升，国外进口水果在中国市场越来越受到消费者们的喜爱。主要原因如下：第一，消费者收入水平的不断提升能够满足当前人们对高端水果产品的需求；第二，全球经济一体化及跨境电商贸易的飞速发展带动了进口水果的销售；第三，高端化、多样化的消费需求升级也助推了水果消费结构的改变。进口水果的增加会对湖北省本土水果产生巨大的冲击；第四，国外几大水果主产国都以其自身的比较优势占据着水果市场相当一部分市场份额，如美国以其强大的品牌优势、巴西以其丰富的劳动力优势占据着中国水果市场，这给湖北省本土水果市场销售带来巨大的挑战。

（4）国内消费需求变化带来的挑战。随着人们消费能力的提高，国内水果市场的消费需求也悄悄发生了改变。第一，消费需求越来越大，水果消费种类也越来越多。因此，随着市场上水果种类越来越丰富，湖北省现有水果品种难以对消费者的需求形成全覆盖，这对湖北省水果的市场销售造成一定的负面影响。第二，消费者需求更加注重品质、品牌。消费者对水果的消费要求越来越高，不再像以往那样仅关注价格，而是在水果品种、卖相及品质上有了更高要求。市场不断升级的消费需求必将对湖北省水果的种植、加工及运输环节造成一定的压力。第三，随着消费结构的变化，国内消费者对进口水果的消费需求快速增长，这也将对湖北省水果的国内市场销售带来一定的冲击。

（5）土地资源分布不均及退耕还粮带来的挑战。湖北省全省土地资源分布不均，全省地势大致为东、西、北三面环山，中间低平，略呈向南敞开的不完整盆地。在全省总面积中，山地占56%，丘陵占24%，平原湖区占20%。突出表现为土地利用差异大，耕地比重小，水田多，坡地比重大，其中海拔在500米以上的山地占到了56%以上，后备资源有限。同时，湖北省生态保护红线不容忽视，2029—2035年全省规划生态保护红线面积为3.74万平方千米，占全省面积的20.1%，尽管较往年有所下降，但相较于工业用地、商服用地的增长速度，水果产业发展用地约束日益严重。在农用地使用上，湖北省位于我国中部，地形多样，自然条件优越，同时兼具南方、北方的特点，除了有种类众多的粮食作物还有多种经济作物，如油菜、花生、药材、蔬菜、水果、茶叶等，农产品种类之丰富，居全国前列。2020年国务院办公厅印发《关于防止耕地"非粮化"稳定粮食生产的意见》、2021年湖北省人民政府办公厅印发《防治耕地"非粮化"稳定粮食生产工作方案》，从不同方面要求引导新发展果业、林业上山上坡，不得与粮争地，这进一步限制了湖北省水果产业的发展空间。且近年来，经济作物中如油菜、花生、中草药材等农作物种植面积增速逐渐加快，水果种植退出耕地的速度也在逐年加快，农业用地竞争之激烈及荒山荒地资源开发利用不足对未来湖北省水果种植面积的增加带来了一定的压力。

表 9-2　2016—2020 年湖北省部分粮食和水果种植面积状况

单位：万亩

年份	小麦	稻谷	油菜籽	花生	中草药材	果园	柑橘	梨
2016	1 662.41	3 196.46	1 725.65	348.21	262.38	508.26	328.20	32.39
2017	1 729.82	3 552.11	1 456.76	345.80	233.09	518.73	326.66	34.37
2018	1 657.44	3 586.49	1 399.46	348.90	287.99	549.26	340.85	35.82
2019	1 526.61	3 430.13	1 407.47	365.43	359.70	571.29	349.14	36.80
2020	1 547.07	3 421.10	1 551.54	373.08	404.78	601.25	356.10	37.17

资料来源：《湖北省统计年鉴》(2017—2021)。

表9-2可以看出，近五年来，湖北省水果产品种植总面积虽然具有一定的优势，但主栽品种特别是柑橘与梨种植面积的增速相比油菜、花生、中草药材等农作物已经相对下降，在湖北省主要农作物中所占的比重逐年降低，农用地竞争激烈给水果产业带来的挑战不容忽视。

（6）环境约束带来的挑战。湖北省是水资源、土地资源比较丰富的地区，但随着工业化、城镇化进程的不断加速，湖北省自然资源环境的压力也在不断加大，给水果产业的发展带来了极大的挑战。一方面，耕地后备资源不足，人均耕地低于全国平均水平，集中连片耕地后备资源约47万亩，区域分布和水田、旱地结构不平衡，部分地区落实耕地占补平衡压力较大；另一方面，农村环境形势十分严峻，面源污染治理短板突出，农业源对主要水污染物排放总量的贡献率较高。生活污染和工业污染叠加，各种新旧污染相互交织，土壤污染防治工作基础仍然十分薄弱。生活污水和垃圾无害化处理率低，部分农村黑、臭水体治理任务艰巨，地下水污染防治还处于探索阶段。农村环境保护的体制、机制不够健全，环保基础设施滞后，环境监管能力薄弱，优良农产品供给距离人民群众对美好生态环境的期盼和向往还有很大差距。

（四）湖北水果产业发展的形势与展望

1. 湖北水果产业发展的形势分析 从图9-5、表9-3和图9-6可以看出，水果产业从总体上来看有一定优势，尤其是湖北省特有的区位优势、气候优势和种质资源优势是其他省份所无法比拟的。但也有很多问题制约着湖北省水果产业的发展，最突出的是良种繁育体系、应对病虫害能力、科技支撑及产品质量方面的问题；外部因素在给湖北省水果产业发展带来挑战的同时，也带来了发展机遇。

因此，湖北省水果产业发展总体是优势与机遇并存，要促进湖北省水果产业绿色、可持续发展，必须采取增长型发展战略。

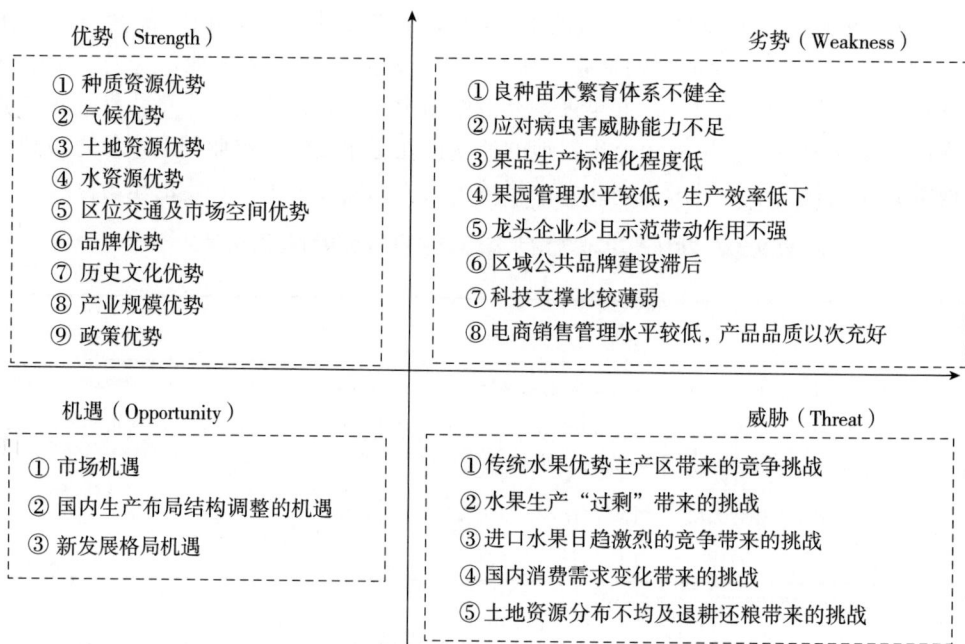

图9-5　湖北省水果产业发展 SWOT 战略分析表

表9-3　湖北省水果产业发展 SWOT 战略分析矩阵

	机会（Opportunity）	威胁（Threat）
优势 （Strengths）	SO 战略（增长型战略） （依靠内部优势，利用外部机会） 提升品质，打造品牌 产品创新，保障质量	ST 战略（多种经营战略） （依靠内部优势，回避外部威胁） 做好调研，夯实基础 发挥特色，强化服务
劣势 （Weakness）	WO 战略（扭转型战略） （克服内部劣势，利用外部机会） 坚持特色，整合资源 加大投入，技术引领	WT 战略（防御型战略） （克服内部劣势，回避外部威胁） 市场开拓，技术创新 人才培养，强化管理

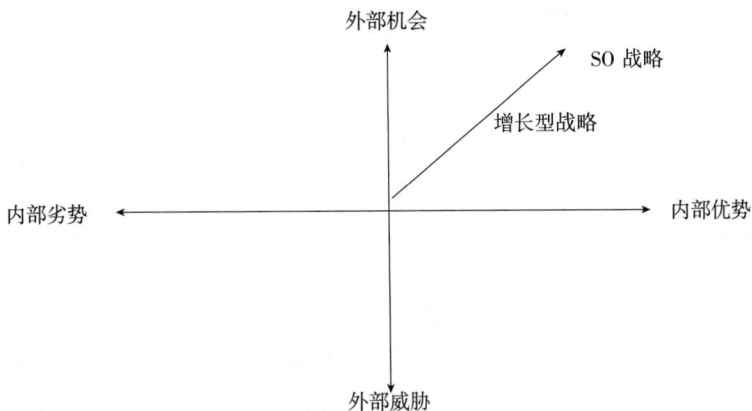

图 9-6　湖北省水果产业发展 SWOT 战略

2. 湖北水果产业发展展望　未来 10 年，湖北省水果产业结构将得到进一步优化，品种结构日益丰富，各类主要水果优势区建设成效显著，绿色化、优质化、特色化、品牌化水果产品产量、消费量稳步增长，贸易规模及范围持续扩大，价格波动上涨。

其一，生产方面。预计未来湖北省水果产量将稳中有升，随着全国产业结构优化及供给侧结构性改革任务的不断推进，中部地区在劳动密集型水果生产上的比较优势将越来越显著，在湖北省越来越注重产业区域特色、产业规模、水果品牌建设及市场营销的基础上，水果产量将稳步增长，通过进一步优化产业区域布局、品种结构及促进集群发展，为水果产业发展提供支撑。根据湖北省统计年鉴数据整理预测，未来 10 年湖北省水果产量年均增长率将达到 2.17%。

其二，消费方面。预计未来湖北省水果消费量将持续增长，消费结构将不断优化，其中水果加工品消费占比将进一步提升。随着中国经济的不断发展、城镇化水平的提升及居民人均收入水平的提高，消费者将更加重视水果的质量安全及营养供给能力，水果消费将成为大众饮食日常，推动水果消费持续增加，加工消费占比持续提升。据国家统计局和农业部公布数据展望未来 10 年，湖北省水果直接消费量及加工消费量年均增长率将分别达到 2.15% 和 2.93%。

其三，贸易方面。预计未来湖北省水果进出口总量将随着中国经济增长而持续增加，消费的不断升级，对榴梿、车厘子、蓝莓等进口水果的需求将会急剧增加，而国内果品生产、加工的标准化体系构建及冷链物流的快速发展又会促进湖北省水果产品质量与国外要求接轨，推动湖北省水果鲜果及制成品出口增长。根据国家统计局及海关总署公布数据整理预测，未来 10 年湖北省水果进出口年均增长率将分别达到 8.6% 和 6.7%。

其四，在价格方面。随着劳动力成本的不断攀升及高品质、绿色化水果种植要求的提升，根据商务部发布的历年水果批发价格显示，国内各类水果价格在未来 10 年总体将呈现波动上涨的态势。而由于水果品质对价格的影响较大，因此同类型果品中则会出现两极分化现象，未来市场上符合消费者需求的优质水果价格将趋于上涨，而一些质量较低的水果价格将维持稳定甚至出现下跌趋势。

二、湖北水果产业发展的市场前景和发展潜力

(一) 湖北水果产业的产销现状

1. 湖北水果生产现状 湖北省处于中国地势第二阶梯向第三阶梯的过渡地带，地貌类型多样，东、西、北三面环山，中南部为江汉平原与湖南省洞庭湖平原相连，全省除小部分地区为高山气候外，大部分为亚热带季风性湿润气候，日光照及降水量充足，适宜种植柑橘、葡萄、柚子等经济作物。当前，湖北省栽培的果树品种主要有柑橘、桃、梨、葡萄、猕猴桃等，建成了以宜昌蜜橘、秭归脐橙、清江椪柑、建始猕猴桃等为代表的水果地理标志。根据湖北省统计年鉴显示，2020 年湖北省种植规模较大的果树品种共有 5 种，分别为柑橘、桃、梨、葡萄和猕猴桃，年末实有面积分别为 356.10 万亩、100.51 万亩、37.17 万亩、24.29 万亩和 17.46 万亩（表 9-4）。

表 9-4 2020 年湖北省各类水果生产情况

品种	种植面积/万亩	产量/万吨
柑橘	356.10	509.96
桃	100.51	108.63
梨	37.17	41.53
葡萄	24.29	31.29
猕猴桃	17.46	7.39

数据来源：《湖北省统计年鉴》、各地区统计年鉴、《中国农村统计年鉴》。

(1) 柑橘生产。柑橘长期以来一直是湖北省种植规模最大的果树品种，产区主要集中在宜昌、十堰、恩施等地区。2020 年，湖北省柑橘种植面积为 356.10 万亩，产量达 509.96 万吨，分别占全省果园面积与产量的 58.35% 和 47.80%（表 9-5）。

表 9-5 2020 年全国柑橘生产大省排序

省份	产量/万吨	产量排序
广西壮族自治区	1 382.09	1
湖南省	626.66	2
湖北省	509.96	3
广东省	497.68	4
四川省	488.96	5

数据来源：国家统计局、各省统计年鉴。

(2) 桃生产。当前，湖北省桃树种植区域主要集中于随州、襄阳和孝感三地，主要品种有广水胭脂红鲜桃和曾都油桃等。2020 年底，湖北省桃园面积为 100.51 万亩，产量达 108.63 万吨，分别占全省果园面积与产量的 16.47% 和 10.18%（表 9-6）。

表 9 - 6 　 2020 年全国桃生产大省排序

省份	产量/万吨	产量排序
山东省	422.24	1
河南省	193.01	2
山西省	157.56	3
河北省	142.30	4
湖北省	108.53	5

数据来源：国家统计局、各省统计年鉴。

（3）梨生产。湖北省梨的主产区分布广泛，主要有襄阳、荆门与荆州等地区，主要品种为襄阳老河口市产的汉水沙梨。2020 年湖北省梨园面积为 37.17 万亩，产量达 41.53 万吨，分别占全省果园面积与总产量的 6.09% 和 3.89%（表 9 - 7）。

表 9 - 7 　 2020 年全国生产梨大省排序

省份	产量/万吨	产量排序
河北省	350.19	1
新疆维吾尔自治区	154.47	2
河南省	138.16	3
辽宁省	132.95	4
安徽省	127.51	5
山东省	111.09	6
陕西省	104.30	7
山西省	97.73	8
四川省	95.56	9
江苏省	78.35	10
云南省	65.41	11
广西壮族自治区	47.12	12
贵州省	44.78	13
湖北省	41.53	14

数据来源：国家统计局、各省统计年鉴。

2. 湖北水果消费现状 　湖北省水果消费差异明显，主要表现为以下三点。

其一，湖北省水果消费中鲜果与加工品消费差异显著。水果消费需求的特点主要表现为在鲜果与加工品消费选择上存在巨大差异，即我国居民水果消费结构中鲜果消费占据绝大部分，而加工品消费很少。

其二，城乡差异明显。据表 9 - 8 显示，2020 年湖北省城镇家庭居民人均干鲜瓜果消费金额为 449.60 元，而农村家庭居民人均干鲜瓜果消费量年均仅 33.65 千克。

表 9 - 8　2020 年湖北省家庭的人均主要食品消费与水果消费

	城镇家庭		农村家庭	
	主要食品消费金额/元	干鲜瓜果消费金额/元	主要食品消费量/千克	干鲜瓜果消费量/千克
2020	4 824.93	449.60	438.65	33.65

注：数据来源于历年湖北省统计年鉴，水果为干鲜瓜果类。

其三，不同收入阶层居民人均水果消费量差距大，据表 9 - 9 显示，2020 年湖北省高收入户和低收入户人均年购买干鲜瓜果金额分别是 650.12 元和 284 元，差额为 366.12 元。

表 9 - 9　2020 年湖北省城镇居民家庭不同收入等级人均购买干鲜瓜果类金额

单位：元

年份	总平均	低收入户	中低收入户	中等收入户	中高收入户	高收入户
2020	464.87	284.00	365.96	443.91	580.38	650.12

数据来源：《2021 年湖北省统计年鉴》。

（二）湖北水果产业发展的市场前景

1. 国际市场分析

（1）供给分析。根据 FAO 数据统计，2020 年世界水果种植面积为 97 288.99 万亩（图 9 - 7），产量为 88 702.73 万吨（图 9 - 8）。世界水果总产量位列前 5 的国家依次为中国、印度、巴西、尼日利亚和菲律宾。柑橘的主要产地分布在北纬 35°以南地区，主产国有中国、巴西与印度等。桃的主要产地集中于东亚、地中海和波斯湾地区，主产国为中国、西班牙和意大利等。梨的主要产地分布在东亚和美洲，主产国有中国、美国与阿根廷等。猕猴桃的主产国有中国、新西兰与意大利等。

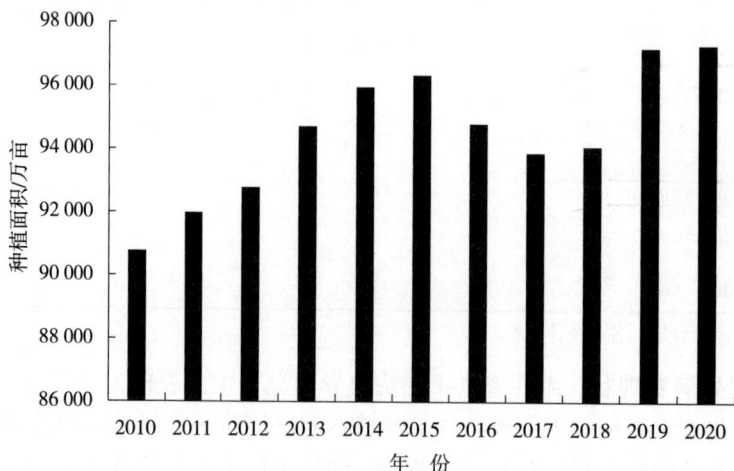

图 9 - 7　2010—2020 年全球水果种植面积
数据来源：FAO 数据库。

如图 9 - 7 所示，2010—2015 年，全球水果种植面积呈上升态势，并在 2015 年达到历史最大值，尽管 2019—2017 年全球水果种植面积有所下降，但经过 2018 年和 2019 年

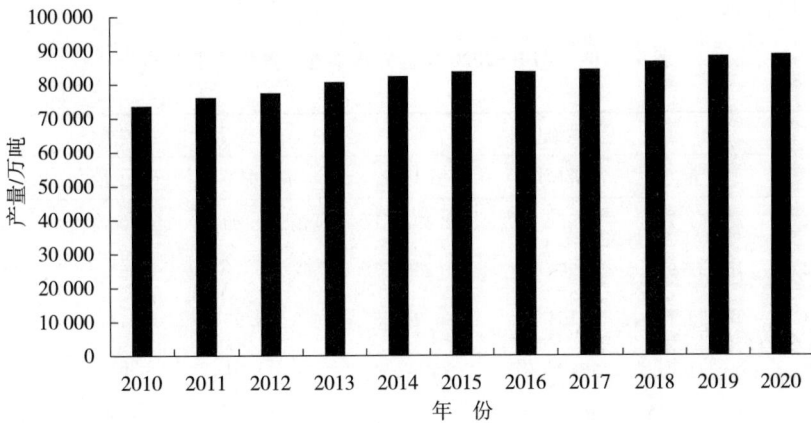

图 9 - 8　2010—2020 年全球水果产量
数据来源：FAO 数据库。

的恢复后，全球水果种植面积成功突破历史最高值，在 2020 年达到 97 288.99 万亩。

（2）需求分析。2020 年世界水果年消费量超过 4 000 万吨的地区有 3 个，分别为中国、印度和巴西，消费量分别占世界水果总消费的 25.99%、10.82% 和 4.19%。柑橘的主要消费地区为中国、巴西和土耳其，消费量分别占世界柑橘总消费的 53.05%、4.25% 和 3.29%。桃的主要消费地区是中国、西班牙和意大利，消费量分别占世界桃总消费的 55.02%、5.80% 和 4.97%。梨的主要消费地区分别为中国、美国和阿根廷，消费量分别占世界梨总消费的 64.60%、2.70% 和 2.24%。图 9 - 9 是 2010—2019 年全球水果年消费量。

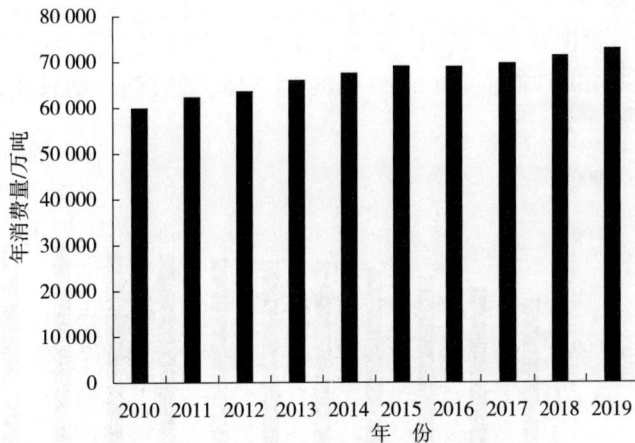

图 9 - 9　2010—2019 年全球水果年消费量
数据来源：FAO 数据库。

（3）产销平衡分析。从国际市场产销平衡状况来看（表 9 - 10），2010—2020 年世界水果供给需求产量逐年增长，相较于期初，2019 年水果产量和消费量的增幅分别达到 19.92% 和 21.52%，这得益于欧美国家对水果消费需求的有力拉动，全世界水果的出口量预计将持续增加。此外，随着东南亚等新兴经济体对鲜果、水果浓缩汁、食品、保健品等系列化、个性化与多样化产品的需求增加，湖北省水果的出口市场规模将继续扩大，拥有广阔的发展前景。

表 9 - 10　2010—2020 年世界水果总体产销平衡分析

单位：万吨

年份	供给量			需求量		
	产量	进口量	出口量	消费量	加工量	耗损量
2010—2011	73 561.79	8 574.79	8 899.71	59 944.46	6 108.3	7 184.11
2011—2012	76 059.96	8 966.15	9 208.57	62 320.19	6 067.2	7 430.15
2012—2013	77 399.11	9 104.58	9 431.53	63 589.93	5 843.8	7 638.43
2013—2014	80 554.54	9 492.72	9 789.13	65 971.61	6 366.8	7 919.72
2014—2015	82 227.42	9 913.98	10 081.11	67 509.59	6 445.4	8 105.30
2015—2016	83 538.85	10 314.46	10 132.12	69 002.37	6 513.2	8 205.62
2016—2017	83 610.44	10 422.36	10 591.70	68 877.83	6 317.7	8 245.57
2017—2018	84 279.07	10 945.28	11 244.43	69 647.47	5 940.4	8 392.05
2018—2019	86 587.51	11 153.95	11 194.52	71 302.6	6 645.1	8 599.24
2019—2020	88 216.02	11 271.75	11 402.78	72 846.01	6 463.4	8 775.58
2020—2021	88 702.74	10 979.58	11 243.45	——	——	——

数据来源：FAO 数据库。

注：计算公式为供给量（产量＋进口量）＝需求量（出口量＋消费量＋加工量＋耗损量）。FAO 数据库未给出 2020 年世界水果加工量及耗损量数据。

2. 国内市场分析

（1）供给分析。据图 9 - 10 所示，2010—2020 年中国水果供给量呈逐年增长的态势，从 2010 年的 19 793.45 万吨增长至 2020 年的 24 545.28 万吨，增长额达 4 751.83 万吨，增长幅度为 24.01%。

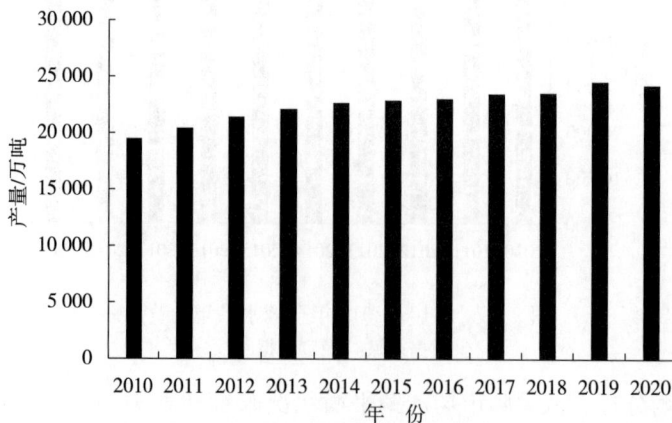

图 9 - 10　2010—2020 年中国水果供给量

数据来源：FAO 数据库。

根据 FAO 数据库统计显示，2020 年我国水果栽培总面积为 22 451.93 万亩，总产量 24 545.28 万吨。无论是在栽培总面积还是在总产量上，中国已经远远超过世界上水果生产排名第二的国家，成为世界水果第一生产大国。品种结构方面，根据 FAO 数据库显示，各类型水果中西瓜 6 024.69 万吨、苹果 4 050.10 万吨、柑橘类水果 2 328.88 万吨、梨 1 610.15 万吨、桃 1 501.61 万吨、葡萄 1 484.31 万吨、其他瓜种 1 386.54 万吨。2020 年，我国西瓜占比 32.77%、苹果占比为 22.03%、柑橘类水果占比 12.67%。这与世界其他国家相比，我国西瓜、苹果和柑橘占比过大，而梨、桃等水果占比较小（图 9-11）。

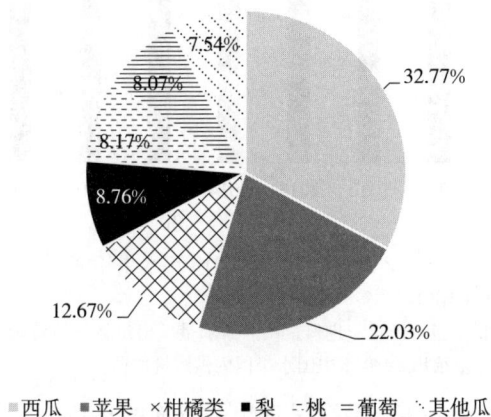

■西瓜　■苹果　×柑橘类　■梨　-桃　=葡萄　其他瓜

图 9-11　2020 年中国水果品种结构状况

根据表 9-11 所示，我国西瓜各品种主要在 6—9 月上市，主产区为新疆维吾尔自治区、甘肃省、山东省等地区，主要品种有黑美人、麒麟瓜和硒砂瓜等；柑橘类品种全年都有上市，但主要集中在 10—12 月，其市场份额可占到 60% 以上，主产区为浙江省、福建省、湖北省等地区，主要品种有柚子、沃柑、脐橙等；苹果上市时间为每年 7—10 月，主要产区有山东省、陕西省和辽宁省等地区，主要品种为烟台苹果、洛川苹果和花牛果等；梨的上市时间为每年 9—10 月，主要产区为安徽省、河南省和河北省等地区，主要品种为秋子梨、白梨和沙梨；桃的上市时间为每年 6—10 月，主要产区为北京市、天津市和山东省等地区，主要品种有离核毛桃和蟠桃等。从水果主要品种的国内产区分布情况来看，湖北省在各类型水果生产方面均不占优，因此需要加快调整湖北省水果布局结构，推动湖北省水果产业在全国实现争先进位。

表 9-11　中国水果主要品种及产区分布情况

品类	上市时间	主要产区	品种
西瓜	6—9 月	新疆、甘肃、山东、江苏等	黑美人、麒麟瓜、硒砂瓜等
柑橘类	全年均有，主要集中在 10—12 月	浙江、福建、湖南、四川、广西、湖北等	柚子（沙田柚、胡柚、琯溪蜜柚、文旦柚）、沃柑、脐橙、椪柑等
苹果	7—10 月	山东、陕西、辽宁、甘肃等	烟台苹果、洛川苹果、花牛果等
梨	9—10 月	安徽、河南、河北、山东等	秋子梨、白梨、沙梨、洋梨
桃	6—10 月	北京、天津、山东、河南等	离核毛桃、粘核毛桃、蟠桃等

（2）需求分析。根据图 9-12 显示，自 2010 年开始，中国水果消费量呈逐年上升的态势，从 2010 年的 12 566.7 万吨增长至 2019 年的 18 677.7 万吨，增长额为 6 111 万吨，增长幅度达 48.63%。

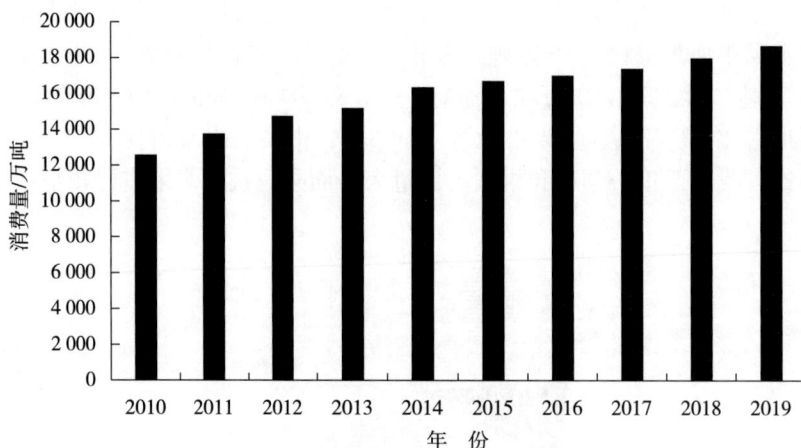

图 9-12 中国 2010—2019 年水果年消费量

数据来源：FAO 数据库。

注：计算方法为供给量（产量＋进口量）＝需求量（出口量＋消费量＋加工量＋耗损量）。FAO 数据库未给出 2020 年中国水果国内供给量数据。

当前，我国国内水果市场需求情况呈现出两方面的特点。一是从国内市场总体来看，水果鲜果总量过剩，供给出现结构性过剩。二是从供求关系来看，优质优价，"名特优稀"产品供不应求。由于部分地区种植规模大幅度扩张、品质下降、价格不稳定、农户心理预期价格高等原因，造成部分品种水果市场的供求关系出现了"买方市场"情况，果农的水果销售面临一定的"卖难"压力。

随着人们生活水平的提高，消费层次不断提升，健康概念越来越深入人心，优质水果的消费将会稳步增加。我国水果加工业起步晚，发展较为缓慢，加工水平还比较低，随着市场对水果制成品的需求不断增加，未来水果加工消费品需求潜力巨大。从地区消费差异来看，国内水果消费地区间差距较大，尤其是北方地区，水果消费水平低于全国平均水平，因此北方市场有待挖掘。综合以上分析，国内市场对湖北省水果的需求有较大的发展潜力。

（3）供需平衡分析。从国内市场产销平衡状况来看（表 9-12），2010—2020 年中国水果产量和消费量呈逐年增长的态势，相较于初期，2019 年中国水果产量和消费量的增幅分别达到 25.49％和 29.26％，这得益于来自国内居民收入水平提升及健康消费观念深入人心，随着国内居民对鲜果、水果浓缩汁、食品、保健品等系列化、个性化与多样化产品的增加，湖北省各类型特色水果将迎来良好的发展空间。

表 9-12 2010—2020 年中国水果总体产销平衡分析

单位：万吨

年份	供给量			需求量		
	产量	进口量	出口量	消费量	加工量	耗损量
2010—2011	19 793.45	451.24	603.31	16 643.73	961	2 036.65
2011—2012	20 744.73	529.41	596.17	17 624	912.7	2 141.27
2012—2013	21 736.88	541.14	605.85	18 560.24	869.8	2 242.13
2013—2014	22 430.81	519.43	601.28	19 147.48	891.2	2 310.28
2014—2015	22 981.98	590.76	558.70	19 689.36	954.9	2 369.78

（续）

年份	供给量			需求量		
	产量	进口量	出口量	消费量	加工量	耗损量
2015—2016	23 186.16	634.54	572.16	19 945.14	941	2 362.40
2016—2017	23 312.51	621.23	641.12	19 982.97	913.2	2 396.45
2017—2018	23 785.00	670.34	650.76	20 393.31	967.7	2 443.57
2018—2019	23 872.90	781.84	649.63	20 562.27	971.7	2 471.14
2019—2020	24 838.37	920.49	651.54	21 513.6	1 038.4	2 555.32
2020—2021	24 545.28	840.96	669.10	—	—	—

数据来源：FAO 数据库。

注：。计算公式为供给量（产量＋进口量）＝需求量（出口量＋消费量＋加工量＋耗损量）。FAO 数据库未给出 2020 年中国水果加工量及耗损量数据。

3. 水果鲜果及加工制成品分析　尽管 2020 年初的新冠疫情暴发使得各国物流运输能力和居民收入水平都遭受到了不同程度的影响，但从表 9-13 来看，我国水果进出口仍有较大的发展潜力。

表 9-13　2019—2020 年中国水果及制品进出口数量、金额变化

年份	类别	进口量/ 万吨	进口额/ 亿美元	出口量/ 万吨	出口额/ 亿美元
2019	鲜冷冻水果	701	98.9	400.1	63.9
	水果罐头	5.0	0.6	48.4	5.5
	果汁	23.3	4.1	43.6	5.1
	水果及制品	729.3	103.6	492.1	74.5
2020	鲜冷冻水果	607.8	101.4	416.9	69.8
	水果罐头	3.3	0.4	50.5	5.8
	果汁	27.7	4.2	57.0	6.2
	水果及制品	653.6	108.6	552.5	87.1

数据来源：根据中国海关总署统计数据整理。

在进口方面，除 2020 年果汁进口量及各类水果产品进口额相较于上一年度有小幅增长外，冷鲜冻水果、罐头进口量等指标均有所下滑，这是由于我国水果进出口基本呈现为高端进口、低端出口的贸易格局，但智利车厘子、泰国山竹、榴梿等国内主要高端进口水果消费品种具有易腐烂、不易储存、运输距离长的特点，使得运输过程多采用冷链运输，国外冷链携带新冠病毒的可能性及国内水果生产、加工技术的改革使得我国对国外水果的依存度逐渐降低。

在出口方面，2020 年我国鲜果、水果罐头及果汁等制成品出口量和出口额相较上一年度均有着不同程度提升，这是由于我国越来越注重水果的生产、加工及运输销售，在水果的生产、加工、包装、保鲜及市场销售等环节均采用了现代化技术，有效地匹配了欧美等发达国家质量标准，提升了我国水果鲜果及制成品的市场竞争力，未来我国各类水果有望在世界市场上占据更大的份额。

（三）湖北水果产业的发展潜力

1. 土地资源潜力　土地资源是影响湖北省水果产业健康发展的重要保障，在现有水

果园地方面，湖北省水果种植土地资源充足。根据湖北省第三次国土调查主要数据公报显示，湖北省现有园地面积共计 730.50 万亩，其中果园 477.55 万亩，占 65.37％。园地分布相对集中，且主要分布在宜昌、黄冈和恩施等地区，占园地总面积的 57.92％。

在土地资源后备潜力方面，湖北省现有荒地资源分布较广但又相对集中，在空间分布上，全省荒山荒地表现为斑状星散分布，荒山多于连片荒地，西部荒地多于东部荒地，山荒多于丘荒，给水果种植扩大生产规模提供了良好的条件。且大多数土层厚、理化性质较好，绝大部分土壤 pH 为 5～6，具备水果种植的良好立地条件，适合水果种植。湖北省现有耕地面积 7 152.88 万亩，主要分布在荆州、襄阳、荆门和孝感等地区，其中宜果宜林、坡度在 25°以下的耕地共计 6 987.48 万亩，占总耕地面积的 97.69％。因此，在严守耕地红线、保证粮食安全供给的基础上，湖北省水果产业发展拥有着坚实的后备力量。

如表 9-14 所示，湖北省现有农用地 21 937.66 万亩。其中，耕地有 7 152.88 万亩、园地 730.50 万亩、林地 13 920.20 万亩、草地 134.08 万亩。此外，湖北省有数量可观的橡胶园和其他园地共计 77.74 万亩，可用于换种水果，而荒废、残次果园更是可加以改造。由此可见，湖北省拥有着丰富的土地面积可用于水果产业发展，且建园投资相对较少，发展水果生产潜力大。另外，湖北省土壤类型主要是黄土、红壤和紫色土等，土壤中含有丰富的微量元素，有利于提升果实品质。因此，从土地资源潜力来看，湖北省发展水果产业具有很大的潜力。

表 9-14 湖北省土地利用状况

土地类型	农用地	耕地	园地	林地	草地
面积/万亩	21 937.66	7 152.88	730.50	13 920.20	134.08
比重/％	79.43	32.61	3.33	63.45	0.61

数据来源：湖北省第三次国土调查主要数据公报。

2. 市场潜力 从需求角度来看，随着生活水平的不断提升，目前中国居民特别是大中城市居民越来越关注水果的养生、保健功能，水果消费需求结构已从"数量型"追求转向"质量型"追求。一方面，人们在消费过程中对产品的质量的要求越来越高，消费者购买水果时，开始越来越多的考虑其安全性与产地环境，人们越来越青睐无公害、绿色、有机食品；另一方面，人们更加注重产品的营养、品位等特征，许多消费者倾向于选购具有高营养价值的产品，如柑橘、桃等。随着消费者需求日益多样化，水果品种也随之多样化，水果市场的竞争日趋激烈。可见湖北省水果的市场需求较为丰富。

3. 出口潜力 目前，湖北省的水果主要在国内进行销售，同时也有一部分销往国外。在出口国家和地区中，湖北省水果出口以销往东南亚、港澳台为主，2020 年成功开辟了哈萨克斯坦、阿联酋与乌克兰等共建"一带一路"国家的市场。柑橘是湖北省第一大水果，也是宜昌市特色出口农产品，出口的国家和地区包括欧盟、俄罗斯和中亚等，2020 年湖北省秭归夏橙首次销往加拿大，重量 4 800 千克，货值 48 325 元人民币。当前，在产品质量不足和交通运输远离沿海的不利影响下，湖北省水果的出口范围和数量仍然十分有限，大多数特色水果产品仅销往国内市场，但随着国际市场对优质果品需求的增加，未来湖北省在保证国内市场供应之外，有着极大的出口潜力。一方面，可以利用京广货运铁路网的优势出口到港澳台地区；另一方面，加强同广西壮族自治区、陕西省西安市等地区的联系，进入东盟和共建"一带一路"国家为主的国际市场，如蒙古等中亚和东南亚国家。随着 RCEP 和"一带一路"倡议的顺利推进，良好的国际市场发展前景必将加大湖北省水果的国际市场开拓步伐。

三、湖北水果产业发展的战略构想与战略部署

（一）战略目标

在继续保障果品供应总量、优化品种结构、提升质量效益、完善流通体系等工作的基础上，突出水果产业绿色发展理念，要确保国家粮食安全、践行大食物观，坚守十八亿亩耕地红线，坚持"果树上山下滩、不与粮棉争地"的方针，进一步优化产品结构与区域布局，重点推进水果产业园建设，广泛应用标准化生产技术与质量监测标准，推进果品产业绿色化、特色化、标准化、品牌化水平大幅提升。

力争在"十四五"计划期间，湖北省水果产业规模和效益稳步提升，各类水果种植面积与产量在中部各省份中均达到领先地位。确保果园面积维持稳定，其中，水果总种植面积稳定在 600 万亩左右，采用新建基地、改造老果园及新建精品园的方式，加快标准化果园建设，力争精品果园年改造数量保持在 20 万亩以上；水果生产提质增效，产量稳中有增，总产量保持在 770 万吨以上，每亩节本增收 1 000 元以上，到期末果品整体生产优质率达 75% 以上，商品果率达 85% 以上；水果综合机械化水平达 40% 以上，农药化肥投入减量增效，推进农药、化肥减量及有机肥替代行动，力争农药化肥利用率达到 45% 以上，广泛推广测土配方施肥技术，试点地区有机肥替代化肥覆盖率达 90% 以上，树立源头消减、整体预防、全过程控制的发展原则，促进水果产业及深加工等各环节实现清洁生产；综合产值再创新高，力争在"十四五"期末，柑橘等主要水果综合产值稳定在 500 亿大关以上，为湖北省农业产业结构调整带来有力支撑。

展望 2035 年，湖北省水果产业综合实力将迈上新台阶，产业质量与效益跻身全国第一方阵，产业基础地位更加稳固。果园面积和产量稳中有升，生产结构和区域布局优化完善，产业供给保障能力进一步增强；种质资源与遗传改良、生产加工技术创新和病虫害绿色防控技术突破发展，水果单产和品质迎来大幅提升；水果机械化、省力化栽培和采收技术实现较大突破；现代经营、流通、服务体系逐渐成熟，一二三产业高度融合；线上线下一体化营销创新进入新阶段，品牌建设成效显著。

1. 要素投入减量增效　在水果生产领域推进创新驱动战略，加快普及绿色要素投入模式。针对化肥农药投入量过大、水资源开发过度、人力资源短缺成本居高不下等问题，推行减肥、减药、节水的要素投入模式，加快山地机械的研发进展与使用，提高耕地、水、劳动力等农业资源利用效率。

2. 农药化肥高效利用　推进水果产业化肥农药减量增效行动，重点实施生物农药、有机肥替代化肥试点工作，集成推广节肥节药技术模式。通过加快示范基地和防控试点工作，推进精准施肥，改进施肥方式，提高肥料利用率，促进农业废弃物资源化利用水平提升，有效遏制农业面源污染。

3. 生产加工标准化程度及效率提升　水果产业标准化清洁化生产加快推行，重点发展果品绿色加工和质量控制技术，在果品采收、加工和储藏运输等环节执行更加严格的质

量控制，商品化处理更加清洁高效，加工副产物获得综合利用。

4. 绿色产品供给增加 在生产加工上确保鲜果及加工品质量安全，在运输和销售上发展农产品低碳运输体系，在完善联运网络和健全农产品冷链物流基础上，通过优化运输线路，改良运输方式和方案等措施来保障鲜果及加工品品质、降低水果流通环节的碳排放及废弃物污染。

5. 区域公用品牌建设取得突破 系统推进湖北省水果区域公用品牌规划设计、营销策划工作，申报驰名商标，塑强品牌价值，构建水果品牌建设绿色标准体系，推进水果绿色、有机、无公害认证，深入推进水果产品达标合格证制度，健全现存产品追溯体系，对产品从原料来源、制作、包装入库、发货出库、物流追踪实现全过程的信息管控。

（二）战略构想

坚持从"三农"工作大局出发，以深化供给侧结构性改革为主线，以技术、制度和商业模式创新为根本动力，坚持"稳面积、增单产、提品质、优结构、强品牌、拓市场"的发展思路。推动水果产业发展由简单扩量转向深度提质，加快水果产业现代化高质量发展步伐。坚持以市场为导向，突出创新引领，加强科技支撑，推进全产业链发展，优化产品及产业结构布局，加快水果产业集群化发展，打响"湖北精品水果"品牌，强化产销对接，确保种好果、卖好价。要突出市场转型，深化鄂、湘、赣区域协作，用好农业基金，抓好水果精品园及产业园项目储备建设。把湖北省水果产业建设成为现代化、规模化、集约化的现代农业先行产业。

1. 要素投入由数量规模型向质量效益型转变 持续优化水果要素投入结构，确保要素投入效率与质量。一是提升土地资源和水资源利用效率，预留产业发展空间，确保水果产品周年供应；二是加强种质资源保护，优化果业品种结构，增强产业抗风险能力；三是推进化肥、农药减量增效与污染综合治理行动，以绿色防控技术和废弃物综合利用来推进果业绿色发展先行区建设；四是加快适应农村老龄化与妇女化，研发适应现代果业发展需求的采收机械。

2. 产品提供由保证"量"的供应向满足"质"的需求转变 适应水果现代需求，确保产品提供绿色化。一是净化产地环境、执行严格生产规范，确保绿色产品提供以适应市场对水果的健康、保健需求；二是深入推进无公害食品行动，加强投入品监管、无公害基地建设及监督抽查来保障果品质量安全；三是推进水果品牌建设，丰富果品品牌内涵，调动经营主体打造水果品牌积极性；四是加大力度支持水果市场营销，做好水果产品市场推介工作，为本省果品拓宽外省销售渠道。

3. 生产方式由粗放型增长向集约型增长转变 改进水果生产方式，全面提高产品品质与档次。一是以区域化布局推进水果专业化生产，挖掘并发挥产区比较优势，促进水果种植向各自生态优先区集中；二是建立科学、规范、完善的标准化生产体系，促使水果生产方式由传统低效向绿色高效转变，提升果品质量安全与市场竞争力；三是实现果品采后处理与加工环节精细化，提升果品附加值，减少损耗；四是加速水果与上下游关联产业深度融合，拓宽农民增收渠道，助推农业产业融合大发展。

4. 产业支撑由要素驱动向创新驱动转变 深入实施创新驱动发展战略，加快水果产业绿色发展科技自主创新。一是建设水果产业多层次科研体系，推进要素投入精准减量、生产技术集约高效；二是实现科研、教育与技术推广相结合，建立以农业科研中心、农业科技试验站和农业科技推广站3个子系统为基本结构的新型水果产业科技创新体系。

(三) 战略部署

1. 品种结构　在湖北省水果品种的谋划上，应当充分利用湖北省南北气候兼具、地形条件复杂多样等特征，积极发展柑橘、桃、梨、葡萄、猕猴桃等传统特色水果，相较于内地水果主产区提早或推迟水果成熟期，实现"一早一晚，中间有特色"，即"早中更早""晚熟有潜力"，突出"不早即晚，中间有特色更优质"，（也可称之"早晚优特"，即不早则晚、同期则优、不优则特），从而保证湖北省水果实现错季上市和周年供应，提升湖北省果品市场竞争力。此外，应当坚持品种多元化，巩固提升传统品种，引进推广优良品种，积极打造特色品种。其中，柑橘着力推广适应机械化、高产优质多抗品种；梨重点推广早熟沙梨品种，填补北方梨和苹果供应不足的空档；桃突出发展早熟和晚熟品种，提升产品均衡上市能力，着重发挥各产区优势，调整优化内部品种结构，开发低糖、高酸等差别化、个性化品种；葡萄着重推广无核、优质、抗病、耐储运品种。最终使得湖北省"四季有果，周年供应"，即湖北省果品能够达到周年均衡供给，均衡上市。

2. 品质提升　坚持绿色发展、质量第一、效益优先的发展理念，深入推进水果产业供给侧结构性改革，实现果品生产、加工逐渐由数量增长型向质量效益型转变。针对鲜果生产，湖北省水果产业品质提升的原则设想是"地点适宜、种苗优质、减量增效、绿色防控"，以及需要分别从种植地点、优质树苗、农药化肥用量及病虫害综合防治等四个方面促进水果鲜果品质提升。

在种植地点方面，应当综合考虑，选取光照及水分充足、交通发达、远离工厂和城市的区域，成片种植果树，从而利于管理、提升生产效率。

在树苗选择方面，综合考虑地势、气候等条件，根据当地光照、湿度条件，因地制宜选择主产树种。

在农药化肥施用方面，推广节药、节肥技术，通过"精、调、改、替"等措施，推进有机肥替代化肥、测土配方施肥和水肥一体化等措施，使化肥用量由快速增长向零增长转折过渡，提高农药、化肥的使用效率。

在病虫害综合防治方面，按照"因害制宜、预防为主、科学防控、综合治理"的原则，加强果园管理，以物理与生物防控为主，化学农药防控为辅，减少果树用药，实现绿色环保。

在水果加工制成品生产方面，需要从原料生产、企业经营和管理方式等方面构建湖北省水果产业加工质量安全体系。

在原料生产方面，促进水果加工原料生产基地化，积极引导有条件的果农走向集约化、大规模生产；在企业经营管理方面，加大技术、设备和人力资本投入，实施严格的行业准入制度，提升水果加工企业进入门槛。

在标准化加工过程方面，首先，严格管控食品添加剂要求按国家和行业标准使用；其次，通过 HACCP、GMP、SSOP、5S 等管理手段，确保生产全过程得到有效控制，以保证产品的品质安全；最后，通过 TBS 系统实现水果产品全程可追溯，同时依据不同水果品种的储藏、运输条件选择合适的物流方式。

3. 产业结构 湖北省水果产业结构谋划的原则设想是"以生产、加工和运输销售发展为主线，推进产业深度融合"，即加快水果生产及加工运输方面发展，稳定提高水果产能满足产业发展格局，促进产业融合发展以优化产业结构，满足社会多样化需求。

在水果生产方面，稳固现有格局，有条件地逐步调整树种比例，保证水果季节性供求平衡。

在水果加工处理方面，坚持加工减损、梯次利用、循环发展方向，统筹发展水果产品初加工、精深加工和副产物加工利用。

在设施园艺方面，重点发展设施葡萄、设施桃等设施果树，推广起垄栽培、高光效省力化树形及简化修剪、土壤改良、肥水高效利用、精细化花果管理等设施果树节本、优质、高效、绿色、安全生产关键技术，稳步提升设施果树占比达到50％以上。

在产品运输及销售方面，以高效、快速为导向，加快建设高效联动的综合立体运输网络，加快建设覆盖主产区和消费地的冷链物流基础设施，健全产品冷链物流服务体系。

在产业融合发展方面，探索水果产业与旅游、观光产业融合新形式，延长产业链条深度挖掘水果产业的文化功能，促进一二三产业融合发展。

4. 区域布局 根据《湖北特色农产品优势区建设规划（2018—2022）》，未来湖北省水果产业发展将遵循如下区域布局，拟呈现"三区多点"式发展格局，即在鄂西、316国道北线、汉江流域及武陵山区分别打造柑橘、桃和沙梨产业集群，同时持续推进葡萄及猕猴桃优势产区建设。

（1）柑橘。重点建设长江中游柑橘带、清江流域柑橘带、丹江库区柑橘带，围绕大三峡片区，打造柑橘优势产业集群。

重点区域：主要分布在宜昌、荆门、十堰三个地区，重点建设秭归县、兴山县、巴东县、夷陵区、枝江市、宜都市、当阳市、漳河新区、松滋市、长阳县、宣恩县、丹江口市、郧阳区等区域。

（2）桃。重点建设316国道沿线优质桃产业带、107国道沿线优质桃产业带。

重点区域：广水市、枣阳市、随县、曾都区、襄州区、老河口市、大悟县、孝昌县、孝南区等区域。

（3）梨。重点建设江汉流域沙梨产业带、长江沿岸沙洲沙梨产业带、武陵山区优质沙梨生产区。

重点区域：老河口市、宜城市、钟祥市、京山市、沙洋县、潜江市、仙桃市、枝江市、公安县、江陵县、监利县、宣恩县、咸丰县、利川市等区域。

（4）葡萄。重点区域：公安县、荆州区、松滋市、石首市等。

（5）猕猴桃。重点建设幕阜山猕猴桃生产区、武陵山猕猴桃生产区、秦巴山及大别山猕猴桃生产区。

重点区域：赤壁市、通山县、崇阳县、通城县、浠水县、新洲区、建始县、咸丰县、利川市、宣恩县、夷陵区、竹山县、丹江口市、茅箭区等区域。

5. 区域公用品牌 为提升产品知名度，塑造水果的品牌价值，应从以下几个方面推进湖北省水果区域公用品牌建设。

一是在总体规划、引导规范与品牌推广等方面实现对水果区域公用品牌的统筹规划，避免同产地相似产品的重复注册，集中区域力量以品牌规模打造湖北省水果品牌核心竞争力。

二是推动行业协会建立区域产品质量标准，强化行业协会对会员的约束力，制定清晰、统一的区域公用品牌准入及农产品质量标准。

三是积极引导农户参与区域公用品牌建设，完善农户和其他主体的利益联结机制，扭转分散经营状况，提升水果生产者的市场参与度与话语权。

四是加快区域公用品牌的宣传和推介工作，在参与农产品展会及广告投放等方式的基础上拓宽宣传渠道，引领消费者深度参与到水果区域公用品牌的价值共创。

6. 目标市场定位　为提升产业效益，促进产销有效对接，应从以下两个方面找准产品目标市场。

一是要拓宽湖北省水果鲜食产品销售渠道，水果鲜果要以国内销售为主，同时挖掘鲜果出口潜力。以柑橘为例，在国内销售方面，当前湖北省柑橘已销往全国30个省（自治区、直辖市）、50多个大中城市，集中在东北三省和华东十几个省份，因此未来湖北省水果鲜食要继续巩固在东北及东部地区省份中的地位，并积极开拓华南及西部等市场，提升湖北省水果在各地的市场占有率；在国外销售方面，湖北省水果鲜食主要出口市场包括俄罗斯、吉尔吉斯斯坦、乌兹别克斯坦、加拿大、越南、新加坡、泰国、菲律宾、马来西亚、缅甸等10多个国家和地区，未来应搭乘"一带一路"倡仪的东风，提升果品品质，适应国外高标准，将精品果销往欧洲及北美地区的发达国家，挖掘并提升湖北省水果出口潜力。

二是要加快水果加工品生产研发，努力开拓国外市场。利用湖北省软、硬件条件，着力提升果品综合加工能力，重点提高水果采后清洗、分级、预冷、杀菌、打蜡、包装等商品化处理程度和冷藏运输比例，积极发展以罐头和果汁为主导产品的水果深加工，加快对水果饮料、果蔬脆、冻干的研发制造进度。在国内市场上，要稳固并提升湖北省水果加工制成品的市场占有率，将湖北省建成中部乃至全国的果品加工示范基地；在国际市场上，要探索水果罐头精深加工技术，提升国际竞争力，实现深加工农产品"快出、优出"，畅通出口环节，提升出口份额。

四、湖北水果产业发展的关键技术需求与科技创新方向

（一）关键技术需求与主要技术瓶颈

1. 果树种质资源的评价发掘　21世纪初，湖北省有各类野生果树种质资源200余种，且多为蔷薇科和浆果类果树，尽管随着种质资源收集工作的加快，近年又发现了许多野生品种，但在自然环境退化及人为因素干扰的情况下，湖北省野生树种数量锐减，类型单一且优异树种数量有限，加上果树育种能力不足造成市面上外来树种占据主导地位。在果树种质资源的评价发掘方面，湖北省主栽的果树品种还有较大比例是外来引进品种，自主选育的品种特别是杂交选育的品种相对较少，暴露出种质资源的评价发掘力度还不够，果树种质资源研究与育种协调配合不足，育种水平不够等缺陷。

2. 全产业链标准体系　受制于大国小农的基本国情、农情，当前湖北省主要水果品种生产大多以农户分户经营为主，规模化种植、加工能力不足，移栽挖坑、病虫防控、增施肥料、收获采摘等农事活动大多以人工为主，在生资配送、代耕代种等环节缺乏多元化

和专业化的农业社会化服务组织。在水果全产业链标准化体系方面,湖北省水果产业各环节尚未实现标准化作业,成本居高不下、效率不高等问题突出,机械化应用水平不足则更是推高了生产成本,在小生产与大市场对接过程中暴露出信息不对称、农户议价能力弱等问题。

3. 农药化肥绿色投入　例如,在柑橘生产中常忽视有机肥施用及土壤改良培肥问题,农户肥料用量、配比、施肥时期和方法的不合理削弱了土壤保水保肥能力,导致土壤酸化现象严重,贫瘠果园比重加大。过去,湖北省果树除蝇长期采用化学农药防治和糖醋液诱杀的方式,尽管初期效果显著,但长期使用引起了病虫产生抗药性,导致农药效果不稳定,果品农残超标现象严重。在农药化肥绿色投入方面,当前湖北省主要果树农药化肥滥用现象严重且施用效率不高,果园环境承载能力被削弱的同时影响着产业可持续发展,在水肥一体化、测土配方施肥、有机肥施用、生物农药等绿色低碳技术研发应用方面存在较大短板。

4. 果树病虫害防治体系　湖北省所处地区环境条件优越,有合适的温度、光照和湿度,使病虫害周年发生、反复危害,为控制病虫害,大量用药、反复用药,往往就是见虫就打、见病就防,造成农药使用的盲目性。例如,桃树作为湖北省第二大栽培果树品种,长期受到梨小食心虫的危害,对此除加强药剂防控外,往往及时进行套袋处理,但 2012—2015 年湖北省桃园折梢率乃呈逐年增长的态势。在果树病虫害防治体系方面,当前湖北省果树病虫害防治体系构建不足,防治方式单一、效果不佳,亟须加快果树病原和虫媒控制、栽培措施、品种筛选、高效喷药、生态控制、监测预警等技术研究。

5. 果品产后处理技术应用　当前,湖北省在果品加工能力和储藏能力方面与发达国家和地区相比存在较大的不足,采后预冷环节及冷链运输体系缺失导致果品采后处理条件不足,处理率低下,严重影响了果品品质,相较于发达国家接近 100% 的商品化处理率,截至 2023 年大部分果品处理率仅在 80% 左右。而在果品加工环节也存在着果汁加工业工艺技术落后、皮渣利用率不足等一系列问题,如在柑橘汁的加工过程中,由于关键设备依赖国际进口,个别操作人员技术水平不足,果汁苦味重、脱苦率低、出汁率低等现象时有发生。在果品产后处理技术应用方面,当前湖北省所生产的果品采后品质难以得到有效保持,加工废弃物综合利用水平不足。因此,需要加强鲜活水果采后品质保持、水果精深加工等一系列关键技术研发,推进果品采后处理标准化,提升皮渣等废弃物的综合利用水平。

6. 水果产业信息化　通过近几年发展,湖北省区域内水果产业信息化水平得到了一定程度的提升,为果农增产增收、价格与病虫害监测、企业发展提供了信息渠道与保障,但当前湖北省水果产业信息化水平总体较弱,主要表现为信息化引导机制不足、服务体系建设不到位、信息化基础设施利用率低、信息化技术支撑不足、区域示范性试点工作滞后等问题。在水果产业信息化方面,当前湖北省水果产业信息化水平不足,智慧果园等项目进展缓慢,因此,应充分利用互联网技术和信息化手段,加快推进水果单品种全产业链大数据发展应用,建立产业预警机制,对水果价格、病虫害、冻害等情况进行实时预测,全面提高水果产业信息化水平,从而推进全产业链有效衔接、融合。

（二）关键科学问题

1. 果树种质资源高效利用及品种创制　当前，湖北省果树种质资源利用率不高、自主知识产权占比低、栽培品种缺少，缺乏对省内现有种质资源（包括砧木）实现有效的收集、研究及利用，本土野生、特色树种资源流失现象严重，自主选育的矮砧在生产上的利用率仅占25％左右，新型砧木在不同地区的适应性、砧穗组合亲和性、砧木利用方式、配套栽培技术等方面研究较为落后。针对非原产于我国的果树品种，湖北省种质资源保存的种类和数量远远落后于原产国家。且随着生物技术的快速发展，传统的有性杂交育种，辅以人工诱变或选种的育种技术已无力适应当前发展需要，导致功能基因挖掘及分子标记辅助育种等先进技术应用水平不够。

2. 水果全产业链标准体系及相关标准综合体构建　针对果树优质高效栽培与非耕地高效利用关键技术和产品研发能力不足，如何确保果树全产业链标准化生产、提升果品质量与产业效益仍是当前需要重点解决的难题。在无公害栽培配套技术方面，适合湖北省省情的无公害（低残留）配套栽培技术及规范仍然不完善，有的还缺乏关键技术规程，如针对不同产区土壤特征的专用肥料配方未建立、栽培过程中的实时监控系统缺乏等。在非耕地高效利用方面，由于缺乏在土壤改良及栽培基质的研制、肥水高效利用技术、机械化和智慧化管理等方面的关键技术研发与应用，在酸化与盐渍化土壤生态修复方面力度不足，土壤有机质提升与培肥工作进展滞后。

3. 果树绿色低碳技术研发与应用　由于过去片面追求产量提升不注重产业发展质量，导致化肥、农药不均衡投入与过量使用情况严重，土壤有机质大量流失，产业可持续发展压力骤增。当前，市面上可供柑橘、梨、桃生产选择使用适用性强的化肥农药减施技术、产品、机械装备少，且技术、产品、机械装备之间配套性和协同性差，集成度低，据统计农药化肥的投入占据果树种植整个生产成本的 2/3，化肥利用率也长期维持在30％的低水平。

4. 果树病虫害综合防治体系建设　当前，湖北省在果树病虫害防治方面表现出病虫害防治体系不健全、防治手段单一、病虫害预警系统缺失等问题，突出表现为在果树病虫害防治过程中用药不合理、病虫害防治措施单一、病虫害防治不及时、病虫害预警系统应用程度不够及一些特定病虫害还未找到有效根治方法。针对果树非生物逆境研究方面，由于相关的技术不成熟、应用面不够广，干旱、低温、高温、盐碱及营养胁迫等非生物胁迫长期以来对果树生产造成的损失巨大。针对果树病虫害预防方面，果树有害生物成灾与演变机制、有害生物抗性基因挖掘及调控、分子靶标挖掘技术、性状遗传网络建设方面存在明显短板，导致柑橘衰退病、猕猴桃果实软腐病等病虫害的传播与暴发对水果产业健康发展产生了严重的危害。

5. 果品采后商品化处理及精深加工　当前，湖北省果品采后损耗率高，副产品及皮渣等废弃物循环利用程度低。如在柑橘生产及加工技术方面，果皮的生理活性成分、罐头节水技术等方面研究仍然处于跟跑阶段。果汁加工业工艺技术研究长期停滞不前，如在柑橘汁加工技术方面存在苦味重、脱苦率低、出汁率低、设备依赖进口等关键技术问题，相关产品缺乏国际竞争力。柑橘皮渣的综合利用也处于起步阶段，柑橘皮渣废弃物利用率不到10％。现有的提取方法不尽合理，相关产品仍以粗提物和中间产品为主，提取功效成分后的皮渣几乎未再利用,存在既污染环境又影响产品质量等问题。在猕猴桃生产及加工处理方面,湖北省缺少现代化、智能化的采后商品化处理和保鲜等基础设施和关键技术,导致猕猴桃果实出现整齐性和稳定性差、采后损失严重等问题,亟须加强果品采后商品化处理技术研发与企业科技普及工作。

6. 智慧果园信息化技术与装备研究 当前,湖北省果业数字资源缺乏整体建设规划,相关数据分类标准不明确,处于自成体系、分散孤立的状态,对于数据的"采集—保存—共享—整合—利用"还没形成科学、完整的方案。产业信息化、智能化应用水平不足,产业链融合程度低;同时,数据规模偏小难以发挥作用,不能有效支撑果业发展,物联网还没有在果业中广泛应用。物联网的引入可以有效提高果园的信息化和智慧化程度,促进果品质量的提升,因此,需要不断探索和加强物联网等技术在果业中的研发应用力度。

(三)科技创新方向

本研究围绕水果产业高质量、绿色发展总目标,针对湖北省果业发展要求,系统部署12个研究方向。基础性研究部署3个研究方向,解决种质资源评价与基因发掘、无性系变异与繁殖调控、果实品质形成等科学问题;共性关键性研究部署4个研究方向,解决高效育种技术与品种创制、果园基础地力改善与提升、病毒检测与无病毒种苗繁育、病虫害综合防控等技术问题;技术集成与示范部署5个研究方向,解决果树轻简高效栽培、产业全程标准化、农药化肥减量增效、采后保鲜减损与废弃物综合利用、产业链一体化等技术问题,为产业高质量发展提供示范。

1. 基础性研究

(1)果树优异种质资源评价与基因发掘。围绕柑橘、桃、梨、葡萄、猕猴桃等湖北省传统优势果树,系统性开展湖北省特有果树及地方品种种质资源的收集、评价、鉴定及选育利用工作,其中,重点加强野生近缘种优异种质资源发掘及基于全基因组序列多态性的核心种质库构建。加快SSR、SNP等分子标记技术研究,建立野生近缘种优异资源基因型鉴定技术体系,构建野生近缘种高质量基因组图谱,阐明野生近缘种的亲缘关系及其染色体倍性变化规律,精细评价野生资源和农家品种的功能基因与优异性状,解析控制优异性状的遗传位点,发掘控制优异性状的关键基因与调控元件,阐明重要基因的生物学功能及作用机制。

(2)多年生果品无性系变异和繁殖的基础与调控。针对湖北省当前主要果树品种,如柑橘、梨、葡萄、桃、猕猴桃等多年生园艺作物的体细胞变异、嫁接繁殖、离体快繁、无性生殖、自花结实与自交不亲和、开花与果实发育等生殖和繁殖的关键科学问题,解析芽变(体细胞变异)的基因组基础及变异性状形成和调控机制,研究离体繁殖过程中体细胞无性系变异的规律和分子基础,挖掘控制无性生殖的关键基因并解析其调控机制,解析嫁接(砧穗互作)影响产量、品质和抗性的生理和分子基础,以及自花结实与自交不亲和的分子基础和调控网络,针对错开果实成熟期的产业需求,解析开花与果实发育的分子基础与调控机制。

(3)果实品质形成与调控。针对柑橘、梨、葡萄、桃、猕猴桃等果树果实品质形成与调控的关键科学问题,研究果实色泽、香气、风味、苦涩味和质地等重要品质的物质基础，揭示关键初生代谢和次生代谢品质物质在果实中的积累特点，挖掘其合成、代谢和运输的关键结构基因和调控因子，鉴定其生物学功能并阐明其作用机理，解析关键品质物质的调控机制，研究重要品质成分在果实成熟及品质保持过程中的代谢规律，解析其保持机制，研究光照、温度和水分等环境因子调控果实品质的机制和措施。同时，加强果树生长过程中对水分亏缺、低温、高温、盐碱、环境污染等理化逆境的适应性，加快研发湖北省重要水果如柑橘、桃等非生物逆境技术研发，提升果树的生理生态及果实品质。

2. 共性关键性研究

（1）果树高效育种技术与品种创制。围绕柑橘、桃、梨、猕猴桃等湖北省主要果树育种工作中出现的共性与特性问题，以传统常规育种手段为基础，加快研发细胞工程、高效遗传转化、分子标记辅助育种等共性关键技术，创新基因编辑、基因组选择等前沿技术水平，建立起基因快速导入和基因编辑育种技术体系。重点加快高通量基因分型技术、全基因组选择技术、种间远缘杂交技术研发工作，创制出一批适应本地生产的高抗、优质、丰产、适合机械化种植的新种质与新品种。

（2）果园基础地力改善与提升。针对柑橘、桃、梨等湖北省传统优势水果品种，加快制定湖北省果园免耕生草栽培技术规程。重点围绕果园免耕定植（选址与建设、挖定植穴、施底肥、定植）、定植后管理（免耕栽培、生草栽培、肥水管理、防治病虫害）、田间档案（生产操作记载、投入品使用、物候期记载）等重要环节制定规范性标准。通过完善湖北省果园基础地力提升技术体系，重点应用推广果园堆肥、果园覆盖、果园生草地力培肥、科学施肥等一系列关键技术，解决果园基础地力差、土壤有机质含量低等制约湖北省水果产业提质增效的卡脖子问题。做好果园土壤中重点指标监测工作，严格监控果园土壤有机质含量、土壤理化性质、土壤通气性、土壤微生物群落、土壤酶活性及土壤活力、土壤抗蚀力、水源涵养能力、供肥保肥能力、无机肥利用效率9个关键性指标，提升湖北省果园基础地力。

（3）果树病毒检测及无病毒苗木繁育技术。围绕柑橘、梨、葡萄、猕猴桃等无性繁殖果树树种，加快研发病毒检测及无病毒苗木繁育技术并进行落实应用。针对湖北省果树产业的毁灭性病害（柑橘衰退病、猕猴桃细菌性溃疡病等），着重加强对柑橘衰退病、碎叶病和类病毒病害监测，突破高通量和高灵敏的新一代深度测序、基因及基因组扩增和血清学技术等共性关键技术瓶颈，构建起各类果树树种的病毒快速和标准化监测和新病毒监测的技术体系，研究其抗病、感病机制，利用野生资源发掘抗病基因，优化和融合超低温脱毒、脉冲温度脱毒等新型快速脱病毒技术，结合高标准苗木繁育技术和新型精准栽培技术，创建出适合湖北省使用的无病毒种质室内保存技术及快速出苗和多源性营养基质配方技术，阐明果树苗木无病毒繁育的功能和作用机制并针对性开展病毒脱毒技术研究。

（4）果树重要及新成灾病虫害综合防控关键技术。围绕湖北省主要果树树种的细菌性病害（柑橘溃疡病、黄龙病和桃树细菌穿孔病等）、真菌性病害（柑橘炭疽病、梨腐烂病、果蔬灰霉病、猕猴桃果实软腐病等）、线虫病害和原生生物病害等重要及新成灾病虫害，研究各病原在湖北省气候环境变化和农业耕作制度变化条件下的成灾因素及早期诊断预警技术，筛选可用于生物、物理防治的有益微生物资源，以及新型绿色、安全、高效农药，研发相关生物制剂和农药的田间精准施用技术，高效推进老旧果园"三改、三减、一加强"（改土壤、改树形、改品种，减密度、减化肥、减农药，加强病虫害绿色防控）行动，创建有利于控制病虫害发生和流行的种植制度及栽培管理模式。

3. 技术集成与示范

（1）果树优质轻简高效栽培技术集成与示范。以柑橘、桃、梨等常绿及落叶果树为研究对象，针对产区内不同种果树对气温、雨水、土壤酸碱度的调控需求，以及花果及枝梢管理、人工成本高、优质果品率偏低等问题，采用优化的砧穗组合，开发优良树形培育、简化修剪、枝梢与花果调控、机械作业、轨道输送、限根栽培、简易覆膜、套袋或免袋栽培、田间管理机械化与智能化、水肥药一体化等技术，组装以优质节本增效为主、适宜果树生产的轻简化栽培技术，集成针对不同立地环境、基质栽培或错季栽培的省力降本、提质增效生产管理技术，形成常绿、落叶果树的优质轻简高效栽培技术体系，并在省内优势产区示范推广。

（2）全程标准化生产技术的研发与示范。重点推进以柑橘、梨为代表的常绿及落叶果树轻简高效栽培技术集成与示范。以轻简化和省力化栽培为目标，针对优良树形培育、枝梢与花果调控、省力化修剪与土壤管理、树体营养诊断施肥、轻简化喷药、轨道运输等技术需求，在各大水果主产区加快研发、推广与湖北省情相适应的果树轻简化、机械化、智能化栽培技术与装备，在病虫害防治、除草、施肥等关键环节等实现机械化、半机械化，集成优选良种、果园改造、轻简化修剪、绿色防控、果实管理、机械化栽培等技术，推进标准化精品果园建设。

（3）化肥农药减施增效技术的研发及示范。以柑橘、桃、梨等主要树种为研究对象，以化肥、农药减施增效为目标，针对农药和化肥过量使用、施用效率低下等问题，加强缓释肥、水溶肥等新型肥料及高效低毒低残留新型农药示范推广，通过改进施肥方式、有机肥替代、粪肥还田利用、推广新型高效植保机械等形式，探索化肥、农药高效利用技术与模式创新。针对柑橘、梨树等树种在生长过程中面临的肥料需求及柑橘树脂病等主要病虫害，重点研发高效缓释肥料、高效低毒低残留农药、生物肥料、生物农药等新型产品，集成组装一批化肥农药减量增效技术模式，构建起集水肥一体化、测土配方施肥、机械深施、有机肥施用等绿色低碳技术于一体的技术综合应用体系。

（4）果品采后保鲜减损及废弃物综合利用研发示范。以柑橘、桃、葡萄、猕猴桃等作物为研究对象，以果品采后高效保鲜、储运减损与废弃物高效利用为目标，针对保鲜效果不佳、运输损耗率高、皮渣等废弃物综合利用水平不足等问题，重点开展果品采购保鲜减损及废弃物综合利用技术研发。在保鲜减损方面，促进果品出库防结露、物流减震、抑菌包装、预冷-储藏一体化及结露控制等保鲜技术与节能驯化预冷、共享智能冷库、精准控温等设施装备的高效融合，降低果品在运输过程中的损耗率。在皮渣等废弃物综合利用方面，加快研发水果精深加工技术和副产品综合利用技术，积极探索果肉、果皮、果渣等产品深加工可能性，从中提取果胶、膳食纤维、色素、香精香料、酚类、黄酮类抗氧化物质等，加快功能成分提取和水果饮料、果蔬脆、冻干的研发制造，变一用为多用，变小用为大用，进而提高水果的综合利用率，提升水果产品的附加值。

（5）水果产业链一体化示范。以柑橘、桃、梨、猕猴桃等主要果树为研究对象，以在产业链末端开发多种特色加工产品与提取物为目标，针对主栽品种退化、优质基因缺失、专用品种筛选滞后、生产与采后储藏保鲜脱节、病虫害防控低效、精深加工技术欠缺等问题，重点开发专用品种筛选、无病毒良种提纯复壮、高效繁育及绿色轻简栽培等技术，集成专用品种、脱毒种苗高效繁育、绿色轻简栽培、病虫害高效防控、采后储藏与精深加工、产品多功能性开发的技术体系，提升产业链中各经营主体的协作能力，形成农业园区、龙头企业、合作社和果农共同参与的经营协作模式，并进行全产业链一体化示范。

五、水果产业发展的重点任务

结合要素投入高效化、生产方式绿色化、产业结构合理化、产业组织一体化、产业功能多样化、农业科技产业化和农业制度规范化的战略目标，在水果产业要素投入、生产方式、产出提供、科技支撑、制度安排和政策支持等领域，提出以下主要任务。

（一）无病毒种苗繁育体系建设

水果产业的绿色、可持续发展离不开优良的品种和健康的种苗，涉及品种选育（改良）、病毒脱毒、良种扩繁几个环节。因此，需要从以下几个方面推动湖北省水果无病毒种苗繁育体系建设。

其一，品种改良与引进并重。在收集省内良种资源的同时，加快对外省与海外"新、优、特"水果品种的引进、选育和示范推广工作，培育适合湖北省种植的优质品种，确保优质种苗的供应。

其二，完善果树种苗繁育设施，扩大育苗基地规模。科学配置植物组培室、温室大棚网室、培养土堆厂等配套设施。

其三，进一步完善硬件设施。按照农业农村部和各省对各类型水果无病毒良种繁育体系的要求，因地制宜制定湖北省水果主产品无病毒良种繁育体系规划，进一步完善和升级基地内无病毒良种母本园、采穗园、育苗园圃等原有硬件设施，加强检测仪器购进养护和实验室环境改善，以及基地内部土壤改良、水利设备配套和道路修缮工作。

其四，强化基地内经营管理工作。加强苗木管理，对苗木生产、流通和使用进行全方位监控，建立相应行政法规，实行苗木生产准入核准制度，强化现有苗木生产基地"三证"（生产许可证、经营许可证、质量检验检疫证）管理工作，杜绝无证育苗。加强种苗和苗木检疫，规范种苗市场秩序，杜绝劣质种苗坑害果农。严禁从疫区调苗和自由采购苗木，对任何从疫区调入的苗木坚决就地销毁。

（二）标准化果园建设

加快升级改造并淘汰一批低产果园，高标准推动果园标准化建设，推进果园品种结构与区域布局调整，研发、推广优质安全生产技术、打造现代化精品水果生产基地，继续推进规模化种植、标准化生产、机械化作业、产业化经营，全面提升果园生产管理水平与果品质量，主要是从以下几个方面进行。

其一，加快低产果园改造升级。通过应用土壤改良、合理密度、高接换种、壮花保果、疏花疏果、测土配方平衡施肥、整形修剪和病虫害防治等综合配套技术，加快低产、低品质果园改造，并根据不同的水果品种对果园实行专项栽培管理，促进植株生长，提高水果生产效率，提升市场竞争力和经济效益。

其二，推动标准化果园建设，提升果品的品质与效益。按照标准化果园的建设规范，落实国家对果园环境、品种选择、土肥水管理、病虫害防治等环节的各项要求，选取合适的缓坡耕地建园，选用优良的品种和高质量的无毒容器苗，按照绿色生态与食品安全的要求进行果园管理，从而提高优质果品产出率，提升湖北省果品质量与生产效益。

其三，推广应用先进生产技术，打造水果精品生产基地。借鉴国内外精品样板和标准化示范基地经验，在湖北省水果种植龙头企业、专业大户和家庭农场中选拔一批符合条件的果园打造精品果园样板，提升示范带动作用；同时，完善湖北省果树栽培技术标准，加强标准化园区的示范带动作用，打造一批国内知名水果精品园。

（三）病虫害防控体系建设

随着经济社会的快速发展，湖北省水果产业在制度与模式上已逐渐适应现代化农业生产的需要，但在传统的病虫害防控体系建设上暴露出了一些问题，需要从以下几个方面进行突破。

其一，建设覆盖全省各地区的病虫害预测预报系统。强化县、乡各级植保部门的主体责任，建立科学联动的预警预报系统，根据往年情况及时预测和掌握各县（市、区）水果病虫害情况，通过信息采集、甄别、上报，辅助果树病虫害防治技术专家系统进行下一阶段的病虫害治理工作。

其二，建设果树病虫害防治技术专家系统。以武汉大学、华中农业大学、湖北省农业科学院等省内外高校、研究所为依托，会同植物检疫与植保部门，建立包含果树病虫害防治技术专家咨询系统、昆虫图像处理及计算机视觉系统、果树害虫辅助鉴定多媒体专家系统在内的果树病虫害预报和防治专家系统。

其三，建设果树病虫害综合治理示范园。选取合适的果园开展使用无毒苗木、病虫害监测防治、科学测土施肥与绿色生态栽培保护示范园建设，加快谋划病虫害系统观测点和配药站布局。

（四）果品采后商品化处理及精深加工建设

果品采摘后，果实内部的糖分和水分会随着果实的呼吸作用而分解，从而容易腐坏变质影响销售。因此，要加快湖北省果品采后商品化处理及精深加工建设，需要通过建设果品采后商品化处理包装与果品储藏保鲜设施建设来实现。

其一，建立果品采后商品化处理生产线。针对省内现有果品生产线，应用光电、色选等先进技术实现改造升级，同时对缺少商品化处理线的水果产区实行购置补贴与税收减免政策，提升全域水果商品化处理水平，提高全省水果处理后加工品质量。

其二，建设果品储藏保鲜设施。在水果主产区和商贸集散区建设包括简易储藏库、大型冷库、气调冷库和通风储藏库在内的果品储藏设施用以延长果品应市期，优化湖北省水果市场全年鲜果供应结构。

（五）水果产业园建设

建设水果现代产业园是转变资源利用方式、生产管理方式、组织经营模式的有效载体。因此，为实现湖北省水果产业绿色发展，需要从以下几个方面高标准推进水果产业园区建设。

其一，综合考虑园区地域地点和自然资源条件，深度挖掘本地特色资源，明确园区主导产业定位。

其二，加强园区配套设施建设，促进一二三产业深度融合，在土地规划与供给上提前布局满足园区产业发展对土地资源需求，尽快补齐园区道路等交通设施短板，促进果品加工业和休闲旅游业发展。

其三，充分发挥水果产业园的区域经济带动作用，引导水果产业向高附加值领域延伸，培育一批龙头企业加强上下游产业链条联系，形成以龙头企业为核心的果业产业集群。

（六）营销体系与电商平台建设

建立湖北省营销体系与电商平台建设需要从以下四个方面着手。

其一，建立湖北省水果产地市场体系。在湖北省水果主产区各地区建立集鲜果交易、产品展示、信息发布、初级加工、仓储物流等功能于一体的产地批发市场。

其二，完善湖北省水果产业营销网络。围绕武汉城市圈和"襄十随神""宜荆荆恩"三大城市群组团布局水果商贸中心，以武汉、襄阳与宜昌三大中心城市为重点营销市场，建立起武汉辐射华东、襄阳辐射西北、宜昌辐射西南的销地市场批发网络。

其三，加强水果产业电子商务平台建设。建立水果产业电子营销信息网络平台，在产区县、乡镇一级建立信息采集队伍，收集各市（州）果农、果业协会、合作社、果业企业的品种、产期、产量等详细信息并建立网络数据库，实现成交量、品种、价格等信息的共享共用。

其四，建立起高效的物流运转机制。推动湖北省水果冷链物流系统的软、硬件条件建设，在硬件方面重点推动各水果主产区建立物流配货站与低温、恒温运输车辆配套，在软件方面加强产地与物流企业的对接效率，实现从果园到运输到零售市场各环节上的高效衔接。

（七）品牌建设与质量安全保障体系建设

培育湖北省水果产业文化，讲好水果故事、提升知名度，需要从以下几个方面来加强湖北省水果品牌与质量安全保障体系建设。

其一，建设水果区域公共品牌。通过整合现有生产标准、生产技术、生产标识等，完善湖北省水果质量管理和安全控制技术体系及追溯制度。启动实施水果生产"三品一标"（品种培优、品质提升、品牌打造和标准化生产）行动，在有条件的水果主产区形成"一县一业一品牌"。

其二，建立水果质量可追溯系统。做到水果产地、加工、运输和售卖等信息对消费者的全程透明化，加强各环节的监管和记录机制，建立果业信息互通与共享平台，加大对品牌的保护力度，打击假冒伪劣产品。

其三，强化水果区域公共品牌的产业组织支撑力度。加强政府、科研机构与生产者的交流机制，针对柑橘、桃等主产品种分别建立合作制经营的产业协会，强化农户间的连接关系，构建起更加紧密的利益共同体，提升农户在市场中的议价权。

（八）科技支撑与服务体系建设

建立强有力的科技支撑与服务体系，保障湖北省水果产业实现绿色发展。

其一，加强水果产业科研体系建设。充分发挥湖北省高教资源优势，融合现有科技基础，依托华中农业大学、湖北省农业科学院、中国科学院武汉植物园等科研机构合作共建湖北省水果产业科技创新研发中心，挑选各类型水果主产领域中的龙头企业建立研究站或企业实验室，加强专业技能人员培训，促进水果产业高质量发展。

其二，加快水果科技推广服务平台建设。政府出资并和省内农业院校合作搭建水果科技推广服务平台并组织专业技能培训，挑选各乡镇人才学习水果栽培、植保、土肥和营销等方面知识，建设一支适应湖北省水果产业发展的专业技术队伍，在技能培训中推广水果科研成果，提升水果产业的绿色发展能力与水平。

其三，加强水果重大共性关键技术及技术集成与示范。联结依靠湖北省水果产业发展顾问团队，紧密围绕湖北省本土特色水果品种，如柑橘、桃、梨等，充分利用现有的技术成果，通过技术的集成、示范和推广，推动特色水果产业科技示范县市的建设。依托专项技术平台开展的现代农业产业科技示范市，注重产学研结合，集成水果大果优质栽培技术、果园水肥一体化、果园间套种、病虫害综合防治防控、果园抗旱抗寒、栽培鲜果留树保鲜、采后商品化处理和果品质量监测等多项综合技术，辐射带动乡镇、村级建设生产综合示范基地，提高湖北省水果的生产技术水平。

（九）农旅结合及产业融合建设

探索水果产业发展新形式，推进一二三产业深度融合，走水果产业农旅融合的绿色发展新道路可以从以下几个方面进行。

其一，建立湖北省水果文化博物馆和科技观光园。在宜昌、随州等特色水果主产区建立各类型水果文化博物馆，以植物标本、图片和宣传片等形式深度挖掘和展示湖北省水果种植的历史、现有品种、加工制成品、医药用价值等，让市民与游客在观光中体验湖北省特有的水果文化，传播种植和加工知识，使其成为服务地方产业发展、适应市场需求的文化载体。

其二，建设现代果业观光走廊。依托"两江一区"柑橘主产区和"107国道、316国道"桃主产区等水果产业带建设现代化果业观光走廊，展示湖北省特有的水果品类资源；同时，配套建设水果采摘园、农家乐和加工厂，使游客可以亲身体验水果的采摘、包装与品尝等一系列流程。

六、湖北水果产业发展的政策措施与对策建议

（一）政策措施

1. 金融政策　牢牢把握水果流通季节性强、收购期短、资金需求急的特点，推进湖

北省水果产业金融定制服务发展。首先，通过"定制宣传"来打通金融服务"最后一公里"，引导省内各金融机构深入乡村开展"党建共创、金融普惠"助力乡村振兴行动和"金融夜校"等接地气、顺民意的定制宣传活动，让金融政策知识走进千家万户、林间果园，打通农村金融服务的"最后一公里"。其次，实现"定制授信"化解产业资金需求的"绊脚石"，鼓励金融机构积极推进水果产业"定制授信"，创新推出产品额度大、利率低、期限长的覆盖特色水果种植、销售、加工等领域的信贷新产品，为湖北省水果产业发展提供坚实的金融保障。最后，开辟"定制窗口"提升资金交易速度，在各主产区对特色水果产业有关的资金交易开辟"专柜"窗口，下沉到基层为果农、果商提供一站式便捷服务。

2. 财政政策　在现有财政运行机制的基础上，积极运用财税手段和相关政策，建立实施水果产业发展的财政投入和保障制度。首先，加大对水果种植环节的生产补贴，包括完善对相关种植大棚、果园等建设项目的涉农贷款贴息政策，并适度探索扩大贷款补贴范围。其次，落实农产品绿色通道政策，加大对水果流通环节的税费减免与补贴，如减免鲜果长途运输的车辆通行费，给新能源农产品运输车辆实行购置补贴等。最后，在一定条件下，鼓励本省居民消费本土水果产品，并给予一定的物价补贴。

3. 保险政策　围绕"扩面、增品与提标"的发展要求，完善湖北省水果保险政策体系。首先，扩大水果保险覆盖面，在以往个别参保的水果品种基础上纳入湖北省当前种植的所有水果品种，并由省级财政给予保费补贴，逐步实现对省内主要优势特色水果的保险全覆盖。其次，实现分级保险制度，对那些改善省内品种结构、提升水果质量的"名优特"品种增加创新险种，提高保障程度，探索将土地租金成本和农民收入纳入农业保险保障范围，建立多层次农业保险保障体系，并给予一定的保险费用减免。

4. 科技创新政策　首先，加快湖北省水果产业的技术研发工作，鼓励企业同国内外高校、科研机构协作，充分发挥新农村发展研究院和产业技术研究院在科技成果入乡转化中的联结纽带作用，就水果产业发展过程中面临的重大技术性问题进行科研攻关，并在水果领域共建联合实验室等创新合作平台。其次，积极搭建并加快农业科技应用扩散平台建设，完善基层农技推广体系，通过建设现代化农业科技信息服务平台，实现信息资源的加工、整合与终端服务一体化，将碎片信息有机整合，实现各级科研计划成果信息的落地与开放共享，为湖北省水果产业发展提供科技支撑。

5. 贸易政策　首先，湖北省应当构建以国内大循环为主体、国内国际双循环互相促进的贸易新格局，充分激发省内和国内市场的巨大潜力，在满足水果生产省内、国内市场供应的基础上，完善果品进出口贸易调控机制，健全果品贸易监测预警体系，加强果品企业的国际合作，扩大湖北省水果的国际贸易规模。其次，促进湖北省国内和国际果品产业链、供应链、价值链实现深度融合，实现国内市场和国际贸易相互促进、共同发展局面。在省内着力培养一批具有全球采购、全球配送能力的国际供应链服务商，促进湖北省水果产品走出中国、迈向世界。

6. 苗木政策　针对当前湖北省在水果新品种权保护、新品种权转让及水果良果苗木繁育制度等方面规章制度的缺失，吸取国内外先进发展经验，重点促进湖北省水果苗木繁育条例的制定与施行。首先，加强引导宣传，提升水果苗木新品种保护意识。通过扩大保护范围、提升保护力度、降低维权难度、完善法律制度、规范鉴定程序等形式，确保新品种保护条例高效实施，将品种保护打击范围延伸至收购、存储及加工处理等全链条范围。其次，促进品种交易，扫清品种权转化障碍。设立省级水果品种信息发布平台与评估机构，及时发布相关信息与品种评价结果，破除苗木产业地方保护主义壁垒，促进湖北省融入全国统一苗木市场。最后，制定苗木繁育条例鼓励成果转化与推广。通过规范水果苗木市场、完善苗木繁育相关规定，保障苗木质量，促进育种者、育苗者及栽培者利益保障高效化，有效调动水果苗木培育人员积极性，加速新品种的选育、推广与更新换代，实现水果产业的有序、有力和高效发展。

7. 人才政策 坚持以人为本、以产业为需，加强湖北省水果产业人才培养支持力度。首先，要加大人才支持力度，柔性引进一批高端人才、急需人才、基础人才，培育一批水果产业的领军人物，留住一批青年科技人才；其次，面向湖北省特色水果产业，着力提高果农的科学素养和经营管理能力，培育一批懂技术、会经营的带头人，夯实湖北省水果产业发展的人才基础；最后，营造果业人才发展环境，打造新型果业经营主体带头人和创业者队伍，大力选拔高素质果农发展典型，为果业现代化发展注入新血液，促进果农队伍素质、规模、结构与果品产业绿色发展任务的匹配度持续提升。

8. 其他政策 除了上述政策外，为了保障湖北省水果产业又好又快地发展，还需要从以下几个方面进行支持。一是推进果业信息化水平，推动传统水果生产向数字果业、智慧果业转变，加快推进物联网、人工智能、大数据、区块链、5G等现代信息技术在果业领域的应用；二是健全果业社会化服务体系，以社会化、现代化服务推进果业走向专业化，支持果业社会化服务组织推进为农服务从过去单一的流通服务向种、管、收、储、售全程果业社会化服务内容延伸和模式创新，通过加深社会化服务在果业全产业链上的参与度；三是支持现代流通体系建设，完善果业冷链物流网络，合理调整供应链结构，提高湖北省水果运输冷链物流流通率，降低果品损耗率和物流成本，补齐水果鲜果消费短板。满足终端消费者对于果品"新鲜、安全"的核心诉求。

（二）对策建议

1. 加强组织支撑 第一，加强顶层设计。一是加快形成水果产业"链长"制度，以党政分管领导兼任"链长"，建立起省、地市、县市、乡镇四级水果产业链链长机制，各地区按照"六个一"的工作模式，即一个区域公共品牌、一位党政分管领导（责任人）、一个政府支持部门、一个产业协会（联盟）会长、一个工作推进方案、一套支持政策，指导组建和支持行业协会，带动水果产业链各环节协调发展；二是以"一体双翼"的品牌发展战略引导全产业链条发展，树立以区域公用品牌为核心，企业品牌和产品品牌为抓手的发展理念，加快整合区域公用品牌与企业品牌，通过不断强化区域公用品牌建设，开展品牌化市场营销形成一个高效的商业运转系统；三是推动土地合理流转，鼓励适度规模经营，以"四至清楚、确权到户"为目标，逐步推进农村土地确权和集体产权制度改革，鼓励有条件的果农自发建立专业合作社、股份制企业等合作组织，重点解决果业发展过程中的"三老"（树龄老、栽培模式老和从业人员老）、生产成本上升及果农收益空间下降等问题，将碎片化的果园起来进行统一集中管理，推动果农间实现利益共享与风险同担。

第二，落实主体责任。一是深入学习理论，各主管部门、各单位要切实加强对湖北省水果产业绿色发展工作的学习，进一步增强领导层和基层人员的责任感和紧迫感，把水果产业绿色发展各项任务作为推进乡村振兴的重要抓手来落实；二是明确责任分工，各部门精心组织、周密部署绿色发展相关事项，不断创新优化工作联结机制，破除部门间壁垒，推进各水果主产县（市、区）财政、自然资源、农业、林业、交通运输与文化旅游等部门的协作机制，同时，积极营造水果产业开发的优良营商环境，积极协调解决产前、产中、产后各环节突出问题。

第三，确保监督到位。一是以"常态化"做细做实日常监督，以地区为单位成立检查监督领导小组，针对辖区内负责部门及人员坚持约谈提醒常态化，针对水果产业重点项目实施坚持日常监督检查常态化，针对典型案例与不法苗头坚持警示教育、以案促改常态化；二是不定时抽查各地项目执行情况，不定时对主产水果品种产业绿色发展项目开发工作进度进行检查，每季度或半年对项目落实情况进行监督抽查，并开辟投诉渠道，及时受理和查处官员不作为、慢作为、乱作为等行为。

2. 强化政策投入　第一，健全完善水果产业法律法规体系。针对当前突出的水果新品种权保护力度不够、转让受限、水果苗木繁育混乱等一系列问题，加快制定湖北省水果苗木繁育条例。湖北省果业行政主管部门通过设立省果树新品种审定委员会，承担柑橘、桃、梨、葡萄、猕猴桃等主要果树品种的审定与品种权转让工作。各地监察机构严格执行产地检疫、调运检疫、市场检疫等措施，规范水果苗木繁育市场。

第二，拓宽融资渠道，创新水果特色保险。一是畅通产业融资渠道，强力推进"政府＋金融机构＋保险担保"及"合作社＋"的金融支持模式，完善水果产业的金融服务，解决农户和企业融资难的问题；二是确保产业保险覆盖面和承保率双提升，针对湖北省当前种植的柑橘等主要果树以特色险种做好农险服务，加大政策性投入扩大保险覆盖范围，推出水果价格保险、气象灾害指数保险等特色险种。

第三，重点支持标准化基地与果园基础地力提升等项目实施。一是依法依规强化果园基础设施建设，以不实行地面永久硬化、不损害土壤品质为前提，高标准推进标准化基地建设，逐步改善果园的水、电、路、网等基础设施条件，以果园基础地力提升为目标，分区分级重点实施果园免耕生草制度，改良土壤环境，提升有机质含量；二是加强对水果良种繁育、健康苗木推广等重大项目的财政支持，加大对现代矮砧果树品种和果园基础设施建设的信贷投放力度；三是继续维持水果生产、加工与运输等环节政策性投入，针对购买优质种苗、基地配套设施建设、冷链运输车辆购置等方面需求，在贷款额度、利率以及抵押物选择上给予倾斜。

3. 增强科技支撑　第一，以"数字化""低碳化"为水果产业科技创新方向。一是开展机械化、智慧化果园配套装备和技术研发与集成应用，重点围绕果园栽种、施肥、喷药、除草、疏花疏果、采摘、运输、分选加工等种植、采收、加工过程研制装备机械，开展以大数据为基础的果树生长发育、病虫害及土壤监测预警、智能物流快运等物联网设备和软件研发；二是实施化肥农药减量增效行动，分区域、分品种制定化肥施用限量标准和减量方案，推广控肥增效技术，开展水肥一体化、有机肥替代化肥、新型肥料应用技术示范，鼓励以循环利用与生态净化相结合的方式控制水果产业污染，推广病虫害专业化统防统治。

第二，加快构建湖北省水果产业绿色生产技术体系。一是订立水果产业绿色生产技术体系实施规程综合手册,详细介绍水果产品生产产前、产中、产后各环节技术、产业信息与实施措施,确保绿色技术集成模式推广"落地";二是凝聚合力共同参与绿色技术研发,整合湖北省现有水果科研力量,推动华中农业大学、湖北省农业科学院等单位合作共建水果产业绿色发展重大创新平台,政府支持和鼓励国有、集体和民间科技机构参与水果产业绿色生产、加工技术的研究、开发和推广,形成利益共享、风险共担的水果科研协作机制;三是加快水果产业重大共性关键技术及技术集成与示范基地建设,推动科研院所和水果新型经营主体有效对接,提升果品企业和专业大户的科技创新和应用能力,打造、提升一批水果科技创新、转化与技术集成示范基地,以实现在重大共性关键技术上取得突破。

第三,做好产业人才培养与技术示范推广任务。一是加强人才建设力度,壮大技术服务队伍,改革乡镇农技推广体制,抓好基层农技人员的管理与培养,鼓励专业技术人员到新建基地兼职或承担培训任务,依托武汉大学、华中农业大学与湖北省农业科学院等高等院校与农业科研机构,建立水果技术创新人才战略联盟,选拔一批优秀人才投入湖北省各水果主产区制定产业发展规划,承担、配合各地的生产、加工与经营任务。加大力度扶持农业专业技术服务团队的发展,支持有条件的地区组建起专业化的修剪、采收、打药、果园管理的服务团队,促进产业分工合理化,推动技术服务市场市场化;二是做好水果产业科技推广工作,加快成果落地与转化,在各品种水果主产区设立标准化种植技术示范园,加快示范园区的建园技术、测土配方、保护地栽培等先进实用技术的示范与应用,并逐渐向相邻园区和产区实现技术扩散;三是加快推广水果产业管理技术,重点抓好机械采收、节水灌溉、配方施肥、病虫物理防治及病虫害综合防控等技术的推广工作,推进水果全产业链大数据平台构建,实现农户在农情、植保、施药和农机作业等方面的利益共享;四是进一步强化基层农机人员在农业推广体系中的基础性作用,合理建设一批县乡级水果产业培训中心,加强乡镇农技人员培训,培养一批懂技术、善经营的新型职业农民。

4. 健全法治保障

第一,强化产业发展中科技创新的主体地位。减少行政干预,通过立法保障农业产业的基础性地位,提高农业部门、科研院校和技术研发人员的话语权,构建以科研院所和龙头企业为主体的产、学、研相结合的技术创新格局。

第二,提升水果产业从业人员待遇。通过立法保障、提升水果产业从业人员的待遇和工作条件,重点提升基层生产与科研人员工资待遇,加快改造、废弃一批不合格的果园和加工车间,切实保障果业从业人员的薪资待遇和工作环境,激发他们的工作热情与创造性。

第三,建立公平、透明的技术评审机制。加强知识产权管理,加快同行专家评审机制以及信用制度立法,规范产业科技研发及应用的决策、评价与参与环节,改革并完善科技评价指标体系,建立合理有效的农业科技评价体系,推动农业科技创新的实施;同时,针对科研人员及机构,在果品基因、品种、技术及品质上的科技创新,加快知识产权立法,规范知识产权应用各环节的利益分配机制,提升各创新主体的知识产权保护和管理水平。

5. 广泛引导宣传 第一,打造多角度、多渠道的宣传阵地。加强水果产业发展规划宣传及政策解读工作,充分调动政府、产业主体及消费者的积极性,凝聚合力以保障产业绿色发展目标的实施。

第二，加强典型案例学习。成立专班赶赴陕西、云南等水果强省，借鉴吸收各地水果产业绿色发展经验，解读创新案例、宣传做法经验、推广典型模式，引导全社会共同关注、协力支持，营造促进战略研究实施的良好氛围。

第三，创新宣传形式。利用传统媒体与新媒体相融合的方式，实现传统媒体的内容生产与新媒体信息发布的速度和广度优势相结合，充分展示湖北省水果产业发展历程及目标。

第十章 湖北蔬菜产业发展战略研究

一、湖北蔬菜产业发展的现状与展望

（一）湖北蔬菜产业发展的现状与主要成就

湖北省是蔬菜的适宜产区，也是中国蔬菜主产区之一，十三大类 560 多个种类的蔬菜能四季生长，周年供应。自 20 世纪 80 年代后期开放蔬菜市场，实施"菜篮子"工程以来，中国蔬菜已形成了全国大市场、大流通的产销格局。湖北省重点发展设施蔬菜、露地冬春蔬菜、水生蔬菜、高山蔬菜及食用菌，包括食用菌、山野菜、红菜薹、莲藕等特色蔬菜产业的优势逐步凸显，在满足中国四季蔬菜供应和促进湖北省农民增收方面发挥着重要作用。

1. 生产稳步增长，效益明显提高 作为湖北省四大千亿级"农字头"产业之一，"十三五"以来，湖北省蔬菜产业呈现持续快速发展良好态势。2021 年，湖北省蔬菜种植面积达到 1 964.92 万亩，产量达到 4 299.80 万吨。其中，莲产业蓬勃兴起，常年种植面积 125 万余亩，年产量 200 万余吨，产值 70 亿元以上，均居全国首位。食用菌作为湖北省特色蔬菜产业，2020 年产量 46.37 万吨，出口创汇 53.9 亿元。根据《湖北省蔬菜产业链实施方案》预估，到 2025 年，莲产业综合产值将超过 350 亿元，食用菌综合产值超过 650 亿元。此外，2019 年全省高山蔬菜播种面积 218 万亩，总产量 416.04 万吨，产值 64.71 亿元，为满足夏季鲜菜市场供应和山区农民致富发挥重要作用。蔬菜栽培技术水平的不断提高和栽培模式的不断改进，如集约化育苗技术、避雨栽培技术、无土栽培技术、"水、肥、药一体化"技术、高垄栽培技术、计算机控制技术等技术的应用，实现了产品的提质增效，也极大地延长了蔬菜市场供应期，丰富了各个季节国内外市场上蔬菜的种类，人工调控能力增强。

2. 品种不断丰富，区域特色逐渐聚积 根据市场需求和消费习惯，湖北省蔬菜种植多选商品性好、优质、高产、多抗的蔬菜品种，露地蔬菜合理搭配早中晚熟品种，露地直播如小白菜、大白菜、白苋菜、油麦菜、萝卜、芹菜、芫荽、茼蒿、菠菜、大蒜、毛豆等；露地育苗结合集约化生产，如红菜薹、莴苣、甘蓝、晚熟花菜、大白菜，以及"秋延后"栽培的番茄、茄子、辣椒、黄瓜、菜豆、豇豆等；设施蔬菜生产根据设施的结构性能和管理措施选用适宜品种。为鼓励外地蔬菜入省，部分市区对《鲜活农产品品种目录》中没有列入的新鲜蔬菜品种，如油麦菜、上海青、韭菜、娃娃菜等，按照全国"绿色通道"预约平台宣传的"鲜活农产品判别标准"，即"入口吃、易腐败、不耐放"的要求，落实了鲜活农产品运输"绿色通道"政策。近十年来，湖北省充分利用"靠山靠水"的地理优势，已形成设施蔬菜、露地冬春蔬菜、高山蔬菜、水生蔬菜和食用菌等特色蔬菜，拥有全国领先的产业优势。其中，武汉市周边沿江县（区）、大湖周边县（市）为水生蔬菜优势区，将高海拔地区如恩施等为反季节高山蔬菜优势区，大洪山周边区域、鄂西北区域为食用菌优势区，区域特色日趋形成。

3. 政策支持力度加大，基地建设成稳定发展　"十三五"以来，湖北省加大了对蔬菜产业标准化示范建设的投入，统筹相关资金，用于支持产业标准修订、试点示范建设、标准化人才培养、标准化宣传等工作。2019 年，湖北省为蔬菜产业优势区域及主产区开辟现代农业特色产业（蔬菜）发展专项资金 1 800 万元，重点支持蔬菜生产示范基地建设、蔬菜集约化育苗示范与推广、蔬菜"四新"生产示范与应用。2021 年，湖北省为支持新型农业（蔬菜）经营主体建设农产品产地冷藏保鲜设施，单个主体补贴达到 100 万元。为示范引领全省蔬菜产业结构调优、生产方式调绿、菜园效益提高，2020 年，湖北省示范建设高效菜园 30 万亩，其中，创建县（市、区）领办核心示范基地超过 2 个，核心示范区设施蔬菜面积在 100 亩以上，露地蔬菜面积超过 500 亩。此外，"国家种质武汉水生蔬菜资源圃"是我国唯一的一个国家级蔬菜资源圃，对我国水生蔬菜产业发展起了重要的支撑作用。

4. 产业化功能增强，产业链逐渐延长　"十三五"期间，湖北省以农产品加工为核心，引导和支持龙头企业延伸，打造了十大重点农业产业链。其中，蔬菜产业链以食用菌、莲、魔芋等为重点，构建了一批科技水平高、生产能力强、上下游相互衔接的优势产业集群，打造了蔬菜产业从育种、种养、加工、副产物利用到仓储物流和销售的全产业链。与此同时，湖北省在食用菌、香菇、莲等蔬菜优势产区，形成了以农户为基础、基地为依托、合作社为纽带、企业为龙头的蔬菜产业化经营模式。根据当地消费需求，加工企业主动与优势产区加强协作，建设了"菜篮子"产品保障基地；蔬菜生产基地利用当地优势和资源，建设服务区域的"菜篮子"规模化基地，与各地市场建立长期稳定、互利合作的产销关系；农贸市场与生产基地、流通企业实行"场厂挂钩""场地挂钩"，形成蔬菜产品直接采购基地"农超对接"。

5. 标准化生产水平提高，质量安全水平得到保障　湖北省各监测和监管部门高度重视蔬菜标准化工作，通过标准引领和源头治理，坚持风险监测和监督抽查，加强绿色、标准化生产和全过程监管。"十三五"以来，湖北省围绕产业发展，修改、完善、提升蔬菜生产技术规范和操作规程，健全农业标准体系，逐步形成一整套品牌农产品从田间到餐桌的全程质量控制标准体系，湖北省农业科学院共颁布实施农业技术标准 152 项，其中，行业标准 2 项，地方标准 131 项，团体标准 19 项。同时，全省加强农产品抽检和产地环境检测，落实监测结果通报制度，建立农产品质量安全追溯信息平台，实行市、县（区）、乡镇管理信息三级追溯管理，产品质量安全监测合格率达到 98% 以上，并实现了与国家追溯平台有效对接。此外，湖北省还加强引导农产品品牌企业利用电子信息技术建立物联网质量追溯系统，推行农产品条形码制度，逐步实现主要农产品从田间到餐桌全程可追溯管理。

6. 品牌建设突破发展，营销推介力度不断提高　近年来，湖北省落实"三品一标"生产技术规程，按照"区域公用品牌＋企业产品品牌"培育模式，启动"222"行动方案，即重点培育 2 个省级核心大品牌、20 个区域公用品牌和 200 个企业产品品牌，发挥全省蔬菜经济合作组织的中枢纽带作用，促进"农超"对接，培育和打造了一批精品名牌。其中，蔬菜类重点培育的"蔡甸莲藕""随州香菇""洪湖藕带""洪山菜薹"获中央广电总台国际在线报道。同时，湖北省成功推介"蔡甸莲藕""随州香菇"为国家级特色农产品优势区，"洪湖水生蔬菜""火烧坪包儿菜""洪湖莲子""襄阳大头菜""嘉鱼莲藕""利川莼菜""吉阳大蒜""黄州萝卜""肖港小香葱"等已成为同行中的知名品牌。此外，湖北省围绕"吃湖北粮油、品荆楚味道"向社会集中宣传推介优质品牌农产品，着力构建湖北省农产品品牌宣传、展示、交流、交易平台，举办武汉农业博览会、汉江流域农业博览会等农业展会，积极参加农业农村部举办的中国农交会，优质农产品品牌在中央电视台、人民日报、湖北省电视台等国内主流媒体得到专题宣传推介，扩大了湖北省蔬菜的社会影响力和市场竞争力。

7. 科技基础加强，推广能力提高　湖北省是农业大省，也是科教大省。"十三五"期间，湖北省加速农业科技成果转化，促进农业稳产保供、提质增效，帮助农民增收。以现代农业示范区、省级"菜篮子"工程基地和蔬菜标准园建设为抓手，推广普及了适用性、多功能、智能化、轻简化、精准化的设施农业装备，提高了蔬菜综合生产能力，蔬菜产业的科技基础不断加强。2021 年来，湖北省蔬菜办公室组织 15 个县（市、区）示范推广蔬菜"三减三增"提质增效主推技术，协同蔬菜产业专家全方位开展科技服务，指导建设高效菜园，发力蔬菜种植结构调整，示范推广新优品种，如湖北省莲藕选育品种在主持区占有率达 95％，莲藕栽培技术在全国领先。通过示范，莲藕等水生蔬菜增产 5％～10％，品质质量得到保证，基本上符合绿色食品的标准，实现了蔬菜产业的提质增效。此外，湖北省蔬菜产业发展注重"产学研"结合，2019 年 9 月以来，抓住"产业需求和市场需求"这个牛鼻子，湖北省实施科技服务产业发展"515"行动，在涉农高校、科研单位牵头组建 15 个科技团队，对口 15 个湖北省重点县（市、区），围绕蔬菜等湖北省优势特色产业，重点开展 15 项科技服务行动，培育农业专业人才，切实解决农业科技研发与成果应用"两张皮"的顽症，真正让农业插上科技的翅膀。

（二）湖北蔬菜产业发展的优劣势及存在的问题

1. 湖北蔬菜产业发展的优势分析　在农业生产和人民的日常生活中，蔬菜是最受关注、最受欢迎、最有市场、最具优势的高效经济作物，是绿色产业和朝阳产业。进入新发展阶段，湖北省蔬菜生产具有得天独厚的优势。

（1）地理区位优势。湖北省地处长江中游，地理位置优越，土质肥沃，光热水气资源丰富，四季分明，气候多样，适宜 300 多种蔬菜种植。"靠山靠水"发展湖北省特色蔬菜有着得天独厚的条件，"千湖之省"是发展莲藕、茭白等水生菜的理想场所，湖北省已经形成了全国最大的高山反季节蔬菜集中产地。山区幅员辽阔，资源丰富，加上独特的立体气候是发展高山反季节菜和山野菜的理想地方；沪蓉高速沿线地势平坦、土质肥沃、水源充足、交通便利、劳动力充足，是理想的辣椒、番茄、茄子、马铃薯、草莓、萝卜等果蔬生产基地。同时，湖北省又位于中原，承东启西，南北交汇，四通八达，是蔬菜产品理想的集散地和中转站，为湖北省蔬菜内外辐射提供了交通保障。截至 2023 年，以武汉市为中心，湖北省已打造"三枢纽、两走廊、三区域、九通道"综合交通运输格局，拥有引领中部、辐射全国、通达世界的现代化综合交通运输体系。湖北省独特的区位优势使得全省大中型农产品批发市场发展繁荣，武汉等大中城市已跻身全国重要的农产品交易中心行列，成为我国农产品重要集散地。随着农产品国际国内市场的一体化进程加快，区位优势将为湖北省园艺产业发展提供更为广阔的发展前景。

　　（2）气候优势。湖北省地处亚热带，位于典型的季风区内，气候、土壤、植被都具有明显的过渡性气候特点。境内既有面积较大的山区，又有波状起伏的丘陵岗地，还有辽阔坦荡的江汉平原。在季风气候的条件下，配合复杂的地形作用，制约着光、热、水资源的再分配，构成了省内许多农业气候类型和不同的农业气候区。①秋冬气候优势：湖北省秋冬季节气候凉爽，没有南方的持续炎热和北方的持续冷冻，病虫相对较少，非常适合喜冷凉蔬菜的露地生长，湖北省的喜冷凉露地越冬蔬菜生产成本低，数量大，南北调运方便，在全国秋冬蔬菜市场供应中占有十分重要的地位。②夏秋高山天然冷凉气候优势：湖北省鄂西山区大都是海拔 1 000m 左右的山地，该区域生态优良，日照充足，可耕地土层深厚肥沃，雨量充沛，夏季气候冷凉，发展高山蔬菜条件得天独厚，是我国发展夏季无公害反季节蔬菜的重要战略资源。③夏季水热资源优势：湖北省气候湿润，雨量充沛，水网密布，湿地资源十分丰富，素有"千湖之省""鱼米之乡"的美誉；再加之雨热同季，土壤泥层深厚，使得湖北省成为水生蔬菜第一大省。

　　（3）土地资源优势。湖北省地势大致为东、西、北三面环山，中间低平，略呈向南敞开的不完整盆地。在全省总面积中，山地占 56%，丘陵占 24%，平原湖区占 20%。山地面积多使得湖北省蔬菜产业发展具有得天独厚的优势。高山夏季气候冷凉，雨量充沛，日照充足，极适合喜温怕热的蔬菜作物生长，而夏季平原地区及沿海大中城市正值高温季节，属蔬菜生产"淡季"，湖北省高山蔬菜可以弥补大中城市蔬菜淡季供应的缺口。同时，这些地区山高人稀、土质疏松、土层深厚、有机质含量高、酸碱度适中，具有丰富的有机肥源，适宜各类蔬菜作物的生长。此外，湖北省土壤类型多样，共有 14 个土类，32 个亚类，162 个土属，根据成土的自然条件、土壤性状及农业生产特点等，大体上可分为红壤、黄壤、黄棕壤、紫色土、潮土和水稻土六大类。其中，潮土主要分布于江汉平原及长江、汉水各支流的河谷冲积区，土层深厚、肥沃，养分丰富，富含较多矿物质和一定量的有机质，自然肥力高，目前几乎全部被垦为耕地，是粮食作物和蔬菜等经济作物的高产土壤。

　　（4）水资源优势。湖北省地处长江中游，水系十分发达，长江在湖北省流程 1 046 千米，占长江全长的 16.4%，多年平均径流量 6 300 多亿立方米；汉江在湖北省流程 864 千米，占汉江全长的 54.8%，多年平均径流量 580 亿立方米。除长江、汉江外，全省集水面积 50 平方千米以上河流 1 232 条，总长 4 万多千米；湖北省素有"千湖之省"美誉，100 亩以上的湖泊和 20 亩以上的城中湖泊 755 个，湖泊水面面积合计 2 706.851 平方千米，100 平方千米以上的湖泊有洪湖、长湖、梁子湖、斧头湖。丰富的湖泊资源蕴含了丰富的水生植物资源，据调查，湖北省水生植物种类多达 100 多种，其中分布面积广，生物量比较大的就有 10 余种，主要有野菱、莲、茭白等，是湖北省特色水生蔬菜的代表，具有较高的综合利用经济价值。此外，全省年均自产水资源总量 1 036 亿立方米，多年入境客水量 6 298 亿立方米，是自产水资源量的 6 倍。仅 2020 年，湖北省地表水资源量 1 734.96 亿立方米，比上年增加 197.4%，全省入境水量 7 750.1 亿立方米，开发利用条件优越。

　　（5）种质资源优势。复杂的地形地貌和交替分明的气候，使湖北省生物资源呈现多样性的分布特征，也孕育了湖北省丰富的蔬菜种质资源。同时，有 55 个少数民族聚集于此，他们特有的传统文化和生活习俗，也为湖北省蔬菜特异资源的保存和利用提供了基础。

"第三次全国农作物种质资源普查与收集"调查结果表明，湖北省地方蔬菜种质资源品种多样，主要有26个科，54个属、72个种或亚种的1 072份资源。在收集的各类蔬菜资源中，十字花科、茄科、葫芦科、百合科、豆科（菜用长豇豆，不含四季豆，下同）有766份地方品种，构成湖北省蔬菜资源的主体，占调查蔬菜资源总量的71.46%。其中，十字花科、茄科、葫芦科、百合科、豆科分别有143份、161份、236份、114份、112份资源，占全省地方蔬菜资源总量的13.34%、15.02%、22.01%、10.63%、10.45%。优质丰富的种质资源为促进湖北省蔬菜产业持续健康发展、加大优质蔬菜产品供给发挥了重要作用，产生了显著的经济效益和社会效益。

（6）品牌优势。湖北省是鱼米之乡、农业大省，得天独厚的自然条件和厚重的历史文化孕育出了优质的、极具地方特色的产品，目前拥有相当数量的蔬菜品牌。根据《湖北省地理标志保护产品名录》，湖北省洪山菜薹、蔡甸莲藕、火烧坪包儿菜、洪湖莲子、随州香菇、襄阳大头菜、嘉鱼莲藕、利川莼菜、吉阳大蒜、黄州萝卜、肖港小香葱等入选国家地理标志保护产品。根据2021年12月国家知识产权局办公室出台的《第一批地理标志运用促进重点联系指导名录》，湖北省洪湖莲藕等地理标志列入运用促进重点联系指导名录。此外，洪湖莲藕、随州香菇等蔬菜品牌还入选了中国农业品牌目录。仅2021年，随州香菇农产品出口超过4亿美元，香菇出口额稳居湖北省第一。蔬菜品牌的提升对于提高湖北省园艺产品影响力和附加值，发展壮大特色产业，造福地方百姓，助力乡村振兴具有重要作用。

（7）历史文化优势。由于湖北省独特的自然条件优势，湖北省拥有多个具有历史文化渊源的特色蔬菜品种。据《洪湖地方志》记载，具有400多年种植历史的洪湖莲藕，自古以来就有"长江的鱼，洪湖的藕，才子佳人吃了不想走"的美名；被封为"金殿御菜"的洪山菜薹，距今已有1 700多年的栽培历史，在先秦文献《夏小正》中，有"正月采苔、二月荣芸"的记载，历来是湖北省地方向皇帝进贡的土特产；火烧坪包儿菜在火烧坪人们的生活中占有重要地位，据《长阳县志》记载，清光绪二十年（1894年），法、德等外国传教士常携带甘蓝、萝卜、番茄、辣椒等蔬菜种子到长阳土家族自治县，这些蔬菜现今高山蔬菜主要种植区仍有种植，并形成了具有特色的地方品种，其中农民称结球甘蓝为"包儿菜"。独特的历史文化，为湖北省蔬菜产业的发展提供了充足的文化基础。

（8）科技与人才优势。湖北省是农业科技强省，在蔬菜科技领域更是走在全国前列，湖北省有十多位国家大宗蔬菜产业技术体系、国家特色蔬菜产业技术体系、食用菌产业技术体系、西甜瓜产业技术体系的岗位科学家和国家重点蔬菜科技项目首席专家。同时，湖北省通过人才"引、留、育"三种方式，实现更多蔬菜产业相关人才聚集，进一步形成了人才效应。此外，湖北省蔬菜研究所在高山蔬菜研究领域处于全国领先地位，武汉市蔬菜科学研究所在水生蔬菜研究方面、华中农业大学园艺林学学院在蔬菜现代生物技术育种方面均处于全国领先水平。此外，武汉大学、湖北大学、长江大学、江汉大学、武汉市农业科学院水生蔬菜研究所等一批市级农业科研院所，在蔬菜产业科技支撑方面都发挥着重要作用。

（9）政策优势。湖北省发展蔬菜产业符合国家一系列方针政策。《中共中央　国务院关于全面推进乡村振兴加快农业农村现代化的意见》《乡村振兴战略规划（2018—2022年）》《全国乡村产业发展规划（2020—2025年）》等充分体现了国家对现代农业发展的重视。此外，湖北省也十分重视蔬菜产业发展，湖北省"十四五"规划建议中提出，要因地制宜发展蔬菜等优势特色农产品，围绕蔬菜（食用菌）等主导产业，打造"十大千（百）亿级优势农业产业链"。《湖北省推进农业农村现代化"十四五"规划》和《湖北省林业发展"十四五"规划》中也强调，打造全国特色农产品生产优势区，优化农业产业布局，着力发展蔬菜（食用菌、莲、魔芋）等十大重点农业产业链。

2. 湖北蔬菜产业发展的劣势分析　随着城镇化步伐的加快和人民生活水平的不断提高，人们对蔬菜的多样化和数量需求呈刚性增长，对蔬菜的质量安全要求越来越高，湖北省蔬菜产业在快速发展的同时，还存在一些制约产业发展的重大问题。

（1）蔬菜品种不优，不能满足产业需求。湖北省蔬菜年播种面积 1 900 万亩左右，本省自给率不足 30%，缺口严重，严重影响了蔬菜产业的良性发展。此外，湖北省蔬菜主产区集约化育苗设施数量少，水平低，运行成本高，蔬菜生产育苗仍以千家万户分散育苗为主，棚室内温度低，菜苗长势弱，易遭受灾害影响，新品种推广应用速度慢，这些都严重影响了湖北省蔬菜产业的良性发展。

（2）蔬菜品质不高，绿色发展水平较低。大多数菜农没有环保意识，对蔬菜绿色生产的意义不明白，对蔬菜标准等相关内容不清楚。农民还是传统的种菜观念，注意力集中在"种什么、怎么种"上面，很少关注蔬菜生产的绿色化问题。如菜农在生产过程中，滥用农药现象普遍，见虫就打，频繁用药，打毒性高的农药，并随意加大剂量。多数农民过分依赖化肥，很少选用有机肥，致使蔬菜中硝酸盐和亚硝酸盐含量超标。无论是消费者还是生产者和经营者，都对绿色蔬菜认识不足，对蔬菜绿色生产的知识欠缺、意识淡薄，消费者"按质论价"的消费意识还没有形成，不愿意花高价购买优质蔬菜，不愿在绿色蔬菜上形成集中消费，绿色蔬菜的概念和消费意识还没有真正深入人心。

（3）蔬菜品牌不响，"大路货"比重大。虽然湖北省蔬菜种植面积和产量位居全国前列，但相比山东省、江苏省的俏销菜、高档菜以棵论价，湖北省的大路菜却按"车"、依"田亩"估价，蔬菜"大路货"比重大，"名特优"相对较少，也没有知名蔬菜大品牌带动，无法竞争高档蔬菜市场，仅有洪山菜薹、洪湖莲藕等稍有名气，不少优质蔬菜给外地知名品牌做原料或者贴牌生产。湖北省多数蔬菜主产区并没有形成自己的公用品牌或企业品牌，或者品牌不响亮，这样就让消费者觉得湖北省出口的蔬菜只属于中低端的产品。

（4）蔬菜标准化生产程度较低，产业体系不够完善。湖北省规模大且带动力强的蔬菜龙头企业不多，蔬菜合作组织少而小，蔬菜产业规模化、集约化程度不高，产业链不长。储运冷链建设滞后，市场建设不足，质量安全检测监管体系不健全，科技服务难以落实到位。

（5）蔬菜基地基础设施薄弱，抵抗自然风险能力较差。经过多年的建设，湖北省大中城市周边蔬菜基地的基础设施建设和技术装备有所改善，但大多数蔬菜基地的基础设施比较薄弱，极易受自然灾害影响。蔬菜产品的季节性、结构性价格波动幅度趋大，蔬菜基础设施和技术装备水平的滞后加剧了结构性、季节性、区域性蔬菜供需失衡和价格大幅波动。

（6）土地过度开垦，环保问题突出。随着蔬菜产业的发展，由于过度的开垦、农药化肥的大量使用及不合理的耕作方式，导致菜地普遍出现了地力下降的问题。例如，由于种菜效益高，有的地方已连续种植 20 余年，土壤没有轮作换茬和修整，掠夺式开发，出现了土壤贫瘠、土壤带菌，病虫害发生日益增多；化肥、农药使用量不断增加，导致蔬菜的品质降低，已经出现了投入增加、效益下降的问题。有的地方甚至出现了林草破坏、陡坡开垦等现象，引发了山体滑坡和泥石流等灾害性问题，引起了社会和新闻媒体的广泛关注。

（7）缺乏政策和资金支持，菜农生产积极性受影响。蔬菜一直被认为是高效经济作物，市场化程度较高，因此，各级财政对其投入较少。蔬菜属于劳动密集型、技术密集型、资本密集型产业，主要依赖菜农自发投入难以得到快速发展。菜农是农民群体中最勤劳、最能吃苦的，但他们却要承担蔬菜生产带来的生产和市场的双重风险，加上生产资料价格上涨、劳动力成本增加、运销成本上涨，菜农的生产积极性下降。

（三）湖北蔬菜产业发展的机遇与挑战

1. 湖北省蔬菜产业发展的机遇分析

（1）市场机遇。在国内市场上，随着我国经济社会快速发展进步和人们收入不断增加，人们对鲜销蔬菜的需求量、高品质和多样化等要求进一步提高，对休闲观光、健康体验等各种新业态也有新需求，市场需求正从数量型向品质型转化。在国际市场上，蔬菜需求一直保持增长的趋势，蔬菜产品总消费量逐年上升，但由于投入要素的机会成本上升，发达国家的园艺生产正在逐步萎缩，蔬菜产品自给率不断下降。此外，贸易的相对自由化为湖北省蔬菜产业国际化创造了良好的国际环境。RCEP、"一带一路"倡议等贸易协定的签署将使一些国家设置的贸易障碍和关税壁垒自动取消，我国可获得永久的无条件最惠国待遇（正常贸易关系待遇）、非歧视性待遇，为湖北省蔬菜产业国际化创造良好的国际环境。

（2）产业结构调整机遇。从国内来看，随着经济的发展，土地、劳动和资本等要素使用的机会成本不断上升，当前我国蔬菜生产布局存在由东部向中西部转移的趋势。从地区上来看，以湖北省、湖南省、江西省等为代表的中西部主产省蔬菜产品种植面积不断扩张，形成长江流域冬春蔬菜优势区域；从品种类型上看，由于消费者需求旺盛，经济效益高，以火烧坪包儿菜为代表的高山蔬菜和洪湖莲藕为代表的水生蔬菜等出现了大幅度增产。从上市时间来看，高山反季蔬菜、冬春喜凉蔬菜增产，弥补了大中城市、平原低海拔地区蔬菜产品淡季供应不足的缺口。湖北省凭借得天独厚的自然条件及相对较低的生产成本可以承接蔬菜产业转移，生产特种蔬菜等。由此可见，产业结构的调整为湖北省蔬菜产业发展带来了一定的机遇。

（3）新发展格局机遇。当前，新一轮农业科技革命和产业变革正在重塑世界农业创新格局，生命科学、数字农业、智慧农业、农业大数据等领域突飞猛进。为抢抓新一轮科技革命和产业变革带来的机遇，湖北省以科技助农、质量兴农、品牌强农为目标，组织实施"乡村振兴科技支撑工程"，加强绿色、优质、高效、安全农业技术研发，大力提升农业机械化、智能化、标准化发展水平，努力发展自主可控的种业技术，全面提升农业绿色优质高效生产技术水平，农作物病虫害绿色防控关键技术攻关，强化农产品加工储运与质量安全重点技术研发，大幅提高农业质量效益和竞争力，为打造农业强省、实现农业农村现代化提供科技支撑。

（4）政策机遇。《中共中央 国务院关于全面推进乡村振兴加快农业农村现代化的意见》《农业农村部关于落实好党中央、国务院 2021 年农业农村重点工作部署的实施意见》及新近发布的《"十四五"推进农业农村现代化规划》《2021 年种植业工作要点》等，充分体现了国家对现代农业发展的重视。此外，湖北省对蔬菜产业的发展在政策及财政等方面也给予了大力支持，促进蔬菜生产向基地化、规模化、集约化的方向发展。通过建立和落实"链长制"，作为优势主导产业的蔬菜产业，将由单一的农副产品生产为主向科研、生产、加工、贸易、休闲旅游等全产业链拓展，打造"十大千（百）亿级优势农业产业链"。此外，湖北省将统筹安排中央和省级财政支农资金，支持国家现代农业产业园创建、农业产业强镇示范建设、特色产业发展等。同时，湖北省农业部门坚持与农业科研单位的合作，抓好园艺产品优质高产技术的开发与应用，创新农业科技成果转化体制机制，促使产品生产向着标准化、规范化的方向发展，努力把湖北省打造成全国农业科技创新引领区。为了更好地促进蔬菜产业的发展，湖北省将蔬菜产业发展列入了"十四五"时期重点项目。在政策上，湖北省依据《国家乡村振兴战略规划（2018—2022 年）》及《中华人民共和国国民经济和社会发展第十四个五年规划和 2035 年远景目标纲要》等制定了《湖北省推进农业农村现代化"十四五"规划》等一系列方针政策，出台了针对蔬菜产业发展的支持政策，破解了长期困扰蔬菜产业发展的产业化程度不高、绿色发展技术滞后等难题。这些相关政策都是湖北省蔬菜产业发展不可或缺的政策机遇。

2. 湖北省园艺产业发展的挑战分析

（1）劳动力与土地流转的挑战。随着城镇化进程推进，大量青壮劳动力进城务工、非农化流失日趋严重，不仅导致农业劳力短缺，季节性用工难问题日益突出，劳力成本大幅上涨，而且剩下的劳力年龄较大，接受和使用新技术、新知识、新信息能力较低；同时，很大部分农户群众恋土情结较重，仍存小农经济意识，顾忌土地流转后劳作和温饱保障、设施投入大、产品难销等一系列问题，以致土地流转阻力更多，农业用地成本不断上升。劳力与土地流转的双重约束，不利于劳动力密集型、技术集成化管理的蔬菜产业集约化、规模化可持续发展。

（2）国内蔬菜市场竞争带来的挑战。随着优势区品牌意识的增强，近年来我国蔬菜市场上涌现出了多种驰名品牌，例如，淮阳黄花菜、潍县萝卜、凯里香葱、赤金韭菜等。其中，山东省、河南省、江苏省等地区以标准化经营的优势打入了全国主要销售市场，并占据了相当数量的市场份额，这无疑对湖北省蔬菜产业发展带来前所未有的考验和挑战。近几年我国在新品种的研发上取得了一定的进展，蔬菜品种越来越多样化，产量也越来越高。同时这些畅销的蔬菜品种使得产品上市期更加多样化，消费者的选择也越来越多样化。然而品种多样化和消费者选择多样化给湖北省蔬菜产业的发展带来了巨大的威胁。

（3）进口产品日趋激烈的竞争带来的挑战。多样化的消费需求推动了进口蔬菜产品在中国市场上越来越受到人们的青睐。这主要由以下三个因素所致：第一，消费者的收入水平在不断提升；第二，电商贸易的飞速发展也带动了进口产品的热销；第三，高端化、多样化的消费升级需求也推动了蔬菜消费结构的改变。进口产品的增加对湖北省蔬菜的消费无疑将带来巨大的冲击。同时，国外几大蔬菜主产国都以其自身的比较优势占据着相当一部分市场份额，如美国以其强大的品牌优势、巴西以其丰富的劳动力优势占据着较多的国际市场份额，这无疑对湖北省蔬菜产品国际销售市场的开拓造成了巨大的阻碍。

（4）部分产品生产"过剩"带来的挑战。目前，我国蔬菜产品总体判断是总量过剩、结构性过剩、季节性过剩、低品质过剩，而且已基本达到饱和状态，蔬菜产业发展最佳状态产量基本上达到饱和，略有不足。一些品种产能过剩、产品集中上市，导致"供大于求"、行情价格异常波动，"丰产不丰收""菜贱伤农""菜金菜土"等现象时有发生，这对湖北省蔬菜产业发展带来了新的威胁。然而，质量好的产品从来不存在过剩的问题，高品质蔬菜产品仍然很有市场。因此，湖北省要解决蔬菜市场"生产过剩"的问题，关键在于能否顺利地实现湖北省蔬菜产业转型升级、提升湖北省蔬菜品质、处理好"卖难"的问题，这对湖北省蔬菜生产来说是另一个不可忽视的威胁。

（5）国内消费需求变化带来的挑战。随着人民消费能力提高，国内蔬菜市场的消费需求也悄悄发生了改变。首先，消费需求越来越大，蔬菜产品消费种类也越来越多。因此，随着市场上蔬菜产品种类越来越丰富，消费者的需求变得多样化，这无疑对湖北省蔬菜产品的市场销售造成一定的负面影响。其次，消费者消费需求更加注重品质、品牌。消费者对蔬菜产品的消费要求越来越高，不再像以往那样仅仅关注价格，而是在品种、卖相及品质上有了更高的消费需求。市场不断升级的消费需求必将对湖北省蔬菜的种植生产造成一定的压力。最后，随着消费结构的变化，国内消费者对进口产品的消费需求快速增长，这也将对湖北省蔬菜的国内市场销售带来一定的冲击。

（6）农用地竞争激烈带来的挑战。2022年政府工作报告中提出，坚决守住18亿亩耕地红线，划足、划实永久基本农田，切实遏制耕地"非农化"、防止"非粮化"。在包括湖北省在内的南方丘陵山区，耕地资源紧缺，以特色农业为主，耕地"非粮化"现象较为严重，是遏制耕地"非农化"、防止"非粮化"的重点。因此，在未来伴随着永久基本农田划定，粮食播种面积增加，蔬菜用地竞争将越发激烈，对未来湖北省蔬菜产业发展带来了一定的压力。表10-1是近5年湖北省部分粮食和经济农作物种植面积状况。

表 10 - 1　2016—2020 年湖北省部分粮食和经济农作物种植面积

单位：千公顷

年份	小麦	稻谷	油菜籽	花生	中草药材	瓜果类	蔬菜	茶叶
2016	1 108.27	2 130.97	1 150.43	232.14	174.92	104.09	1 248.03	267.53
2017	1 153.21	2 368.07	971.17	230.53	155.39	92.42	1 188.62	283.31
2018	1 104.96	2 390.99	932.97	232.60	191.99	96.11	1 224.27	321.50
2019	1 017.74	2 286.75	938.31	243.62	239.80	96.91	1 257.94	347.71
2020	1 031.38	2 280.73	1 034.36	248.72	269.85	99.07	1 279.90	358.39

资料来源：《湖北省统计年鉴》（2017—2021 年），其中蔬菜包括食用菌。

（7）农业资源环境约束带来的挑战。随着湖北省工业化水平不断提高，资源环境的压力也不断加大，给蔬菜产业的发展带来了极大的挑战。一方面，耕地后备资源不足。人均耕地低于全国平均水平，集中连片耕地后备资源约313平方千米（47万亩），区域分布和水田、旱地结构不平衡，部分地区落实耕地占补平衡压力较大；另一方面，农村环境形势十分严峻。面源污染治理短板突出，农业源对主要水污染物排放总量的贡献率较高。生活污染和工业污染叠加，各种新旧污染相互交织，土壤污染防治工作基础仍然十分薄弱。生活污水和垃圾无害化处理率低，部分农村黑臭水体治理任务艰巨，地下水污染防治还处于探索阶段。农村环境保护的体制、机制不够健全，环保基础设施滞后，环境监管能力薄弱，优良农产品供给离人民群众对美好生态环境的期盼和向往还有很大差距。

（四）湖北省蔬菜产业发展的形势与展望

1. 湖北省蔬菜产业发展的形势分析　从图 10-1 的分析可以看出，湖北省蔬菜产业从总体上来看有一定优势，尤其是湖北省特有的区位优势、气候优势和种质资源优势，是其他省份所无法比拟的。但是有很多存在的问题制约着湖北省蔬菜产业的发展，最突出的是产业化程度、生产技术、科技支撑及产品质量方面的问题；外部因素在给湖北省蔬菜产业发展带来挑战的同时，也带来了发展机遇。

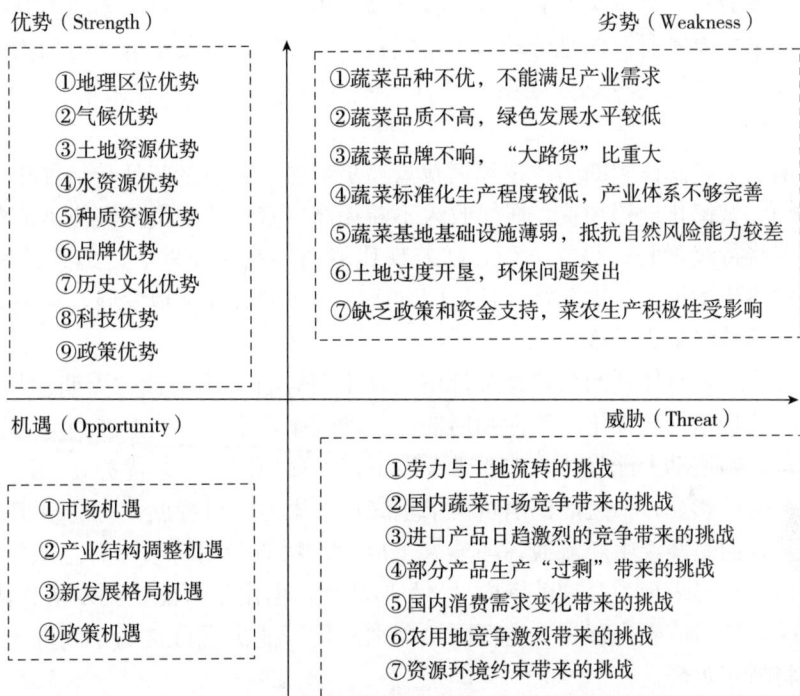

优势（Strength）	劣势（Weakness）
①地理区位优势 ②气候优势 ③土地资源优势 ④水资源优势 ⑤种质资源优势 ⑥品牌优势 ⑦历史文化优势 ⑧科技优势 ⑨政策优势	①蔬菜品种不优，不能满足产业需求 ②蔬菜品质不高，绿色发展水平较低 ③蔬菜品牌不响，"大路货"比重大 ④蔬菜标准化生产程度较低，产业体系不够完善 ⑤蔬菜基地基础设施薄弱，抵抗自然风险能力较差 ⑥土地过度开垦，环保问题突出 ⑦缺乏政策和资金支持，菜农生产积极性受影响
机遇（Opportunity）	威胁（Threat）
①市场机遇 ②产业结构调整机遇 ③新发展格局机遇 ④政策机遇	①劳力与土地流转的挑战 ②国内蔬菜市场竞争带来的挑战 ③进口产品日趋激烈的竞争带来的挑战 ④部分产品生产"过剩"带来的挑战 ⑤国内消费需求变化带来的挑战 ⑥农用地竞争激烈带来的挑战 ⑦资源环境约束带来的挑战

图 10-1　湖北省蔬菜产业发展 SWOT 战略分析表

因此，湖北省蔬菜产业发展总体上看优势与机遇并存，要促进湖北省蔬菜产业可持续发展，必须采取增长型发展战略（表 10-2）。

表 10-2　湖北省蔬菜产业发展 SWOT 战略分析矩阵

	机会（Opportunity）	威胁（Threat）
优势 （Strengths）	SO 战略（增长型战略） （依靠内部优势，利用外部机会） 提升品质，打造品牌， 产品创新，保障质量	ST 战略（多种经营战略） （依靠内部优势，回避外部威胁） 做好调研，夯实基础， 发挥特色，强化服务
劣势 （Weakness）	WO 战略（扭转型战略） （克服内部劣势，利用外部机会） 坚持特色，整合资源， 加大投入，技术引领	WT 战略（防御型战略） （克服内部劣势，回避外部威胁） 市场开拓，技术创新， 人才培养，强化管理

2. 湖北省蔬菜产业发展的展望　总体来看，"十三五"期间，湖北省蔬菜产业稳定发

展，蔬菜供给平稳有余，品种结构趋优，质量总体安全，市场运行以稳为主，价格波动符合常年季节性规律。预计"十四五"期间，湖北省蔬菜生产积极性不减，品种结构进一步优化，市场供给整体宽松的局面仍将继续保持。

在蔬菜生产上，总体判断为"蔬菜供应总量充足，增速减缓"。一是总产量稳中有增，由于近年来菜价整体偏高，蔬菜种植效益好，农户种植积极性相对较高，2010—2020年，湖北省蔬菜种植面积年均增速在2%左右，产量年均增速在3%左右；二是单产增加，品质提升，主要体现在湖北省蔬菜开展全产业链标准研制、质量标准体系构建等措施和"三品一标""特优"效应上，绿色生产新技术和农业社会化服务，将成为推动湖北省蔬菜产量增长的重要动力；三是蔬菜产业比较效益下降，用工多、人工成本不断上升的趋势将成为蔬菜生产的最主要障碍；四是劳动力供给短缺，当前湖北省菜田劳动力的构成老龄化严重，传统的蔬菜生产模式将难以维系，"谁来种菜"将成为湖北省未来面临的突出现实问题。

在蔬菜消费上，总体判断为"蔬菜消费量稳步增加，高质量产品受到青睐"。一方面，随着人口增加、城镇化进程加快，居民收入不断提高，富裕的农民加入鲜菜消费行列，湖北省蔬菜消费将持续增长；另一方面，随着现代流通体系快速发展，蔬菜销售渠道多样化，线上消费逐步增加，直播购物、社区团购等新业态如火如荼地发展，居民对于高品质消费和品牌化消费将更为重视。

在蔬菜价格上，总体判断为"蔬菜价格波动上涨，符合季节性、周期性规律"。近年来，湖北省蔬菜价格符合常年季节性和周期性波动规律，呈波动性上涨趋势。从年际变化来看，将维持小幅波动上涨趋势，主要由于以下四方面原因：一是优势高端蔬菜，如洪山菜薹等品牌价值的彰显；二是居民消费需求呈绿色、康养等新特点；三是湖北省蔬菜产业结构优化调整；四是蔬菜生产流通各环节人工成本、物质费用持续上升。从年内变化看，蔬菜价格整体上仍将表现为合理范围内"V"形波动，但由于可能受到疫情、洪涝干旱等自然灾害影响，质量监管也存在一定盲区，个别月份可能出现价格高于或低于往年同期，年度均价或将持续走高。

二、湖北蔬菜产业发展的市场前景与发展潜力

（一）发展现状

1. 国内现状 一是我国蔬菜生产规模全球最大。2020年，我国蔬菜种植面积3.47亿亩，年产量7.21亿吨以上。根据《中国农业展望报告（2020—2029年）》数据显示，我国蔬菜产量占世界50%以上。二是蔬菜优势区域逐步集聚。我国蔬菜生产逐渐向六大优势区域集中，其中，云贵高原夏秋蔬菜、华南与西南热区冬春蔬菜、黄淮海与环渤海设施蔬菜三大区域竞争优势突出。三是绿色发展成效显著。蔬菜生产更加注重安全、品质和效益，规模化、标准化、生态化、集约化水平大幅度提高，对保障产品质量安全发挥了积极作用，2017—2020年，全国蔬菜农药残留监测合格率稳定在97%以上。四是优势种类出口增加。蔬菜是我国在国际贸易中最具竞争力的农产品，进出口顺差长期居首位，2019年我国蔬菜出口额155亿美元，贸易顺差145.4亿美元，蔬菜出口潜力巨大，出口地主要为RCEP、欧盟、北美、俄罗斯等国家和地区。五是价格波幅逐渐降低，"十三五"期间

菜价年均增幅为 2.8%，较"十二五"放缓 1.9 百分点，2020 年，农业农村部重点监测的 28 种蔬菜全国年均批发价为 4.66 元/公斤，比 2019 年上涨 10.2%，较近 5 年平均水平上涨 17.7%，是受新冠疫情影响导致的增幅。

2. 省内现状 湖北省是中国蔬菜主产区之一，主要种植的品种有大白菜、萝卜和莲藕等。2021 年，湖北省蔬菜种植面积达到 1 964.92 万亩，产量达到 4 299.80 万吨，分别是 2010 年的 1.28 倍和 1.33 倍。蔬菜品种不断丰富，区域特色日益凸显，其中，大白菜、白萝卜、辣椒、莲藕和食用菌等优势蔬菜产品分别比 2010 年增加了 36.3%、14.5%、63.7%、80.7%和 27.7%（表 10-3）。

表 10-3   2010—2020 年湖北省蔬菜产业基本情况

年份	种植面积/万亩	总产量/万吨	单产/（千克/亩）	大白菜/万吨	白萝卜/万吨	辣椒/万吨	莲藕/万吨	食用菌/万吨
2010	1 497.81	3 091.21	2 063.83	439.80	418.52	119.32	146.50	36.31
2011	1 534.04	3 244.71	2 115.16	565.42	417.52	118.18	145.68	35.93
2012	1 634.52	3 375.50	2 065.13	494.28	416.00	116.85	144.77	35.46
2013	1 638.78	3 438.55	2 098.24	536.02	431.15	128.88	153.86	39.61
2014	1 670.66	3 513.70	2 103.18	507.31	429.02	140.07	150.85	44.86
2015	1 715.51	3 664.08	2 135.85	545.02	456.89	154.25	176.33	47.22
2016	1 753.35	3 712.77	2 117.53	508.22	421.60	167.53	235.70	40.91
2017	1 782.93	3 826.40	2 146.13	520.87	427.26	181.25	240.87	41.76
2018	1 836.41	3 963.94	2 158.53	556.40	455.89	186.99	254.71	44.71
2019	1 886.91	4 086.71	2 165.82	581.77	469.74	194.41	261.37	46.93
2020	1 919.85	4 119.40	2 145.68	599.66	479.31	195.34	264.73	46.37

注：数据来源于《湖北农村统计年鉴》（2010—2021 年）。部分缺失值由课题组根据历史数据和相关统计数据预测而得，届时官方数据为准。

此外，湖北省在落实"三品一标"生产技术规程的同时，逐渐形成了以城郊设施蔬菜、水生蔬菜、高山蔬菜、露地冬春蔬菜和食用菌为代表的五大特色蔬菜产业优势区，构建了一批科技水平高、生产能力强、上下游相互衔接的优势产业集群，打造了蔬菜产业从育种、种养、加工、副产物利用到仓储物流和销售的全产业链。在满足中国四季蔬菜供应和促进湖北省农民增收方面发挥着重要作用。

3. 需求现状

（1）蔬菜消费需求的城乡差异。湖北省蔬菜消费存在明显的城乡差异，相较于城镇家庭，农村家庭蔬菜消费将在主要食品消费中占据更大的比例（表 10-4）。2010—2020 年，湖北省城镇家庭人均蔬菜及食用菌消费金额在主要食品消费金额中所占比例保持稳定，支出份额维持在 13%～17%，消费金额从 615.32 元上升至 699.05 元，增长了 83.73 元。2010—2020 年，湖北省农村家庭蔬菜及菜制品消费量尽管有所波动，但并未发生较大变化，2010 年，湖北省农村家庭蔬菜及菜制品消费量在主要食品消费量中所占比例为历年最高，达到 35.75%，尽管蔬菜及菜制品消费份额在主要食品消费份额中所占比例有所下降，但在长期中总体仍维持在 27% 以上。

表 10-4 湖北省家庭的人均主要食品消费与蔬菜消费

指标		年份						
		2010	2015	2016	2017	2018	2019	2020
城镇家庭	主要食品消费金额/元	4 429.30	3 897.62	4 262.59	4 243.98	3 883.43	4 154.21	4 824.93
	蔬菜及食用菌消费金额/元	615.32	652.32	664.88	638.00	587.30	545.92	699.05
	蔬菜及食用菌支出份额/%	13.89	16.74	15.60	15.03	15.12	13.14	14.49
农村家庭	主要食品消费量/千克	384.65	393.65	402.65	411.65	420.65	429.65	438.65
	蔬菜及菜制品消费量/千克	137.51	123.06	123.22	113.01	113.78	118.58	134.52
	蔬菜及菜制品消费份额/%	35.75	31.26	30.60	27.45	27.05	27.60	30.67

数据来源：《湖北省统计年鉴》（2010—2020 年）。

（2）蔬菜消费需求的收入差异。通过观察湖北省城镇居民不同收入等级购买蔬菜及食用菌的消费金额情况，发现不同收入阶层并未对蔬菜和食用菌的消费表现出较大的需求差异，收入因素对湖北省城镇居民蔬菜消费需求的影响不明显。

从时间序列来看，不同收入组的湖北省城镇居民家庭平均购买蔬菜和食用菌总金额自2013 年以来呈一个下降的态势（表 10-5），平均消费金额从 2013 年 746.17 元的历史高点下降至 2019 年的 562.24 元，为历年来最低，2020 年度平均消费金额则较上年度有一较大的提升，增长额为 152.01 元，总量恢复至 714.25 元。从不同收入组的横向比较来看，高收入户人均购买蔬菜和食用菌金额是低收入户的 1.4～2.1 倍。蔬菜是人们日常饮食中必不可少的食物之一，不同收入阶层的居民对蔬菜的消费需求具有一定的刚性，消费数量与金额不会随收入的改变产生较大的变化，因此不同收入阶层对于蔬菜的消费需求符合这一特点。

表 10-5 2013—2020 年湖北省城镇居民家庭分等级的人均购买蔬菜金额

单位：元

年份	总平均	低收入户	中低收入户	中等收入户	中高收入户	高收入户
2013	746.17	534.52	636.79	759.27	836.62	963.65
2014	652.04	468.39	577.65	643.39	733.16	837.60
2015	668.07	514.74	567.31	649.00	807.97	801.35
2016	677.43	515.07	604.88	719.96	800.71	746.51
2017	649.63	521.18	568.41	650.71	765.58	742.29
2018	597.37	414.52	526.83	611.25	745.19	689.06
2019	562.24	335.77	456.79	600.83	723.93	693.86
2020	714.25	537.07	601.30	700.55	867.05	865.26

数据来源：《湖北省统计年鉴》（2014—2021 年）。

根据 FAO 的最新数据显示，2018 年世界人均蔬菜消费量为 107.9 千克，中国人均消费量在世界范围内排名第二，仅次于格林纳达。据国家统计局发布的 2021 年中国统计年鉴显示，2020 年度全国城镇居民家庭人均蔬菜及食用菌消费量达 109.8 千克，湖北省为 120.9 千克，高于全国平均水平 10.1%，全国范围内比湖北省人均蔬菜及食用菌消费量高的有重庆、辽宁、四川、河北与北京 5 个省份，主要集中在我国的北方和西南地区。

（二）市场前景与发展趋势

1. 总体判断　随着"十四五"的到来，湖北省蔬菜产业发展具有良好的市场前景和发展趋势，主要有以下几个原因：一是各级政府部门高度重视蔬菜产业发展，从《"十四五"推进农业农村现代化规划》到《湖北省推进农业农村现代化"十四五"规划》，国家和地方连续出台了多项促进蔬菜生产的行动方案和政策措施，为湖北省蔬菜产业发展提供有力支持；二是居民消费升级为蔬菜产业发展带来动力，随着经济社会发展和生活条件改善，消费者对美好生活的需要日益增长，对优质蔬菜和食用菌等农产品的需求进一步增强；三是科技创新为蔬菜产业发展带来助力。随着新一轮产业革命和技术革命兴起，5G、云计算、物联网、区块链等与农业交互联动，数字农业、智慧农业等新技术新模式新产品在蔬菜种植和蔬菜市场信息化等方面的应用加速发展，也为快速推进蔬菜产业转型发展带来巨大推动力。

2. 趋势分析　一是蔬菜需求持续增长，根据《中国农业展望报告（2020—2029年）》，我国蔬菜总消费量继续增加，年均增长将达 1.6%，预计 2029 年达 7.96 亿吨，其中鲜食消费增长较快，年均增速 2.5%；二是蔬菜种类多样化，随着城乡一体化进程的加快，满足不同消费群体、周年保供、出口等种类将不断涌现，湖北省蔬菜产业将呈现大宗蔬菜不少、特色和功能性蔬菜趋多的格局；三是蔬菜消费品质化，消费者对蔬菜外观品相、内在品质、口感等要求越来越高，餐馆、社区、中央厨房配送等消费正在升级，私人订制消费方式也展露端倪，蔬菜产业走上品质化发展之路；四是蔬菜营销品牌化，对品牌蔬菜消费需求越来越强烈，随着市场流通日益完善，蔬菜品牌化建设日益受到重视，让客户"闻名如见面"，蔬菜产业走上品牌化发展之路；五是蔬菜生产机械化和设施化，随着规模化生产和劳动力成本上升，集约化育苗、水肥一体化、耕种收机械、避雨设施、高效植保设施设备等配套需求激增；六是蔬菜产业信息化和智能化，生产技术和管理集约化加快，冷链物流体系快速形成，市场流通渠道不断拓宽，全产业链智能化和信息化发展加快；七是蔬菜商品苗集约化，我国年移栽需苗量 6 000 亿～7 300 亿株，现有蔬菜集约化育苗场逾 3 000 个，全国年生产蔬菜商品苗约 3 500 亿株，其中实生苗约 3 000 亿株，茄果类、瓜类嫁接苗约 500 亿株。集约化批量生产商品苗，也已逐渐成为湖北省蔬菜育苗的主要形式；八是服务专业化，湖北省农业社会化服务不断创新、服务领域不断拓宽、服务链条不断延伸，对农业生产稳定发挥了重要作用。服务型农业企业、农村集体经济组织、农民专业合作社、供销系统等社会化服务取得成效，生产托管项目也逐渐受到重视。

（三）发展潜力

1. 土地资源潜力分析　土地是蔬菜产业发展中最重要的生产要素。在短期内作物生产、培育技术未发生较大革新的情况下，土地数量与结构的变动往往决定着该地区蔬菜产品的生产规模与总量。据湖北省历年土地变更调查数据显示，湖北省各类农业用地利用情况总体维持稳定，但均呈逐年下降的态势，农用地总量由 2010 年的 1 475.34 万公顷下降至 2018 年的 1 457.414 万公顷（表 10 - 6）。虽然农用地数量的减少对于蔬菜扩大种植面积具有不利的影响，但由于湖北省自然资源丰富，地形复杂，蔬菜种植时，可以上山下滩，利用"四荒"资源种植，仍具有较大发展潜力。

表 10 - 6 2010—2018 年湖北省农用地及分类用地利用变动情况

单位：万公顷

年份	农用地	耕地	园地	林地	草地
2010	1 475.34	531.23	49.40	865.42	29.29
2011	1 472.60	530.15	49.20	864.19	29.06
2012	1 469.86	529.00	48.99	863.09	28.78
2013	1 467.65	526.88	48.82	862.03	28.62
2014	1 464.56	526.59	48.65	860.85	28.47
2015	1 462.11	525.50	48.29	860.15	28.17
2016	1 460.23	524.53	48.14	859.53	28.03
2017	1 458.48	523.59	48.02	858.99	27.88
2018	1 457.41	523.54	47.86	858.31	27.70

数据来源：2010—2018 年度湖北省土地变更主要调查数据。

注：农用地数量＝耕地＋园地＋林地＋草地。

2. 单产潜力分析 由表 10 - 7 可以看出，自 2010 年以来，湖北省蔬菜种植面积和产量就一直处于上升的态势，2019 年湖北省蔬菜种植面积和产量分别达到 1 886.90 万亩和 4 086.71 万吨，均为历史最高水平。且产量水平的提升并非仅仅依赖蔬菜种植面积的增加，自 2010 年以来湖北省蔬菜生产单产水平也有着一定幅度的增长，于 2019 年达到历史最高水平，达 2.17 吨每亩，远高于世界各国的平均单产水平，表明湖北省蔬菜产业正处于良性发展阶段，随着技术的发展，未来湖北省蔬菜产业单产水平将会继续提升。

表 10 - 7 2010—2020 年湖北省蔬菜单产情况分析

年份	种植面积/ 万亩	产量/ 万吨	单产/ （吨/亩）	世界单产/ （吨/亩）
2010	1 497.81	3 091.21	2.06	1.22
2011	1 534.04	3 244.71	2.12	1.23
2012	1 634.52	3 375.50	2.07	1.22
2013	1 638.78	3 438.55	2.10	1.22
2014	1 670.66	3 513.70	2.10	1.25
2015	1 715.51	3 664.08	2.14	1.24
2016	1 735.35	3 712.77	2.14	1.25
2017	1 782.93	3 826.40	2.15	1.26
2018	1 836.41	3 963.94	2.16	1.26
2019	1 886.90	4 086.71	2.17	1.26
2020	1 919.85	4 119.40	2.15	—

数据来源：湖北省统计年鉴、国家统计局、FAO 数据库。

3. 市场潜力分析　随着我国 2021 年全面建成小康社会，国民温饱问题得到解决的同时人们对于蔬菜的消费需求发生了较大转变，越来越多的人已不再仅限于满足日常的营养摄入，转而对蔬菜是否有机、绿色和无公害提出了更高的要求。因此，在此背景下湖北省加快推进蔬菜产业绿色发展和"三品一标"建设，生产绿色生态的蔬菜完全符合消费者的需求，干净优质的品牌形象将得到市场越来越广泛的认可，从而为湖北省蔬菜产业发展提供广阔的市场前景与发展潜力。

4. 出口潜力分析　食用菌是湖北省优势特色农产品，在出口方面具有极大的优势，是农产品出口的第一品牌。湖北省农业农村厅数据显示，2016—2018 年，湖北省食用菌出口额分别为 7.86 亿美元、10.42 亿美元、9.71 亿美元，分别占当年农产品出口总值的46.44%、54.7%、52.04%。此外，食用菌出口产品已由过去的粗加工、简包装，发展到涵盖休闲食品、即食食品、罐头食品、酱类食品等五大系列 60 多个品种。随着出口品种的丰富，湖北省香菇出口市场由过去以东南亚为主向欧美拓展。2019 年，随州香菇年综合产值超 200 亿元，出口 60 多个国家和地区，创汇近 40 亿元。随着"十四五"时期湖北省大力发展蔬菜食用菌产业链，湖北省各地将抓住机遇，加大出口力度，增加出口种类，为蔬菜出口打开新的局面。

三、湖北蔬菜产业发展的战略构想与战略部署

（一）战略目标

在继续做大、做优、做强国家级现代蔬菜产业园的基础上，湖北省重点打造一批基础设施完备的优势特色蔬菜产业集群、蔬菜产业强镇、"一村一品"示范村镇。在保障粮食安全和践行大食物观的基础上，力争在"十四五"期间，全省蔬菜产业位居全国前列，中部第一，全省蔬菜及食用菌播种面积稳定在 2 000 万亩以上，总产量稳定在 4 500 万吨以上，综合机械化水平达到 30% 以上，化肥和农药利用率均稳定在 40% 以上，蔬菜产品抽检合格率达 98% 以上，农民年人均增收 10% 左右。预计到 2035 年，湖北省蔬菜产业综合产能更坚实，科技与装备水平得到新提升，绿色发展取得新进步，产业融合发展获得新突破，农民人均增收达到新高度。

1. 保障市场供给　大力实施"藏粮于地、藏粮于技"战略，着力补齐基础设施短板，落实"菜篮子"市长负责制，通过稳面积、增单产、调结构、降损耗，实现数量充足、品种多样、供应均衡，防止价格大起大落，切实保障蔬菜等重要农产品有效供给。湖北省蔬菜播种面积保持基本稳定，单产水平年均提高 1 个百分点以上，蔬菜损耗率年均降低 1 个百分点以上，播种面积稳定在 2 000 万亩以上，总产量稳定在 4 500 万吨以上。

2. 合理调整结构　在保障总量供求基本平衡的同时，按照多样化、市场化、安全化需求，持续优化蔬菜品种结构，以城郊设施蔬菜、露地冬春蔬菜、高山蔬菜、水生蔬菜和食用菌五大优势特色蔬菜为主，依托种植业产业振兴示范引领区建设，打造形成优质蔬菜等综合产值千亿级的产业，做精做优高山蔬菜、水生蔬菜、食用菌产业振兴特色优势区，积极发展品种多样、品质良好和区域适宜的产品，逐步形成品种丰富、上市供应均衡、区域特色鲜明的生产布局，形成同市场需求相适应、同资源环境承载力相匹配的现代农业生产结构和区域布局。

3. 资源利用节约　耕地和水等农业资源得到有效保护、利用效率显著提高，退化耕地治理取得明显进展，耕地数量不减少、耕地质量不降低、地下水不超采得以实现，以资源环境承载力为基准的农业生产制度初步建立。

4. 投入减量增效　化肥、农药减量增效基础进一步稳固，测土配方施肥技术覆盖率稳定在90％以上，化肥和农药利用率均稳定在40％以上，绿色防控覆盖率提高到45％。蔬菜产业由"传统育种"向"现代育种"转变，由"高产优质抗病"到"高产优质绿色高效"拓展，选育推广一批节肥、节水、抗病、抗逆的绿色蔬菜新品种。

5. 绿色供给增加　全面提高蔬菜质量安全水平，产品符合国家农产品质量安全标准和国家食品安全标准，产品质量安全抽检合格率保持在98％以上。蔬菜标准化清洁化生产加快推行，采收、处理和储藏环节实现更加严格的质量控制，商品化处理更加清洁高效，加工副产物获得综合利用。全链条、快速化的多元绿色低碳联运网络基本形成，休闲农业和乡村旅游加快发展，蔬菜产业生态服务功能大幅提高。

6. 流通体系完善　蔬菜批发市场、菜市场、社区菜店等市场网店逐步健全，功能进一步完善，产销关系更加紧密，逐步形成立足蔬菜主产区和主销区、覆盖城乡、布局合理、流转顺畅、竞争有序、高效率、低成本、低损耗的现代蔬菜流通体系。

7. 市场认可提高　绿色蔬菜产品标准体系完成构建，绿色食品、有机农产品、地理标志农产品认证管理不断加强，食用农产品达标合格证制度深入推进，蔬菜产品追溯体系不断推广。完善蔬菜质量安全监测监管体系，地产蔬菜产品抽检合格率达到98％以上。

8. 增加出口创汇　重点推进湖北省有区域特色和优势的外向型蔬菜产业发展，食用菌特色产品等外销率稳定达到50％以上，增加当地农民收入，有效支撑全国蔬菜市场供应，增加出口创汇额度。

（二）战略构想

以高质量发展为统揽，以绿色为底色，以深化农业供给侧结构性改革为主线，以技术、制度和商业模式创新为动力，坚持"保供给、提品质、优结构、扩绿色、强品牌、拓市场"的内涵式发展，着力在保障供给上提能力，在结构优化上作调整，在种子种苗上破难题，在生态栽培上求突破，在采后处理上下功夫，在质量效益上求提升，在精深加工上谋新局，在品牌建设上树标杆，在拓宽市场上谱新篇，把"大"的做"强"，把"强"的做"优"，把"特"的做"大"，从而拉长产业链条，做强千亿级蔬菜产业，实现湖北省从蔬菜产业大省向蔬菜产业强省转变。

1. 蔬菜布局由分散插花向相对集中规模化转变　依托《"十四五"全国农业绿色发展规划》《"十四五"推进农业农村现代化规划》和《湖北特色农产品优势区建设规划（2018—2022年）》，立足水土资源匹配性，围绕解决空间布局上资源错配和供给错位的结构性矛盾，对蔬菜产业进行合理布局，坚持"靠山靠水""适地适栽"和"就近供应"，蔬菜布局向最适产区集聚，推动形成功能齐全、布局合理的蔬菜产业绿色发展格局。

2. 蔬菜投入由数量型增长向质量型注重资源节约转变　牢固树立保护环境就是保护生产力、改善环境就是发展生产力的理念，加快推行绿色生产方式，科学使用农业投入品，循环利用农业废弃物，有效遏制农业面源污染，树立节约集约循环利用的资源观，推动资源利用方式根本转变，加强全过程节约管理，降低农业资源利用强度，促进农业资源永续利用，实现蔬菜产业绿色发展。

3. 蔬菜生产由简单低效种植向绿色高效生产转变　深入实施创新驱动发展战略，加快蔬菜产业绿色发展科技自主创新，构建蔬菜产业绿色发展技术体系，推进湖北省蔬菜产业要素投入精准减量、生产技术集约高效、产业模式生态循环、设施装备配套齐全，推动蔬菜产业向绿色高效生产转型。

4. 蔬菜经营由"提篮小卖"向多功能发展转变　推进功能集合，合理布局种养、加工等功能，完善绿色加工物流、清洁能源供应、废弃物资源利用等基础设施，打造绿色产业链供应链，推动形成"种养加销"一体、一二三产业联动发展的现代复合型循环经济产业体系。严格保护生态环境，挖掘自然风貌、人文环境、乡土文化等价值，开发休闲观光、农事体验、生态康养等作用，实现蔬菜产业社会、经济、生态、有机、自然等多种功能。

5. 蔬菜消费由保障数量向安全有效供给转变　以改革创新为动力，建立蔬菜产业绿色发展的目标责任、考核制度、奖惩机制，如乡村振兴实绩考核、"菜篮子"市长负责制考核等。强化制度约束，完善市场机制，引导社会参与，加快推动蔬菜产业发展由数量导向转向提质导向，切实改变蔬菜产业过度依赖资源消耗的发展模式。

6. 蔬菜产品由供不应求向批量外销转变　重点推进湖北省有区域特色和优势的外向型蔬菜产业发展，露地冬春蔬菜、高山蔬菜、水生蔬菜、食用菌等外销率稳步提高，增加当地农民收入，有效支撑全国蔬菜市场供应，增加出口创汇额度。

（三）战略部署

1. 品种结构　在湖北省蔬菜品种的谋划上，应当充分利用湖北省的地理优势和气候优势，相较于内地蔬菜主产区提早或推迟蔬菜成熟期。湖北省蔬菜品种谋划的原则设想是"两早一晚两特色"，"两早"指以喜冷凉秋冬和冬春叶菜为重点，发展露地冬春蔬菜，在城市郊区发展设施蔬菜，解决蔬菜生产的时空局限，参与支撑我国秋冬蔬菜市场供应；"一晚"指在冬长春短无夏、气候冷凉湿润的山区积极发展高山蔬菜，在城郊设施蔬菜的淡季（8—10月）上市，弥补大中城市蔬菜淡季供应的缺口；"两特色"指在长江、汉江流域，发展特色水生蔬菜，在鄂西北、鄂东等地区发展食用菌，最终使得湖北省蔬菜能够达到周年均衡供给。

城郊设施蔬菜重点种植茄果类、菜用瓜、豆类和叶菜等；水生蔬菜重点栽培莲藕、茭白、芋头、荸荠、菱角、芡实、莼菜、豆瓣菜、水芹、慈姑等水生蔬菜。高山蔬菜主要是利用高海拔地区夏季自然冷凉气候条件，生产反季节高山蔬菜，重点栽培大白菜、甘蓝、萝卜、辣椒、番茄、菜豆等；露地冬春蔬菜引导适应市场需求，发展较耐低温的十字花科蔬菜、部分葱蒜类及叶类蔬菜等。食用菌重点在大洪山周边区域、鄂西北区域发展香菇和黑木耳等木腐菌，适当种植珍稀菌；武汉市周边区域、江汉平原区域发展草腐菌，适当种植珍稀菌。

2. 产业结构　湖北省蔬菜产业结构谋划的原则设想是"以蔬菜产品产地初加工为主，大力发展精深加工和副产物综合利用"，坚持加工减损、梯次利用、循环发展方向，重点发展预冷、保鲜、冷冻、清洗、分级等商品化处理，干制、腌制、灌制、熟制等初加工；以龙头企业为主体，加快生物、工程、环保、信息等技术集成应用，发展传统食品制造、营养与健康产品创制等；采取先进的提取、分离与制备技术，开发新产品、新材料、新能源等，提升增值空间。在设施蔬菜上，以日光温室为龙头，形成日光温室、拱圆大棚和中小拱棚相互衔接和配套的设施蔬菜生产体系、技术体系和市场体系；建设标准化设施蔬菜生产基地；推广新型设施和覆盖材料，提高机械化作业水平和设施环境调控能力；引进、选育和开发设施专用蔬菜品种。在产品运输上，发展蔬菜产品绿色低碳运输，以全链条、快速化为导向，建设水陆空一体、便捷顺畅、配送高效的多元联运网络；在农旅结合上，积极通过"公司＋农户＋基地"，进行产地标准化改造；在产业集群上，坚持产业集群战略与国家产业战略一致的原则，以省内、国内高端园艺产品市场和国外高端园艺产品市场为定位，依据市场发展规律，借助政府政策的推动，大力培育市场主体，发挥政府在产业发展规划、标准制定、扶持政策、激励政策、服务支持方面的职责，大力营造适合园艺产业发展的大环境，促进产业格局由分散向集中、发展方式由粗放向集约、产业链条由单一向复合转变。

3. 区域布局　为了满足蔬菜产业发展规划和因地制宜分类指导蔬菜种植的需要，湖北省蔬菜产业拟按照"四区多点"的构想进行开发。"四区"主要是利用湖北省山多、水多的特点，在高山和湖泊附近发展高山蔬菜、食用菌和水生蔬菜，在鄂中地区发展露地冬春蔬菜，形成特色蔬菜生产区，将资源优势转化为经济优势；"多点"是以武汉市为核心，全省各中等城市和主产县市区郊区为据点发展设施蔬菜，保障本省蔬菜供应。

（1）城郊设施蔬菜生产点。以武汉为核心，强化"一圈一带"建设，即以"武汉1＋8"城市圈为重点的核心设施蔬菜基地，以省内其他大中城市为重点的设施蔬菜辐射带，包括黄陂区、新洲区、枝江市、孝南区、荆州区、公安县、浠水县、麻城市、咸安区、赤壁市、潜江市等。

（2）露地冬春蔬菜生产区。重点区域：以江汉平原为重点，包括嘉鱼县、当阳市、枣阳市、掇刀区、沙洋县、钟祥市、云梦县、应城市、石首市、天门市等。

（3）高山蔬菜生产区。重点区域：以武陵山区为重点，包括夷陵区、长阳县、五峰县、恩施市、利川市、建始县、鹤峰县等。

（4）水生蔬菜生产区。重点区域：以长江、汉江沿线的江汉平原地区为重点，包括蔡甸区、江夏区、汉川市、嘉鱼县、监利市、洪湖市、仙桃市等。

（5）食用菌生产区。重点区域：以鄂西北、鄂东和武汉、荆门为重点，包括郧阳区、房县、远安县、南漳县、宜城市、钟祥市、京山市、曾都区、随县、广水市等。

4. 市场定位　国内市场：对于露地冬春蔬菜，湖北省喜冷凉露地越冬菜在全国具有十分明显的优势，是湖北省外调蔬菜的主要产品，今后仍将以外销为主，参与支撑我国秋冬蔬菜市场供应，尤其是销往东部沿海地区城市，人口数量多且需求量较大。对于高山蔬菜，湖北省是全国高山蔬菜生产第一大省，在全球气候变暖背景下产业发展潜力更大，前景更加广阔，目标市场是全国各地，以东南沿海地区为主。对于水生蔬菜，湖北省水生蔬菜面积、产量均居全国首位，当前应由自给为主向外销为主发展，产品销往全国各地。对于城郊设施蔬菜，产品数量和质量总体稳健，但其目标市场以省内为主，主要保障本省城市居民蔬菜供应。

国外市场：蔬菜产业应积极打通渠道开展外销，利用"一带一路"倡议、RCEP等协议优势主要销往东盟、中亚等地区。政府部门应协助龙头企业参加"湖北好蔬菜走进粤港澳大湾区"、华中预制菜之都招商大会、中国—东盟博览会等产销对接活动，推动形成一批龙头企业的深度合作。积极协助龙头企业和品牌取得 AEO（中国海关经认证的经营者）认证企业证书，实现出口产品 24 小时内顺利通关，提升品牌国际市场竞争力。

四、湖北蔬菜产业发展的关键技术需求与科技创新方向

（一）关键技术需求与主要技术瓶颈

1. 蔬菜育种能力不足 湖北省近年来审定品种数量大幅增加，为农民提供了多样化选择，但同质化品种多，高档优质产品少，无法适应农业绿色发展和供给侧结构性改革需要。须从选育和推广节肥节水节药、适宜机械化生产、轻简化栽培的专用品种等方面积极探索，旨在实现蔬菜种源优质化和品种多样化。

2. 化肥农药投入粗放 2015 年以来，农业农村部组织开展化肥农药使用量零增长行动，截至 2020 年底，湖北省化肥农药使用量显著减少，化肥农药利用率明显提升，促进蔬菜高质量发展效果明显，但由于技术研发、推广水平不高，现有蔬菜种植投入仍然相对粗放，需加快研发科学施肥用药技术，推广应用新型肥料和高效低风险农药，优化施肥用药模式，支撑蔬菜产业提质增效和农民持续增收。

3. 绿色生产技术水平低 目前，湖北省蔬菜连作障碍致使土壤酸化、次生盐渍化，土传病害加重（设施蔬菜更为突出），且小农生产模式下难以实现生产标准化和可追溯，进一步导致蔬菜质量内隐，优质产品也难以实现优价。因此，加快推进蔬菜生产绿色化、标准化水平，将有效提高蔬菜质量效益和竞争力，实现蔬菜产品优质优价。

4. 采后处理和精深加工不充分 湖北省蔬菜采后处理技术滞后，保鲜与加工水平较低，冷链储运体系建设不完善，导致蔬菜产品常以原始状态上市，不分等级，简单包装，更没有预冷等其他采后处理措施，蔬菜在加工储藏和运输过程中的损耗仍然较大。因此，蔬菜采后处理和精深加工关键技术研究开发与示范是湖北省蔬菜产业技术发展的重要方向之一。

5. 设施装备使用水平较低 湖北省蔬菜农机装备产业弱小，农机产品缺门断档、质量参差不齐，现有蔬菜种植机械化率不足 30%，远远低于大田作物的 60%～70% 的水平，主要难点在于"机不好用、无好机用、用不好机"，加之蔬菜生产成本上涨的压力加大，"用工贵、用工难"愈发明显，省力化机械替代劳动是未来较长时间内必然趋势。

6. 数字菜园建设不够 当前，全国各地紧抓大数据智能化发展战略的机遇，积极搭建智慧农业平台，通过农业可视化实时监控、信息化质量追溯等技术手段，提升农业生产效率、提高农产品品质、推动小生产连接大市场。然而，湖北省在推动数字农业技术与相关装备在蔬菜产业领域的集成应用不够，未来实现蔬菜种植环境智能监控、水肥药精准施用、生产智能分析决策、农机智能作业与在线调度监控等数字化建设势在必行。

（二）关键科学问题

1. 种源优质化和品种多样化 一方面，推进蔬菜种业科技体系配套，提升自主创新能力，主要包括健全蔬菜种质资源保护体系，完善种质资源调查、鉴定、评价和创新体系，强化企业育种创新主体地位，提纯复壮一批有地方特色的优质地方品种等。另一方

面,推进蔬菜种业良繁基地提质增效,选育和推广一批高效、优质、多抗的蔬菜新品种,重点挖掘蔬菜高产、优质、广适、多抗、适宜机械化等重要经济性状的关键控制基因,显著提高蔬菜的生产效率和优质化率。

2. 化肥农药投入减量增效 推进测土配方施肥,调整优化施肥方式,推进绿色防控、统防统治、科学用药,研发一批绿色高效的功能性肥料、生物肥料、新型土壤调理剂,低风险农药、施药助剂和理化诱控等绿色防控品等新型产品,突破湖北省蔬菜生产中化肥和农药减量、安全、高效等方面的瓶颈。

3. 绿色化轻简化智能化栽培 加快绿色发展关键技术研发,促进科企深度合作,加强蔬菜高品质栽培、生态化栽培、轻简化栽培、抗性鉴定、连作障碍机理和解决措施研究,大力推广天敌防控、理化诱控、高效施药、预警监测等病虫害绿色防控和废弃物资源化利用,突出"三减三增",构建生态化栽培技术体系。推动蔬菜生产数字化、智能化与绿色化改造,组装集成一批不同品种、不同区域的绿色技术,建立蔬菜绿色发展技术体系。

4. 采后处理和精深加工技术研究 加强采后商品化处理技术研究。开展蔬菜特色优势单品整理清洗、分拣分级、预冷保鲜、多层次加工和包装储运等关键技术研究,加强蔬菜产品产地初加工技术的研发、引进和示范推广,提升现有设施装备水平。推动产地商品化处理。改善产地储藏、预冷、保鲜、清洗、分级、包装、检验检测等采后商品化处理设施装备条件,构建设施完备、技术先进、管理高效的蔬菜产品采后商品化处理体系。

5. 蔬菜全程机械化 研发、推广精量播种、育苗嫁接、移栽和收获等环节机械化技术装备短板,重点研发、推广一批推广露地规模种植基地蔬菜精密播种、标准化育苗、高效移栽和收获机械,支撑"十大千(百)亿级优势农业产业链"发展。

6. 利用大数据指导蔬菜生产 围绕数字菜园建设,推动数字农业技术与相关装备在蔬菜产业领域的集成应用,构建数字农业应用典型模式模型,实现种植环境智能监控、水肥药精准施用、生产智能分析决策、农机智能作业与在线调度监控等,提升蔬菜生产精准化、智能化水平。同时,通过与各检测站(点)建立网络联系,利用网络在第一时间了解各地蔬菜农药残留的检测结果,形成预警机制。

(三) 科技创新方向

1. 蔬菜种质资源的保护和创新 加强对蔬菜种质资源全面普查、系统调查与抢救性收集,搭建以品质、抗病、抗逆等重要性状鉴定为主的资源鉴定评价与基因发掘平台,重点挖掘蔬菜高产、优质、广适、多抗、适宜机械化等重要经济性状的关键控制基因,重点加强对国家水生蔬菜资源圃的支持,建设一批省级蔬菜资源保护单位。

2. 优质蔬菜品种的选育 进一步加大蔬菜品种选育力度,促进现代生物技术和常规技术有机结合,加强种质资源创新,改进育种方法,培育一批优质、抗病、高产、抗逆性强的蔬菜优良品种,以提升国内优势品种,替代部分进口品种。重点培育适合设施栽培的耐低温弱光、抗病、优质的黄瓜、番茄、辣椒、茄子、西甜瓜等专用品种,适宜不同季节露地栽培的白菜、萝卜、结球甘蓝、菠菜等系列品种,适合出口、加工的番茄、胡萝卜、洋葱等专用品种,适应不同市场和饮食文化需求的芥菜、莲藕、食用菌等特色蔬菜品种。支持科研单位与种子企业紧密结合,推进育繁推一体化。

3. 绿色投入品的研发与技术推广 围绕蔬菜产业深度节水、精准施肥用药、重金属及面源污染治理、退化耕地修复等，攻克一批关键核心技术，研发一批绿色投入品。重点研发环保高效肥料，如高效液体肥料、水溶肥料、缓控释肥料等，研发低毒农药与生物制剂，如高效低毒低风险化学农药、新型生物农药、植物免疫诱抗剂、害虫理化诱控产品、种子生物制剂处理产品和天敌昆虫产品等。大力研发和推广土壤生态安全消毒活化、控氮降酸、测土配方施肥、水肥一体化和保护性耕作技术，提高土壤有机质含量，改善土壤理化性状。

4. 蔬菜绿色轻简智能化栽培技术的研发与示范　按照良种良法相配套的原则，加快栽培技术集成创新步伐，研发一批绿色优质、省工节本、增产增效的实用栽培技术。重点研究"三减三增"绿色生产技术，包括集约化穴盘育苗技术、水肥一体节水减肥增效技术和病虫害绿色防控减药增效技术；研究连作障碍治理技术，制定适合不同生态区、不同栽培方式的技术模式，在菜地土壤次生盐渍化、酸化治理等方面取得重大突破；研究轻简栽培技术，开发土地耕整、精量播种、水肥一体、设施环境调控等设施设备，促进农机农艺结合，减轻劳动强度，提高劳动效率；研究智能化生产技术，针对蔬菜种植环境智能监控、水肥药精准施用、生产智能分析决策、农机智能作业与在线调度监控等开展研发，全方位增强科技对蔬菜产业发展的支撑能力。

5. 蔬菜加工技术的研发与示范　在蔬菜产地初加工上，重点研发预冷、保鲜、冷冻、清洗、分级、屠宰、分割等商品化处理，干制、腌制、灌制、熟制等初加工。在蔬菜精深加工上，以龙头企业为主体，加快生物、工程、环保、信息等技术集成应用，利用超临界萃取、超微粉碎、生物发酵、蛋白质改性等技术，提取营养因子、活性物质和功能成分，开发营养均衡、功能强化的健康食品，以及质优价廉、物美实用的非食用加工产品。在副产物综合利用上，研发先进的提取、分离与制备技术，推进蔬菜副产物循环利用、高值化利用、梯次利用，实现资源零废弃、变废为宝。

6. 蔬菜机械化装备的创制与升级改造　加大力度扶持一批农业装备研发机构和生产创制企业，开展装备的信息化、智能化、工程化创新。加强系统生物学、大数据、人工智能等多学科前沿技术与蔬菜产业的深度交叉融合，运用智能制造、生物合成、3D 打印等新技术，集成组装一批科技含量高和适用性广的露地规模种植基地蔬菜精密播种、标准化育苗、高效移栽和收获机械，研发推广一批土地耕整、灌溉施肥、水肥一体化等农业机械，以及连栋温室、水稻育秧中心等设施装备，补齐精量播种、育苗嫁接、移栽和收获等环节机械化技术装备短板。

7. 数字技术与蔬菜产业的有机结合　研发蔬菜产业大数据体系，利用消费者需求数据、蔬菜供给数据指导蔬菜生产。推动遥感监测等相关技术在蔬菜种植中的应用示范，重点开展蔬菜资源普查、面积监测、长势分析、产量预估、土壤墒情监测、灾害预警评估与农业保险理赔服务等；研究利用物联网技术建立主要蔬菜作物病虫害测报网络，实现作物病虫害智能化识别和精准化防控；推动智能感知、智能监测、智能分析、智能控制技术与智能装备在蔬菜产业中的集成应用，实现蔬菜生产管理智能化。

五、湖北蔬菜产业发展的重点任务

（一）加快提升蔬菜供应能力

1. 建设蔬菜集约化育苗基地　重点建设蔬菜集约化育苗示范基地，推广茄果类、瓜类、甘蓝类等嫁接育苗、穴盘集约化工厂育苗技术，扩大育苗专用设施面积，配套建设育苗专用机械设备，改善育苗设施条件，实施育苗生产标准化行动，提高育苗质量和规模，加快优良新品种引进和推广，深入推进优质蔬菜品牌化发展。

2. 建设蔬菜标准化生产基地 重点建设一批核心示范标准园，通过政府资金引导，地方和民间资本加大投入，建设高标准大棚设施基地，改善蔬菜基地基础设施（包括水、电、路、渠等）建设。开发应用新材料、新棚型，提高采光保温性能，增强抵御自然灾害能力；应用智能化、数字化等信息技术装备，扩大种植面积、优化种植结构，大力推广轻简栽培、水肥一体、立体种植、绿色防控等新技术，提升冬春季蔬菜生产水平，提高地产菜自给率。推广适用技术装备，提升机械化、自动化水平，降低劳动强度，提高劳动生产率。

3. 推动数字菜园建设 提高蔬菜生产管理数字化和智能化水平。采用大数据技术、互联网技术和通信技术等前沿技术，对蔬菜生产过程中的人、财、物以及信息流等进行集成化管理，规范生产技术标准和管理流程，加快建设数字农情、土壤墒情、养分丰缺动态监测预警及数字化病虫害防控监测网络，围绕蔬菜核心产区开展全产业链数字化、智能化应用示范，实现生产全程监测，提高蔬菜生产管理数字化水平。

（二）促进产业绿色转型升级

1. 推广高效节水技术 露地蔬菜种植通过完善节水灌溉工程等，大力推广滴灌、微灌、管道输水等先进节水灌溉技术，控制农业用水的总量。按照"三减三增"的技术路径，推广膜下滴灌水肥一体化技术，提高水肥利用效率。设施蔬菜推广水肥一体化和自动化滴灌节水技术，建立工程、产业、管理三位一体的综合高效节水体系。到2025年，全省蔬菜产业用水总量得到有效控制。

2. 实施农药减量行动 继续推进农作物病虫害绿色防控工作，制定并应用蔬菜绿色生产技术规程，依托农业企业、农民专业合作社、种植大户等推广病虫害专业化统防统治，建立蔬菜作物专业化统防统治示范区，示范推广绿色防控技术，推广有色板、杀虫灯诱杀、性信息素诱集、生物生态调控、苦参碱等高效、低毒、低残留生物农药，指导科学、安全、合理使用农药。加强蔬菜作物病虫情报发布，及时、准确地将病虫害发生和防治信息送达农民群众，指导农民在最佳防治时期开展防治，减少盲目用药。

3. 推广控肥增效技术 大力推广蔬菜减肥种植新技术、新模式，主要开展水肥一体化、有机肥替代化肥、新型肥料应用技术，并通过试验示范，提出适宜当地设施蔬菜、露地蔬菜、水生蔬菜、高山蔬菜种植的主要蔬菜品种高效集成技术规程，推行标准化施肥，提高肥料利用效率，加强生物技术应用，推广微生物肥料、含氨基酸水溶肥、含腐植酸水溶肥等新型生态、有机类肥料，提高化肥减量效果。

4. 加强废弃物资源化利用 加大废旧农膜、包装废弃物回收和处理利用。推广尾菜堆沤、堆肥还田等技术应用，提高尾菜处理和资源化利用水平。以秸秆循环栽培食用菌为核心，通过秸秆堆制发酵技术、食用菌高产栽培管理技术、菌渣循环利用等关键技术集成，实现农业秸秆资源的良性循环及高效利用。到2025年，废旧农膜回收利用率达到95％以上，尾菜处理和资源化利用率达到90％以上，周边农作物秸秆综合利用率明显提升。

（三）推进蔬菜产业融合发展

1. 加快冷链物流体系建设　在省内各蔬菜主产区，实施果蔬冷鲜库建设项目，支持蔬菜生产经营者建设一批蔬菜田头仓储保鲜冷链设施，配备信息自动采集设备，提升蔬菜产品产地仓储保鲜冷链能力，减少产后损失。

2. 推进蔬菜加工发展　在蔬菜主产区，积极引进蔬菜清洗、分拣、无损包装企业，建设净菜清洗加工包装车间、智能化分拣加工包装车间、配套智能分拣加工设备、净菜加工包装设备、保鲜恒温库、冷冻库等设备。持续推进蔬菜精深加工和副产物综合利用，开发蔬菜休闲食品和佐餐食品加工产品，拓宽加工领域，满足人民对健康食品的需求。

3. 完善蔬菜流通体系　重点建设一批产地批发市场，兼顾城市中心批发市场的建设与完善。产地批发市场建设主要建在优势产业带、重点基地县（市）和出口加工基地。支持大中城市改造销地批发市场，加强市场信息交流、质量安全检测、电子统一结算、冷藏保鲜、加工配送等设施的建设，全面推进销地批发市场在基础设施、管理、技术等方面提档升级。注重大中小结合，突出重点，引导市场产权单位不断加强农贸市场建设改造力度，定期进行场内设施及设备的维护和维修，创造良好的购物环境。鼓励社会力量高起点、高标准投资新建农贸市场，弥补新建城区农贸市场不足，推动农贸市场的标准化建设，提高市场运营管理水平。引导商贸流通企业发展产地精加工和物流集中配送，鼓励蔬菜直营直供、网络销售等蔬菜零售新模式，提升"菜篮子"产品零售网点服务功能。

4. 加强蔬菜产销对接　县级以上城市要根据本地消费需求，建设自己的蔬菜产品保障基地。蔬菜优势产区要充分利用当地资源，建设服务全国或特定区域的蔬菜规模化基地，与有关大中城市建立长期稳定、互利合作的产销关系。支持和鼓励农批市场、连锁超市等农产品流通企业与地产菜种植基地签订采购协议，发展联合采购、统仓统配等模式，减少蔬菜生产供应的中间环节，降低流通成本。鼓励地产菜种植基地通过设立直销门店或在批发市场、连锁超市等设立销售专区、专柜等各种方式，提升便民惠民服务功能。通过探索蔬菜产业企业与农户紧密型利益连接机制，扶持培育蔬菜龙头企业，发展"龙头企业＋合作社（基地）＋农户"模式，完善产业链利益联结和分配机制。

5. 发展壮大休闲农业　重点在主产区市周边和县城周边，以设施农业园区、莲生产区为依托，建设一批重点休闲农牧业项目，每个县区每年至少新增1处上规模休闲观光点，开发观赏、果蔬采摘、特色餐饮、农事体验等休闲农业产品，结合红色旅游及美丽乡村建设、田园综合体等项目建设，每个县区重点打造优化一条都市农业休闲观光精品线路，带动提升蔬菜产业发展效益。

6. 建立和完善信息网络平台　支持建立覆盖全省及周边主要批发市场的蔬菜产品产销信息公共服务平台，规范信息采集标准，健全信息交流发布机制，加强采集点、信息通道、网络中心相关基础设施建设，定期收集发布全省蔬菜产品生产、供求、质量、价格等信息。

（四）健全蔬菜产业支撑体系

1. 强化新型经营主体培育　培植蔬菜产业化龙头企业，转变蔬菜产业发展方式，坚持用抓工业的方法抓农业，由抓"田头"向抓"龙头"转变，做强龙头企业。重点培植武汉洪山菜薹、武汉天下先、湖北华贵、湖北惠致、湖北金润、随州品源、宜昌森源、湖北一致、湖北顺溪生物、湖北千宝、十堰昌欣、湖北联创、湖北大清江、裕国菇业等蔬菜、食用菌、魔芋生产加工龙头企业。大力培育多元社会化服务组织，依托乡镇涉农公共服务机构基础条件，鼓励农技推广、动植物防疫、农产品质量安全监管等机构拓宽服务范围、提升服务质量，重点培育一批专业化、社会化的经营性农业服务主体，积极发展蔬菜育苗、统防统治、测土配方施肥、粪污集中处理等农业生产性服务主体，支持发展农产品电子商务等现代流通服务业，提升市场服务水平。培育专业合作经济组织。坚持"先抓组织，后抓生产"的思路，把蔬菜专业合作组织当作新产业来经营，当作新资源来开发。每个县（市、区）重点培育 5～10 家有自主品牌、有规模、有实力的蔬菜专业合作经济组织，推进标准化生产、规范化管理、市场化运作，提高菜农组织化程度。

2. 强化科技支撑 对省内优势特色蔬菜类型，如食用菌、水生蔬菜、高山蔬菜等建立省级产业技术体系，组织相关专家为全产业链提供技术支撑，巩固这些作物在国内产业的优势地位。紧密依托湖北省农业科学院、武汉市农业科学院、华中农业大学等省内外蔬菜方面科研院所的技术力量，结合湖北省现有农技推广机构及龙头企业、合作社、家庭农场等新型经营主体，构建"产学研推"四位一体的技术引进推广示范合作平台。一是加大科技投入力度，加快选育和推广一批高产优质新品种，在品种、栽培、土肥植保、保鲜加工、生产机械等全产业链各环节培育科技队伍，为产业提供技术支撑。二是集成推广应用一批设施蔬菜、露地蔬菜、高山蔬菜、水生蔬菜、食用菌、西甜瓜、魔芋等高效安全生产关键技术。三是推进湖北省蔬菜绿色发展试验示范基地建设，引进示范蔬菜集约化育苗技术、绿色高产高效蔬菜栽培技术、绿色高效蔬菜植保技术、设施智能化控制技术，并进行推广。四是鼓励各类主体引进、示范、熟化适合湖北省蔬菜生产应用的蔬菜新品种、新技术，健全完善湖北省市蔬菜科研、试验、示范、推广技术体系，制定适宜的蔬菜和食用菌种植、储存、加工流通等的技术标准。

3. 强化人才支撑 依托全省科研平台，以柔性引进、技术服务等方式积极鼓励专家学者和高校毕业生来湖北省开展短期研发、长期驻站、技术入股、技术服务等创新活动，壮大湖北省农牧业科技人才队伍。面向全省培养蔬菜产业管理型、创新型、创业型人才，全面提升湖北省蔬菜产业人才队伍的整体素质，提高科技创新和综合管理水平。进一步加强对科技特派员的管理，确保每个设施蔬菜园区有科技特派员进行常年指导。组建省级蔬菜产业专家组，依托全省农广校系统，对种植户、家庭农场和合作社等进行培训，将蔬菜产业园区内的经营者和生产者全部纳入新型职业农民培训范围，并争取有志投身现代农业建设的农村青年、返乡农民工、农技推广人员、农村大中专毕业生和退役军人等纳入培训范围，培养一批高水平管理人才、科技领军人才和农村实用人才。

4. 强化质量追溯 一是健全检测监管体系。按照农业农村部要求，加强政府检测能力建设，重点建设县（市、区）蔬菜产品检测站，支持蔬菜生产基地、龙头企业、蔬菜合作组织、农产品批发市场建设农产品检测室，形成标准统一、职能明确、运行高效、上下贯通、检测参数齐全的农产品质量安全检测监管体系。二是建立全程质量追溯体系。支持生产主体自觉在国家追溯管理信息平台上上传信息，加强二维码管理，逐步形成产地有准出制度、销地有准入制度、产品有标识和身份证明，信息可得、成本可算、风险可控的全程质量追溯体系。三是建立质量安全风险预警信息平台。统筹省内、省外两个市场，建立蔬菜产品质量安全风险预警体系，加强部门协作，实现质量安全信息共享，共同应对重大突发安全事件，不断提高蔬菜产品质量安全水平。

5. 加强品牌培育与宣传 着力推进品牌建设，把"嘉鱼蔬菜""洪山菜薹""洪湖莲藕""洪湖莲子""菇的辣克"系列加工菜、恩施"大山鼎高山菜"、长阳"火烧坪包儿菜""随州香菇""洪湖莲藕"等整合培育成全国知名品牌。建立"以奖代补"机制，引导产品分等分级、包装标识。利用科研院所蔬菜质量检测检验方面的优势，通过申请"三品一标"企业及农产品，讲好地方蔬菜品牌故事，建立高质量的地方蔬菜品牌。组织开展合作社、家庭农场等主体，开展蔬菜生产栽培、植保等相关技术申请培训。充分宣传湖北省蔬菜产业和产品，促进地方蔬菜产业可持续发展。加大产品推介宣传力度，提升品牌知名度，提高安全优质蔬菜市场占有率。

六、湖北蔬菜产业发展的政策措施与对策建议

（一）政策措施

1. 财政政策 应进一步健全和完善以绿色生态为导向的蔬菜产业财政补贴制度，重点支持对蔬菜产品提质增效、修复治理农业生态和培育农村新产业新业态等重点领域。应在稳定加大农业补贴力度的同时，逐步完善农业补贴政策，改进农业补贴办法，提高农业补贴政策对促进蔬菜产业高质量发展的效能。

2. 金融政策 发挥绿色金融的撬动作用，大力推进绿色金融改革和创新。金融服务应向绿色低碳的发展方向转型升级，加大对县域涉及蔬菜产业的有机农业、特色环保、环保节能及清洁能源等项目的资金支持力度，发挥信贷、证券、基金等绿色金融工具的杠杆撬动作用，激励社会资本参与蔬菜产业的高质量发展。

3. 保险政策 应聚焦本省有传统优势的蔬菜产业（设施蔬菜、露地冬春蔬菜、高山蔬菜、水生蔬菜及食用菌等），进一步提高政策性农业保险的保障力度，加大各级财政投入，降低参保要求，提高保险额度及保障水平，构建更强大的农业保护网，切实对农业再生产起到保障作用，进一步提高农业保险在支农政策中的战略地位。

4. 科技创新政策 应基于中央对"创新、协调、绿色、开放、共享"新发展理念的总体要求，继续加大对农业科技创新与推广体系的资金投入，加大对涉农高校、企业和农业创新服务团队和示范园区的科技资金支持力度，完善蔬菜产业的技术研发与推广体系。

5. 贸易政策 进一步统筹国内外两个市场、两种资源，用世界眼光、全球视野谋划和发展本省的蔬菜产业，加强湖北省蔬菜产品的硬实力。相关主管部门应牢牢把握世界农业发展与国内外农产品市场供需变化趋势，对湖北省蔬菜产业中各类比较优势与比较劣势产品实现精准定位，稳固并扩大本省具有比较优势的蔬菜产品（食用菌等）领先地位，减弱并缩小本省具有比较劣势产品的蔬菜产品落后地位，努力促进具有比较优势蔬菜产品的国内市场份额与国外出口，引导和有效调控本省相对短缺蔬菜产品的国内市场调剂与进

口，进而实现本省蔬菜产品供需结构的优化。

（二）对策建议

1. 加强"链长"领导，重视"菜园子"建设 省、市、县三级政府要高度重视"菜园子"工程建设，继续大力推行蔬菜产业链"链长制"和市长负责制，省领导领衔，院士挂帅，分管领导具体负责，成立专家团队和工作专班来进行强链、补链，成立"菜园子"建设领导小组，成员由发展和改革、农业农村、商务、财政、科技、统计等部门组成。领导小组统筹协调"菜篮子"工程建设工作，建立部门间沟通协作联席会议制度，密切配合，共同推动解决工作中的各类问题和困难，保障全省蔬菜产品生产、供应平稳有序。健全决策咨询机制，重视发挥高端智库和专业研究机构蔬菜产业发展中的作用。各级蔬菜产业链的"链长"和领导小组要加强对规划实施的统筹指导，研究解决规划中政策实施、项目安排、体制机制创新、平台建设等方面的重大问题。

2. 树立大食物观，加大产业扶持力度 树立大食物观，蔬菜作物作为重要农产品，要加大对蔬菜产业发展的扶持力度。一是加大专业蔬菜基地保护力度，实行更严格的占补平衡和补偿机制，提高补偿标准。二是设立省级蔬菜奖励基金，对设施蔬菜基地建设、龙头企业、精品名牌实行奖励。三是设立省级蔬菜产业发展专项资金，对全省蔬菜优势特色产区、蔬菜优势资源产业予以扶持。四是加大蔬菜基地建设力度，各级政府要整合农业综合开发、国土整理等项目用于蔬菜基地建设，整合种子工程、植保工程项目建设蔬菜育苗工厂和蔬菜绿色植保。五是推广蔬菜政策性保险，逐步将设施生产、集约化育苗和规模种植等纳入政策性保险范围，提高农民参加保险的意识和积极性。六是在全省范围内开通绿色通道，确保蔬菜绿色通道畅通。

3. 强化科技支撑，大力研发和推广蔬菜先进技术 一是加快蔬菜产业绿色科研技术研发，提升创新能力。整合湖北省蔬菜产业现有科研力量，依托湖北省农业科学院、华中农业大学等相关机构，布局一批国家级、省部级重点实验室、试验站等绿色技术创新平台，组织现有产业体系科学家针对性开展绿色技术创新工作。二是做好绿色使用技术的推广与应用工作，加快科研成果落地转化。建立蔬菜绿色科技成果转化平台，支持农业科研院校针对蔬菜产业发展规划建立相应的技术转移中心、成果孵化器和创新创业基地，通过定期公布相关科研成果及知识，采取研发合作、技术转让及许可、作价投资等形式推进绿色科技成果转化。三是加强科研人才建设，壮大技术服务队伍。加强基层农机推广服务体系建设，支持基层农技人员进入家庭农场、合作社与农业企业，推动构建基层农技推广机构，通过推广机构保障生产过程中必需的技术服务设施设备提供，加强绿色增产、清洁加工、环境友好和质量安全等领域关键技术集成示范，为各类型生产经营主体提供专业化与个性化的绿色生产技术服务。

4. 强化产业化经营，提高组织化程度 在蔬菜优势产区，发展产业集群。大力发展以农户为基础、基地为依托、企业为龙头的蔬菜产业化经营模式，形成蔬菜产业链各环节共同发展的格局。鼓励蔬菜加工企业通过订单收购、建立风险基金、返还利润、参股入股等多种形式与蔬菜种植户结成稳定的产销关系和紧密的利益联结机制，更好地发挥龙头企业带动作用。积极扶持蔬菜合作社、协会等农民专业合作组织的发展，提高蔬菜产业的组织化程度。

5. 强化多元投入机制，加快蔬菜基地与市场建设步伐 蔬菜主产区各级政府要将蔬菜建设纳入地方经济和社会发展规划，多渠道筹集建设资金，加大资金投入力度。要建立政府投资为引导、菜农和企业投资为主体的多元投入机制，吸引社会资金参与蔬菜产品生产、流通等基础设施建设。鼓励银行业金融机构加大对带动农户多、有竞争力、有市场潜力的龙头企业的支持力度。

6. 建立风险预警与防范机制，保障蔬菜生产与市场供给 湖北省蔬菜供求基本平衡，但受气候变化和市场环境影响，季节性、结构性缺口仍然很大，从而造成蔬菜市场价格波动幅度过大，给市场供给、菜农收入、产业平稳发展带来诸多不利影响。为保证蔬菜供求基本平衡和市场价格基本稳定，应由政府组织相关部门建立和完善蔬菜供求预警机制和风险防范机制，提高抗风险和应急能力。一是组织专家构建全省范围内蔬菜供求预警模型，根据各地蔬菜播种面积及气候条件等信息，分析和预测蔬菜供给情况和价格走势，引导蔬菜种植户、经营者合理安排生产经营活动。二是及时发布蔬菜市场供求和价格信息，提前进行市场预警，引导蔬菜合理流通，提高流通效率。三是设立风险基金，实施合理储菜于地、储菜于库制度。

第十一章　湖北花卉产业发展战略研究

一、湖北花卉产业发展的现状与展望

(一) 湖北花卉产业发展的现状与主要成就

花卉产业在改革开放的大潮中应运而生，随着湖北省经济的腾飞而迅猛发展，为农民增收、农业增效、农村发展做出了重要贡献。"十三五"以来，在省委、省政府的高度重视和正确领导下，随着生态文明建设的深入推进，湖北省花卉产业在持续发展中壮大，在结构调整中提升，在市场竞争中转型，产业规模、综合效益、发展水平均取得显著成效，有力地推动了生态建设、经济发展、社会和谐，成为典型的绿色产业、富民产业、美丽产业。

1. 产业规模持续扩大，产业结构逐步优化　表 11 - 1 可知，湖北省花卉产业持续快速发展，到 2020 年底，全省花卉生产面积 11.02 万公顷，比 2009 年增长 216%，花卉产业总产值达 165 亿元，是 2009 年的 6.17 倍，年均增长率达 47%；花卉企业 2 284 家、花农 26.31 万人，分别比 2009 年增长 79.7%、148%，花卉企业和人数增量较高、增速较快。从产业结构分析，一产比重大幅下降、二、三产比重大幅提升，产业结构逐步优化。花卉种植业产值下降，园林绿化工程和花卉精深加工稳步增长，花艺服务业、特色花卉旅游、花卉电子商务等新业态迅速成长。

表 11 - 1　2009—2020 年湖北省花卉产业基本情况

年份	种植面积/ 万公顷	切花切叶 产量/ 亿支	盆花植物/ 亿盆	观赏苗木/ 亿株	专业市场 数量/ 个	花卉企业 数量/ 个	从业人员/ 万人	产值/ 亿元
2009	3.49	0.760	1.26	2.39	239	1 271	10.59	26.75
2010	3.58	0.841	1.29	2.68	241	1 284	11.19	24.04
2011	3.57	0.872	1.33	2.79	247	1 294	11.48	30.72
2012	3.58	0.868	1.24	2.75	266	1 293	11.50	38.54
2013	4.32	0.874	1.24	2.75	266	1 291	11.61	44.84
2014	4.83	0.939	1.24	2.97	265	1 302	11.73	63.32
2015	8.62	1.080	1.23	3.51	269	1 323	12.13	90.40
2016	8.98	1.440	1.68	4.15	257	1 565	23.15	126.01
2017	10.71	1.320	1.72	4.06	315	1 652	25.29	147.19
2018	10.74	1.580	1.96	2.42	243	2 410	26.70	169.72
2019	11.05	1.619	1.94	2.58	250	2 333	26.53	167.22
2020	11.02	1.566	2.40	2.68	253	2 284	26.31	165.00

　　注：数据来源于《中国林业和草原年鉴》(2010—2020 年)、《湖北农村统计年鉴》(2010—2021 年)、国家林业和草原局、湖北省林业局。部分缺失数为课题组根据历史数据、国家林业和草原局、湖北省林业局数据及网络公开资料测算所得，届时以官方发布为准。农业农村部、国家林业和草原局、中国花卉协会统计口径不完全一致，故部分数据存在出入。

2. 块状集聚特色鲜明，花农增收效益明显　经过多年来的快速发展，湖北省初步形成两条沿 107 国道和 207 国道的百千米花卉苗木长廊，以及鄂南、鄂中、鄂北三大片特色苗木产业集群。各花卉主产区坚持花卉生产和产品交易集聚发展，区域特色鲜明。例如，武汉梅花、东湖荷花、随州兰花、建始百合盆花，京山对节白蜡、宜昌三峡火棘、神农架水腊、九宫山杜鹃盆景、常绿或落叶、遮阴量大、抗污染和粉尘的咸宁桂花，武汉的荷花玉兰，保康县的紫薇，荆门的白掌、红掌、凤梨、兰花，麻城福田的福白菊等。规模化、集约化经营水平不断提高，湖北品牌、湖北标准逐渐形成，特色花卉的区域品牌享誉全国。花卉产业的快速发展，为大量农村剩余劳动力提供了在乡就业、增收致富的机会。近年来，全省花卉种植业亩均产值达到 10 239 元，远高于全国平均水平，孝感市孝昌县、武汉市江夏区、黄冈市黄州区等花卉主产区农民收入来源多来自花卉行业，麻城市福田河镇、随州市洛阳镇等一批乡镇"因苗而兴、因苗而富、因苗而美"，成为远近闻名的苗木花卉特色小镇。

3. 规模企业迅速成长，竞争实力显著提升　十多年间，湖北省花卉企业规模扩张，实力增长。截至 2018 年底，全省花卉企业达到 2 410 家，比 2009 年增长 89.6%。2017 年，湖北金卉花木公司荣获国家林业重点龙头企业。2021 年，新增十堰太和梅花谷生态旅游发展有限公司等 64 家湖北省林业产业化省级重点龙头企业，规模企业的数量和竞争实力全国领先。2021 年中国·合肥苗木花卉交易大会上，穆迪布鲁斯（穗花婆婆纳）荣获"优秀参展作品奖"银奖；湖北省林木种苗场等五家省内林业企业荣获"优秀参展企业奖"。湖北省花卉龙头企业立足本省、谋划全国，积极推进全国性产销布局，不断完善规模种植、专业运输、园林工程、养护管理等产业链条，生产基地和工程项目逐渐向全国大部分省市拓展，2017 年，湖北省 1 652 家花卉生产企业中，年产值 1 亿元以上的 2 个，4 000 万～10 000 万元的 7 个，2 000 万～4 000 万元的 16 个，市场竞争能力显著提升。

4. 流通体系逐步形成，市场不断拓展　湖北省积极搭建高水平的花卉会展平台，举办"中国（武汉）园博会""中国农谷"湖北十里花木城第四届苗交会等，多次参加中国花卉博览会并获佳绩，打响湖北省花木产业品牌。由省计委立项，省政府批准，省林业局林木种苗管理站投资兴建的武汉花卉市场已发展成为一个大型的专业化的花卉市场，市场年销售额由初期的几十万元发展至今已有年销售 5 000 万元左右。近年来，湖北省逐步在全国范围布局销售窗口或销售渠道，多层次的流通体系不断完善，面向全国的流通格局逐步形成。在积极拓展国内市场的同时，湖北省花卉进出口贸易稳步增长，对外合作交流日益增多。2019 年，全省鲜切枝（叶）出口额为 79.58 万美元，居我国第 10 位，占比 1.43%，比 2018 年增加 5.85%。参观、参展、技术服务、项目合作等对外交流合作日益增多。

5. 转型升级步伐加快，新兴业态蓬勃发展　湖北省花卉产业呈现结构调整加速、转型步伐升级的发展格局。现代种业工程带动了新品种新技术的快速发展，杜鹃、兰花、非洲菊等一批品种实现规模化生产；花卉组培、容器育苗、植物墙开发和珍贵树种繁育等技术逐渐得到应用。以福白菊为主的食药用花卉快速发展，常年菊花种植面积 5 万亩左右，产量 5 000 吨左右，基地亩平均产值 8 000 元左右，纯收入 5 000 元以上，菊农单项人均增收 3 000 元以上。花文化蓬勃发展，依托"互联网＋"等新技术形成的新业态、新商业模式不断涌现，"花卉＋旅游"等产业融合发展快速增长。花卉电子商务蓬勃兴起，插花、组合盆栽和多肉植物等特色花卉消费在部分人群中增长很快，出现很多人气旺盛的专业论坛和"花"粉。赏花经济发展迅速，苗旅、花旅融合项目渐成时尚，各地纷纷以花为媒举办各类花卉节庆活动，如武汉东湖梅花节、樱花节和蔡甸花博汇等。

（二）湖北花卉产业发展的优劣势及存在的问题

1. 湖北花卉产业发展的优势分析

（1）地理区位优势。湖北省地处长江中游，地理位置优越，土质肥沃，光热水气资源丰富，四季分明，气候多样。山区幅员辽阔，资源丰富，加上独特的立体气候是发展高山花卉的理想地方。同时，湖北省又位于中原，承东启西，南北交汇，四通八达，是花卉理想的集散地和中转站，为湖北省花卉内外辐射提供了交通保障。截至 2023 年，以武汉为中心，湖北省已打造"三枢纽、两走廊、三区域、九通道"综合交通运输格局，拥有引领中部、辐射全国、通达世界的现代化综合交通运输体系。湖北省独特的区位优势有利于花卉市场发展繁荣。随着花卉国际国内市场的一体化进程加快，区位优势将为湖北省花卉产业发展提供更为广阔的发展前景。

（2）气候优势。湖北省地处亚热带，位于典型的季风区内，气候、土壤、植被都具有明显的过渡性气候特点。全省除高山地区外，大部分为亚热带季风性湿润气候，光能充足，热量丰富，无霜期长，降水充沛，雨热同季。年平均气温 15～17℃，年光照时数1 170～2 268 小时，年降水量 800～1 600 毫米，年有效积温（≥10℃）4 800～5 700℃，无霜期 230～290 天，这种气候为各种花卉植物的生长发育提供了极为良好的自然条件。湖北省冬夏气候差异显著，可以作为错季节和反季节花卉生产的重要基地。境内既有面积较大的山区，又有波状起伏的丘陵岗地，还有辽阔坦荡的江汉平原，具有独特的气候优势，这体现在几乎所有的花卉种类都可以在湖北省找到其适栽区域。

（3）种质资源优势。优越的自然条件造成湖北省的许多山系，如鄂西及鄂西北的大巴山、神农架、武当山，鄂中的荆山、大洪山，鄂东的大别山，鄂南的幕阜山等都蕴藏着大量的木本和草本花卉。花卉植物种类拥有 3 700 余种，其中百合等湖北省野生品种有 10多种，属我国前列。其中，尤以珍稀观赏物种和特有种为举世瞩目。观赏花卉如芍药属、天南星属、报春花属、杜鹃花属、龙胆属、钓兰属植物等。特色花卉有"二梅"梅花、蜡梅、荷花、月季、桂花等。此外，湖北省还有不少珍奇树种，如珙桐、水杉、巴东木莲、水青树、香果树、领春木、连香树等。湖北省盆景赏石资源也极其丰富，钟祥对节白蜡、安陆银杏、宜昌火棘、郧西的珍珠黄杨及分布各地的赤楠、中华蚊母等盆景佳材，为湖北省发展小型商品盆景打下了坚实的基础。此外，长江流域所产的三峡石和恩施菊花石也蜚声国内外的赏石界。

（4）市场优势。武汉市作为湖北省省会，是湖北省花卉消费的主要市场。据 2018 年武汉统计年鉴统计，武汉市花卉年需求量达 60 亿支以上，庞大的市场需求为产业发展提供了巨大的空间。近十年来，武汉市花卉市场发展迅速，主要得益于以下几个方面。一是城市绿化美化的需要促进了产业发展，近十年是武汉市基础设施大发展的 10 年，也是花卉市场发展的黄金 10 年，干道隔离带花团锦簇，花镜、花坛比比皆是，以东湖绿道为代表的一批绿道建设和公园建设如火如荼，各类花展鳞次栉比，为武汉市民休闲娱乐提供了便利的场所，丰富了市民的物质文化和精神生活；二是特色小镇、农家乐、休闲农庄的建设提升了产业发展；三是近郊花卉主题公园的建设带动了产业发展，如薰衣草主题公园、郁金香主题公园、月季园、向日葵园、花博汇等；四是大型活动促进了产业发展，如2015年由武汉市主办的中国园艺博览会永久性地保存了园博园，2019年举办了世界军人运动会等；五是创建武汉市园林绿化城市的需要促进了产业发展，为将武汉市打造成国家级园林绿化城市，武汉市提出了"精致园林三年规划（2019—2021年）"建设，着力新建一批公园、绿地、绿道等；六是家庭园艺的发展带动了产业发展。

（5）人才优势。湖北省有完备的农林业教育体系，既有全国知名的华中农业大学、长江大学、武汉植物园、湖北省农业科学院、武汉市农业科学院等单位具有较强的科研力量，又有省及各市州农林、园林学校，职业学校，不仅有不少著名的花卉园林专家、教授，每年还向社会输送了大批的技术人才。同时，还有全国文明的中国科学院武汉植物研究所和边际各省市轴线的三级林业科研机构。同时，湖北省通过人才"引、留、育"等方式，形成人才效应，开展梅花、荷花、菊花、百合、月季、非洲菊等花卉的相关研究，在品种选育和栽培技术方面成果丰硕，院企、校企合作广泛，科技支撑为产业发展提供了良好助力。

（6）政策优势。湖北省发展花卉产业符合国家一系列方针政策。《中共中央　国务院关于全面推进乡村振兴加快农业农村现代化的意见》《乡村振兴战略规划（2018—2022年）》《全国乡村产业发展规划（2020—2025年）》的发布等充分体现了国家对现代农业发展的重视。此外，湖北省也十分重视花卉产业发展，《湖北省林业发展"十四五"规划》中强调，大力发展苗木花卉产业，重点发展木本油料、特色经济林、林下经济，不断优化产业布局，提高专业化、规模化生产水平，打造具有本省地方特色的苗木花卉产业品牌。

2. 湖北花卉产业发展的劣势分析　湖北省是中国东西南北植物过渡区域，本是花卉资源大省，同时气候条件、交通运输条件都在全国有明显优势，然而与其资源优势不相称的是湖北省花卉产业发展水平落后广东、云南、上海、浙江和北京等花卉产业较强省份，也落后周边的湖南、河南等省份，可以说"湖北是花木资源的大省，花卉产业的弱省"。

（1）顶层设计缺失。2001年出台《湖北省人民政府办公厅关于大力发展花卉产业的通知》后，湖北省20年几乎再没出台过相关指导性文件。虽然每年都会出台相关林业发展的指导性文件，但有关花卉产业只是寥寥数语，没有制定湖北省花卉产业的相关发展规划，导致花卉产业至今仍未引起足够的重视，出现归口管理部门不明确、顶层设计缺失、政策指向不清晰等问题。

（2）本土种质资源的收集、保存和发掘不够。花卉资源是植物育种的物质基础，尤其是野生花卉资源，不仅是现有栽培花卉的祖先，而且是培育花卉新品种重要的种质资源和原始资料。野生植物资源是大自然赐予人类的宝贵财富，将珍贵的野生植物资源转化为商品，已成为人们的共识。湖北省可供利用的野生花卉资源有数百种之多，其野生观赏植物以其特有的观赏价值及抗病虫害、抗湿热、抗干旱等特性，在国内外观赏植物种质资源中占有重要地位。但目前真正得到开发利用较少，资源开发大多数尚停留在本土资源调查和少数重点保护野生物种的引种驯化、就地及迁地保护等，而在野生花卉种质资源的收集、整理、保存等方面的研究较少，多数园林植物资源仍在原种水平或野生与半野生水平，园林植物遗传资源的研究和利用十分薄弱。目前，除荷花、梅花、紫薇等少数传统花卉外，几乎未见湖北省利用本地野生花卉资源进行花卉新品种选育方面的报道。

（3）自主知识产权花卉品种开发薄弱。花卉产品的特点之一是求新、求异，即所谓"奇花异草"。而湖北省的鲜切花（含切叶）、盆花、绿化苗术多年来还是传统的种类或品种，难以满足广大老百姓求新求异的需要。近年来花卉市场上的鲜切花（含切叶）、盆花、绿化苗木新种类或品种大都是从国内外引进的。此外，由于长期以来忽视了对野生花卉资源的开发利用，因此，湖北省至今未形成具有自身特色的花卉拳头产品，与国内花卉发达省份相比存在很大差距。湖北省花卉产品生产中应用的品种绝大多数从国内外引进，拥有自主知识产权的品种很少，失去了占有市场的资本。湖北省每年审定的花卉新品种非常少，真正应用于大规模商品花生产的品种更是屈指可数。其原因在于我国的花卉育种基础和前期积累较薄弱，难以源源不断地推出花卉新品种。再加上湖北省对本土丰富的花卉资源缺乏长远的开发利用计划，只注重眼前短暂的经济增长，不重视真正成为产业推动力的品种问题。

（4）花卉品质较差，标准化生产水平低。全省花卉生产虽然已有一些专业化的龙头企业形成，但整体上仍以传统常规育苗技术为主，生产条件较差，设施利用率不高，技术水平中等，花卉产品科技含量不高。大部分花卉生产单位以分散农户为主，生产规模小、品种少，或是品种虽全，但苗木规格不齐、苗木品质差，基本上还处于低水平重复扩大生产面积阶段，单位面积产量低，劳动生产率较低，造成生产成本偏高，生产效益相对低下。湖北省现有花农年龄偏大，以 50～70 岁年龄段的为主，普遍文化水平低，接受新技术的能力弱，主要靠经验进行栽培和经营，生产存在一定的盲目性，专业人员不到从业人数的 1/10，人员结构影响技术进步，难以满足市场需求。2017 年，湖北省 1 652 家花卉生产企业中，年产值 1 亿元以上的 2 个，4 000 万～10 000 万元的 7 个，2 000 万～4 000 万元的 16 个，其余产值均低于 2 000 万元。企业规模小，分散的小规模生产造成了小生产与大市场的矛盾，难以形成规模效益。

（5）缺乏具有湖北省特色的花卉品牌。市场竞争的核心就是品质和品牌，而提高产品质量、树立花卉品牌的关键在于，一是不断选育花卉新品种，二是花卉生产的专业化和集约化。花卉产业发达国家，虽然发展模式各不相同，但都一个共同特点，就是花卉生产的高度专业性和集约化。如世界第二大花卉出口国哥伦比亚，花卉种植面积 4 200 多公顷，生产出口的花卉品种却只有 10 几种。目前，湖北省的花卉企业基本上采用多元化经营的思路，品种多而杂，一个花卉基地往往有几十个品种，生产小而全且质量不高，没有把有限的资源用在发展品种专业化生产上，很难形成自己的品种特色和品牌优势。由于长期缺乏自主知识产权的花卉品种，专业化、规模化生产程度低，湖北省至今尚未形成具有自身特色的花卉品牌。

（6）花卉科技支撑体系薄弱，资金相对短缺。花卉作为技术密集型产业，对科技需求较高，而湖北省花卉科技支撑体系的发展滞后于生产的需要，严重阻碍了花卉产业化进程。此外，花卉种植投入大、产出高，规模化种植需大量资金投入，而花卉企业难以提供有效的担保，导致贷款难、融资难，企业难以快速扩张。截至 2023 年，湖北省农业科技投入主力方向是主要农作物，花卉在科技支持上被边缘化，资金的短缺制约了产业的发展，湖北省拥有自主知识产权的花卉品种已有 40 多个，但实际投入生产大量应用的少之又少。造成此种情况的原因主要是湖北省的研究、开发、示范、推广等科技支撑体系处于自发的零散组织状态，缺乏有效的科研成果转化、应用的体制或机构，科研和生产实践存在一定脱节现象，使得科研成果转化效率低。

（7）产业链条较短，市场发育不健全。湖北省花卉种植业发展良好，但深加工、市场流通、配套资材发展相对滞后，特别是缺乏与产业发展相适应的市场交易与高效物流体系。观赏苗木和盆栽植物多，鲜切花产品少，深加工产品更少，同质化产品多，特色产品少，特别是在药用、食用、保健、化妆等方面开发力度不够，园区化发展和以花卉为主的旅游区有待于加强。此外，湖北省花卉市场层次低，交易方式落后，效率低，仍是以传统的对手交易为主，其他先进的交易方式，如期货、拍卖、电子商务等形式较少。整个花卉销售流通环节过多，利润大多被中间商获得，造成了"种花的不如卖花的"局面。挫伤了生产者的积极性，同时也增加了消费者负担，对花卉产业的发展产生不利影响。

（8）园林绿化花卉以外来为主。据调查，湖北省武汉市60%的园艺景观和绿化花卉、70%的切花、85%的切叶、90%的春节盆花来自外省。本土市场占有率不高，省外企业优势明显。以河南省南阳月季基地为例，南阳月季基地位于南阳市石桥镇，基地规模333公顷，年产种苗5 000万株，年销售量占国内市场80%，出口量占60%，其特色月季品种树状月季占国内市场的90%，形成集科研、生产、销售于一体的服务体系，在国内已形成垄断地位，掌握了国内市场的定价权，其制订的标准已成为行业标准，产业地位稳居第一。调查武汉市的花卉七大市场（武汉林业集团花卉科技产业园、堤角花鸟宠物大世界、武汉花鸟市场、东湖花木城、南湖花木城、武汉铁机花卉批发大市场、武汉花博园）发现，年宵花以瓜叶菊、蟹爪兰、杜鹃花、水仙、牡丹、蝴蝶兰、大花蕙兰、凤梨等为主，多半来自广东、福建等南部省市。武汉市的鲜切花以月季、康乃馨、满天星、百合、唐菖蒲、菊花、非洲菊、洋桔梗、郁金香为主，多半来自云南省。湖北省本土非洲菊切花规模较大的企业以鄂州乐华公司和通城石南专业合作社为例，其鲜切花价格以云南每日报价为准，在市场上处于弱势地位，市场占有率低。

（9）居民花卉消费水平偏低。目前，湖北省花卉消费水平相对较低，而且普遍以中低档产品为主，花卉消费绝大多数是节假日消费、团体消费，日常消费、个人消费尚未成为常态。

（三）湖北花卉产业发展的机遇与挑战

1. 湖北花卉产业发展的机遇分析

（1）花卉产品国际贸易额大，出口创汇前景好。目前，花卉产品已成为国际贸易的大宗商品，贸易额逐年稳步上升。世界花卉贸易额在20世纪50年代初不足30亿美元，1992年激增至1 000亿美元，此后以每年约10%速度递增。由于受生产成本、环境保护、经济增长等因素的影响，发达国家花卉业的发展已出现趋缓态势，有的甚至出现下降的趋势，而自然条件优越、生产成本低的发展中国家花卉产业正在迅速崛起，成为新的花卉生产出口国，世界花卉产业出现由发达国家向发展中国家转移的趋势。同时，由于生活水平的提高，世界花卉消费不仅在发达国家而且在发展中国家均大幅增加，形成花卉消费中心扩大与多极化的转移趋势。

（2）城市化进程加快与生态型城市建设。我国城镇化进程正在加快，城市园林美化、绿化正成为现代文明城市的标准之一，生态型城市正成为城市建设的追求。湖北省城镇化进程的加快和城乡风貌改造工程的实施，城市和乡村环境的改善，均将对花卉产业形成巨大需求。随着社会各界对花卉和城市园林绿化重要性认识的提高，以及城镇化进程的加快，城市绿化建设中对绿化花卉苗木的要求呈现出大规模、高品质、见效快的趋势，近几年，全省范围内的城市与小城镇建设将掀起城市绿化、美化的热潮，全国普遍出现大规模、高品质花卉苗木供不应求的局面。截至 2023 年，湖北省已有多个地级市提出创建"国家森林城市"目标，而省内的森林城市建设对花卉苗木的需求量也较大。据调查分析，这种供不应求的状况将会持续十年以上。

（3）人民生活水平提高和花卉文化普及。随着湖北省城镇人均收入的大幅提高，人们开始追求自然和谐的人居环境，崇尚花文化，特别是随着家庭绿化、私人庭院园林造景等花卉项目的逐步拓展，花卉消费将逐渐成为家庭日常文化消费的重要内容，成为餐饮、婚庆、企业活动等民间文化娱乐活动的必须消费项目，共同促进花卉产业的兴盛。坚持以市场为导向，积极推进创新发展，顺应消费需求变化，积极探索"花卉＋康养""花卉＋文化""花市＋旅游"等新模式，拓展花卉的生态体验、文化创意、康养等功能，大力推进花卉全产业链建设，提高花卉产业的综合效益，是湖北省花卉产业融合发展的重大机遇。

（4）东部花卉产业向湖北省转移渐成气候。湖北省区位优势明显，自然资源、劳动力资源比较丰富，花卉生长气候优良，发展花卉成本较低，后发优势明显。近年来，东部花卉产业发达省市已看到湖北省这一独特优势，开始将花卉产业向湖北省辐射和转移。东部发达省市花卉企业规模大、科技力量雄厚、管理水平高，创新意识、市场竞争力、辐射带动能力较强，他们的进入，将可加快湖北省花卉产业的成长，加快优化产业布局，丰富产业信息，注入先进经营管理、优秀的人才和资金，提升湖北省花卉产业整体水平。此外，由于花卉采后观赏期短，快速便捷的物流运输有助于促进花卉产业发展。

（5）绿色发展拓展花卉产业发展空间。花卉产业是美丽的公益事业，也是绿色的朝阳产业，是绿化美化环境、建设美好家园的重要支撑。近年来，党中央、国务院高度重视绿色发展和生态文明建设，先后出台了一系列重大决策部署，2015 年 4 月，国务院印发了《关于加快推进生态文明建设的意见》，指出将加快建设美丽中国，使蓝天常在、青山常在、绿水常在，实现中华民族永续发展。2021 年 11 月 11 日，党的十九届六中全会强调必须坚持绿水青山就是金山银山的理念，更加自觉地推进绿色发展、循环发展、低碳发展，坚持走生产发展、生活富裕、生态良好的文明发展道路。一系列政策意见的出台，奠定了花卉苗木产业的战略地位，也为花卉产业发展指明了方向，更为产业发展拓展了巨大的发展潜力。与此同时，随着长江经济带新区域开放开发战略、京津冀协同发展战略等一系列国家战略的实施，以及城市（镇）化进程的不断加速，城市（镇）绿化、美化需求不断加大，改善城市生态环境、打造宜居生活空间已经成为政府和老百姓的共同愿望，花卉本身特有的生态功能与生态文化必将使其成为美丽城市建设的先行者，美好生活空间的缔造者，也必将为产业自身营造出更为广阔的发展空间。

（6）新发展阶段为花卉产业提供新契机。实施国家重大战略，推动经济社会发展，为我国花卉业现代化建设拓展了发展空间。乡村振兴战略、长江经济带战略、健康中国战略等国家重大战略，以及森林城市、中国特色小镇、森林康养、美丽宜居乡村、休闲农业和乡村旅游等重大项目，农业、旅游、教育、卫生、文化与林业相互融合，对花卉业提出了巨大需求。进入新时期，全面建成小康社会，满足人民对美好生活的需要，成为我国花卉业现代化建设的重要使命，"花卉走进千家万户"已成为迫切的需求。家庭园艺消费也将超过公共领域的园艺消费，家庭园艺已成为我国花卉产业发展的新蓝海，为湖北省立足特有优势资源、发展山地特色花卉产业提供了新契机。

2. 湖北省花卉产业发展的挑战分析

（1）外部形势严峻。国际方面，世界经济形势严峻，自 2019 年以来，受新冠疫情冲击，世界经济出现深度衰退，未来几年仍可能受其影响而处于低迷疲软。我国虽取得抗疫伟大胜利，国民经济运行平稳，但仍然存在很多不确定的因素，湖北省乃至全国的花卉产业在新形势下面临巨大挑战。

（2）行业竞争激烈。目前，我国花卉产业分化与分工已现雏形，如云南气候温和，鲜切花生产设施投资少，在保持较低成本的情况下，可做到周年生产、周年供应，具有很强的市场竞争力，已形成"云花"的品牌效应，在全国消费市场约占 50% 的份额。北京市、上海市、广东省、浙江省、河北省等地区临近终端市场、科研院所云集，其高档盆花、种苗等产品具有明显的比较优势。浙江省、四川省、福建省等地区观赏苗木产业发展十分迅猛，大部分花木生产种植面积的年增长率达到 20% 以上，有的更是高达 30%～50%，同行竞争十分激烈。很多省份都把发展花卉产业作为农业产业结构调整和农业供给侧结构性改革的突破口，予以重点扶持。这决定了湖北省必须创新路，走差异化、个性化发展道路，但如何在激烈竞争中实现后发赶超将成为全新课题，未来的风险和困难显而易见。

（3）资源环境约束。随着湖北省工业化水平不断提高，资源环境的压力也不断加大，给花卉产业的发展带来了极大的挑战。农村环境形势十分严峻，面源污染治理短板突出，农业源对主要水污染物排放总量的贡献率较高。生活污染和工业污染叠加，各种新旧污染相互交织，土壤污染防治工作基础仍然十分薄弱。生活污水和垃圾无害化处理率低，部分农村黑臭水体治理任务艰巨，地下水污染防治还处于探索阶段。农村环境保护的体制、机制不够健全，环保基础设施滞后，环境监管能力薄弱，优良花卉产品供给离人民群众对美好生态环境的期盼和向往还有很大差距。

（4）自然灾害频发。近年来，湖北省降雨时空分布极不均衡，暴雨中心众多，伏秋连汛，局地强降雨频现，极端气候发生频率增多。一方面，暴雨及洪涝灾害对植物的根部影响最为严重，当鲜花植株受到涝灾以后，它的根部长期处于一种无氧状态，从而使植物不能正常呼吸，影响根部的正常发育生长。向上蔓延之后，波及整个植株的茎、叶、花。不单如此，在强降雨之后，植物的抵抗力变弱，雨水的冲刷促使植物的光合作用减弱，土壤肥力严重流失。虫卵等寄生害虫又经过雨水、洪水的传播在土壤中、植株上，进行大量的繁殖及寄生，对植株造成严重的二次伤害。另一方面，花卉温室大棚内的积水无处排泄，就可能发生"积水灌棚"的情况，导致棚内浸泡、侵蚀墙体，影响其牢固性，还可能导致棚内立柱下陷、歪斜等，危害极大。

（四）湖北花卉产业发展的形势与展望

1. 湖北花卉产业发展的形势分析　从图 11-1 的分析可以看出，湖北省花卉产业从总体上来看有一定优势，尤其是湖北省特有的区位优势、气候优势和种质资源优势，是其他省份所无法比拟的。但是存在很多问题制约着湖北省花卉产业的发展，最突出的是种质资源收集、标准化生产水平、产品质量以及特色花卉品牌方面的问题；外部因素在给湖北省花卉产业发展带来挑战的同时，也带来了发展机遇。

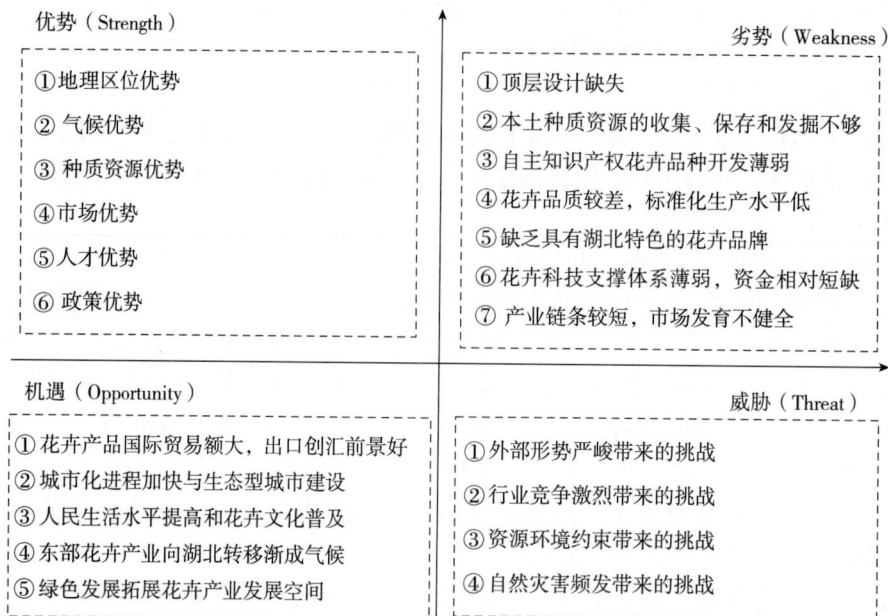

优势（Strength）	劣势（Weakness）
① 地理区位优势 ② 气候优势 ③ 种质资源优势 ④ 市场优势 ⑤ 人才优势 ⑥ 政策优势	① 顶层设计缺失 ② 本土种质资源的收集、保存和发掘不够 ③ 自主知识产权花卉品种开发薄弱 ④ 花卉品质较差，标准化生产水平低 ⑤ 缺乏具有湖北特色的花卉品牌 ⑥ 花卉科技支撑体系薄弱，资金相对短缺 ⑦ 产业链条较短，市场发育不健全
机遇（Opportunity）	威胁（Threat）
① 花卉产品国际贸易额大，出口创汇前景好 ② 城市化进程加快与生态型城市建设 ③ 人民生活水平提高和花卉文化普及 ④ 东部花卉产业向湖北转移渐成气候 ⑤ 绿色发展拓展花卉产业发展空间	① 外部形势严峻带来的挑战 ② 行业竞争激烈带来的挑战 ③ 资源环境约束带来的挑战 ④ 自然灾害频发带来的挑战

图 11-1　湖北省花卉产业发展 SWOT 战略分析表

因此，湖北省花卉产业发展总体上看优势与机遇并存，但劣势仍然明显，要促进湖北省花卉产业可持续发展，必须采取扭转型发展战略（表 11-2）。

表 11-2　湖北省花卉产业发展 SWOT 战略分析矩阵

	机会（Opportunity）	威胁（Threat）
优势 （Strengths）	SO 战略（增长型战略） （依靠内部优势，利用外部机会） 提升品质，打造品牌， 产品创新，保障质量	ST 战略（多种经营战略） （依靠内部优势，回避外部威胁） 做好调研，夯实基础， 发挥特色，强化服务
劣势 （Weakness）	WO 战略（扭转型战略） （克服内部劣势，利用外部机会） 坚持特色，整合资源， 加大投入，技术引领	WT 战略（防御型战略） （克服内部劣势，回避外部威胁） 市场开拓，技术创新， 人才培养，强化管理

2. 湖北花卉产业发展的展望　"十三五"期间，湖北省花卉产业在改革创新和调整升级进程中迎难而上、行稳致远。虽然 2020 年新冠疫情暴发给湖北省花卉产业带来较大冲击，但总体而言，湖北省花卉产业转型升级取得显著成效，生产结构不断优化，产品质量明显提高，交易方式多样快捷。预计"十四五"期间，伴随着花卉消费市场不断升级进入品质消费时代，湖北省花卉产业生产规模将保持增长势头，产业向着多品种、高品质方向迈进，花卉零售业将快速增长，市场销售额将继续扩大。

在花卉生产上，总体判断是"花卉产能持续增加，种类更加丰富，好花好价现象更为明显"。一是花卉产量增加，由于消费升级对花卉的需求量增加，花卉生产区域增多，生产面积将进一步扩大，产量不断提高。二是花卉品种丰富，花色、花形和"新、奇、特"产品更多。三是花卉品质提高，好花好价现象更为明显，A、B、C、D 各等级花的质量更稳定，花期更长，但产品单一、标准化程度低、转运难度大的花卉产销将进一步萎缩。

在花卉消费上，总体判断是"花卉消费进一步升级，消费渠道、群体和区域发生变化"。一是人们对花卉的消费观念发生变化，从传情达意到追求品质生活，从轻奢侈品到生活品，花卉消费更加日常化、场景也更加丰富。二是消费渠道更多、更通畅。由于线下消费受到疫情冲击，花卉电商将继续提供更为完善的服务，成为与花店、超市并行的主流渠道。三是消费群体和区域发生变化，80后、90后、00后逐步成为消费主力，消费区域由一、二线城市向三、四线城市扩展。

在花卉价格上，总体判断是"花卉价格呈波动趋势，但整体上升"。一方面，在消费升级的背景下，大众消费市场不断拓展，花卉产量升高的同时注重产品质量，品质水平明显提高，花卉价格处于平稳走高的趋势；另一方面，花卉价格表现具有较强的季节性、节日性。元旦、春节等假期价格波动最大，表现为价格迅速上升和下降，其他季节变化幅度较小。

二、湖北花卉产业发展的市场前景与发展潜力

经过改革开放40多年的发展，我国现已成为世界上最大花卉生产国、重要花卉贸易国和花卉消费国，花卉产业正在由高速发展向高质量发展转变。湖北省花卉产业也取得了长足发展，特色花卉品种正形成一定规模，并成为局部区域脱贫致富的主导产业。但总体上，全省花卉产业仍处于相对较低发展水平。

（一）产业现状

1. 全球产业现状　2019年，全球花卉市场需求旺盛，花卉生产从发达地区逐渐向发展中国家转移。一是产业规模，据报道，2019年全球花卉种植面积约4 373万亩（其中，绿化观赏苗木1 673万亩），产值7 330亿元（其中，绿化观赏苗木产值2 283亿元），全球鲜切花年进出口额达1 025亿元。市场规模，从2013年约3.2万亿元增长到2019年约5.33万亿元，增长近66%，年均增长率超过10%。二是产业布局，全球形成了非洲中部高原产销区（肯尼亚、埃塞俄比亚），主供欧洲市场；南美洲北部高原产销区（厄瓜多尔、哥伦比亚），主供北美市场；中国云南产销区，主供东亚及东南亚等新兴花卉消费国。

荷兰是世界花卉生产与销售举足轻重的国家，花卉产业是荷兰的支柱产业。荷兰每年大约培育90亿个鲜花球茎，年出口额达100亿欧元，出口量占全球市场约60%。其中，户外花球经济价值较高，其生产是荷兰经济发展的重要产业分支（图11-2）。

2. 国内产业现状　我国是世界最大的花卉生产国、重要的花卉消费国和花卉贸易国。我国产业规模占世界总规模的一半以上，2015—2020年，全国花卉种植面积从129.23万公顷增长到152.67万公顷，广东、云南、四川等主产省份常年面积在13.3万公顷左右；据统计，2019年国内花卉总产值达到2 809亿元，占世界总产值的3.84%，2020年总产值达到2 733亿元，虽然全国平均花卉单位产值较世界先进水平还有一定差距，但在广东、云南等花卉发达地区，单位产值已超过国际平均水平（表11-3）。

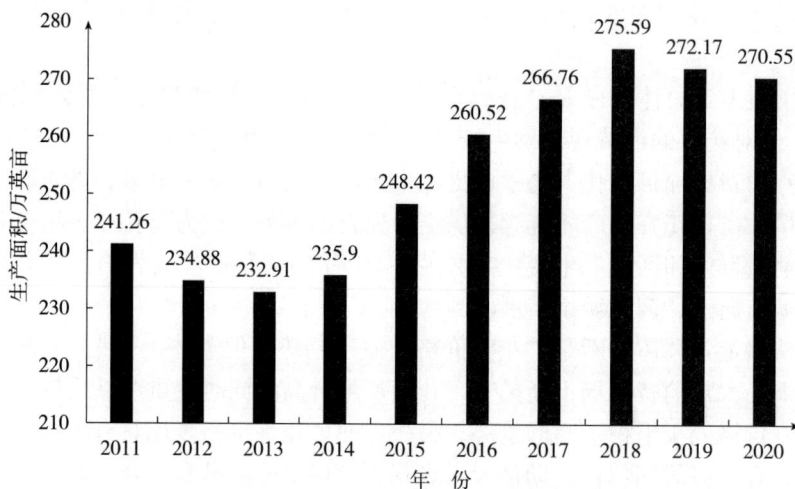

图 11-2　2011—2020 年荷兰户外球根花卉生产面积
数据来源：德国 Statista 统计数据，课题组整理而得。

表 11-3　2015—2020 年中国花卉产业基本情况

年份	种植面积/万公顷	切花切叶/亿支	盆栽植物/亿盆	观赏苗木/亿株	专业市场数量/个	花卉企业数量/个	产值/亿元
2015	129.23	183.60	41.42	100.34	4 318	52 516	2 106
2016	132.80	192.75	46.89	112.42	4 092	55 250	2 282
2017	144.89	193.80	50.44	120.22	4 108	59 989	2 499
2018	163.28	176.65	56.59	116.67	4 162	53 926	2 614
2019	151.00	262.27	82.05	116.71	4 204	54 465	2 809
2020	152.67	238.03	73.72	116.71	4 188	49 540	2 733

注：数据来源于《中国林业和草原年鉴》（2016—2020 年）、国家林业和草原局。部分缺失数据为课题组根据历史数据、国家林业和草原局数据及网络公开资料测算所得，届时以官方发布为准。农业农村部、国家林业和草原局、中国花卉协会统计口径不完全一致，故部分数据存在出入。

在花卉产品结构方面，观赏苗木约占 50%，盆栽植物类占 25%，鲜切花类约占 10%，其他景观花卉、功能花卉等占 15%。产业布局方面，形成了五大花卉苗木生产区，即以云南、江苏、海南为重点的南方花卉产区；以广东、福建为重点的南方热带观叶植物产区；以浙江、四川、河南为代表的观赏苗木产区；以北京、山东、河北为代表的北方花卉产区；以辽宁为代表的东北花卉产区。销售市场方面，形成了三大花卉产品交易中心，即以云南昆明斗南市场为代表的鲜切花交易中心，以广东陈村、山东青州为代表的盆栽花卉交易中心，以江苏常州、浙江萧山、山东泰安等为代表的观赏苗木交易中心。国际贸易方面，2020 年我国花卉进出口贸易总额 6.22 亿美元，其中花卉进口 2.35 亿美元，花卉出口 3.87 亿美元，保持连续增长态势（表 11-4）。

表 11-4　2017—2020 年中国花卉行业进出口情况

单位：亿美元

进出口项目	2017 年	2018 年	2019 年	2020 年
进口额	2.72	2.86	2.62	2.35

进出口项目	2017 年	2018 年	2019 年	2020 年
出口额	2.87	3.12	3.58	3.87
进出口总额	5.59	5.98	6.20	6.22

数据来源：中国海关总署。

3. 湖北省产业现状　湖北省具有丰富的花卉资源，自 20 世纪 80 年代以来，建立了中国梅花、荷花等品种资源圃，多种花卉生产在国内占据着重要的地位。当前，湖北省花卉生产主要分布在武汉市、孝感市、宜昌市和襄阳市等地区，形成了武汉市与孝感市、鄂东北地区、鄂西北与鄂东南地区三大花卉产业集群。据湖北省林业局统计，2020 年，湖北省苗木花卉种植面积超过 70 万亩，年产合格苗木 55 亿株、盆栽植物 2.4 亿盆，初步形成鄂南、鄂中、鄂北三大片特色苗木产业集群，主要产品包括观赏苗木、切花切枝切叶、盆栽植物和食用及药用花卉。

（1）观赏苗木。观赏苗木是针叶树类、阔叶乔木类、阔叶灌木类以及藤本类苗木的统称。当前，湖北省初步形成了 3 条沿 107 国道、207 国道和 318 国道的百千米花卉苗木长廊，以及鄂南、鄂中和鄂北三大片特色苗木产业集群，建成江夏大花山花卉苗木基地。2019 年全国观赏苗木生产超过七亿株的省份共有 5 个（表 11 - 5），依次是浙江省 13.83 亿株、江苏省 13.48 亿株、河南省 8.99 亿株、湖北省 7.38 亿株和湖南省 7.09 亿株，观赏苗木产量前五名的省份占全国观赏苗木总产量的 52.14%，湖北省观赏苗木产量在全国排第四位，占全国观赏苗木总产量的 7.58%，具有一定的竞争力。

表 11 - 5　2019 年全国观赏苗木产出大省排序

省份	产量/亿株	产量排序
浙江省	13.83	1
江苏省	13.48	2
河南省	8.99	3
湖北省	7.38	4
湖南省	7.09	5

数据来源：《中国林业和草原统计年鉴》（2020）。

（2）切花、切枝、切叶。鲜切花主要分为切花、切枝、切叶，分别适用于制作花篮、花束及瓶栽花，因其制作简单、便于携带且具有极高的观赏价值，被广泛应用于人们的日常生活中。据统计，2014 年湖北省武汉市花卉市场中销售的鲜切花 90% 来自云南、广东和福建等省份，本土产品市场占有率低。2019 年全国切花、切枝、切叶产量排名前 10 的大省生产均超过了 4 亿枝（表 11 - 6），湖北省切花、切枝、切叶产量为 1.08 亿枝，位居全国省市排名的第 13，但生产份额仅占全国的 0.41%，与前 10 名有着较大的差距。

表 11 - 6　2019 年全国切花、切枝、切叶生产大省排序

省份	产量/亿支	产量排序
云南省	139.00	1
广东省	37.14	2
福建省	19.80	3
江苏省	14.64	4
海南省	13.72	5
浙江省	6.38	6
辽宁省	6.30	7
山东省	5.86	8
四川省	5.03	9
黑龙江省	4.16	10
湖北省	1.08	13

数据来源：《中国林业和草原统计年鉴》(2020 年)。

（3）盆栽植物。截至 2023 年，国内市场上销售的盆栽植物大约有 90 多个品类，市面上销售的主要是多肉植物、蝴蝶兰和盆栽玫瑰等，主要产区为福建漳州、山东青州和云南昆明等地区。根据湖北省历年林业统计年报显示，当前，湖北省种植的盆栽植物主要以紫薇、吊兰和文竹等品种为主，盆栽植物除用于一定规模的园艺景观游览与展示外，主要用于摆租展示与家庭消费，消费市场逐渐趋于饱和。2019 年全国盆栽植物产量超过 1 亿盆的省市有 9 个（表 11 - 7），湖北省生产的盆栽植物为 3 820 万盆，在全国省市排名中居第 14 位，竞争力较弱。

表 11 - 7　2019 年全国盆栽植物生产大省排序

省份	产量/亿盆	产量排序
广东省	31.60	1
福建省	8.39	2
山东省	8.39	3
云南省	5.80	4
四川省	2.65	5
内蒙古	2.29	6
北京市	2.12	7
辽宁省	1.81	8
海南省	1.04	9
黑龙江省	0.89	10
湖北省	0.38	14

数据来源：《中国林业和草原统计年鉴》(2020 年)。

（4）食用及工业用花卉。花卉中一些品种，如菊花、樱花、桂花等因其营养价值高且

全面，富含多种微量元素及生物碱、有机酸等功能成分，因此常被加工成花茶、配料、饮料、化妆品等产品，用于满足人们对于食物保健功能的需求。湖北省自 20 世纪 80 年代以来，以桂花加工为始大力发展花卉加工业，累计开发出桂花糕、桂花酒等 50 多种饮料食品。麻城福白菊从观赏到做茶、入酒，逐步开发其药用、食疗、保健功能。2019 年湖北省食用及工业用花卉面积总计 18.47 万亩，在全国各省市中排名第 8，还有较大的进步空间（表 11 - 8）。

表 11 - 8　2019 年全国食用及工业用花卉生产大省排序

省份	食用及工业用花卉面积/万亩	产量排序
云南省	76.30	1
安徽省	53.72	2
广西壮族自治区	51.16	3
新疆维吾尔自治区	41.53	4
河南省	40.61	5
四川省	19.17	6
福建省	19.06	7
湖北省	18.47	8
甘肃省	15.75	9
黑龙江省	14.90	10

数据来源：《中国林业和草原统计年鉴》（2020 年）。

（二）市场前景与发展趋势

花卉生产与需求主要依赖于经济社会的总体水平，同时与生态建设、社会发展、文化教育等外部环境影响息息相关。花卉产业集经济效益、社会效益和生态效益于一体，其发展水平在一定程度上反映了国家与地区经济发展水平和社会文明程度。随着国家经济社会的不断发展，花卉产业具有广阔的市场前景和良好的发展趋势。

1. 世界花卉产业的前景与趋势

（1）世界花卉产销保持持续稳定增长趋势。20 世纪 90 年代起，花卉贸易在国际范围内迅速崛起，世界花卉产销量保持持续平稳增长态势，欧洲花卉市场经久不衰，美洲花卉市场持续发展，亚洲花卉市场则方兴未艾。国际花卉市场销售额持续递增，花卉消费量逐年稳步增加。

（2）世界花卉生产与消费呈现全球化转移趋势。受国际宏观经济发展及要素成本不断攀升等因素影响，世界花卉生产虽然仍以欧美、日本等经济发达国家为主，但自然资源适宜、要素成本较为低廉的亚洲、中南美洲和非洲等一批发展中国家花卉生产比重正在不断增加，发达国家种苗（种子、种球）等高附加值优势产品比重不断上升。花卉消费方面，已经形成欧盟（以荷兰、德国为核心）、北美（以美国、加拿大为核心）、东亚（以日本、中国香港为核心）的三大花卉消费中心，随着发展中国家经济实力不断增强，发展中国家花卉消费潜力也不断增大。

（3）花卉生产现代化专业化水平不断提升。以现代化、专业化、自动化、标准化为主要方向的花卉规模生产已成为世界花卉发展主流，荷兰等花卉主要生产国在专业化分工、基因技术应用、计算机自动控制等方面走在国际前列，发展中国家花卉机械化、设施化水平不断提高，组培繁育、无土栽培、化学控制等先进适用技术得到快速推广应用，全球花卉生产呈现科技含量越来越高、标准化体系越来越完善、节本增效越来越突出的发展态势。

（4）花卉产业配套服务体系更加完善。世界花卉产业链体系不断延伸，制种、种苗、成品、加工、流通、消费、服务等环节相互独立、多方协同，市场分级从国际化拍卖、二级市场批发、三级市场零售、销售网点分布等方面日趋细致，花卉物流在包装、质检、冷藏、储运等环节专业化程度越来越高，花卉产业管理部门、行业协会、中介机构分工协作，生产资料、行业资讯、信息化服务等方面实现高度社会化，花卉生产与消费通过社会化服务实现高效对接。

2. 国内花卉产业的前景与趋势 "十三五"期间，我国花卉产业继续保持快速发展，生产规模趋于稳定，经营水平、产量和产值逐步攀升，截至2020年底，全国花卉种植面积达150余万公顷，年销售额达2 500多亿元，花卉零售市场规模为1 876.6亿元，成为世界最大的花卉生产基地、重要的花卉消费国和花卉进出口贸易国，已经形成云南鲜切花，广东、福建盆栽植物，江浙、河南观赏苗木，广东、福建、四川、浙江盆景，湖南、四川食药用花卉等特色花卉主产区，以及洛阳、菏泽牡丹，大理、楚雄、金华茶花，长春君子兰，漳州水仙，鄢陵、北碚蜡梅，横州市茉莉花等特色花卉品牌，产业综合实力不断攀升，国际竞争力不断增强，承接全球花卉产业转移能力进一步显现。

（1）绿色发展拓展花卉产业发展空间。花卉产业是美丽的公益事业，也是绿色的朝阳产业，是绿化美化环境、建设美好家园的重要支撑。"十三五"期间，党中央、国务院高度重视绿色发展，先后出台了一系列重大决策部署，2017年9月，中共中央、国务院印发了《关于创新体制机制推进农业绿色发展的意见》，强调将转变农业发展方式，优化空间布局，节约利用资源，保护产地环境，提升生态服务功能，全力构建人与自然和谐共生的农业发展新格局，推动形成绿色生产方式和生活方式。一系列政策意见的出台，奠定了花卉苗木产业的战略地位，也为花卉产业发展指明了方向，更为产业发展拓展了巨大的发展潜力。与此同时，随着长江经济带新区域开放开发战略、中部崛起战略等一系列国家战略的实施以及城市（镇）化进程的不断加速，城市（镇）绿化、美化需求不断加大，改善城市生态环境、打造宜居生活空间已经成为政府和老百姓的共同愿望，花卉本身特有的生态功能与生态文化必将使其成为美丽城市建设的先行者，美好生活空间的缔造者，也必将为产业自身营造出更为广阔的发展空间。

（2）经济社会发展带动花卉消费迅猛增长。随着人民生活水平和文化素养的提高，我国花卉消费量正处于上升空间，花卉消费额以年均10%以上的速度递增，花卉消费主体由集团消费转向个人消费，花卉摆租、节假日消费、团体消费逐年上升，日常消费和个人消费逐步增长。分析显示，人均GDP达到500美元时，花卉消费需求就会明显增加；达到3 000美元时，花卉消费就会呈现上升趋势，在欧美国家，家庭花卉消费一般占工资收入的3‰左右。2021年我国人均GDP已达到12 551美元左右，花卉消费总量增速较快，人均消费水平却仍远低于世界平均水平（人均花卉消费额每年仅有0.7欧元，为世界平均水平的 1/10），这与我国经济文化快速发展现实及花卉生产大国地位不相匹配，未来也必将成为巨大的潜在市场。目前，全球花卉生产布局和消费市场也逐渐开始由传统的欧美、日本等发达国家向发展中国家拓展，国内消费市场上中高档花卉、新品种花卉、组合盆栽花卉、造型花卉、新奇特花卉等越来越受到欢迎，与花卉相关的各类文化、节庆等活动越来越受到关注，花卉消费氛围日益浓厚，花卉消费内需尤其是个体需求潜力极大。

（3）承接全球花卉产业转移带动花卉出口增长。随着世界花卉生产不断扩大与格局转化，国际花卉市场竞争日趋激烈，各国都在利用自身优势开拓国际花卉市场，或依靠种苗（种子、种球）核心科技与市场竞争策略维护市场，或依托自然区位优势与劳动力成本抢占市场。我国横跨多个气候带，拥有最丰富的观赏植物种质资源，劳动力资源充足，生产成本相对较低，花卉生产面积世界领先，花卉生产水平和市场供应能力稳步提升，花卉进出口交易额逐年增大，已经成为世界花卉产业转移重点方向之一。当前，我国花卉出口主要以鲜切花、盆栽植物、鲜切叶和观赏苗木为主，云南、福建、广东、江苏、浙江为全国花卉出口主要省份，日本、荷兰、韩国和美国是我国花卉出口主销市场；花卉进口仍以种球、种苗为主，广东、云南、北京、上海和浙江为花卉进口主要省份，主要来源地为荷兰、泰国、中国台湾和韩国等国家和地区。未来在加强核心技术攻关与进一步优化进出口贸易审批流程基础上，我国必将会抓住国际花卉产销格局变换，进一步缩小与发达国家间差距，将花卉出口打造成为拉动我国花卉产业快速发展的重要增长极。

（4）行业环境深刻变化倒逼产业转型升级加速。经过多年发展，我国花卉生产格局基本稳定，种植栽培设施不断升级，种植技术与国外花卉发达国家的差距日益缩小。国内各花卉主产区区域特色与优势突出叠加，鲜切花产销以云南、湖北、广东三省为主；盆栽植物产销以广东、福建、江苏、辽宁、四川五省为主；观赏苗木产销以江苏、浙江、河南三省为主，食药用花卉产销以湖南、河南、山东、福建、浙江五省为主。面对不断加剧的国内市场竞争环境与快速攀升的要素成本压力，全国花卉产业已在"十三五"期间进入转方式、调结构的转型升级初期阶段，以种业创新带动产业核心竞争力增强、以延展产业链拓展产业附加值、以提升经营水平促进产业节本增效等转型方式不断涌现，以"大数据"概念、"互联网＋"概念、"物联网"概念等信息化技术助推产业升级成果已初显端倪，以花卉品种创新体系、技术研发推广体系、生产经营体系、市场流通体系、社会化服务体系等为主的八大产业体系基本构建，花卉产业组织形式不断创新，政策扶持力度不断加大，金融助力转型手段不断增加，"十三五"花卉产业总体实现转型升级的各项基础已逐步夯实。

3. 湖北花卉产业的前景与趋势

（1）自然优势促进其发展。湖北省花卉种植历史悠久、物种资源丰富，拥有适合花卉生产的良好自然条件。经过改革开放 30 多年的发展，湖北省花卉产业规模不断壮大，品种品质日趋优化，流通网络逐步完善，市场占有率不断提高，在促进农民增收、推动城乡社会经济发展中发挥着重要作用。随着城乡居民生活水平的提高及城镇化进程的加快，花卉需求量逐年上升，市场潜力巨大，花卉产业被称为最具活力的"朝阳产业"。

（2）区位优势促进市场开拓。湖北省兼具"得中""得水"条件，承担"承东启西、接南纳北"功能，自古以来，"湖北通则中部通，中部通则中国通"，湖北武汉具有天然的资源组织优势和空间配置条件，这也促进湖北省花卉市场发展繁荣，形成了全国十大花卉专业市场之一的武汉花卉市场。武汉花卉市场充分利用湖北省的区位优势，有来自全国各地的花卉品种，也有进口的各种花卉，还有各个流派的盆景造型，大、中、小型盆景品种齐全，适合各阶层人士选择，已发展成为一个大型的专业化的花卉市场，未来市场开拓前景将更加广阔。

（3）需求潜力巨大带动产业发展。湖北省消费需求潜力巨大，花卉市场前景看好。随着居民生活水平的提高，居民的花卉消费意识也逐渐增强，逢年过节、办喜事等赠送花卉也成为时尚。随着城镇化建设步伐加大，花卉将迎来新一轮消费热潮。近年来，随着打造园林城市、建设生态和宜居城市步伐加快，花卉需求量迅速增加，产销两旺，价格上扬。

（三）湖北花卉产业的发展潜力

湖北省发展花卉产业优势明显、潜力巨大，主要体现在资源、消费、就业和生产力等方面。

1. 花卉资源开发利用潜力巨大　湖北省花卉种质资源丰富，观赏植物种类拥有 3 700 余种，属我国前列，是很多名贵花卉的世界起源中心和野生花卉资源宝库。其中尤以珍稀观赏物种和特有种为举世瞩目。在上千年的花卉栽培过程中，湖北省培育出了多个花卉品种。合理开发利用这些资源，可以培育出具有特殊性状与竞争力的花卉新品种。

2. 国内花卉消费潜力巨大　一方面，随着我国经济发展，城市化进程加快和城市群的兴起，城市园林建设对花卉需求旺盛。另一方面，人民生活水平日益提高，城乡居民消费层次和消费结构不断升级，对花卉需求日趋多样化，为花卉消费带来巨大的增长空间。据国家林业和草原局统计数据显示，世界人均盆花和鲜切花年消费额 20 美元，而据荷兰花卉协会统计数字，中国花卉消费金额每年仅有 0.7 欧元左右，仅为世界人均水平的 1/10，市场潜力巨大。

3. 生产力提升空间很大　中国花卉产业与现代花卉产业相比，在专业化、规模化、标准化、规范化、国际化上与花卉强国还相距甚远。中国以占世界 30.0% 的花卉栽培面积贡献了 5.0% 的产值，相当于世界平均水平的 15.0%，是荷兰的 1.7%、以色列的 5.9%、哥伦比亚的 7.7%，中国花卉产业大而不强。对比国内，湖北省花卉产业从产业规模和经济效益与云南、广东、浙江、福建、河南等省相比也有较大差距。以云南省为例，2017 年云南省花卉种植面积 10.4 万公顷，产值 503.2 亿元，单产效益 48.38 万元/公顷，是湖北省的 3.59 倍。

4. 解决社会就业优势明显　花卉产业是劳动和技术密集型产业，涉及部门多、领域广、链条长，需要大量劳动力参与。花卉种植可以有效吸纳大量农村劳动力，花卉加工、营销服务等可以有效提供城乡就业机会。

三、湖北花卉产业发展的战略构想与战略部署

（一）战略目标

紧紧抓住"一带一路"、"中部崛起"等政策机遇，大力推进现代花卉业建设，以本土特色优势花卉植物为产业开发重点，整合各类优势资源，优先扶持、因地制宜，推动种业快速发展。在保障粮食安全和践行大食物观的基础上，力争在"十四五"期间，全省花卉

种植面积稳定在 200 万亩，产值达到 200 亿元，生产花卉 10 亿盆（株、支），花卉亩产值提高 10%，花卉从业人员达 35 万人，培育产值超 3 000 万元的龙头企业 10 家，逐步发展到全国前列，中部领先的地位。预计到 2035 年，湖北省花卉种业发展体系基本建立，自主创新能力明显提升，市场体系发育更为健全，生产能力显著增强，产业结构持续优化，品牌效应更加凸显，经济效益明显提升，成为全国重要地域特色花卉育种扩繁中心和生产集散中心，推动湖北省花卉成为全国的重要板块之一。

1. 花卉生产能力显著提高　加强标准化育苗、栽培、保鲜、储运、病虫害防治等技术研究和推广，大力推广花卉新品种、新技术、新成果，加速科研成果向生产力的转化，实现花卉产业基地化、规模化、专业化建设。力争在"十四五"期间，全省花卉种植面积稳定在 200 万亩，产值达到 200 亿元；生产花卉 10 亿盆（株、支），培育产值超 3 000 万元的龙头企业 10 家。

2. 花卉产业结构更加优化　花卉产业结构更加合理，一二三产业融合发展，加快发展花卉深加工及配套资材产业发展，加快花卉旅游、花卉餐饮等服务业发展，二三产业产值超过总产值的 40%；花卉生产设施化、自动化、机械化、良种化水平明显提高。

3. 花卉品牌效应更加凸显　花卉产品品质不断提高，建设花卉育种中心 5 处，建设花卉良种繁育生产示范基地 5 处，培育具有自主知识产权的花卉新品种 15 个以上，建设花文化示范基地 5 处。打造 5 个产业主导型突出、带动能力强、经济效益好的花卉强县和 10 个花卉转型升级示范县，建设现代花卉示范园 10 处。

4. 花卉经济效益大幅提升　主栽花卉产品质量达到国际标准，轻型基质盆花栽培率超过 95%；花卉亩产值提高 10%；花卉从业人员达 35 万人，花农人均收入超过 3 万元，达到当地人均收入的 2 倍以上。

（二）战略构想

以高质量发展为统揽，以绿色为底色，以深化农业供给侧结构性改革为主线，以技术、制度和商业模式创新为动力，坚持"抓种源、提品质、优结构、扩规模、强产业、树品牌、拓市场"的内涵式发展，注重花卉品种创新和技术研发能力提升，科学布局产业形式，优化花卉产品结构，深化产品加工，提高花卉质量效益，培育知名品牌，健全市场流通体系，逐步实现花卉发展规模化、绿色化、专业化、特色化，将湖北省花卉产品推向全国、全世界。

1. 由引进外来品种向保护开发本土珍稀资源转变　发挥湖北省生态和特色花卉资源优势，加大珍稀特有花卉品种、特色乡土树种的育种资源收集、保护与创新利用，加快建设一批种质资源保存库，全面记录湖北省可供利用的花卉种质资源信息，动态监控全省花卉种质资源消长情况。整合国家、省市县（区）科技资源和科研机构的科研成果，重点突破育种扩繁这个"产业芯片"瓶颈，加强传统名花、珍稀特色树种等优良乡土观赏植物、食药用花卉、主栽花卉品种的选育与推广应用，实现培育自主品种、品牌和标准。

2. 由生产低质"大路货"向培育"名优特"品牌转变。在国内外名优新花卉品种的引种与推广、省内传统名花品种改良与质量提升、优势商品花卉品种的标准体系建设的基础上，统筹省内各类各级公共媒体资源和企业个人自媒体资源，加大本省花卉品牌和企业品牌营销宣传推广力度。鼓励地方政府和龙头企业争创驰（著名）商标、申请地理产品标志；扶持企业品牌和产品品牌创建；支持现代花卉生产企业注册具有自主知识产权的品种和技术；推动花卉产品的包装、品牌设计与售后服务升级换代。

3. 由粗放型发展向绿色发展转变。根据湖北省实际情况，一是在适宜的区域，推广设施栽培、基质栽培、微（滴）灌技术、雨水回收利用等环保生产模式；二是合理利用野生种质资源，杜绝急功近利的掠夺式采集，推动可复制、可循环的野生资源利用方式，保护自然生态环境，实现可持续绿色发展。始终把提高发展质量、促进花农增收作为主要任务。

4. 由初级专业化生产向高一级专业化生产转变。健全以质量为核心的生产、采购、包装、储藏、运输等花卉标准化体系，促花卉产品质量标准与国际接轨；聚焦重点花卉产品、技术和业态，延伸花卉产业链，培育花卉新产业、新业态、新模式，促进一二三产业深度融合发展；完善花卉质量控制体系，加强质量检验检测，着力构建战略布局合理、产业链条完整、创新迭代活跃、质量高效益好、区域协调发展的现代花卉产业体系。

5. 由产供销脱节向产业集聚循环发展转变 立足各地资源优势和产业基础，进一步优化区域布局，加快产业集聚和功能配套，结合乡村振兴计划、城市群发展规划和旅游产业化建设项目，打造主题和特色花卉产业带、产业园，规划花卉产业功能区，引导花卉产业集群发展。面向国内国际两大循环，立足内需、扩大外销，大力推广、发展本地特色花卉品种，帮助企业开拓新兴市场，使之尽快形成产业规模站稳市场份额。

6. 由分散式生产向龙头企业带动规模化生产转变 通过政策、项目、资金、税收和服务等落地的优惠条件，加大招商引资、引技、引人才的力度，引进和培育一批生产管理理念先进、经济效益高、辐射带动能力强、发展势头好的花卉龙头企业，发挥花卉龙头企业的带动作用，鼓励和帮助企业制定行业标准、申请专利、注册商标、创建品牌，培育特色产品，推动规模化生产、标准化种植、集约化经营，促进产业转型升级，建立多层次花卉生产经营协调发展体系，快速扩大全省花卉生产经营规模，着力突破产业规模瓶颈。

（三）战略部署

1. 品种结构 在品种的谋划上，应利用湖北省兼具南北的过渡性气候特点，且特色产品如麻城福白菊在全国有较高知名度等优势，以"销售南北过渡带观赏植物、亚热带绿化苗木、盆景为主，兼营盆栽植物和食药用花卉"为谋划重点。重点发展兰花、杜鹃、紫薇、红花玉兰等花卉育苗；香樟、桂花、茶花、玉兰、龙柏、樱花、红花檵木等绿化观赏苗木，国兰、热带兰、凤梨等高档盆花；鼓励发展百合、郁金香、石蒜、香石竹等花卉种球种苗；因地制宜发展五针松、罗汉松、杜鹃等盆景和造型苗木，百合、香石竹、非洲菊、杨桐等切花切枝，金边瑞香、观赏竹和蕨类等特色植物，铁皮石斛、福白菊、玫瑰等食用、药用和工业用花卉。

2. 产业结构 湖北省花卉产业结构谋划的原则设想是"在积极发展传统特色花卉生产的同时，大力发展精深加工业和花卉相关产业，鼓励外向型高端发展"。在大力发展设施花卉的基础上，在加工业上，瞄准花艺装饰、健康养生、美容养颜等新兴潜力市场，开发以花卉产品为原料的工艺品、食品、化妆品、医疗保健品等，引导对花卉产品进行精深加工，培育新的产业增长点；在农旅结合上，积极发展以花卉为依托的休闲旅游、婚庆礼仪、家庭园艺等现代服务业，带动花卉物流、金融、电商、餐饮等产业发展。支持发展具有地方特色与优势的产业领域，鼓励提升多元化的花卉休闲产业，构建完善的花卉产业链；在产业集群上，加强规划引导和政策支持，依托重点花卉产区良好的产业基础和区位资源优势，按照产业、文化、旅游、社区功能"四位一体"和生产、生活、生态融合发展的原则，集聚人才、技术、资本等高端要素，实现小空间、大集聚、小平台大产业、小载体大创新，推动资源整合、产业融合，加快推进产业集聚、产业创新和产业升级，形成新的花卉经济增长点。

3. 区域布局　由于湖北省自然条件多样，既有面积较大的山区，又有波状起伏的丘陵岗地，还有辽阔坦荡的江汉平原，为满足花卉产业发展规划和因地制宜分类指导种植的需要，湖北省花卉产业拟按照"四区三类"的布局构想进行开发，利用季节差和海拔差进行错季节花卉的生产，开展球根花卉种球繁育，形成独具特色的花卉产业。"四区"指长期以来湖北省的地理分区，即鄂东、鄂西、鄂中和江汉平原地区；"三类"指湖北省内花卉生产主要的地貌类型，即山地、丘陵和平原。

一是鄂西山地花卉生产区，包括十堰市、宜昌市、恩施州、襄阳市、神农架林区。该区紧邻我国西部大开发地区，是湖北省花卉资源最丰富的地区，利用季节差和海拔差进行错季节花卉的生产，开展球根花卉种球繁育，形成独具特色的花卉产业，今后发展方向应本着保护与开发并重的原则，开展野生花卉资源的驯化利用，加大珍稀特有种的开发研究力度，发挥花卉资源优势，利用季节差和海拔差进行季节花卉的生产，形成独具特色的花卉产业。

二是鄂中丘陵花卉生产区包括随州市、荆门市、孝感市，该区是湖北省新兴花卉产区。今后应立足本省，面向大西北市场，坚持发展拳头产品和引进新品种并举，在扩大绿化苗木栽植与经营的同时，积极开发市场前景好的花卉新品种。

三是鄂东山地丘陵花卉生产区，包括黄冈市、黄石市、鄂州市、咸宁市。该区植被丰富，适宜多种植物生长，特别是花卉、绿化苗木的生产。今后应以各种观叶绿化苗木和观花苗木的生产为发展方向。

四是江汉平原花卉生产区，包括武汉市、荆州市及周边部分平原县市，该区是我国南北花卉商品流连集散地，花卉营销市场网络初步形成。科技机构众多，科技力量雄厚，科研手段先进。今后应把扩大花卉生产经营规模，提高产品质量，引进、开发、培育新品种，提高经营水平和技术水平，加快基础设施的建设作为重点，充分挖掘潜力，带动全省花卉业的发展。

4. 市场定位　虽然近年来湖北省花卉产业的发展取得了一定成就，但是由于发展起步相对较晚，与花卉产业大省，如云南、浙江等省份存在较大差距，未来一段时间，湖北省花卉产业仍将是以省内为主，省外为辅，出口创汇以食药用花卉为主的格局。

国内市场：湖北省花卉产业主要供应全省各地市需求，由于武汉市花卉需求相对较大，周边地区生产的花卉，如鲜切花等在满足本市需求的同时，将花卉通过外调等方式供应武汉；与此同时，以武汉为核心，花卉供应向周边进行辐射，满足中部地区的花卉需求。

国外市场：以麻城福白菊等食药用花卉为主体，以入选中欧地理标志首批保护名录，成为第一批中欧"100＋100"地理标志互认互保产品为契机，大力发展对欧盟及东盟等地区的出口，逐渐从代理出口向自营出口转变。

四、湖北花卉产业发展的关键技术需求与科技创新方向

（一）关键技术需求与主要技术瓶颈

1. 花卉种质资源利用和创新能力不强　湖北省可供利用的野生花卉资源有数百种之多，但目前真正得到开发利用的还不足 5％，除荷花、梅花、紫薇等少数传统花卉外，几乎未见湖北省利用本地野生花卉资源进行花卉新品种选育方面的报道。须从种质资源保护和开发利用、生物育种等方向探索，开发"新、优、特"花卉种子、种苗和种球，实现花卉育种能力的提高。

2. 花卉栽培技术落后　长期以来，湖北省花卉生产方式传统，花卉生产低、小、散的现象比较突出，生产手段落后，标准化生产、设施化栽培程度较低，在生产成本日益增长的情况下，花卉生产单位面积效益不断下滑。因此，花卉生产关键技术研究开发与示范是湖北省花卉产业发展的重要方向之一。

3. 专用设施、设备与资材不齐全　湖北省拥有丰富的山地特色花卉资源，但专用设施、设备与资材等研发缺乏，机械化生产难度大，且随着劳动力成本提高，花卉生产比较效益下降，导致花卉产业一直处于艰难维持的低水平发展状态，资源优势没有转化为产业优势，失去了多次发展机会。

4. 深加工水平较低　湖北省花卉产业主要以观赏苗木、盆栽植物、鲜切花等初级产品为主，同质化产品多，精深加工产品较少，特别是在药用、食用、保健、化妆等方面开发力度不够，缺少以花卉产品为原料的工艺品、食品、化妆品、医疗保健品等。随着人民生活水平提高，开发花卉深加工品，提高加工利用比例是市场的需求和种植者的期望。因此，发展花卉深加工是未来较长时间内必然趋势。

（二）关键科学问题

1. 品种选育、扩繁和优异资源的开发利用　一是花卉种质资源评价和利用，在查明湖北省花卉种质资源的基础上，开展具有开发利用价值和潜在利用价值的主要花卉品种、重要乡土花卉品种、珍稀濒危花卉种质资源如云锦杜鹃、大叶金腰等的收集保存工作。二是花卉品种创新，因地制宜开展花卉新品种选育，不断丰富和提高花卉优良品种品质，如中国科学院武汉植物园在孝感怡荷园中试的荷花新品种"秋三色"等秋荷系列品种。

2. 标准化绿色化智能化栽培　开发花卉生产及配套技术，利用互联网大数据等技术针对主导产品开展优新品种繁育、优质种苗培育、生态高效栽培、设施化栽培、标准化栽培、废弃物资源化利用、智能化管理等共性关键技术的攻关。

3. 配套专用设施研发与制造　开发专用设施、设备与资材生产技术，推进耕作、播种、植保、移植、修剪等主要生产环节的机械化作业，实现花卉由露天生产、手工作业向设施生产、机械作业转变，推动"机器换人"，缓解农业劳动力短缺困境。

4. 花卉深加工技术开发　充分发掘花卉的食用、药用、香料、色素、生化等功能，

开展相关技术研发，拓展产品应用领域，延长产业链；完善花卉加工产品标准化体系建设，建立从原材料种植、中间产品加工到终端产品加工和安全检测的一系列标准体系，提升优质原料生态环保种植和加工技术水平，实现从原料到终端产品各环节的全过程标准化质量控制。

（三）科技创新方向

1. 种质资源收集、评价和保护 组织开展花卉种质资源普查和新品种引进，全面收集保存主要花卉品种、重要乡土花卉品种、传统名花、珍稀濒危物种花卉种质资源。研发湖北省花卉种质资源保护体系，有计划地建立一批国家级、省级花卉种质资源库，在野生花卉种质资源原生地建立种质资源保护区。根据花卉品种选育的方向和利用目的，开展种质资源鉴定和评价，研发花卉种质资源信息库和惠利共享机制，公布可供利用的花卉种质资源信息，促进花卉种质资源开放共享。

2. 花卉新品种培育、扩繁、应用及其配套关键技术研究 加强花卉重要功能基因挖掘和重要乡土特色花卉的引种驯化，重点研发花卉繁育、种子种苗生产及配套生产关键技术，开展花卉育种高新技术、花卉良种（种子、种苗、种球）产业化快繁技术研发，在培育特色鲜明、适应性强、有开发前景的"新、奇、特"花卉品种的同时，加快传统名花品种改良与质量提升、优势商品花卉品种选育和新品种引进和食药用花卉和家庭园艺品种选育与推广力度。

3. 绿色化、标准化、智能化栽培技术研发与示范 围绕花卉优势产区的主导产品，积极研发、推广基质与容器栽培技术、无土栽培技术、整形修剪技术、喷滴灌技术等，推广智能化管理基质栽培、水肥一体化循环利用等生态高效的生产方式，研发花期调节技术，实现周年供应。研究智能化生产技术，实现对花卉种植环境智能监控、生产智能分析决策、农机智能作业与在线调度监控等。

4. 专用设施、设备与资材生产研发 加强温室设备、园林器械及灌溉设备、遮阳网、花盆花器、栽培基质、花肥花药等花卉资材的研发和生产，开展山地特色花卉生产设施设计和建造等方面的技术研发，重点是花卉生产基质、花肥花药、精准节水灌溉技术、花卉专用资材生产技术、花卉专用生产设施技术、节能环保新型冷链物流技术及适应山地耕作管理的设施设备等配套技术研创。

5. 采后加工技术的研发与示范 开展采后加工、保鲜、冷储、包装、运输技术研究，研发花卉适时采收与采后保鲜技术，包括鲜切花、盆花、盆景、种球（种苗、种子）、观赏苗木包装技术，花卉冷藏冷链运输技术；多角度开发花卉功能，研发插花艺术、花艺装饰技术，花卉保色、着色、干燥技术及花卉种子包衣技术等。

6. 加工产品深度开发利用技术研究 重点突破酶工程、生物工程、现代发酵工程，以及新型高效分离、分级、杀菌、防腐、保鲜、干燥等花卉产品精细加工技术，建设食药用花卉（咸宁桂花、麻城福白菊等）生产线，研发生产干花、精油、化妆品等高端花卉产品，开发新型、高附加值花卉工业产品和医药中间体、功能性健康食品和配料等，开发超高压加工、脉冲电场杀菌、微波真空干燥、超微粉碎等新型加工设备，促进花卉加工业的技术进步和产业升级。

五、湖北花卉产业发展的重点任务

（一）转变发展方式，实现花卉产业规模化

1. 调整种植结构 在积极发展传统特色花卉生产的同时，坚持适地适花，不断更新品种，提高档次，增加产品附加值。在品种上，由主要依靠引进品种向以具有自主知识产权品种为主转变。

2. 发展花卉精深加工业 充分利用食药同源的保健养生文化传统，在加快发展食用、药用和工业用途花卉的同时，积极发展精深加工业，瞄准花艺装饰、健康养生、美容养颜等新兴潜力市场，开发以花卉产品为原料的工艺品、食品、化妆品、医疗保健品等，引导对花卉产品进行精深加工，培育新的产业增长点。

3. 发展花卉关联产业 积极发展以花卉为依托的休闲旅游、婚庆礼仪、家庭园艺等现代服务业，带动花卉物流、金融、电商、餐饮等产业发展。支持发展具有地方特色与优势的产业领域，鼓励提升多元化的花卉休闲产业，构建完善的花卉产业链。

（二）提升装备水平，实现花卉生产专业化

1. 发展设施化栽培 加大花卉基础设施改造力度，大力推广智能温室、钢架大棚、基质与容器栽培、无土栽培、工厂化育苗、喷滴灌、控温控湿、冷藏保鲜等先进设施装备，不断扩大和提高花卉设施生产规模与水平，提高生产效率，提升产品品质，提高花卉生产自然灾害抵御能力，加快提升湖北省花卉产业的装备水平。

2. 发展机械化生产 大力发展机械化作业、自动化灌溉，实现播种、移植、修剪等主要生产环节的机械化作业，实现花卉生产由露天生产、手工作业向设施生产和机械作业转变，促进花卉品质的不断优化，促进花卉生产方式的根本转变和劳动生产率、产业竞争力的不断提升。

（三）强化自主创新，实现花卉产品标准化

1. 强化优势栽培品种的自主研发创新 完善以企业为主体、以市场为导向、"产学研"相结合的技术创新体系，力争每年推出5个以上具有自主知识产权的新品种，每年引进并推广国内外新品种10个以上。加快湖北省特色花卉关键技术的研发进程，降低对国外品种、技术的依赖程度。

2. 加强花卉标准化栽培技术推广 针对湖北省主要花卉栽培品种，深入开展花卉标准化研究，逐步建立花卉标准体系，每年制定1～2项花卉地方标准或国家行业标准。

（四）完善行业机制，实现花卉管理组织化

1. 深化产学研合作机制 完善科研创新机制，支持花卉企业组建花卉研究专业机构，支持花卉企业与科研院所加强合作，扶持"龙头企业＋合作社"的产业组织模式，提升规模化、标准化、专业化生产水平。

2. 推进行业协会与专业合作组织建设 充分发挥各级花卉协会、农村合作社等组织的作用，组织协调花卉的种苗、生产、销售、技术服务、运输等环节，组成完整的产业链

条，形成政府指导、协会组织、企业经营、区域发展的工作局面。

3. 完善社会化管理体系　加强对花卉知识产权保护，健全科技培训和质量管理体系，构建花卉产业信息咨询服务平台，完善全省花卉产业统计指标体系。

4. 加大招商引资力度　制定优惠政策，吸引国内外知名花卉企业落户湖北省，带动全省花卉研发、生产、流通等产业链优化升级。

（五）健全流通体系，实现花卉市场多元化

1. 打造全国性一级花卉交易市场　在湖北省打造一处标准化、现代化的全国性一级花卉产品交易市场，吸引国内外大型花卉企业长期入驻，推行大宗花卉产品、花卉精品的拍卖、远程交易等现代交易模式，逐步与国际接轨，利用鄂州物流机场大力发展花卉物流建设。

2. 规范二级花卉综合市场　统筹整合湖北省现有花卉市场资源，规范发展以个体经营为主、集批发和零售于一体的花卉综合交易市场，满足本地及周边地区的花卉交易和消费需求。

3. 建设花卉专营网络和零售业态　大力推行连锁经营、网上花店等多种方式，鼓励发展针对个人消费和小规模集团消费的终端零售交易，规范发展花卉租摆服务、园艺超市、花卉工艺坊等新兴零售业态发展，积极推广花卉与其他商品联合营销的方式。

4. 大力发展花卉电子商务　鼓励有条件的花卉企业开展电子商务交易探索，加大对花卉电商交易关键环节基础设施投入的扶持力度，建立满足植物运输条件的现代物流体系，加快推进湖北省花卉产业电子商务进程。

5. 完善花卉专业物流服务　支持一级、二级花卉交易市场建设专业化冷链运输体系、包装与储运信息系统等物流服务体系。完善花卉综合市场配套体系建设，规范售后服务、物流配送等管理，不断提升经营管理水平。

（六）弘扬花卉文化，实现花卉消费大众化

1. 深入挖掘消费市场　积极引导大众花卉消费习惯，不断优化消费结构，促进花卉消费由集团消费向大众消费转变，由节庆消费向日常消费转变，从年宵花消费向中国传统节日消费转变，不断发展家庭园艺消费市场。

2. 支持传统消费升级发展　加强国内外交流，促进消费个性化、时尚化、多样化，推进食用、药用、工业用、功能性花卉的应用与服务，培育发展特色消费市场，全面满足各类消费者的需求。

3. 鼓励花卉文化创意服务　广泛开展花卉文化推广活动，深入挖掘花卉文化内涵，开发花卉文化创意产品，提供花卉礼仪、花艺表演、花艺工程等多种服务，积极引导花卉消费。

4. 引导花卉旅游体验消费　推动花卉产业与休闲旅游、观光农业等一起发展，推广花卉观赏、花卉采摘等特色旅游，鼓励建设一批花卉主题公园和专类花卉观赏园。

六、湖北花卉产业发展的政策措施与对策建议

（一）政策措施

1. 财政政策 发挥政府资金的引导作用，加大财政资金投入力度，建立花卉产业投资基金，支持重点项目建设，加大基础设施建设、配套服务体系建设等的资金支持。制定和完善促进花卉产业发展的政策措施，增加财政补贴，支持花卉种质资源调查、信息平台、预测预警体系、花卉示范园区、花卉特色小镇、种质资源库、良种繁育基地等建设。

2. 金融政策 积极探索花卉产业发展的投融资机制，强化金融机构对花卉产业发展的支持作用，积极协调引导银行信贷资金投向花卉生产大中型企业、专业合作社，大力扶持具有发展潜力的龙头企业。落实花卉企业用地、设施、税收、融资、投资、人才培养和引进、国际合作等方面的优惠政策。

3. 保险政策 积极探索推进花卉政策性保险、抵押贷款，鼓励各地开展花卉政策性保险试点，降低花卉企业和农户特别是种植大户的生产经营风险。积极采取抵押贷款、发行债券、鼓励企业上市等多样化融资方式，实现花卉产业投资快速增加。

4. 科技创新政策 建立科技成果激励机制，保护和鼓励创新，为产业发展创造良好的政策环境。加大对高层次花卉科技、经营管理和市场开拓人才的引进力度，建立健全人才激励机制，引进一批科研精英，培养一批花卉专业经纪人和花卉生产能人。整合省内教育资源，发展花卉园艺高等教育和职业教育，支持华中农业大学等相关大专院校要设置花卉园艺专业，加大对花卉科技、经营和管理人才的培养力度。

5. 贸易政策 进一步统筹国内外两个市场、两种资源，用世界眼光、全球视野谋划和发展本省的花卉产业，加强湖北省花卉产品的硬实力。相关主管部门应牢牢把握世界农业发展与国内外花卉市场供需变化趋势，对湖北省花卉产业中各类比较优势与比较劣势产品实现精准定位，稳固并扩大本省具有比较优势的花卉产品领先地位，减弱并缩小本省具有比较劣势产品的花卉产品落后地位，努力促进具有比较优势花卉产品的国内市场份额与国外出口，引导和有效调控本省相对短缺花卉产品的国内市场调剂与进口，进而实现本省花卉产品供需结构的优化。

（二）对策建议

1. 完善相关政策 从建设生态文明的战略高度，进一步提高对花卉产业重要性的认识，把发展花卉产业作为调整林业经济结构、壮大林业产业、提高农民收入、实现富民强省的突破口，摆在更加突出的位置。一是各级政府要加强对花卉产业的规划指导，结合实际研究制定加快花卉产业提质增效转型升级的政策措施。二是要研究制定促进花卉产业转型升级的政策法规，在花卉重点产区设立花卉产业园区，引导企业、专业合作社和农民进入花卉产业园区聚集发展；充分运用现代农业产业发展引导基金等现有基金，支持花卉企业上市融资，鼓励企业利用多种项目和资金，采取多种形式提高产业档次，做大做强现代花卉业。三是加强行政指导，提高花卉产业商标注册、运用、保护和管理能力，鼓励花卉企业创建知名品牌。四是发挥政府财政资金的战略引导作用，改善投资环境，切实加大招商引资力度，加大对优势产品和优势产区的扶持，着力提升花卉产业的规模化、专业化、

特色化、标准化、集约化水平。

2. 加强组织领导 建立健全花卉管理机构,理顺隶属关系,提高花卉产业管理能力。通过规划引导、政策扶持、示范带动等手段,整合产业要素,优化产业布局,培植壮大产业,发展核心竞争力。一是健全省、市、县各级花卉管理体系,落实湖北省花卉产业提质增效转型升级。二是健全行业组织,充分发挥行业组织行业服务、自律、协调的功能,发挥在调查研究、政策建议、规范市场行为、统计与信息、技术咨询、人才培训等方面的中介作用,成为政府与企业联系的纽带和桥梁。三是大力发展新型的"龙头企业＋花农合作社"形式,提高花农组织化程度,提高花农的生产水平和应对市场变化的能力。

3. 加大投入力度 建立起政府引导,农民、企业和社会为主体的多元化投入机制,应加大对花卉产业发展的投入力度,加强花卉生产设施建设、市场流通体系建设、花卉科研与技术推广体系建设、良种繁育体系建设、产品质量标准体系、市场信息网络体系和人才技术培训体系建设等;加大对重点花卉种质资源库建设、花卉新品种引进、新品种选育、新产品研发、新技术推广的资金支持。继续实施现代农业花卉产业项目,并将项目覆盖范围逐步扩大到全省花卉产业重点县(市、区)。

4. 强化科技支撑 不断增加科技投入,加大技术攻关和研发力度,在新品种研发、设施栽培、标准制定等方面加大投资力度。大力支持中国农村专业技术协会组建的"科技小院"发展,加大扶持力度,促进科研院所、企业及地方的合作,提升湖北省花卉产业科技竞争力。构建育种与繁殖、高新技术与常规技术、自主创新与引进吸收相结合的花卉科技创新体系。扶持产业发展需要的科学研究、技术开发、成果转化和中试、推广,重点开展具有自主知识产权的新品种选育、栽培技术研究和科技成果转化。加强花卉的标准化建设,促进标准化生产。建立高科技花卉创新园,探索建立花卉创新联盟,联合进行科技攻关。要引进花卉高科技人才,大力发展职业培训,加大对国内外高层次花卉人才的引进培养力度,加强对从业人员和花农的培训,整合教育资源,为花卉企业培养多层次、高素质的各类人才,提升产业发展的科技素养。

5. 健全服务保障 建立健全社会服务保障体系,加强市场监管,规范行业秩序和市场行为,营造公平、公正、公开的竞争环境,保护生产、经营及使用者的合法权益。一是加强花卉良种审(认)定、植物新品种权保护、花卉产品质量监管等工作,定期或不定期开展质量检查,实现花卉产品标准化生产和规范化管理。二是鼓励育种企业和育种者申报新品种权,加大对假冒伪劣违法案件、侵权案件的查处,维护合法权益;加强植物检疫,防止病虫害传播和外来有害生物侵入,保障产业安全发展。三是加快花卉产业信息化进程,实现行政管理信息化和企业管理信息化。应用现代信息技术、建设全省花卉信息网络体系,实现与国际接轨、国内相连的综合信息平台和为企业、农户服务的终端系统。四是加强花卉融资和保险服务,各级金融机构要通过各种方式推动银政、银企合作,开发适合花卉企业的信贷产品,增加信贷投入,加大对花卉龙头企业和中小企业的信贷支持力度。

第十二章　湖北茶叶产业发展战略研究

一、湖北茶叶产业发展的现状与展望

（一）湖北茶叶产业发展主要成就

从《神农本草经》记载"神农尝百草，日遇七十二毒，得茶而解之"可知茶叶的发现和利用迄今已有五千余年的历史。在茶叶种植历史方面，湖北省茶叶种植历史悠久，有记载湖北省的饮茶文化和茶叶生产加工于两汉时期从巴蜀走水路顺长江而传到了荆楚地区，也有资料显示，鄂西山地有着天然茶树分布的痕迹。在茶叶文化方面，世界范围内现存最早、最完整的介绍茶的第一部专著《茶经》便是由复州竟陵人（现湖北天门）陆羽所著，书中详细介绍了茶叶的生产历史、源流、现状、生产技术及饮茶技艺。

1. 规模迅速扩张，产量、种植面积逐年提升　根据国家统计局和《湖北省统计年鉴》显示，2021 年湖北省茶叶种植面积为 553.6 万亩，产量为 40.44 万吨，分别占全国茶叶种植面积和产量的 11.31% 和 13.35%，在全国各省市中的排名均为第 3 名。2010—2021 年，湖北省茶叶种植面积和产量的动态变化趋势如图 12-1 所示，可以看出 2010—2021 年湖北省茶叶产量逐年递增，由 2010 年的 16.36 万吨增长至 2021 年的 40.44 万吨，增长了 24.08 万吨，增幅达 147.19%。自 2010 年起，湖北省茶叶种植面积迎来了快速扩张时期，从 2010 年的 292.62 万亩增长至 2021 年的 553.6 万亩，增长了 260.98 万亩，增幅达 89.19%。

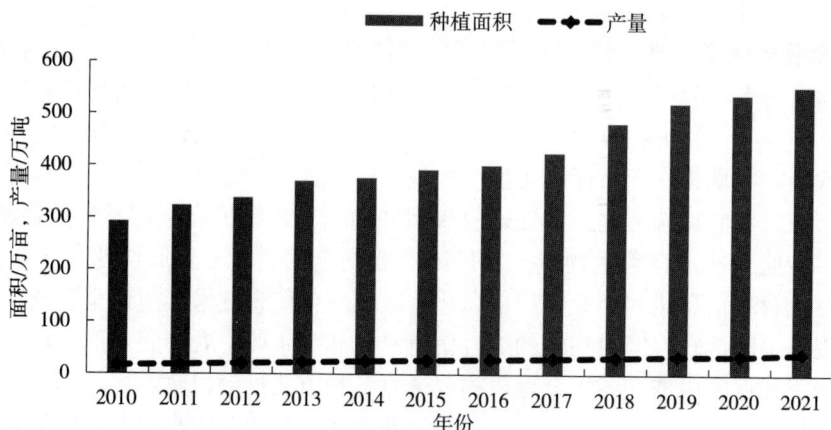

图 12-1　2010—2021 年湖北省茶叶种植面积和产量
数据来源：国家统计局。

2. 茶叶品类结构保持稳定，优势茶种地位日趋稳固　根据 2021 年《湖北省统计年鉴》显示，2020 年湖北省的茶叶种植总面积为 537.59 万亩，产量为 36.08 万吨，其中产量较大的茶叶品类分别为绿茶、黑茶、红茶及青茶，2020 年这 4 种茶叶的产量分别为

25.57 万吨、5.39 万吨、3.70 万吨和 0.13 万吨。从图 12-2 中可以看出湖北省 4 种主产茶叶品类在 2010—2020 年的产量变化。

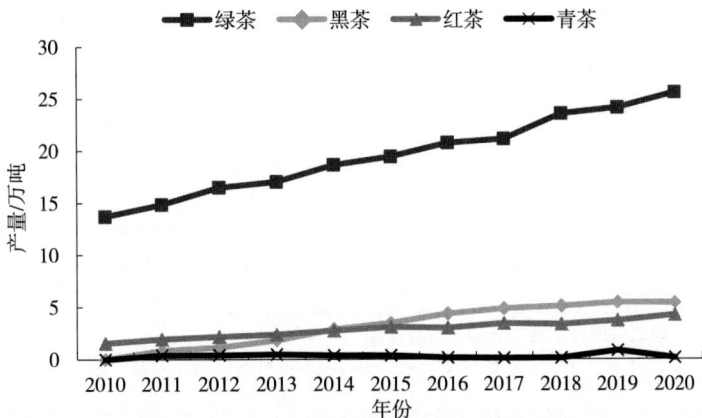

图 12-2 2010—2020 年湖北省茶叶主要品类产量变动情况
数据来源：2011—2021 年《中国农业统计资料》。

从图 12-2 中可以看出自 2010 年以来湖北省茶叶生产结构总体维持稳定，其中产量最高和最低的茶叶品类分别是绿茶和青茶，绿茶产量由 2010 年的 13.71 万吨增长至 2020 年的 25.57 万吨，增长了 11.86 万吨，增长幅度达 86.51%，青茶生产则停滞不前且有着逐年下降的态势，2011 年湖北省青茶产量为 0.39 万吨，2012—2015 年维持在 0.4 万吨左右，尽管 2019 年湖北省青茶产量达到历史最大值 0.83 万吨，但 2016 年及以后湖北省青茶产量急剧萎缩，总体维持在 0.12 万吨左右。在其他茶叶品类生产方面，湖北省黑茶生产和红茶生产位次在 2014 年发生变化，2014 年以前湖北省茶叶生产排名第 2 的品种是红茶，但 2014 年后湖北省黑茶生产占据上风，反超红茶并保持至今。

由表 12-1 所示，在品类结构方面，截至 2023 年湖北省生产的茶叶品类主要有绿茶、红茶、黑茶、青茶、白茶和黄茶六大类，总产量排名前三的茶叶依次是绿茶、黑茶和红茶。

表 12-1 2020 年湖北省各地区不同茶叶品类生产情况（吨）

行政区	茶叶	绿茶	红茶	黑茶	青茶	白茶	黄茶	其他茶
武汉市	2 636	2 512	—	—	—	78	—	46
黄石市	1 088	1 010	66	—	—	12	—	—
十堰市	16 933	13 183	—	—	—	—	—	3 750
宜昌市	94 960	80 251	12 965	320	—	342	419	663
襄阳市	10 566	9 968	214	144	—	6	—	234
鄂州市	—							
荆门市	265	—						
孝感市	8 489	7 559	868	—	—	—	—	62
荆州市	272	—						

（续）

行政区	茶叶	绿茶	红茶	黑茶	青茶	白茶	黄茶	其他茶
黄冈市	39 287	37 419	755	1 079	—	—	—	28
咸宁市	59 872	10 004	1 774	45 052	284	1 091	40	1 627
随州市	3 752	3 677	57	—				18
恩施州	122 350	89 497	23 930	5 583	689	410	84	2 157
仙桃市	0	—						
潜江市	0							
天门市	0							
神农架	118							

数据来源：2021 年湖北省统计年鉴、各地区统计年鉴。

注：鄂州市 2021 年统计年鉴未公布；荆州市、荆门市、神农架林区仅有茶叶总产量。

在绿茶生产方面，除统计数据未公布的地区外，全省大部分地区均有绿茶生产，其中恩施州、宜昌市和黄冈市绿茶产量排名前三，2020 年绿茶产量均超过了 3.5 万吨，而恩施州和宜昌市的绿茶产量更是超过了 8 万吨，产量前三的地区产量占全省绿茶总产量的 81.12%。

在黑茶生产方面，湖北省黑茶生产较为集中，产量超过 5 000 吨的地市仅有 2 个，分别是咸宁市和恩施州，其中咸宁市的黑茶产量达 4.5 万吨，占全省黑茶产量的 86.34%。

在红茶生产方面，产量超过一万吨的地区有 2 个，分别是恩施州和宜昌市，两地区红茶产量占全省红茶产量的 90.81%。

3. 茶叶品质提升取得突破，保障质量安全能力显著增强　"十三五"期间，湖北省在良种选育、生产方式、加工技术等方面促进了茶叶品质提升。截至 2021 年，全省育成国家级、省级茶树良种共计 20 个，其中由省农科院果茶所选育的"鄂茶 1 号"，更是入选了 2019 年首届全国农业科技成果转化大会的百项重大农业科技成果，使得全省茶树良种率由 2015 年的 55% 增长至 67%，同比增幅 21.8%。根据湖北省主产茶区的地理、气候及茶类特点，湖北省构建出"茶叶配方肥＋有机肥替代化肥＋开沟深施"技术模式，促进了化肥减施和茶叶增产，化肥施用量相比"十二五"期末下降 19.9%，利用率提高到 40.3%，提升了茶叶中游离氨基酸和咖啡碱含量，确保了茶叶品质的提升。为保障茶叶产品的质量安全，湖北省大力加强生态茶园和出口示范基地建设，从源头上确保茶叶产品质量，如 2023 年恩施州通过绿色、有机认证茶园近 20 万亩，比例达 60% 以上。同时，湖北省加快了茶叶种植、加工、运输等环节的质量追溯体系建设，并明确了茶叶生产相关标准，对茶叶种植企业、茶叶专业合作社及茶叶产品建立了严格的农药、化肥使用及质量安全监测机制。

4. 品牌建设取得新进展，营销推介成效显著　通过整合省内资源、出台相关扶持政策，培育了一批大企业、大茶商、大平台，加强品牌造势，打造出一批以萧氏茶业、采花茶业为首的标杆性茶叶企业。按照"区域公用品牌＋企业产品品牌"母子品牌模式，采取"请进来"和"走出去"战略，湖北省整合重组省内 300 多个茶叶品牌，截至 2022 年湖北省共有赤壁青砖茶、武当山茶、恩施玉露、孝感红茶等七大茶叶区域公用品牌，宜昌以宜昌宜红、宜昌毛尖为突破口，率先制定公用品牌实施标准，授权32家企业使用"宜昌宜红"公用品牌，27家企业使用"宜昌毛尖"公用品牌，并确定9家品牌内标杆企业。此外，湖北省高度重视茶叶的营销推介工作，2020年赤壁青砖茶被列入"湖北省首批区域公用品牌推广计划"中，权威机构评估品牌价值达30.29亿元。2021年湖北省农业农村厅积极组织省内茶企参与茶叶博览会、名优茶健康行等系列活动，武汉市在下半年召开了市内唯一被批准的市场化运作展销会——武汉秋季茶博会。2021年3月，宜都宜红茶、伍家台贡茶等5个茶品进入中欧地理标志协定互认清单，4月在外交部湖北全球特别推介活动中，积极推荐以"一红（宜红茶）、一黑（川字青砖茶）、一绿（恩施玉露）"为代表的茶叶品牌，使得湖北省茶叶顺利走向全球。

5. 科研能力增强，标准化生产水平提升　科研与科技服务方面，近年来湖北省建立了研究机构、市州和企业多维科技研发与创新体系。

在科研机构方面，依托省农业科学院果茶所、国家茶叶产业技术体系及华中农业大学在茶叶学科上的科研力量，湖北省建立了茶叶产业技术体系"一岗三站"、省级茶叶工程中心、院士专家工作站等高水平科技创新平台，多年来从事湖北省茶叶产业的科研及科技服务保障工作。

在市州方面，恩施、宜昌、襄阳和咸宁等地区农业科学院均设立了茶叶研究所，为地方茶业产业发展提供智力支持。

在企业科研方面，湖北省萧氏茶业集团加强与省内农业科研机构合作建有国家茶叶加工专业分中心。

此外，湖北省各级农业农村主管部门针对茶叶种植、加工、储存、运输、销售等环节开展了产业标准化建设，"十三五"期间，全省共开展农业标准宣传4万人次，制修订农业标准400余项，健全了全产业链标准体系，具体包括制定产品、卫生及管理标准，其中在"一带一路"青砖茶产业发展大会上咸宁发布了赤壁青砖茶系列团体标准，使湖北省茶叶标准化建设逐渐与国际需求接轨。截至2020年，全省共创建国家级农业标准化示范区187个，省级农业标准化示范区127个，产品抽检合格率达到98.2％以上。

6. 产业结构日渐合理，产业链延伸加快　在种植结构方面，湖北省茶叶产业实现了茶园基地建设由盲目分散向着优势区域集中，全省茶园面积10万亩以上的大县由2015年的17个增加到20个；20万亩以上的大县由2015年的7个增加到11个。截至2023年，湖北省茶叶生产主要呈带状分布，四大茶叶产业带分别是鄂东大别山优质绿茶产业带，鄂西武陵山及宜昌富硒绿茶、宜红茶产业带，鄂西北秦巴山"名优"绿茶产业带，鄂南幕阜山"名优"早茶及边销茶产业带，其茶园面积和产量均占全省的90％以上。2021年在农业农村部全国农业创业园区（基地）目录中，湖北省共有11家涉茶园区上榜。

商品化处理企业方面，近年来湖北省加大了对新型经营主体的扶持力度，大力推广"龙头企业＋基地＋农户"的产业化经营模式，使得茶叶产业化步伐不断加快，龙头企业、加工园区及经营主体培育等方面取得了巨大成就，截至2017年底全省茶叶加工企业超过5 000家，省级产业化茶叶龙头企业在2010年22家的基础上增加至63家，国家级龙头企业7家。在2021农业农村部公布的第9次监测合格农业产业化国家重点龙头企业名单中，湖北省有9家茶企上榜，较为出名的有湖北采花茶业有限公司、萧氏茶业集团有限公司等，其中萧氏茶叶集团有限公司是当前湖北省最大的茶叶加工企业，构建了集研发、生产、加工及销售在内的一体化经营体系，在湖北省众多茶叶企业中拥有着最大的茶苗繁育基地与茶叶区域交易市场，同时也是中国最大的"外贸出口茶企"。

7. 经营主体培育加快，组织形式日益完备　在湖北省农业部门的指导下，湖北省茶叶产业突破地域限制，构建起了涵盖茶叶产业协会、龙头企业、合作社、家庭农场、专业大户和从业农民在内的湖北省茶叶产业组织体系构架。为扭转家族式企业传统、低效的管理模式，有计划、针对性地推动省内龙头企业扩张经营板块，全省现有茶叶省级产业化龙头企业由2015年的63家增加到2023年的112家，现有茶叶类国家级农业产业化龙头企业10家，顺利实现了"全国买、全国卖"的高效经营模式，有效梳理了企业治理模式构架，增强了湖北省茶叶产业发展活力。同时建立起企业牵头的校企合作模式，推进三产融合挖掘产业潜力，强化了产业化龙头企业联农带农激励机制，鼓励了茶叶农民合作社联合社发展实现适度规模经营，激发了中小茶企生产、创新活力。

（二）湖北茶叶产业发展的优劣势及存在的问题

1. 湖北茶叶产业发展的优势分析

（1）气候优势。湖北省地貌多样，属于亚热带季风气候，在光照、温度、湿度等自然条件方面均适宜茶树的种植生长。

在光照方面，茶树具有不喜光的特性，在光照过强的条件下茶树叶便会增大增厚，而现代茶叶饮用对嫩叶需求一般较高，因此光照比较强的地区不适宜种植茶树，导致茶树种植往往集中在高山地区。湖北省地势大致为东、西、北三面环山，在全省总面积中，山地面积约占56%。以鄂东北茶叶主产区为例，当地以山区、丘陵地貌为主，年平均日照时数为1 770.6～1 920.6小时，符合茶树种植对年日照时数为1 000～1 900小时的要求。

在温度方面，茶树生长对于气温和地温都有着较高的要求，气温方面一般要求日平均气温保持在10℃左右，且所处地区气温不能低于－10℃，否则会导致茶树冻伤；地温方面为保证茶树根系生长，因此有冻土的地区不适宜种植茶树。湖北省山地众多，为茶树种植提供了良好的气温条件，据2010—2019年宜昌市7个高山站的地面气温观测数据显示，高山站近10年的平均气温为10.4℃，十分适合种植茶树。在地温方面，湖北省无冻土，因此为茶树种植提供了良好的地温条件。

在湿度方面，茶树生长对空气湿度和土壤湿度都有着一定的要求。空气湿度方面，茶树生长以80%～90%的空气湿度最为适宜，如果茶园中空气湿度下降至50%以下，茶树生长便会受到抑制；土壤湿度方面，以土壤相对含水量70%～80%为宜，水分不足50%或超过90%都会对茶树生长造成困难或导致死亡。据历年相对湿度数据来看，湖北省大部分地区相对湿度介于70%～85%，特别是鄂西南及鄂南的石首、监利等地区，相对湿度最高能够达到80%～85.27%，为茶树种植创造了良好的湿度条件。

（2）交通运输优势。湖北省是"万里茶道"上的重要省份，且拥有着中国茶叶贸易重镇——武汉、输俄砖茶产地——赤壁、汉水运茶中枢——襄阳3座节点城市，长江和汉江的流经使湖北省成了近代茶叶的转运、集散中心和国际贸易港口。而进入现代后，以京珠、京九为纵轴的南北交通网和联通沪蓉的东西交通网交汇于此，为湖北省提供了独具"承东启西、接南纳北"的区位优势，也为各地农产品、轻工业品等交易活动提供了中转与储货服务，使湖北省成了沟通我国经济发达和不发达地区的交通、商贸要冲，而长江流域河道贯穿全省的优势也为湖北省提供了极为便利的水运条件。

（3）土地资源优势。在土壤条件方面，由于茶树不适合种植在平原和盆地地区，只有海拔高的高原、山地和丘陵适合种植茶树，因此对于茶园的海拔要求为1 000米以下最适宜，在坡度方面则要求25°以下为最优。茶树种植的土层的厚度一般应达到1米以上，且不含石灰石以保证土壤的通气性、透水性和蓄水性，酸碱度pH一般要求在4.5～5.5，土壤中有机质含量最好在2%以上。在土壤pH方面，据湖北省农业科学院果树茶叶研究所2009年通过对全省123个典型茶园的调查数据显示，湖北省茶园土壤pH的范围在4.5～5.5的茶园仅占45.5%，但随着综合运用施用酸性有机肥，增加客土、混施硫黄粉等措施对新开垦茶园碱性土壤改良行动的执行，土壤pH在最适宜生产区间内的湖北省茶园比例也在逐步提升；在土壤肥力方面，以鄂西南海拔500～1 200米的中山区是黄壤主要集中区，其土壤层次分异明显，且有机质含量较高，适宜种植茶树；在土壤质地方面，湖北省有着丰富的壤土和沙土资源，在肥力、排水性和透气性等方面有着天然优势。

（4）生产及病虫害防控技术优势。在茶叶生产方面，"十三五"期间在湖北省茶叶产业体系创新团队的带领下，鄂东北茶区率先构建起"茶叶配方肥＋有机肥替代化肥＋开沟深施"的技术模式，将茶园化肥的平均用量从2015年的58.53千克/亩减少至31.8千克/亩，同时实现了化肥减施45.6%和茶叶增产3.7%～15.2%的目标；在病虫害防控技术方面，湖北省技术团队针对本土茶园主要病虫的发生规律与频率，针对性地构建了以生态调控为主、理化诱控和生物防治为核心、科学用药相辅的绿色防控技术体系，并连续2年入选了农业农村部的主推技术清单，在湖北省的各茶叶主产区得到了广泛的应用。

（5）种质资源优势。湖北省种植茶树历史悠久且有着良好的自然条件，因此在种质资源上具备着独特的优势。在本土资源挖掘方面，截至2020年底，湖北省共育成国家级茶树良种6个（鄂茶1号、鄂茶5号、鄂茶6号、鄂茶11号、鄂茶12号和金著1号）、省级良种17个，其中由省农科院果茶所选育的"鄂茶1号"更是入选了2019年首届全国农业科技成果转化大会的百项重大农业科技成果之一；在外来资源引入及利用方面，湖北省从省外大力筛选引进了中茶108、金观音、白叶1号等特异新良种，优化了湖北省茶树品种结构，为湖北省茶叶产业绿色发展提供了良好的种质资源发展基础。

（6）品牌优势。近年来，在湖北省政府"打造知名品牌，培植龙头企业"的要求下，湖北省茶叶品牌建设迎来了重大突破，形成了独具特色的品牌优势。自2005年起，湖北省农业农村厅将整合茶叶品牌作为全省农业的重点工作，组织省内外知名茶叶专家组成评审委员会对全省现有茶叶品牌进行评估论证，成功培育了，如采花毛尖、恩施玉露、武当道茶、英山云雾、宜红茶、湖北青砖茶等一批名优茶，提升了湖北省名茶品牌的国内外知名度，增进了影响力。根据2020年中国茶叶经济年会发布的年度茶叶行业调查报告显示，湖北省共有7家企业上榜2020年度茶业百强企业。而在2021年度的"中茶杯"鼎承茶王赛上，湖北省选送的山南晟茗牌远安黄茶和楚希牌远安黄茶喜获特别金奖，另有11个茶叶产品摘得金奖，获奖数量位居全国省份前列。

（7）历史文化优势。湖北省茶叶种植与文化历史悠久，五代时期江陵便已是内地南北交通枢纽，为全国最大的茶市，是茶圣"陆羽"的故乡，在坊间流传许多有关陆羽与茶的传说故事，同时成立了陆羽茶文化研究会，对陆羽《茶经》的诞生，以及茶文化、茶产业、茶经济等方面进行了深入研究，为推动湖北省茶产业的发展、茶品牌的创立等方面作了大量工作。在文化古迹方面，现存的如"古雁桥""三眼井""陆羽亭"等都证明着湖北省与茶产业悠久的历史渊源。此外，湖北省还拥有中国两大宗教名茶之一的武当道茶，加之武当山的明秀风景，道教文化与茶文化合二为一，相得益彰，为湖北省传播茶文化、发展茶主题旅游业提供了发展基础。

（8）产业优势。近年来，湖北省以茶产业链建设为契机，推动了湖北省茶产业实现了大发展，积累了雄厚的产业优势，主要体现在以下几个方面。

一是种植面积与产量稳步提升，位居全国省份前列。据国家统计局相关数据显示，2020年湖北省茶叶种植面积和产量分别为537.60万亩和36.08万吨，在全国各省市中均为第3名，但与前2名相比差距正在逐步缩小，种植面积和产量在全国的占比呈缓慢上涨的态势。

二是茶叶生产区域布局日趋合理，空间资源得到充分利用。近年来湖北省加大了茶叶生产布局的调整力度，将优势品类生产集中实现规模化生产、加工，先后确立了武陵山、大别山、秦巴山、神农架和大洪山等绿茶优势茶区，大别山等抹茶优势茶区，武陵山和三峡等红茶优势区，幕阜山和三峡等黑茶优势茶区，提升了茶树种植的规模化和集约化水平。

三是茶叶产业化水平提升明显，生产及加工能力得到进一步提高。在茶叶生产企业方面，2018年湖北省茶叶生产企业约1 625家，较上年增长155家；在茶叶加工方面，2017年底湖北省茶叶加工企业超过5 000家，在精制茶加工行业具有较为明显的优势，仅次于福建省，大约占有我国精制茶15%的市场份额。

（9）政策优势。自2013年农业部为稳定茶园面积、加强茶园管理、提高品质和单产水平而颁布《农业部关于促进茶叶生产持续健康发展的意见》起，国家和省委省政府均出台了一系列政策支持和鼓励湖北省茶产业的发展。如《湖北省人民政府关于加快茶叶产业发展的意见》《关于深入推进农业供给侧结构性改革加快培育农业农村发展新动能的若干意见》《湖北省促进茶产业发展条例》等，其中2021年1月22日颁布的《湖北省促进茶产业发展条例》更是以立法的形式为政策扶持"补起来"、优质原料"产出来"、产品质量"管出来"、品牌形象"树出来"、绿色模式"育出来"、奖惩措施"立起来"提供了有力的法规依据，为深化茶叶供给侧结构性改革，推进湖北省茶叶产业绿色发展提供了有力的法治基础与政策支持。

2. 湖北茶叶产业发展的劣势分析

（1）无性系良种占有率低。无性系良种茶园具有发芽整齐一致、便于机械化种植管理、加工损耗小等优势，是未来茶园发展的趋势。但湖北省茶园构成中无性系良种茶园比例过小导致茶叶单产水平长期处于低水平，截至2023年全省无性系良种茶园共计368万亩，占总面积的67%，低于全国68%的平均水平，相较于福建省等茶叶传统优势产区96%的无性系良种茶园比例，湖北省在该方面存在较大差距。

（2）产品供求出现结构性失衡，适应消费升级能力不足。当前，茶叶内销仍然是拉动湖北省茶叶经济增长的主要动力源，但近年来，在新冠疫情及年轻消费主力断层现象日益严重的影响下，湖北省茶叶生产面临着供求结构性市场及应用消费升级能力不足等一系列问题。

一是在中国整体经济结构调整和政府限制"三公经费"支出的大背景下，茶叶市场的终端消费能力明显疲软，消费萎靡使得各大厂商积累了大量库存，拉低了茶叶的销售价格。二是随着消费升级，对茶叶品质的需求也在不断提升。欧盟、日本等发达国家和地区不断提升茶叶检测标准，在中国人力成本与材料成本不断上升的背景下，茶叶出口的竞争优势被进一步削弱，市场份额逐渐被其他国家挤占。

（3）标准化生产体系建设不足，产品质量安全保障不够。茶叶质量安全事关产业发展全局，茶叶加工作为茶叶从茶园走向茶杯的关键环节，有必要加强对其的监管过程。当前，湖北省茶叶加工环节中主要暴露出以下不足。

一是缺乏统一规划指导。当前，湖北省户办茶厂众多，一方面拉低了茶产品档次，降低了市场美誉度；另一方面恶意竞争现象频发阻碍了湖北省茶产业的规模化发展。二是机械设备简陋落后，机械化水平有待提高。除湖北省知名龙头企业外，大多数中、小规模茶企业受制于成本因素多采用传统简易设备，茶产品处理仅限于进行简单初加工，导致效益较低，这反过来又影响到茶园投入，形成恶性循环。2020 年，湖北省茶叶综合机械化水平为 46.4%，还有较大提升空间。三是质量安全意识薄弱。茶叶产品的质量安全关键在于贯彻清洁化生产，但长期以来湖北省茶叶初加工大多以家庭作坊形式为主，加工过程游离于监管体系之外，对产品质量和环境带来了一定的危害。

（4）区域公用品牌建设滞后，营销体系建设不充分。当前，茶叶已经进入品牌竞争时代，但湖北省缺乏精品创建意识，在区域品牌建设方面存在不足，根据浙江大学 CARD 中国农业品牌研究中心联合《中国茶叶》杂志等机构发布的 2021 中国茶叶区域公用品牌价值评估报告显示，湖北省茶叶区域公用品牌建设在品牌收益、品牌忠诚度等方面相较于浙江、福建等传统产茶区仍有较大差距，在全国有效参选的 108 个茶叶区域公用品牌排行中，湖北省仅有 10 个品牌入选，排名最高的赤壁青砖茶仅为第 22 位。

面对着信息化时代的到来与电子商务的兴起，湖北省茶叶市场营销还面临诸多问题，直接导致湖北茶叶市场营销整体水平不高，制约了茶叶产业可持续发展。一是市场营销机制不够完善，大多数茶企缺乏营销平台建设经验，对市场营销和客户管理结合度不够。二是市场渠道和营销模式尚未突破，湖北省茶叶销售、营销局限于传统的专营店或茶城批发形式，缺乏对微信公众号、新浪微博等新媒体营销平台的重视。

（5）茶园管理水平不足，生产效率低下。当前，湖北省茶园仍是以家庭承包为主，表现出"散、小、弱"等特点，以家庭承包为基础的茶叶种植户，其常年延续自产自销低效益的发展模式致使生产不规范、集约化管理程度不够高，突出表现为以下几点。

一是茶园老旧，基础设施缺乏，当前全省茶园中有极大一部分建于二十世纪八九十年代，由于在建园时忽视质量与未来发展的适配性，因此土壤保肥、保水能力较差、茶树衰老现象严重，导致生产出的茶叶品质较差、单产效率不高。二是茶树品种众多导致管理混乱，无性系良种茶园建园成本高，山区因缺水而难以成活，导致湖北省新发展的茶园主栽品种主要从外省调运，茶园品种、质量参差不齐，不利于机械化作业与集中管理，拉低了湖北省茶叶产业的生产效率。

（6）科技创新能力不足，成果转化率低。科技创新是推动茶产业实现转型升级的内在动力之一，但目前湖北省在科技创新与成果转化上存在诸多问题。

一是茶叶科技成果转化渠道拓展不足，成果交易平台建设和信息宣传相对落后，茶叶科研单位与市场间缺少中间环节，市场中存在的共性技术难题难以实时、有效地反馈至科研机构。二是茶树科技成果主要包括品种、专利和科研成果等，其中选育及品种评定时间长，相关成果难以得到及时应用，专利主要以生产、机械及包装为主，属于实验室产品，距离市场化应用有一定距离。

（7）产业融合形式单一，茶叶产业多功能性挖掘不足。当前，湖北省茶叶产业形式单一，茶园主要以实现生产和加工功能为主，以旅促茶发展不够，缺少对于休闲农业、文化旅游功能的挖掘与开发。

一是茶叶产业融合发展缺乏一定的经营载体，茶农和企业仅仅局限在茶叶生产和加工领域，对于茶园旅游、观光等领域挖掘力度不够。二是茶叶产业融合发展的工业化水平较低，缺乏对从茶青到成品茶的全流程连续化、自动化加工体系建设，相关产业链延伸和集群发展程度不足。三是茶叶产业融合发展中服务业发展程度不够，茶具、茶服和茶家具等文创产品尚未得到消费市场的广泛认可。

（三）湖北茶叶产业发展的机遇与挑战

1. 湖北茶叶产业发展的机遇

（1）市场机遇。在国内市场方面，与浙江、福建与云南等茶叶传统优势产区相比，湖北省茶叶在品牌影响力和价格等方面处于国内第二梯队，优势主要集中在中低端产品上。当前正迎来全国茶产业转型升级，实现绿色发展的关键窗口期，给湖北省茶产业发展实现弯道超车带来了新的机遇。

一是受新冠疫情影响和国际经济环境收缩，我国高端茶叶发展空间被进一步压缩，居民的消费观念变化使得茶叶消费逐渐走向全民化与平民化，这给湖北省茶叶产品抢占市场空间带来了新机遇。二是国内茶叶消费市场庞大，数据显示全国茶消费者数量在5亿人左右，有将近一半生活在农村地区，且有将近60%的消费者会在饭前饭后饮用茶，因此拥有着较大的市场潜力。

在国际市场方面，伴随着"一带一路"倡议的实施，我国进出口贸易朋友圈正在逐渐扩大，这给湖北省茶叶产业开拓国际市场打下了坚实的基础。在茶叶出口方面，据中国国际茶叶委员会统计显示，2019年1—10月湖北省茶叶出口到45个国家和地区，出口量累计1.4万吨，排名全国第5位，尽管随后受新冠疫情影响湖北省各类产品出口均受到了一定限制，但国际市场对湖北省茶叶仍表现出极强的消费意愿，据武汉海关数据显示，2021年1—8月湖北省茶叶出口量1.48万吨，超过2019年的同期水平，同比增长12%，随着未来全球一体化的深入及疫情常态化，湖北省茶叶产业将拥有着更为广阔的国际市场。

（2）国内生产布局结构调整的机遇。随着东部地区产业结构调整速度的加快，西部如贵州、河南、陕西等各省份于2007年、2011年、2013年相继提出茶产业发展规划，加快了我国茶叶生产格局调整，使得布局重心整体西移，促进了中西部地区茶区、茶园面积迅速扩张，尽管这给湖北省茶产业带来了一定的挑战，但同时也为湖北省调整生产结构、加快产业发展带来了机遇。在土地资源禀赋方面，茶叶作为我国特色经济作物，主要种植在坡地较多、平原较少的贫困山区和半山区，湖北省山地面积比重大，拥有充足的山地，且九省通衢的地理优势能够将茶叶产品迅速运抵全国各大市场，能够有效填补东部产茶区缩减生产规模后的供给缺口，具有明显的区位优势和开发潜力；在劳动力资源方面，茶叶生产是一种劳动力密集型产业，在茶叶采摘环节由于并未实现大规模的机械化作业，需要大量的农业劳动力资源，而当前我国农业劳动力格局为东少西多，这也为湖北省承接来自东部的茶叶产业转移带来了有利条件。

（3）新发展格局机遇。面对着疫情和经济贸易形势的不确定性，以习近平同志为核心的党中央立足于我国发展阶段、环境及条件变化等，作出"加快形成以国内大循环为主体、国内国际双循环相互促进的新发展格局"的重大决策，为湖北省茶叶产业高质量发展带来了新机遇。在国家与地方政策支持下，湖北省顺利融入新发展格局，茶叶产业结构实现多元化发展，质量监管水平与服务能力提升显著，三氯杀螨醇、联苯菊酯等农药的监管控制能力得到了增强，茶叶总体合格率上升至 95％以上，消费场景与模式更加丰富，茶叶市场和专营店等传统渠道加速调整，直播带货、定制茶园等新模式竞相涌现，促进了湖北省消费市场规模的扩张。

（4）政策机遇。习近平总书记在福建武夷山考察时曾叮嘱各地要统筹做好茶文化、茶产业、茶科技这篇大文章，国家也意识到了茶产业发展在调整农业生产结构、增加茶农收入与壮大生态经济等方面的重要作用，相继出台了《关于促进贫困地区茶产业稳定发展的指导意见》《关于抓住机遇做强茶产业的意见》《中国茶产业十四五发展规划建议（2021—2025 年）》《农业农村部关于落实好党中央　国务院 2021 年农业农村重点工作部署的实施意见》《"十四五"全国种植业发展规划》等一系列促进茶产业健康发展的政策，体现了国家发展茶产业的决心与支持。此外，湖北省省级层面对茶叶产业的发展在政策等方面也给予了相应的有利条件，如《关于培育壮大农业产业化龙头企业的意见》《湖北省茶叶产业链实施方案》等系列文件。

在政策方面，为促进茶产业高质量发展，将资源优势转化为发展效能，2021 年 1 月 22 日，湖北省十三届人民代表大会常务委员会第二十次会议表决通过了《湖北省促进茶产业发展条例》，自 2021 年 5 月 1 日起施行。以立法的形式引领、推动、规范、保障湖北省茶叶全产业链高质量发展，为深化湖北省茶叶供给侧结构性改革，为政策扶持"补起来"、优质原料"产出来"、产品质量"管出来"、品牌形象"树起来"、绿色模式"育出来"、奖惩措施"立起来"提供了有力的法规依据，从明确政府职能、加强质量管控、品牌培育和建设、完善要素配置和供给四方面来指导未来湖北省茶产业的发展方向。随后省政府办公厅更是印发了《培育壮大农业产业化龙头企业工作方案》，把茶产业链列入全省十大重点产业链，由省政协主要领导担任链长，省发展和改革委、省农业农村厅为副链长单位，知名院士等专家团队作技术支撑，制定了链长、联席会议办公室、牵头单位负责。

2. 湖北茶叶产业发展的挑战

（1）传统茶叶优势主产区带来的竞争挑战。相较于浙江、福建等传统茶叶主产区，湖北省茶叶产业在产业竞争力、生产基础及资金投入等方面存在着较大差距。在竞争力上，人才力量薄弱，茶业科技与技术推广人员严重不足，受制于当地条件和待遇，专技人员流失严重；在生产基础上，湖北省茶园多分布在丘陵山区，尽管适宜茶树种植，但普遍立地条件差，在田间道路、排灌设施及照明设施等方面与东部传统产茶地区存在较大差距；在资金投入方面，茶园建园和管理成本较高，尤其老茶园和加工厂改造需要大量资金投入，而湖北省正处于城镇化发展关键时期，大量资金被用于城镇化建设，茶叶生产经营普遍存在资金缺口。

（2）生产"相对过剩"带来的结构性失衡挑战。我国茶叶产品主要是以内销为主，但自 2013 年开始我国茶叶消费增长速度开始放缓且始终低于产量增长速度，导致库存不断增加，生产和消费间不平衡的矛盾正在逐步扩大。尽管湖北省是产茶大省，种植面积和产量在全国的位次均保持在前三名，但规模效益并不高，在茶叶深加工产品潜力挖掘不够，全省具有一定规模的茶叶品牌多达三百多个，但水平参差不齐大都各自为政，难以形成规模效应，技术水平不足又使其在优质茶品生产上存在明显短板，导致相当一部分茶企走上了为外省提供毛茶和其他茶叶品牌提供代工贴牌的发展路径，成为外省高档茶的原料产地，与湖北省产茶大省的地位明显不符。

（3）发展方式粗放、竞争力不强带来的挑战。在当前资源环境约束趋紧、政策压力不断加大的情况下，湖北省茶叶产业面临着发展粗放和竞争力不强等挑战。在发展方式方面，湖北省茶叶产业长期低成本重规模的发展方式已无力适应当前时代发展需要，面临着茶叶生产用工依赖性过高、生产成本持续攀升等一系列问题；在产品竞争力方面，湖北省茶叶产品同质化现象严重，而品牌建设的总数和规模偏少偏小，对品牌价值与文化的挖掘力度不够，导致湖北省茶叶产品的知名度仅仅局限于省内范围，缺乏国内市场竞争力，无法满足市场日益增长的对高质量、高知名度产品的需求。

（4）国内消费需求变化带来的挑战。伴随着中国消费市场在养生、健康等方面意识的增强，茶叶消费结构和方式迎来了较大的转变。就目前的消费市场需求而言，红茶消费正逐渐成为茶叶消费的主流，所占消费比例越来越高，然而湖北省茶叶生产上则严重偏向绿茶类型的原茶，2020 年湖北省红茶产量为 3.7 万吨，仅占绿茶产量的 15%；在茶叶消费方式上，随着茶市场近年的培养，茶客品茶需求不再局限于茶叶饮用本身，对品茶环境、茶器选择等方面有了更高要求。许多店面除茶叶销售外，往往购入各式茶具、茶器以满足茶客的多样化消费需求，但当前湖北省茶叶销售方式仍以传统的零售和批发为主，并未提供茶客休闲、游憩空间，缺少对于茶叶社交、文化功能的挖掘。

（5）土地资源约束带来的挑战。湖北省位于我国中部，地形多样，自然条件优越，同时兼具南北方的特点，除了有种类众多的粮食作物还有多种经济作物，如油菜、花生、药材、蔬菜、水果、茶叶等，农产品种类之丰富，居全国前列。近年来在经济作物中，如油菜、花生、中草药材等农作物种植面积增速逐渐加快，挤占了茶叶的发展空间。农业用地竞争之激烈对未来湖北省茶叶种植面积的增加带来了一定的压力。

表 12-2　2016—2020 年湖北省部分粮食和茶叶种植面积

单位：万亩

年份	小麦	稻谷	油菜籽	花生	中草药材	果园	茶园
2016	1 662.41	3 196.46	1 725.65	348.21	262.38	508.26	401.30
2017	1 729.82	3 552.11	1 456.76	345.80	233.09	518.73	424.97
2018	1 657.44	3 586.49	1 399.46	348.90	287.99	549.26	482.25
2019	1 526.61	3 430.13	1 407.47	365.43	359.70	571.29	521.57
2020	1 547.07	3 421.10	1 551.54	373.08	404.78	601.25	537.59

资料来源：《湖北省统计年鉴》（2017—2021 年）。

从表 12-2 中可以看出，近 5 年来，湖北省茶叶种植总面积逐年递增，但增长速度相对缓慢，且呈现出下降的态势，尽管湖北省茶叶生产种植主要集中在高山和丘陵地区，但农用地竞争激烈给茶叶产业带来的挑战不容忽视。

（6）环境约束带来的挑战。尽管自改革开放以来湖北省农产品生产品实现了由长期短缺到总量大体平衡、丰年略有盈余的历史性跨越，茶叶产业也实现了种植面积和产量双增的大好态势，但长期重产量轻质量、重工业轻农业的发展方式给湖北省生态环境带来了难以逆转的损害，资源与环境的压力不断增大制约了茶叶产业的绿色发展。

一是新中国成立后湖北省水土流失现象严重，全省大小湖泊面积仅相当于新中国成立前的1/3，年均丧失表土面积长期在3亿吨以上，严重影响了湖北省的蓄水抗洪与气候调节能力，导致年平均气温不断提升，升温率明显高于同期全球平均水平，影响了茶叶的产量。二是在农药、化肥无节制的使用及工业废物排放增加的情况下，农业环境污染日益严重，2005年湖北省被列为全国15个农业面源污染高风险省市之一，全省农村面源污染的主要污染物排放总量长期占到全省污染物排放的50%以上，严重压缩了茶产业发展空间，拉低了茶叶品质。

（四）湖北茶叶产业发展的形势与展望

1. 湖北茶叶产业发展形势分析 从图12-3湖北省茶叶产业绿色发展SWOT战略表的分析可以看出，湖北省茶叶产业从总体上来看有一定优势，尤其是湖北省特有的气候优势、生产及病虫害防控技术优势和种质资源优势，是其他省份所无法比拟的。但是有很多存在的问题制约着湖北省茶叶产业的发展，最突出的是无性系两种繁育体系、供求结构性失衡、科技支撑及品牌建设方面的问题；外部因素在给湖北省茶叶产业发展带来挑战的同时，也带来了发展机遇。

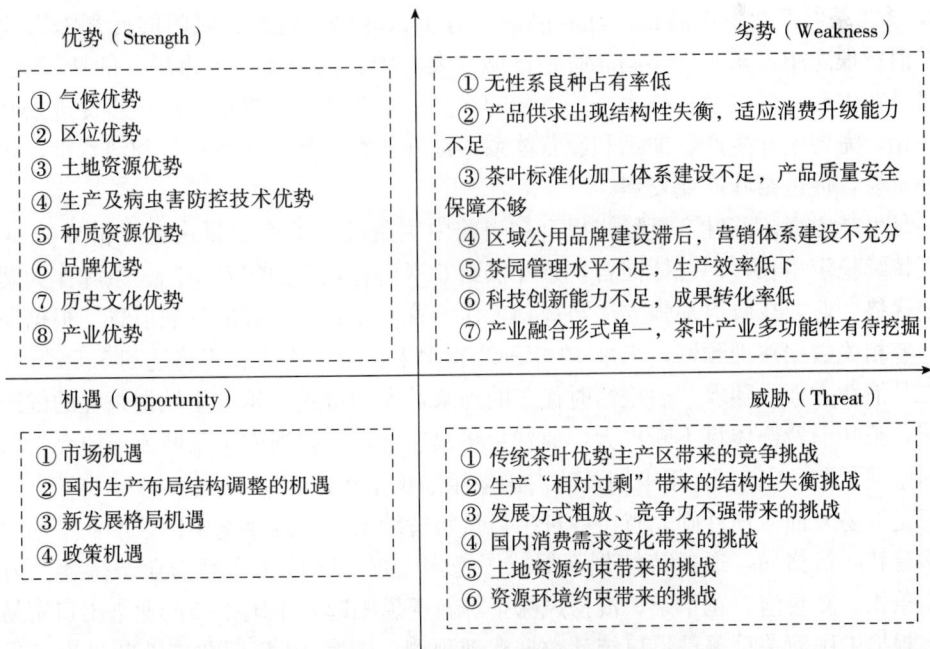

图12-3 湖北省茶叶产业发展SWOT战略分析

因此，湖北省茶叶产业发展总体上看优势与机遇并存，要促进湖北省茶叶产业绿色、可持续发展，必须采取增长型发展战略（表12-3、图12-4）。

表 12 - 3　湖北省茶叶产业发展 SWOT 战略分析矩阵

	机会（Opportunity）	威胁（Threat）
优势 （Strengths）	SO 战略（增长型战略） （依靠内部优势，利用外部机会） 提升品质，打造品牌， 产品创新，保障质量	ST 战略（多种经营战略） （依靠内部优势，回避外部威胁） 做好调研，夯实基础， 发挥特色，强化服务
劣势 （Weakness）	WO 战略（扭转型战略） （克服内部劣势，利用外部机会） 坚持特色，整合资源， 加大投入，技术引领	WT 战略（防御型战略） （克服内部劣势，回避外部威胁） 市场开拓，技术创新， 人才培养，强化管理

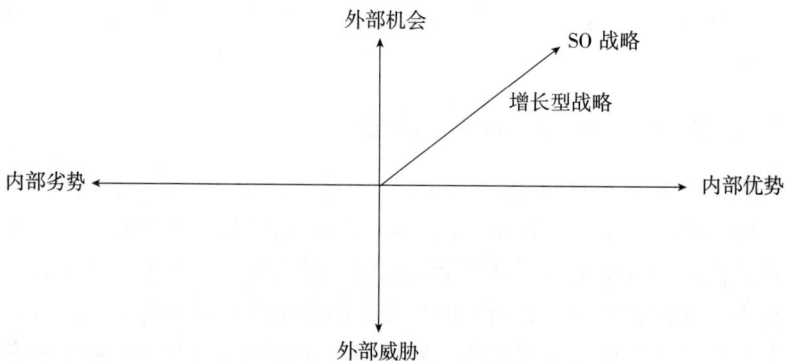

图 12 - 4　湖北省茶叶产业发展 SWOT 战略

2. 湖北茶叶产业发展展望　随着品牌、有机、绿色、健康、时尚的元素深入地融入民众的消费理念中，未来十年湖北省将贯彻"大品牌、大企业、大市场"的新发展理念，利用自身在生产、区位及科技水平等方面的优势加快茶叶产业发展，进一步促进茶叶产业结构优化，完善茶叶生产、加工和经营体系，提升各类茶叶产品的产量和消费量，积极开展对外贸易，促进茶叶产业发展。

一是生产方面。茶叶产量稳步提升。当前中国茶叶年生产总量占据全世界的 40% 以上并在持续稳定增长，但总体而言，茶叶供给效率仍有较大的提升空间。茶叶作为湖北省的传统优势产业，在政府加强立法与规划工作的背景下有着较好的发展前景。根据湖北省统计年鉴相关数据整理预测，未来 10 年湖北省水果产量年均增长率将达到 3.56%。

二是消费方面。随着"后疫情时代"的到来，人们将越来越注重挖掘茶叶的健康、保健功能，茶叶消费群体将不断扩大，消费量将快速增长。根据中国茶叶流通协会发布的相关数据整理预测，未来 10 年中国茶叶内销量年增长率将达到 4.27%。

三是贸易方面。预计湖北省茶叶进出口量将持续增加。近年来中国茶产业主动融入与服务构建新经济格局，通过持续创新保持了稳定发展，在传统产品与业态持续发力的同时，新茶饮、新袋泡、花草茶、混搭风味茶等新赛道崛起，中国茶叶产业进出口贸易前景广阔。根据中国海关总署进出口统计数据整理预测，未来 10 年湖北省茶叶进出口量年增长率将分别达到 2.60% 和 1.89%。

四是价格方面。自 2014 年以来，茶叶销售均价总体呈现震荡上行的发展态势，而在当前疫情影响茶叶生产和流通的情况下，根据中国茶叶流通协会历年发布的统计数据整理预测，随着全球通货膨胀压力以及我国居民人均收入水平提升，各类型茶叶价格在未来一段时期内将在波动中上涨。

二、湖北茶叶产业发展的市场前景与发展潜力

（一）湖北茶叶产业的产销现状

1. 湖北茶叶生产现状　湖北省处于中国地势第二阶梯向第三阶梯的过渡地带，地貌类型多样，80%是山地和丘陵，光照及降水量充足，适宜种植茶树。当前，湖北省生产的茶叶主要有绿茶、红茶、黑茶等6个品类，2021年第三届湖北地理标志大会决出了湖北省十大地理标志金奖，其中伍家台贡茶、恩施硒茶和赤壁青砖茶3项位列其中。根据湖北省统计年鉴显示，2020年湖北省产量规模超过5 000吨的茶叶品类共有3种，分别为绿茶、黑茶和红茶，产量分别为25.57万吨、5.39万吨和3.70万吨，而白茶、青茶和黄茶产量规模均在2 000吨及以下（表12-4）。

表12-4　2020年湖北省各类茶叶生产情况

品种	产量/万吨
绿茶	25.57
黑茶	5.39
红茶	3.70
白茶	0.20
青茶	0.13
黄茶	0.05
其他茶	0.52

数据来源：《湖北省统计年鉴》《中国农村统计年鉴》。

（1）绿茶生产。绿茶是中国的主要茶类之一，成品未经发酵，产地广泛分布于我国的南方各省市。当前是湖北省产量最大的茶叶品类，产地主要分布在宜都、当阳等县市（区），2020年湖北省绿茶产量为25.57万吨，占全省茶叶总产量的70.87%，在全国绿茶生产省份中排名第3（表12-5）。

表12-5　2020年全国绿茶生产大省排序

省份	产量/万吨	产量排序
云南省	36.27	1
四川省	28.48	2
湖北省	25.57	3
浙江省	16.46	4
贵州省	16.33	5

数据来源：2021年《中国农村统计年鉴》。

（2）黑茶生产。因成品茶外观呈黑色而得名，在制作工艺上属于后发酵茶，主产区分

布在我国两湖及西南地区。当前是湖北省产量排名第 2 的茶叶品类，产地主要分布在湖北省咸宁市的蒲圻、通山等县，2020 年全国黑茶生产产量超过 100 吨的省份仅有 8 个，其中湖北省黑茶产量为 5.39 万吨，占全省茶叶总产量的 14.94%，在全国黑茶生产省份中排名第 2（表 12-6）。

表 12-6 2020 年全国黑茶生产大省排序

省份	产量/万吨	产量排序
湖南省	10.26	1
湖北省	5.39	2
四川省	2.51	3
贵州省	0.68	4
陕西省	0.40	5

数据来源：2021 年《中国农村统计年鉴》。

（3）红茶生产。在制作工艺上属于全发酵茶，在加工过程中发生以茶多酚酶促氧化为中心的化学反应，具有红汤、红叶和香味甜醇的特征。主产区分布在我国云南省、福建省及两湖等地区。当前是湖北省产量排名第 3 的茶叶品类，湖北省产地主要有利川、五峰等县（市、区），2020 年湖北省红茶产量为 3.70 万吨，占全省各类茶叶总产量的 10.25%，在全国红茶生产省份中排名第 3（表 12-7）。

表 12-7 2020 年全国红茶生产大省排序

省份	产量/万吨	产量排序
云南省	5.68	1
福建省	5.25	2
湖北省	3.70	3
湖南省	2.35	4
广西壮族自治区	1.87	5

数据来源：2021 年《中国农村统计年鉴》。

2. 湖北茶叶消费现状 湖北省茶叶消费差异明显，主要表现为以下几点。一是茶叶城乡消费差距大。据 2020 年湖北省茶叶行业分析报告显示，湖北省茶叶消费者主要集中在武汉、宜昌、襄阳、恩施等市州级中心城区和茶叶生产区，如武汉市、宜昌市和恩施州等市州人年均消费量超过千克，而在非茶叶生产区和部分农村地区，茶叶年消费量相对较少；二是收入差距明显。不同收入阶层居民人均茶叶消费差距大，2020 年湖北省城镇居民家庭高收入户和低收入户人均茶叶购买量分别达到 0.30 千克和 0.12 千克，差额达到 0.18 千克（表 12-8）。

表 12-8 2020 年湖北省城镇居民家庭按收入分等级的人均茶叶消费量

单位：千克

	总平均	低收入户	中低收入户	中等收入户	中高收入户	高收入户
2020	0.20	0.12	0.18	0.17	0.29	0.30

数据来源：2015—2021 年《湖北调查年鉴》。

（二）湖北茶叶产业发展的市场前景

1. 国际市场分析

（1）供给分析。据 FAO 数据库统计，2020 年世界茶叶种植面积为 7 965.45 万亩，产量为 702.40 万吨。世界上茶叶三大产地分别是亚洲、非洲和南美洲，世界茶叶总产量位列前 5 的国家依次为中国、印度、肯尼亚、斯里兰卡和越南，5 个国家茶叶产量总和占当年世界茶叶总产量的 80.19%。在绿茶生产方面，主产绿茶的国家有中国、日本和越南等国，近年来，印度尼西亚、印度、斯里兰卡等国也开始仿制中国绿茶；在红茶生产方面，主产红茶的国家有印度、斯里兰卡、肯尼亚、土耳其、印度尼西亚和格鲁吉亚等国；在黑茶生产方面，黑茶是中国独有的茶叶品类，主产地为湖南省、四川省、湖北省、云南省、广西壮族自治区等地区。

2011—2020 年，全球茶叶种植面积呈逐年上升态势，并在 2019 年达到历史最大值，由 2011 年的 5 103.28 万亩增长至 7 965.51 万亩（图 12-5）。

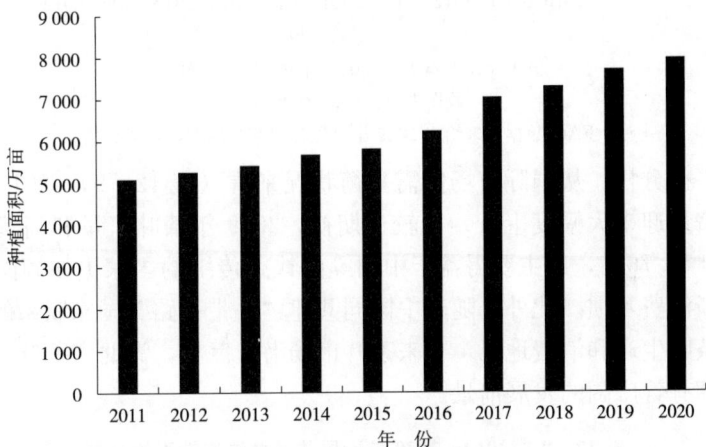

图 12-5　2010—2020 年全球茶叶种植面积

数据来源：FAO 数据库。

2010—2020 年，全球茶叶产量逐年递增，于 2020 年达到历史最大值，由 2010 年的 461.07 万吨增长至 2020 年的 702.40 万吨（图 12-6）。

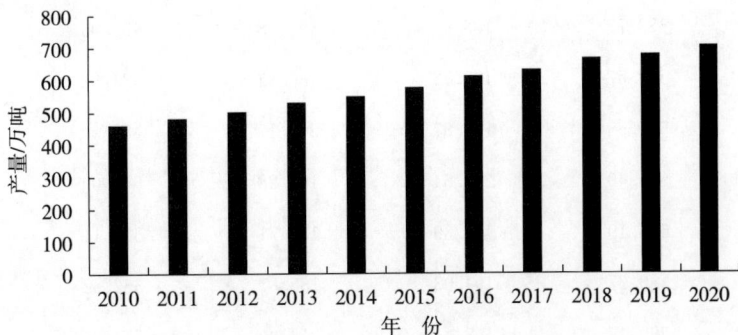

图 12-6　2010—2020 年全球茶叶产量

数据来源：FAO 数据库。

（2）需求分析。自 2010 开始，除少数年份外世界茶叶消费量逐年上涨，2019 年世界茶叶年消费量超过 20 万吨的国家和地区一共有 6 个，分别是中国、印度、肯尼亚、斯里兰卡、土耳其、越南和巴基斯坦，其中中国和印度均超过 100 万吨，远远超过其他国家，且中国的年消费量相当于印度的 2 倍（图 12 - 7）。

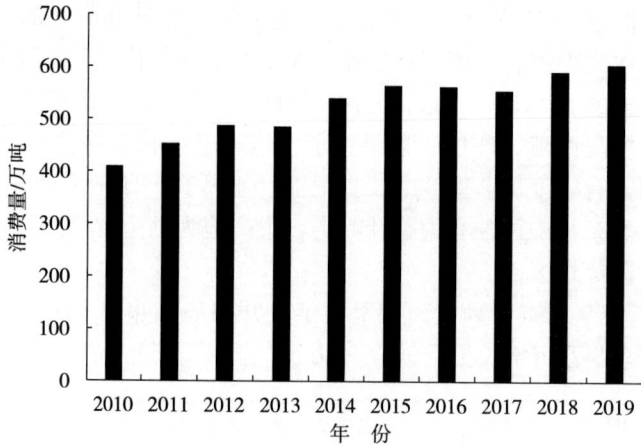

图 12 - 7 2010—2019 年世界茶叶消费

数据来源：FAO 数据库。

注：FAO 数据库未给出 2019 年世界各国茶叶国内供给量数据。

（3）产销平衡分析。从国际市场供需平衡状况来看（表 12 - 9），2010—2020 年世界茶叶产量和消费量迎来大幅度上升，相较于期初，2019 年茶叶产量和消费量的增幅分别达到 40.92% 和 47.76%，这主要得益于中国等由饮茶传统的国家更加倾向于选择更加健康的饮料这一新消费习惯。此外，随着中国同共建"一带一路"国家联系的加强，作为世界上最重要的茶叶生产和消费地区，未来茶叶市场潜力巨大，湖北省茶叶的出口市场规模将继续扩大，拥有着广阔的发展前景。

表 12 - 9 2010—2020 年世界茶叶总体产销平衡分析

单位：万吨

年份	供给量			需求量	
	产量	进口量	出口量	消费量	耗损量
2010—2011	461.07	170.24	201.39	409.81	20.11
2011—2012	482.75	188.91	197.78	453.05	20.83
2012—2013	502.57	193.72	186.82	487.82	21.65
2013—2014	530.98	186.87	209.17	485.59	23.09
2014—2015	549.40	207.64	192.28	540.09	24.67
2015—2016	576.19	198.39	184.71	564.11	25.76
2016—2017	580.27	194.03	185.87	562.62	25.81
2017—2018	599.47	195.41	213.39	554.85	26.64
2018—2019	632.69	188.13	201.21	591.27	28.34

（续）

年份	供给量		需求量		
	产量	进口量	出口量	消费量	耗损量
2019—2020	649.74	185.50	200.87	605.53	28.84
2020—2021	702.40	192.18	214.03	—	—

数据来源：FAO 数据库。

注：FAO 数据库并未给出 2020 年度茶叶国内供给量及耗损量数据。

2. 国内市场分析

（1）供给分析。2010—2020 年中国茶叶供给量呈逐年增长的态势，从 2010 年的 146.75 万吨增长至 2020 年的 298.43 万吨，增长额达 151.68 万吨，增长幅度为 103.36%（图 12-8）。

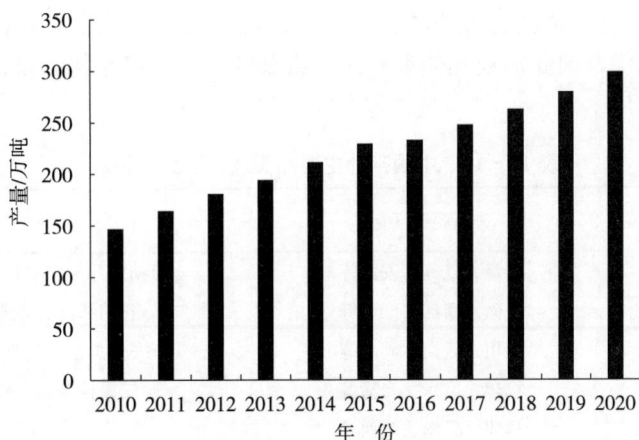

图 12-8　2010—2020 年中国茶叶供给量

数据来源：FAO 数据库。

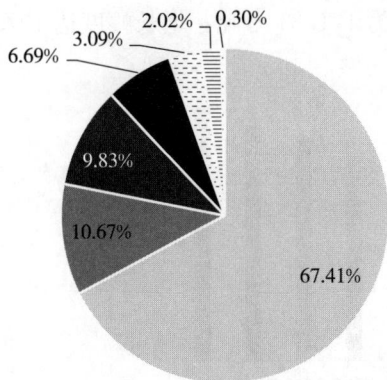

■绿茶　■青茶　■黑茶　■红茶　┄其他茶　═白茶　┄黄茶

图 12-9　2020 年中国茶叶品类结构状况

据中国统计年鉴显示，2020 年我国茶园总面积为 4 824.96 万亩，总产量为 293.2 万吨。无论是在种植面积还是在产量上，中国已经远远超过世界上茶叶生产排名第 2 的国家，成为世界茶叶生产第一大国。在品种结构方面，据《中国农村统计年鉴显示》2020 年中国茶叶年产量超过 10 万吨的茶叶品类有 4 个，分别是绿茶 197.63 万吨、青茶 31.27 万吨、红茶 28.81 万吨和黑茶 19.60 万吨，而黄茶和白茶由于受众较少，因此产量远不及上述 4 个主要品类。在比例上 2020 年我国绿茶占比达 67.41%、青茶占比 10.67%、黑茶占比 9.83%（图 12-9），在绿茶生产上占比过大，使得中国茶叶生产品类相对单一，与世界其他国家和消费需求变化趋势变化相比，红茶和特种茶等茶叶产量与质量无法满足欧美等高端市场。

我国绿茶各品类主要在 3—4 月上市，其在国内市场中所占份额可达到 60% 以上，主产区为浙江省、江苏省、安徽省等地区，主要品类有西湖龙井、碧螺春等；红茶类产品集中在 4—5 月上市，主产区为安徽省、浙江省、江西省等地区，主要品种有祁门祁红、九曲红梅等；黑茶上市时间为每年 5—6 月，主要产区有四川省、云南省、湖北省等地区，主要品类为安化黑茶、湖北老黑茶、四川藏茶等；青茶的上市时间为每年 5—6 月，主要产区为福建省、广东省、台湾省等地区，主要品类为安溪铁观音、武夷岩茶等；白茶的上市时间为每年 3—4 月，主要产区为福建省、云南省、陕西省等地区，主要品类有福鼎白茶、建阳水仙白茶等；黄茶上市时间为每年的 4—5 月，主要产区为湖南省、湖北省、四川省等地区，主要品类为君山银针、远安黄茶等（表 12-10）。

从茶叶各类型主要品种的国内产区分布情况以及上市情况来看，我国茶叶上市时间多集中在每年的 3—5 月，全国各大茶品相继入市，竞争激烈，尽管湖北省各种茶叶品类均有种植，但并不占优，因此需要加快调整湖北省茶叶生产布局结构，推动湖北省茶叶产业在全国实现争先进位。

表 12-10　中国茶叶主要品类及产区分布情况

品类	上市时间	主要产区	品类
绿茶	3—4 月	浙江、江苏、安徽等	西湖龙井、碧螺春、太平猴魁
红茶	4—5 月	安徽、浙江、江西等	祁门祁红、九曲红梅等
黑茶	5—6 月	四川、云南、湖北等	安化黑茶、湖北老黑茶等
青茶	5—6 月	福建、广东、台湾等	安溪铁观音、武夷岩茶
白茶	3—4 月	福建、云南、陕西等	福鼎白茶、建阳水仙白茶
黄茶	4—5 月	湖南、湖北、四川等	君山银针、远安黄茶等

（2）需求分析。自 2010 年开始中国茶叶消费量呈逐年上升的态势，从 2010 年的 113.85 万吨增长至 2019 年的 235.69 万吨，增长额为 121.84 万吨，增长幅度达 107.02%（图 12-10）。

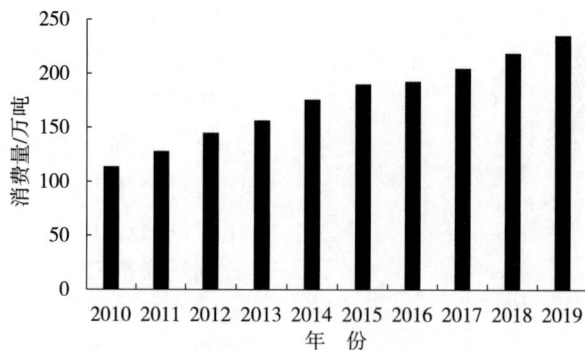

图 12-10　中国 2010—2019 年中国茶叶年消费量

数据来源：FAO 数据库。

注：计算方法为供给量（产量＋进口量）＝需求量（出口量＋消费量＋耗损量）。

FAO 数据库未给出 2020 年茶叶耗损量。

当前，我国国内茶叶市场需求状况呈现出以下特点。一是茶叶交易方式仍以批发和零售为主，国内目前的茶叶销售仍以大型集中的综合性批发市场为主，截至 2021 年国内在大型综合性专业批发市场方面有五十多家，集中在各个省会城市，如湖北省的武汉陆羽茶都批发市场。二是茶叶营销逐渐注重与网络结合，一部分从业人员开始借助互联网平台来从事茶叶的文化普及工作，借助电子商务平台，同时利用微博直播、抖音、微信公众号等现代自媒体，结合电商平台淘宝、天猫、京东、拼多多等电商平台来销售茶叶。三是茶叶内销量保持上升趋势，在文化、健康、扶贫扶农的三大概念促进下。随着收入水平的提高，对生活品质、茶与健康的关系有了进一步的认知，从而推动着茶叶的消费量日益增加，据统计，截至 2023 年中国人均茶叶消费量近 900 克。

（3）供需平衡分析。从国内市场产销平衡状况来看（表 12 - 11），2010—2020 年中国茶叶供给需求产量增加，相较于初期，2019 年中国茶叶产量和消费量的增幅明显，分别达到 90.24％和 107.02％。这是因为茶叶作为中国传统饮品，在国内本就有着极大的受众群体，且随着人们生活品质的提升，饮茶已成为多数中国人的一种生活习惯，成了社会生活中不可缺少的健康饮品和精神饮品，因此，未来湖北省茶叶发展空间巨大，拥有着较大的市场潜力。

表 12 - 11　2010—2020 年中国茶叶总体产销平衡分析

单位：万吨

年份	供给量		需求量		
	产量	进口量	出口量	消费量	耗损量
2010—2011	146.75	5.64	30.78	113.85	7.76
2011—2012	164.03	5.59	32.77	128.17	8.68
2012—2013	180.47	6.14	31.94	145.1	9.57
2013—2014	193.92	6.25	33.22	156.66	10.29
2014—2015	211.08	6.82	30.75	175.94	11.21
2015—2016	229.14	6.65	33.18	190.43	12.18
2016—2017	232.60	6.33	33.66	192.9	12.37
2017—2018	247.38	7.66	36.76	205.12	13.16
2018—2019	262.51	8.70	38.10	219.15	13.96
2019—2020	279.18	9.95	38.58	235.69	14.86
2020—2021	298.43	9.27	36.18	—	—

数据来源：FAO 数据库。

注：FAO 数据库未给出 2020 年中国茶叶耗损量数据。

（三）湖北茶叶产业的发展潜力

1. 山地资源潜力　与蔬菜、花卉等作物不同，茶叶种植对海拔高度、地势起伏、坡度和坡向都有着较高的要求，许多茶树特别是名优茶多栽种在山地丘陵海拔较高的高山地区，一个地区的山地资源是否充分是评价该地区茶叶产业发展可拓展空间的重要依据，此外，丰富的山地丘陵资源还有利于降低土地生产成本、提高茶叶生产经济效益，从而影响茶叶生产布局。我国茶叶生产主要可以分为东、中、西 3 个产区，从山地面积分布情况看，湖北省山地面积共计 7 884.6 万亩，在全国仅次于贵州、云南、福建、四川、江西 5 个省份，在所有茶叶主产省中排第 5 位，而 2019 年湖北省茶园面积仅为 522 万亩，仅占全省山地面积的 6.62%，相较于其他省份拥有着充足的山地后备资源，为未来湖北省茶叶产业扩张提供了坚实的基础（表 12 - 12）。

表 12 - 12　山地面积分布情况及占比≥60%的茶叶生产县域数量及占比

地区		山地面积/万亩	县域数量/个	占比/%
全国		128 109.3	265	100.00
东部产区	江苏省	946.05	1	0.38
	浙江省	5 628.6	24	9.06
	福建省	12 648.75	48	18.11
	山东省	750.45	1	0.38
	总和	19 974	74	27.92
中部产区	安徽省	4 631.25	18	6.79
	湖北省	7 884.6	22	8.30
	湖南省	7 098.75	16	6.04
	江西省	8 131.35	17	6.42
	河南省	2 046.3	5	1.89
	总和	29 792.1	78	29.43
西部产区	四川省	9 573	18	6.79
	贵州省	32 740.5	16	6.04
	云南省	23 655	44	16.60
	广西壮族自治区	2 740.35	8	3.02
	甘肃省	1 198.5	3	1.13
	陕西省	5 921.4	18	6.79
	重庆市	2 514.45	6	2.26
	总和	78 343.2	113	42.64

资料来源：俞春芳. 中国茶叶生产布局特征及影响因素研究 [D]. 浙江大学，2018.

2. 劳动力资源潜力　由于当前采摘环节以人工采摘为主，茶叶采收机械水平不足，因此需要大量的劳动力资源。中国各大茶叶主产省份第七次人口普查数据显示，截至 2023 年湖北省农村人口约 2 143.22 万人，仅次于河南、湖南、安徽和云南 4 个省份，拥有着大量的农业劳动力后备资源，足以支撑湖北省茶叶产业扩大生产规模、挖掘生产潜力（表 12 - 13）。

表 12 - 13　中国各茶叶主产省份城乡人口占比情况

省份	总人口/万人	城镇人口/万人	农村人口/万人	农村人口占比/%
福建省	4 154.01	2 855.72	1 298.28	31.25

（续）

省份	总人口/万人	城镇人口/万人	农村人口/万人	农村人口占比/%
浙江省	6 456.76	4 659.85	1 796.91	27.83
安徽省	6 102.72	3 559.51	2 543.20	41.67
江西省	4 518.86	2 731.06	1 787.80	39.56
河南省	9 936.56	5 507.86	4 428.70	44.57
湖南省	6 644.49	3 904.62	2 739.87	41.24
贵州省	3 856.21	2 049.59	1 806.62	46.85
云南省	4 720.93	2 362.86	2 358.07	49.95
陕西省	3 952.90	2 476.97	1 475.93	37.34
湖北省	5 775.26	3 632.04	2 143.22	37.11

资料来源：各省第七次人口普查公报。

3. 市场潜力　从需求角度来看，随着收入水平和生活水平的不断提升，人们对于茶叶的消费需求方式正在逐渐发生转变，并不仅仅是满足于以往对茶叶消费的数量追求，更多地开始关注茶叶产品的质量并注重挖掘茶叶的多功能性。一方面，人们在消费过程中对茶叶质量的要求越来越高，越来越重视茶叶的农药残留超标、重金属与人工色素等问题，把茶叶产品的安全性放在首要地位；另一方面，随着平均寿命的提高，茶叶产品的养生保健功能得到了更多消费者的认可，主要消费人群也从以中老年为主向各类年轻人群扩散，如红茶就因其具备养胃护胃、预防帕金森的功能而得到消费者的青睐，使得消费量持续增加。由此可见未来湖北省茶叶产业具备较好的市场潜力。

4. 出口潜力　在出口量及金额方面，2021 年中国茶叶出口量万吨以上的省份有 6 个，依次是浙江省、安徽省、湖南省、福建省、湖北省和江西省，湖北省出口量达 2.35 万吨，同比增长 28.16%，出口额达 1.9 亿美元（图 12 - 11）。

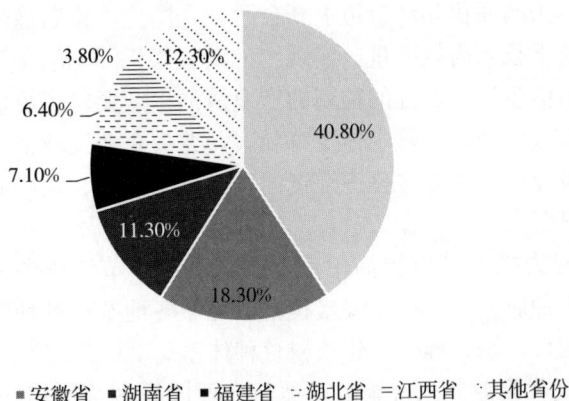

■浙江省　■安徽省　■湖南省　■福建省　▫湖北省　▱江西省　▫其他省份

图 12 - 11　2021 年中国茶叶出口量破万吨省份占总出口量比重图

资料来源：中国海关。

在出口国家和地区方面，湖北省茶叶出口到 40 多个国家和地区，出口量排名前 5 位的分别是中国香港、越南、摩洛哥、马来西亚和德国；在茶叶品类方面，湖北省以绿茶出口为主，占全省茶叶出口总量的 85% 以上。尽管当前湖北省茶叶出口国家数量和茶叶品类仍然较为单一，但伴随着"一带一路"倡议实施，在未来一段时间内沿线各国对于茶叶的需求将会为我国茶叶出口带来广阔的国际市场，未来湖北省在保证国内茶叶供应的基础上，一方面可以继续出口到香港和东南亚地区，维持在这些地区的市场份额与优势；另一方面能够搭乘政策东风，积极扩展中亚与欧洲市场。良好的国际市场发展前景必将加大湖北省茶叶的国际市场开拓步伐。

三、湖北茶叶产业发展的战略构想与战略部署

（一）战略目标

确保国家粮食安全、践行大食物观是头等大事，湖北省茶叶产业在发展过程中要做到：不能下旱地，与玉米、小麦去争地；不能下水田，与水稻争地；要利用荒山荒坡，确保各类作物协调发展。在继续推进茶树良种选育、绿色高效生产技术研发、加工技术与装备升级、茶叶科研教学平台建设等工作的基础上，突出科技创新，完善茶叶生产、加工、经营体系，着力加强区域公用品牌、龙头企业建设，实现茶叶产业前、中、末产业链均衡发展。

力争在"十四五"期间，湖北省茶叶产业规模和效益继续稳固中部省份第 1 的位置，实现茶园面积稳中有升，湖北省茶园面积稳定在 560 万亩，生态茶园面积 200 万亩，茶园无性系良种率提升至 75％以上；茶叶生产提质增效，茶叶产量稳定在 40 万吨左右，亩均产能提升 10％以上，综合机械化水平到 50％以上，农药、化肥使用量稳定下降；经营、营销主体不断壮大，培育年营收超 30 亿的龙头茶企 1 家，10 亿～30 亿元的龙头企业 5 家以上，培育市场营销队伍 10 万人以上，新增专卖店 2 500 家；综合产值再创新高，打造 7 个省级区域公用品牌，加强茶叶与新业态融合发展，实现生产、加工及服务业总产值累计达 1 000 亿元以上，产业链中端产值占总产值 50％以上。

展望 2035 年，湖北省茶叶产业规模与效益要冲刺全国第 1 的位置，综合产值在 2025 年千亿的目标上要再创新高，引领全国茶产业高质量发展，湖北省将基本实现茶叶产业高质量、绿色发展。茶园面积和产量迈上新台阶，全国位次排名稳步提升；生产、加工技术水平全国领先，要素投入高效减量，实现"三清一控"，即清洁原料和能源、清洁生产过程、清洁产品和清洁生产全过程的控制的产业清洁生产要求；质量保障体系建设完全，产品安全水平得到有效保证；经营主体发育壮大，龙头企业区域带动示范效应显著；茶叶品牌及营销体系建设完全，楚茶文化逐渐走向世界；茶文化、茶产业、茶科技齐头并进，产业融合发展成效显著。

1. 育种创新能力提升　以提高单产、改进品质、节约资源、提升效益为发展目标，加快无性系茶树良种研究、工厂化快繁技术研究、各地茶树良种繁育基地建设，形成适应湖北省气候特点的育、繁、推一体化茶树育种体系。

2. 茶园管理现代高效　完善茶园基地与产业园区内部道路、水电与照明等基础设施建设，推动茶叶采收机械进入茶园提升产业机械化水平，确保每个主产乡镇均配套有一定数量的茶叶加工厂和采收机械服务站。继续加快茶园土壤信息、农药化肥使用监测、病虫害防控预测系统研发力度，以信息化推动茶叶产区实现全域绿色高效生产。

3. 产品、空间结构优化　在保证湖北省各类茶叶品类供需平衡的同时，主动适应市场发展需求，调整产品结构，优化区域布局。在品种结构上，降低产量型品种比例，大力

发展"高、香"优质品种，挖掘当前消费增速最快的红茶的发展潜力；在区域空间布局上，推进茶业生产、加工业向省内 60 个茶叶主产区集中，促进全省茶叶经济由分散型向集中型转变。

4. 要素投入减量增效 加强茶叶生产要素投入管理工作，合理流转土地促进茶叶规模化种植，促成生产要素的合理流动与组合配置，确保化肥、农药使用量持续减少，茶叶面源污染治理水平不断提升。重点建设恩施、五峰等标准化生产示范县市，在产品质量、有机茶产品标准制定、生产和加工过程、储存与运输等环节引入标准化流程，实现在生产、加工、运输等领域产业链全覆盖。

5. 科技赋能推动产业提质 以服务农业农村工作、带动农民增收、推进特色茶叶发展为目标，进一步加大茶叶科研、教育和技术推广结合力度，支持省级及以上龙头企业和产业园新建研发中心、工程研究中心和院士专家工作站，组建省茶叶产业链专家团队和产学研一体化联动机制，发挥高等院校与科研机构的基础研究、教育和基层农机推广站的技术推广作用。

6. 经营主体规模壮大 按照现代农业的发展要求，培育农业产业化联合体，通过订单农业、入股分红、托管服务等方式将小农户融入农业产业链，促进新型农业经营主体和服务主体高质量发展。同时在茶叶主产区集中建设一批现代化、清洁化和自动化的茶叶加工、饮料和食物生产线，推进全程现代化加工、经营理念，提倡企业自主创新、技术创新和制度创新，促成茶叶产业升级换代。

7. 品牌营销协同发展 加强政府引导与市场运作，整合湖北现有茶叶品牌资源，全省统一重点打造"五绿一红一黑"（恩施玉露、宜昌毛尖、武当山茶、英山云雾、襄阳高香茶、宜红茶、赤壁青砖茶）七个省级区域公用品牌，彻底改变当前湖北省茶叶多而杂、影响力不足的特点。拓宽经营思路，重点建设"互联网＋"营销服务平台，在培育、维护现有茶贸市场的基础上，应用物联网和互联网技术鼓励茶叶企业维护运营微信公众号、百家号等新媒体工具，拓宽产品线上营销渠道，支持茶叶销售由线下为主向线上发展，推进茶叶的跨境电子商务贸易。

8. 茶叶文化繁荣发展 充分利用湖北省"茶圣"陆羽和万里茶道带来的名茶、名山、名人遗迹和典故等茶叶历史文化遗产，依托湖北陆羽茶文化研究会、湖北大学万里茶道研究院推动湖北省特色、重点茶叶产品的展示展销、文化场所和创意旅游项目建设。同时利用好"一带一路"倡议等政策发展机遇，鼓励企业出口产品向茶叶提取物、茶饮料与茶食品等转型，确保本省产品顺利走出国门，增加创汇能力。

（二）战略构想

全面贯彻创新、协调、绿色、开放、共享的新发展理念，以深化供给侧结构性改革为主线，以技术、制度和商业模式创新为根本动力，坚持"稳规模、优结构、提效率、强品牌、拓市场、扬文化"的发展思路，打造茶叶产业"大品牌、大企业和大市场"。坚持质量优先、创新引领、提质增效、化解风险，以茶产业和现代农业融合为重点，以提升茶叶供给能力、促进产业绿色发展、带动茶农收入增长为产业发展目标，提高资源配置效率、优化产业结构布局，建设一批茶农科学素养高、生产设施标准、经营管理规范、环境绿色生态的茶叶标准园与产业基地，培育一批创新能力强、综合实力强、示范带动作用显著的龙头企业，创造一批成长曲线好、竞争力突出、特色鲜明的区域公用品牌，切实转变发展方式，努力提升湖北省茶叶产业的质量效益与竞争力。

1. 发展方式由要素投入型向创新驱动型转变 以可持续发展为目标、改革创新为根本动力，转变依赖资源消耗的粗放经营，推进茶叶产业发展方式由要素投入型向创新驱动型转变。

一是增强茶叶生产能力，保证现有茶叶种植面积不变，提升无性系良种茶树种植比例，实行细嫩采摘、见芽就采的采摘模式，提升高档茶叶产量，增加采收机械使用、信息化监测平台及病虫害防控体系建设，以降低生产过程中劳动力、化肥、农药投入，做到茶叶产量不减少、质量不下降，稳定提升单产水平。

二是调整产品结构，以茶叶市场需求为导向，加快茶叶种质资源收集工作，摒弃以量取胜的发展战略，选育出一批适合市场消费需求的茶树品种，以茶叶类别、等级、消费者收入和地区偏好为指导加快调整名优茶生产布局，加快名优茶中高档次茶品发展，加快茶饮料和茶食品等新产品研发增加消费者黏性。

三是加快茶树土壤营养、绿色防控、深加工和成分利用等领域的研究工作，提升茶叶抗灾抗虫、废弃物循环利用水平，减少生产和加工环节农药残留，从而高效推进化肥减量、农药残留控制、茶树抗寒及茶叶衍生物应用行动。

2. 生产、加工方式由粗放量小型向集约规模型转变 调整湖北省茶叶产业生产、加工发展战略，围绕高产、优质、高效发展壮大生产、加工业，淘汰一批低产低效的茶园和加工企业，推动茶叶产业由粗放量小型向集约规模型转变。

一是推广多种产业化组织形式，提升产业集聚度。通过建立茶叶科技园区和茶叶创新园区巩固完善"公司＋基地＋农户""合作社＋基地＋农户""公司＋家庭农场"等产业化生产经营模式，将"产、供、销""农、工、贸"紧密结合。

二是培育龙头企业，强化示范带动能力。按照扶优扶强的原则，对符合要求的茶叶企业在茶园土地流转、资金、技术与人才等方面给予支持，鼓励并引导采花茶叶、萧氏茶叶、汲明茶叶等龙头企业集聚发展，发挥集聚效应和规模效应，提升龙头企业在生产包装和加工等方面的辐射带动能力。

3. 产业组织形式由单一种植型向一二三产业融合发展型转变 通过延伸产业链条、拓展产业范围与促进产业功能转型，实现茶叶产业要素、技术优化重组，重新布局茶叶产业结构，改进传统茶叶产业组织经营模式，走一二三产业融合的新路径。

一是加快服务业向茶叶种植业渗透。利用茶园自然风光及茶叶生产活动，建设茶旅小镇，开发观光旅游。

二是通过应用现代化工程技术改造传统茶叶生产活动。利用现代技术改进机械工程设备和基础设施，推进生态茶园、智慧茶园和茶叶工厂建设，提升茶叶生产过程的机械化、信息化与智能化水平。

三是实现茶叶加工业与服务业的融合。修葺、复原古代茶叶加工设备和工厂等遗迹，展示茶叶加工过程、工厂风貌和制成品，通过设置游玩区引入创意、加工和制作等方式强化游客参与感。

四是促进一二三产业融合发展。整合茶叶主产区生产、经营、服务主体，联合探索和开发建设智慧茶园、创意工厂、茶业物流、茶园观光等新功能，改变茶叶产业单一的种植加工功能。

4. 市场消费方式由商品饮用型向文化、服务提供型转变　通过适应市场消费方式变化，促进茶叶产业拓展文化和服务提供功能。

一是强化门店终端功能，以专业化和品牌化完善茶产业服务功能。鼓励有实力的茶叶品牌在大中型城市居民聚集区开设品牌门店，门店配备专业的茶艺师服务并划分专供消费者品茗的体验空间。

二是适应新式茶饮方式兴起，创造适应年轻一代的产品形态。与当前深受年轻人喜爱的奶茶企业合作，以优质、传统的茶叶原材料为基础，在产品风味、制作工艺及产品包装上大胆创新，弘扬传统茶饮的起源和发展历程，让消费者以更现代的方式接触茶叶产品与茶文化。

（三）战略部署

1. 品类结构　湖北省茶叶产业品类结构安排的原则设想是"巩固提升绿茶，重点振兴红茶与青砖茶，适度开发特色茶，创新发展高端抹茶"。在品类结构上，湖北省茶叶种植应主动适应当前茶叶市场逐渐多样化、年轻化的消费特点，改变茶叶品类结构，加快老茶园品种改良，大力发展红茶、黑茶，适当兼顾白茶、黄茶等专用型及兼制型茶树良种。制定全省生态茶园建设行动方案，加快老茶园和低产低效茶园改造工作，大力收集、选育、栽培本省传统优势茶树品种资源，在中茶 111、鄂茶 8 号、安庆 8902 和五峰 602 等茶树品种中选育适合制作"恩施玉露""采花毛尖"的无性系良种，着力提升"专、特、优"茶树无性系良种比例，力争在 2025 年湖北省茶树无性系良种率达到 75％以上。

2. 品质提升　湖北省茶叶产业品质提升的原则设想是"生产源头严控、加工规范标准、包装运输可追溯"。切实加强生产源头管控与生产、加工、运输全过程监管，大力推进无公害生产、绿色防控、清洁加工技术应用。在生产方面，严格执行农药残留管控措施，对滥用农药行为予以坚决打击；在加工方面，取缔一批生产加工环境简陋、卫生不达标的小茶企与作坊，避免二次污染；在运输环节，加强与快递公司的合作，定制茶叶及制成品运输解决方案，严格执行车辆清洁、防潮以及茶叶包装标准。以湖北省无公害茶和有机茶发展为契机，大力推进茶叶质量安全水平提升。

3. 产业结构　湖北省茶叶产业结构谋划的原则设想是"以生产和加工运输环节为发展主线，推进产业集聚循环发展"。

在生产环节，要实施茶叶生产"三品一标"提升行动。在品种培优上，选育一批绿色安全、优质高效的无性系茶树良种；在品质提升上，推广应用一批优质、特色茶叶品类优化产品结构；在品牌打造上，要促进茶叶行业迅速打造一批在全国乃至全世界知名的区域公用品牌与企业，力争在"十四五"期末，湖北省茶叶产业价值 50 亿元以上的区域品牌1 个、30 亿元以上的 3 个；在标准化生产上，按照"有标采标、无标创标、全程贯标"的要求，建立现代茶叶标准化生产体系，支持茶叶企业、专业大户按标生产。在茶园设施化改造方面，要加快茶园设施化改造，建设一批标准型冬暖棚、大拱棚及连栋智能温室，提升设施茶园占比。

在加工运输环节，要着力构建现代化高效茶叶供应链。在加工方面，挖掘茶叶深加工潜力，重点开展液态茶饮料、固态速溶茶和含茶食品研究工作，推动茶叶加工及茶饮料、茶食品生产实现绿色转型；在运输方面，在茶叶运输过程中加强交通基础设施建设，加快新能源和清洁能源运输设备及绿色航道工程发展，推动茶叶运输结构不断优化，实现铁水联运、公铁联运、空铁联运、江海联运等多式联运组织模式快速发展。

在产业链布局上，推进产业集聚循环发展。提高茶叶精深加工水平，延伸产业链条，建立茶叶产业与种植业、加工业和生态旅游业等产业间的联结机制，促进资源投入和废弃物的重复、高效利用，着力构建一批要素集聚、企业集中和功能集合的绿色茶叶产业园区、茶叶强镇和茶叶产业集群，实现产业闭环发展。

4. 区域布局 根据湖北省农业农村厅公布的湖北省茶叶主产区名单显示，未来湖北省茶叶产业发展将遵循如下区域布局，拟呈现"五山五区"的发展格局。

（1）鄂西武陵山及宜昌三峡片区。恩施市、利川市、建始县、巴东县、宣恩县、咸丰县、来凤县、鹤峰县、宜昌市辖区、夷陵区、宜都市、长阳土家族自治县、五峰土家族自治县、兴山县、远安县、秭归县等区域。

（2）鄂东大别山片区。红安县、麻城市、罗田县、浠水县、蕲春县、黄梅县、英山县、大悟县、孝昌县、黄陂区、新洲区等区域。

（3）鄂西北秦巴山区。丹江口市、郧阳区、郧西县、房县、竹山县、竹溪县、保康县、谷城县、南漳县等区域。

（4）鄂南幕埠山片区。咸安区、赤壁市、通城县、通山县、阳新县、嘉鱼县、崇阳县、大冶市等区域。

（5）鄂中大洪山区。枣阳市、随县、广水市等区域。

5. 目标市场定位 湖北省茶叶综合实力强劲，各类茶品产量种植面积均居全国前列，未来需要找准目标市场，挖掘产业发展潜力，实现各主要指标稳步进位。

在国内市场方面，要努力开拓市场，青砖茶、白茶等茶类的销售在保证南方及江浙市场的供应外，要走出舒适圈，通过参与茶叶博览会以及产业推介会等活动，努力开拓西部及北方地区。各类黑茶及红茶也要努力缩小同国内优势产区的差距，通过找准本地特色开拓出一条新赛道，实现弯道超车。

在国外市场方面，2023年一季度湖北省茶叶出口值跃居全国第三，湖北省茶叶出口拥有着较好的发展潜力，未来应当积极探索合作渠道，扩大贸易朋友圈，将各品类茶产品销往全球各地，提升湖北省茶叶的出口值。同时，在条件允许的情况下，鼓励省内的茶叶零售店、品牌茶楼、茶艺馆到国外开设分馆，将湖北省的饮茶文化带到国外，拓宽了销售渠道的同时，提升湖北省茶叶的知名度与美誉度。

四、湖北茶叶产业发展的关键技术需求与科技创新方向

（一）关键技术需求与主要技术瓶颈

1. 茶树种质资源的评价发掘 在野生茶树资源收集保护方面，由于受到市场追捧，野生茶树被砍伐、"斩首"和盗挖的现象时有发生，2019年湖北省巴东县一处有着近300株明清古茶树的茶园就遭到了严重破坏，随着近年来优良无性系品种的大面积推广，一些传统品种的生存空间被进一步挤占，地方特色群体树种资源已面临丢失的危险。湖北省茶树良种选育起步较晚、基础较差。茶树作为多年生作物，育种周期长，特定品种育种时长

更是长达 15～20 年，但当前湖北省在茶树育种方面存在着理论和方法滞后、育种手段匮乏等问题，针对控制茶树品质、抗性、物候期等重要农艺性状的遗传基础和相关基因的调控机制研究尚不明确，无法实现目标性状的定向选育与特性评价。2014—2018 年，湖北省茶树新品种保护授权量仅有一个，远低于其余省份。在适宜采摘机械化的无性系良种培育方面，截至 2023 年全省大部分茶叶产区茶树无性系良种率仅在 40% 左右，远低于其他作物和浙江、福建等茶叶主产区的良种率水平，给茶叶产品品质升级与茶树机械化水平提升带来了极大的困难，因此未来需要加强茶树种质资源创制与利用能力，夯实产业发展基础。

2. 全产业链标准体系　截至 2023 年，湖北省茶叶产业遵从的标准化体系建设主要集中在生产端，国家在茶类、生产加工、内含物质检测方法、农药残留和污染物限量标准及检测方法、通用包装等领域规定有超过 1 000 多项行业标准，但在现实的茶叶生产、加工处理过程中，生产商及茶企大多受制于成本高昂、管理困难、监管不严等因素，并未严格遵照国家标准，致使产品质量问题频出。在市场端与消费端行业缺乏相应国家标准，特别是在流通环节相较于日本等国缺少对产品等级划分、分级筛选的严格规定，湖北省茶叶产品在管理、包装、分拣、配送、验收等环节缺乏相关执行依据，进一步拉低了产业标准化水平与产品质量，2017 年湖北省茶叶及相关制品抽检合格率仅为 75.68%。无序、混乱的生产和加工方式拉低了产品质量，因此湖北省急需打造平衡的茶叶标准化体系，提升销售端、市场端标准化水平。

3. 农药化肥绿色投入　尽管我国已经取消了高毒、高残留农药在茶叶生产过程中的登记与使用，但当前湖北省大多以家户为茶叶主要生产单位，社会化服务难以全面覆盖，为节约成本、确保产量，有些农户在茶园病虫害防治时仍会选择喷施高毒农药。根据国家及省市市场监督管理部门统计的近 3 年绿茶质量抽检信息显示，农药残留和重金属超标是绿茶类产品存在的主要质量问题，农药残留超标批次在所有抽检产品中占比达到 86.3%，其中武汉陆羽茶业有限责任公司生产的陆仙碧螺春和陆仙信阳芽毛尖的水胺硫磷残留分别超标 0.44 倍和 2.4 倍。缺乏安全、高效的农药化肥与产品质量监控严重影响湖北省茶叶产品安全，因此，为保障湖北省茶叶产业绿色、高质量发展，未来需要重点加强化肥农药等投入品源头管控，加强茶叶减肥减药技术模式集成与应用。

4. 茶树病虫害及草害防治体系　过去数十年中凭借着良好的生态环境，湖北省茶产业发展势头良好，种植规模、产量齐增，但以往过分追求数量扩张的发展方式使得茶树栽种由过去的零星种植转变为密集种植为病虫创造了良好的生长条件，长期过度依赖化学防治导致茶农缺乏对茶饼病、茶网蝽虫等病虫害在预防环节的有效重视，同时在农药施用上的不专业、不合理更是进一步提升了茶园中病虫害的抗药性并造成了天敌的消失，最终使得茶树病虫害防控技术水平不足，茶树病虫害及茶园草害现象频发。根据湖北省茶叶各产区农作物病虫害发生趋势报告显示，茶毛虫、茶炭疽病等主要病虫害发生程度预计在 2 级及以上，其中茶小贯小绿叶蝉、茶尺蠖等病虫害发生程度预计会达到 4 级。由于对一些茶树品种的主要病虫种类缺乏有效的防治手段，导致病虫害发生程度与频率居高不下，未来湖北省需要加快主要病虫害防治技术研究，推广茶树病虫害及草害绿色综合防控体系。

5. 茶叶采后处理及综合利用　随着国家将茶叶纳入到食品行业管理体系，市场对于茶叶加工品提出了更高的质量要求，但这一需求也暴露出湖北省现有茶叶园区及加工厂技术水平不足、采收设备落后、机械装备不完善不配套与自动化能力差等缺陷，主要表现是小型化机械多、大中型机械少，简单加工型多、复式成套型少，粗放型多而高科技、连续化、清洁化机械少，这不但影响了茶叶产品质量，也制约了茶食品、调味茶、保健品等精深加工产品发展与茶树花、茶籽等副产品综合利用。2016年全省茶树资源利用率不足60%，其综合价值发挥不足20%，茶叶采摘及加工机械化程度低，产品质量及副产品综合利用不足等问题严重制约湖北省茶叶产业发展。

6. 茶叶产业信息化 尽管"十三五"期间湖北省茶叶产业在信息技术领域取得一定进展，各大茶叶企业加快O2O（Online To Offline）布局，电子商务成为茶叶零售主流渠道带动产业线上线下融合发展，但总体而言，当前湖北省在产业信息化建设方面仍存在诸多不足，产业链各环节信息化应用程度仍有较大提升空间。在生产端，茶叶生产、加工信息化系统覆盖率不足，大多茶叶生产、加工者受制于成本和技能条件，尚未应用先进的生产、加工工艺，对茶园温度、风力、降水，以及加工厂湿度、机械运转等情况缺乏总体把握，导致生产端长期处于低标准、粗放式生产的状态，茶叶品质难以精准控制，质量安全问题难以有效保障。在销售端，茶叶经营者对市场信息不能准确获取，导致厂商难以精准追踪市场消费需求形成营销方案，推进产业消费方式顺利转型升级。在人才队伍建设方面，现有茶叶专业人才难以满足产业发展需求，对信息技术的理论及技术掌握不全面，大数据、AR、VR等技术等新兴技术应用率不高，导致行业整体竞争力不足。在产业内部管理方面，传统茶叶企业与现代信息技术企业深度合作程度不够导致企业内部无法实现管理信息化，数据集成和计算分析能力的严重不足导致产业集中度不高，品牌效应较低。产业信息培训、服务、传播与展示力度不够，人才队伍建设与内部管理滞后等问题严重影响了湖北省茶叶产业信息化融合程度与技术应用水平。

（二）关键科学问题

1. 茶树种质资源挖掘与育种能力提升 当前，湖北省茶树种质资源发掘利用不够充分，缺乏产业发展亟须的优异新种质。首先，在茶树种质资源精准鉴定与形状形成等方面研究尚处于起步阶段，对抗逆性和生化成分研究不足，尤其是缺少高精度的变异组图谱，同时受制于茶树生长周期长、性状受到环境的影响较大等因素，控制品质、抗性、发育等重要性状的遗传规律和调控机制多不明确。其次，种质创新技术水平不足。现有种质资源研究多以常规杂交等传统方法为主，现代分子生物学技术应用不足，现有茶树品种中除叶色变异（白化、黄化和紫化）和高茶氨酸等新品种外，其他类型的专用、特异品种较少。最后，由于缺少集优异基因快速检测、转移、聚合和追踪于一体的技术体系，针对茶树长相、叶和芽的形状等重要经济性状的遗传改良活动存在着亲本选配盲目、鉴定周期长、成本高等问题。

2. 茶叶全产业链标准化体系及相关标准综合体构建 如何快速提升茶叶全产业链标准化水平，补齐短板仍然是当前影响产业持续发展的重要议题之一。首先，当前湖北省茶叶产业呈现为少数大中型茶叶企业与大量分散经营、规模小的茶农长期并存的二元格局，主要表现出分散化和碎片化的特性，导致难以对生产者和各大厂商在茶产品生产、加工、内含物测定和色香味形等方面进行统一、规范化的管理。其次，大多数茶企规模较小，受制于研发周期长、耗资高、成果转换渠道窄等限制，大多采用手工制作与作坊式生产方式，茶叶关键加工装备标准化和自动化程度低，缺乏对加工技术智能化与定向化调控，茶叶生产无法实现全程的机械化加工。最后，产业标准化体系建设主要聚焦于在生产端与加工端，在产品走向消费者的"最后一公里"这一环节缺乏对产品标准化的专业指导，导致流通端专业的筛选升级技术与装备研发滞后。

3. 茶园绿色低碳技术研发与应用 茶叶农药残留、化肥施用超标现象严重，急需加快绿色农药、化肥创制及施用技术研发。在农药施用方面，一方面是农药产品结构不合理，截至 2019 年底我国有效期内茶园用农药登记产品共有 810 个，产品种类看茶叶用农药主要以化学农药为主，其中化学农药产品 697 个，占登记总数 86.05%，生物类和其他类型农药占比正不断减少；另一方面，农药老旧剂型数量多、结构不合理，仅乳油和可湿性粉剂产品数量就占全部茶园用农药登记的 2/3 以上。在化肥施用方面，尽管"十三五"期间化肥减施量达到 45.6%，但总体仍维持在 31.8 千克/亩的高水平，配方肥、有机肥替代行动仍仅限在局部试点区域，且随着近年来富硒农产品概念的兴起，施用无机硒肥成了许多农户提升茶叶含硒量的首要选择，但酸性的硒肥会阻碍土壤中硒与重金属的拮抗效果，而将硒肥直接喷洒在叶片上更是会造成饮茶者产生硒中毒现象。

4. 茶园绿色病虫害及草害绿色防控 茶树病虫与茶园草害防治手段单一低效，亟须创新绿色防控体系确保预防与治理高效结合。尽管湖北省茶树病虫绿色防控技术正处于快速发展阶段，但仍然存在诸多问题，主要表现为缺乏系统性绿色防控技术，生态调控措施应用少，黄板和诱虫灯等物理杀虫仍为当前主要防控方式，生物制剂虽有应用但存在覆盖面不够广、应用程度不深等问题。据统计，截至 2023 年，国内茶园常见杂草品种超过 200 种，除了采取人工锄除方式对茶园草害进行防治外大多数茶园多采用化学防除的方式，在栽培控草、耕作控草和覆盖控草等方面技术研发与应用程度不足，防治手段单一，由于不同种杂草对除草剂敏感程度不同，长期使用草甘膦、百草枯等化学制剂往往会导致杂草抗性增加，草害防治难度进一步加大，推高茶园管理成本。

5. 茶叶采后处理与精深加工 茶叶采后及加工环节缺乏核心技术与关键装备，产品附加值挖掘及原料利用水平不足。在茶叶采后环节，由于茶叶机具具备研发难、利润薄、单型号机具市场规模小等特点，农机企业不愿过多投入研发成本，除了微耕机、茶叶加工机械外，采收机具研发能力不足，可供挑选的机具难以适应市场发展需求，很难找到适宜山区茶园的中耕施肥、"名优茶"采摘等机具，据统计每年由于采收不及时而造成产量损失达到了 40% 左右。在茶叶加工环节，当前国内关于茶叶初制机械的研究主要停留在结构设计与优化、温度控制，与云计算、大数据等新兴技术结合不紧，对设备的振动、设备的可靠性及效率研究较少，杀青、理条、揉捻、炒干、烘干、茶渣发酵等环节机械标准化与自动化程度低，智能化欠缺，因此在速溶茶、茶纺织品等茶叶衍生品和茶多酚、茶色素等功能成分提取方面存在技术与设备上的不足。

6. 茶叶产业链信息化与智能化提升 茶叶产业生产、加工、管理信息技术应用水平落后，信息系统开发不充分。但总体来看当前湖北省茶产业在生产种植、加工运输等环节信息化程度仍旧较低，远未达到全产业链的高度信息化，突出表现为专业人才队伍缺乏、对新一代信息技术应用不足、信息系统开发利用不充分及信息市场不规范等问题。在生产环节，当前缺乏畅通、高效的生产信息服务平台，生产一线的科技需求难以与技术人员、专家形成有效对接；在产品流通环节，茶叶销售商难以同各大产区、生产商建立信息互通机制，以销定产、以产定销的经验型生产情况和经验型销售情况普遍存在；茶叶品牌与文化传播方面，省内尚未构建统一的文化传播信息系统及茶产品展示平台，湖北省茶叶"优"而不"名"现象突出。

（三）科技创新方向

本研究围绕茶叶产业高质量、绿色发展总目标，针对湖北省茶叶产业发展要求，系统部署 11 个研究方向。基础研究部署 3 个研究方向，解决种质资源评价与基因发掘、茶树重要性状形成与茶叶品质调控等科学问题。共性关键性研究部署 3 个研究方向，解决茶树高效育种技术与品种创制、病虫害与草害综合防控、茶树气象灾害风险预警及防灾减灾等技术问题。技术集成与示范部署 5 个研究方向，解决茶树轻简高效栽培、产业全程标准化、农药化肥减量增效、采后加工处理与装备研发及产业链一体化等技术，为产业高质量发展提供示范。

1. 基础性研究

（1）茶树优异种质资源评价与基因发掘。加快茶树种质资源收集进展，在充分挖掘湖北省茶树野生资源的基础上加快省外及国际优质茶树资源引进工作，推进湖北省茶树野生品种资源圃和种质资源基因库建设。在茶树种质资源鉴定评价研究方面，加快 SSR、GBS 技术在茶树栽培驯化起源及遗传多样性评估等方面研究，除常规的表型及生理生化鉴定方法，在现有 RAPD、RFLP 及 ISSR 等技术的基础上，研发适合本省茶树种质资源的多种 DNA 标记技术。

（2）茶树重要性状形成与调控。针对湖北省境内特有茶树资源，以茶树种质资源收集为依托，解析茶树重要农艺性状形成的遗传基础。通过研究茶树主要品质性状关键基因的遗传转化及表达，重点加快茶树器官形成、花芽分化、生殖生长、叶片发育及自交不亲和性的规律与调控机制的研究进展，筛选出适合产业发展需要、具有优良性状的茶树种质资源。

（3）茶叶品质形成与调控。研究茶树生长过程中茶多糖、茶多酚、氨基酸与蛋白质等重要品质物质的形成与调控机制，筛选出适合光合产物积累、养分运输分配等与经济产量有关的性状形成的生理和分子基础，克隆关键基因和调控因子，解析其调控机制从而大范围推广应用，完善提升湖北省特色茶树树种在生物和非生物逆境条件下的适应与防御机制。

2. 共性关键性研究

（1）茶树高效育种技术与品种创制。以优质高产为发展目标，加快适应机采、多元化和专用特异茶树品种研发进展，重点突破优质基因检测追踪、重要性状遗传改良及基因编辑等技术难题，促进茶树 DNA 分子标记技术发展，育成一批育成特早、高抗、高鲜、高香、高儿茶素、高花青素、高产型、适宜机采的茶叶新品种。协调推进茶树资源采集与保护及品种创制工作，促进现代基因技术与传统单株选育和杂交育种融合发展。

（2）茶树重要及新成灾病虫害及草害综合防控关键技术。针对茶树重要及新成灾病虫害及草害综合防控的共性关键技术瓶颈，研究刺吸性害虫（茶小绿叶蝉、黑刺粉虱等）、食叶害虫（茶尺蠖、茶黑毒蛾等）等重要和新成灾害虫在新的管理模式及气候变化条件下的成灾规律，重点推进生物防治与物理防治技术研发。生物防治方面，以树种结构改良、捕食螨与寄生蜂等有益生物合理保护投放、白僵菌孢子液与苦参碱等生物农药精准施为当前主攻方向；物理防治方面，继续加快太阳能频振杀虫灯、黄板与信息素引诱剂研发进展。在茶园草害技术研究方面，加快研发新型地膜或地布、鼠本草或黄豆等间套作作物新品种及适宜山地茶园的除草机械，提升茶园"地表覆盖＋间套种＋农艺辅助"模式的除草效率。

（3）茶树气象灾害风险预警及防灾减灾关键技术。针对茶树生长过程中面临的气象灾害与自然灾害风险，在加强新建茶园地形选择、深垦施肥的基础上，以监测预警和防灾减损为发展目标，突破气象灾害风险预警及防灾减灾等共性关键技术瓶颈。加快研究茶树气象灾害发生规律，结合湖北省茶区分布情况，特别针对鄂西高山地区筛选出致灾敏感时段和关键致灾因子，构建基于灾变过程的经济作物气象灾害指标体系，厘定了各灾害等级的临界阈值。研发气候变化背景下茶树生产全过程的多种农业气象灾害影响与综合风险动态评估技术、精细化农业气候区划及引（扩）种灾害风险评估技术。研究气象灾变过程监测和预报预警技术、气象灾害指数保险技术及产品。

3. 技术集成与示范

（1）茶树轻简高效栽培技术集成与示范。以茶树栽培技术为研究对象，针对优质良种率不高、轻简高效栽培和机械化水平低、人工成本高等问题，组装优质高效轻简化栽培技术；针对叶花果管理，开发营养诊断、精准施肥、节水灌溉、无公害病虫防治和水肥一体化技术；开发品种优化配置、低产低效茶园综合改造技术。集成以上技术，形成茶叶产业可持续发展的优质安全栽培技术体系，在重点产区示范生态经济型栽培模式，在特色产区示范轻简化栽培模式。

（2）全程标准化生产技术的研发与示范。针对各类型茶叶品类在生产、加工环节的共性技术性问题，深入研究有机栽培、绿色防控、自动化摊放贮青、人工控光萎凋等技术，促进茶叶产业标准化技术水平提升。集成创新农机农艺融合应用的"内环式"栽培技术模式与机械化、自动化加工模式，依靠内环式设置茶行、轻基质茶苗、起垄覆膜栽培、间作绿肥、机械化管理、科学施肥、茶树机采、连续化与清洁化加工、精准数控等新技术与新模式建设高标准茶叶产业园。

（3）化肥农药减施增效技术的研发及示范。针对茶叶产业在发展过程中面临出的肥料滥用及农药残留过多问题，重点研发茶叶专用及控释肥、土壤改良与调理剂与茶园田间作业机械等新产品，茶园生态环境控制、绿肥培肥、病虫害生物防治、航空农药施用等新技术。在省内主要产区集成茶树营养与科学施肥、茶树病虫害绿色防控、无公害茶叶优质高效栽培等关键技术，选取合适地区以"四大模式"（"有机肥＋配方肥"模式、"茶＋沼＋畜"模式、"有机肥＋机械深施"模式、"绿肥＋配方肥"模式）为重点推进化肥农药减施增效示范区建设。

（4）茶叶采后及加工环节先进技术及装备研发与示范。针对茶叶采摘技术，严格遵照芽叶采摘标准、开采期及封园期等相关要求加快茶叶机采及采后质量管理技术研发，按级归堆、分类摊放。针对茶叶加工技术，初制加工环节着重加强温控技术及摊放发酵技术研发，精深加工环节则加快光谱技术、电化学方法、纳米酶计算机视觉和改进的色谱技术在加工装备制造与功能成分提取等方面的应用。集成机械加工、物理加工、化学和生物化学加工及综合技术加工技术，从生物化学工程、分离纯化工程、食品工程、制剂工程等方面加快研发机械加工、膜浓缩、真空冷冻干燥、超细粉碎、分离提纯等先进技术及加工工艺，实现茶叶有效成分或功能组分的分离制备，推进袋泡茶、茶浓缩汁、超微茶粉等功能性终端产品与茶叶提取物发展。

（5）茶叶产业链一体化示范。以茶叶全产业链一体化发展为研究对象，以满足多样化消费者需求为目标，针对当前产业发展过程中出现的优质良种率不高、单产水平低、机械化设备应用不足、人工成本高和采后加工处理技术滞后等问题，集成优良品种、轻简高效机械化栽培、绿色低碳病虫害防控、清洁采后处理和初加工产品物流一体化技术，形成主栽良种初级产品品质的检测技术规程，构建"产学研"、合作社和农户共同参与的经营协作模式，建立主产区产业示范园区，在本省五大茶叶特色产区建立茶叶全产业链提质增效一体化示范模式。

五、茶叶产业发展的重点任务

（一）茶树良种苗木繁育体系建设

"茶叶要发展，良种必先行"，优良的茶树品种是保证茶叶产量、质量，提升产业经济效益与产品竞争力的首要前提。在当前湖北省茶叶产业以绿色、高质量发展为任务的背景下，需要从以下几个方面推进茶树良种苗木繁育体系建设。

第一，积极主动挖掘本省优质茶树品种发展潜力，加强对当地抗逆性强茶树种质资源的收集、筛选和保存工作，扩大种质资源储备，保证市场上优质种苗供应不间断。

第二，兼顾当地资源禀赋特征和原产地茶叶生产条件，加强与福建省、浙江省等传统茶叶优势产区的联系，加大对外地优良茶树品种的引进力度，调整产品结构适应市场需求变化。

第三，以旧茶园改造和新茶园建设为契机，在科研机构的支持下依托技术优势突出、设备条件完善的龙头企业高标准建设一批茶树无性系良种繁育基地，在降低采摘成本的基础上提升茶叶产量与产品质量，示范带动临近地区茶叶苗木育种发展。

第四，强化苗木繁育基地内经营管理工作，加强苗木及人员管理，对苗木生产、流通和使用及育苗人员的操作流程进行全方位监控，建立相应行政法规，实行苗木生产准入核准制度，对现有苗木生产基地进行"三证"（生产许可证、经营许可证、质量检验检疫证）管理，杜绝无证育苗。

（二）标准化茶园建设

按照农业农村部茶叶标准园创建方案，结合湖北省的实际情况，湖北省应当重点从以下几个方面推进茶叶标准园区建设。

第一，加大园区支持力度，加强地方政府与茶叶标准园联系，在财税支持、土地供应、园区融资和用工服务等方面开辟绿色通道，组建工作专班加快审批力度保障项目建设。

第二，加快良种苗木推广工作，树立好旧茶园改造和新茶园品种必须是无性系良种的发展观，在本省四大优势茶产区兴建一批国家级或省级无性系茶树良种繁育基地，统筹规划好园区内母本园选址、苗圃基地建设等工作。

第三，加快旧茶园改造，做好水土保持工作，改进园区内排水、灌溉及道路系统，提升改造后茶园的基础设施水平使其与标准化水平接近。

第四，提升茶园内采收机械使用水平，针对不同品种茶叶研发投入相应的耕、采、收农具机械，同时积极举办科技下乡活动，示范推广相应的采收机械入园入户，强化园区内技能培训，提升园区内茶树机修、机采和机耕技术水平。

（三）病虫害防控体系建设

由于湖北省茶产业长期以来走的是"数量型增长"式发展路径，粗放的生产方式、落后的管理水平使得现有茶园生态组分简单，病虫害现象时有发生，长期农药的超量使用又使得产品农药残留超标、品质下降，因此需要从以下几个方面推进湖北省病虫害防控体系建设。

第一，积极引导茶叶生产走向规模化、专业化，扶持一批当地有实力的茶企，联合周边种植大户和散户，"公司＋合作社＋基地＋农户"的产业化组织模式，实现连片生产，在企业、基地与茶农间建立利益联结机制，统一执行播种、采收等一系列生产活动，为大规模、连片推进病虫害防控技术提供基础。

第二，在绿色防控技术研发与应用中积极引进社会资本，充分激发社会资本活力，由于绿色病虫害防控技术刚刚兴起，其研发和应用所产生的经济效益不明显，会阻碍企业、茶农的应用，而走化学农药堆积的防控模式。因此，应当加强对绿色防控理念的宣传，在政策上给予从事绿色防控技术研发与应用的企业与个人以资金支持与收税减免，并对实施绿色防控的茶农销售鲜叶采取优质优价，使绿色防控成为全体茶农的自觉行动。

第三，加强对茶树种植过程中农药的管理与指导，立法明确禁止使用剧毒、高毒和高残留农药的茶叶产品进入市场销售，对不听劝阻，超范围、超标准使用农药的茶企和茶农采取严厉惩罚措施。

（四）茶叶采后商品化处理及精深加工建设

茶叶加工环节是茶叶从"茶园"走向"茶杯"的关键步骤，加工环节的效率与方法决定了茶叶产品的质量与产业发展效果，因此需要从以下几个方面推进茶叶采后商品化处理及精深加工建设。

第一，大力推进加工精准定向化，重点开展茶叶鲜叶的机械化水平提升工作，对当前市场上需求量大的高品质绿茶、红茶和青砖茶等产品在风味品质和加工技术参数调控等方面趋向精准化与智能化。

第二，加大茶叶精深加工环节关键技术、设备的研究与应用，加大对茶叶专用装备与加工技术研发的补贴力度，在逆流浸提、超滤、反渗透等工艺环节大力支持清洁化、智能化的装备使用。

第三，全面推进茶叶加工业能源改造工作，加大茶叶加工业电、天然气、太阳能等清洁能源的使用比例，逐步淘汰、替换掉一批使用煤炭及木材供能的茶叶加工机械。

（五）茶叶产业园建设

茶叶产业园以规模化种植为基础，通过集聚现代化生产要素和经营主体推进茶叶产业实现"生产＋加工＋科技"一体化发展,加快了茶叶全产业链的升级、增值,成了助力乡村振兴的平台载体与推动农业实现现代化发展的新引擎。因此,为了推进湖北省茶叶产业实现绿色发展,必须从以下几个方面加快茶叶产业园建设。

第一,制定科学合理的产业园建设目标,从区位、资源禀赋等条件把脉湖北省茶叶产业的比较优势,制定切实、可行的产业园发展规划,利用园区的规模集聚作用在新品种研发、技术引进和示范推广等方面逐步完善湖北省产业生产结构与区域布局。

第二,引入现代化、标准化生产、加工技术与模式,促成茶叶全产业链的环境友好和可持续发展目标,在科技创新和技术引进两方面齐头并进,改变当前茶叶产业的粗放发展方式转向集约化、高效发展,促进产业现代化信息技术水平提升与大数据平台建设,探索茶园可利用空间推进立体栽培模式应用,实现种养结合与农业废弃物综合利用的生态循环发展模式。试点建设茶叶全产业链大数据中心,通过与阿里云、甲骨文超级码合作,对茶叶进行从茶园到茶杯的全程管控,确保全程监管、提前预警,提升湖北省茶叶产业的美誉度。

第三,加快茶叶生产经营主体建设,推进生产经营组织化,鼓励各类型企业、合作社和种植、加工大户的生产、经营主体作用,将分散的、小规模的农户组织起来,形成利益联结机制,共同进行生产、加工、生产资料配送、病虫害防控与品牌营销活动,促成茶叶产业实现规模化生产、社会化服务提供与规范化管理。

(六)新型经营主体培育

推动湖北省茶叶产业绿色发展需要从构建要素引流机制、强化规范管理机制、健全利益联结机制、创新农业现代经营管理和科技人才培养机制等多方面来培育茶叶产业新型经营主体。

第一,集聚生产要素,扩大产业规模效益。进一步推进茶叶龙头企业培育壮大,鼓励有实力的企业通过兼并、重组、收购、控股等方式跨区域整合资源,通过强强联合、组团发展的方式创新性打造茶产业联合体,形成良好示范效应,形成资源集中、生产集群、营销集约、利益共享的新发展格局。

第二,健全产业管理机制,规范产业发展。支持茶产业生产和制度创新,探索建立"茶长制"示范支持茶叶主产县围绕茶产业,大力发展茶叶专业村、专业合作社和家庭农场,通过创建省级一村一品示范村(镇)、专业合作社示范社、示范家庭农场,严格规范茶农生产、加工过程,在环境友好的基础上确保产品质量与产业效益。

第三,创新利益联结机制,实现风险同担、利益共享。在各大产业主产区大力发展茶叶专业村、专业合作社和家庭农场,支持龙头企业、专业合作社、家庭农场采取订单、合同、股份等形式带动小农户共同发展,发挥利益联结作用,引导开展病虫统防统治、肥料统配统施、统一机耕机剪、市场抱团营销等服务,推进团体中茶叶经营主体信息共享、标准统一、策略同向、行业自律与利益共享。

第四,培育新型社会化服务组织,将现代化经营管理制度与技术下沉至生产一线。通过开展种苗统繁统供、病虫统防统治、肥料统配统施、市场营销等服务,带动农户强化种植技能、增强发展能力,进而实现农户产业参与度的有效提升。形成各大产区农户应参尽参的产业发展格局。

（七）营销体系与电商平台建设

"酒香也怕巷子深，品牌也怕无人问"，因此当前需要加快湖北省茶叶产业营销体系与电商平台建设。

在营销体系建设方面，首先，应当创新营销理念，在稳固传统门店营销的基础上，加大在信息技术、网络技术与智能技术等方面的投入力度，促进网络经营商平台多样化，加大在微博、微信公众号、今日头条等新媒体上的宣传力度，实现线下与线上均衡发展。其次，在建设全球性龙头市场的基础上，以中国市场的开放，构建大数据茶市场体系、促进销地与产地市场一体化、促进供应链主体角色功能融合来面向与对接全球茶产业发展经营主体、管理结构与组织、区域市场的消费主体，构建新型茶产业供求关系。再次，应当完善市场营销机制，建立专门的营销机构，积极组织人员培训，为市场营销工作提供坚定的组织保障与人才保障。最后，应当优化市场营销模式，推出免费试饮和茶文化节增进消费者对于产品的认同感与参与感。

在电商平台建设方面，首先，要确保平台与产品、厂商的直接对接，做到产品全程可追溯，给消费者提供放心产品。其次，充分调查市场实现精准定位，对消费者需求、本省主产茶种及适应性等方面精准定位，充分挖掘本地区优势产品与潜在市场，避免恶意、无序竞争的出现。最后，完成电商平台的引流转化功能，使电商平台不仅仅起到销售作用；同时，向平台的忠实用户精准推送本省产品信息及文化，增进顾客黏性。

（八）品牌建设与质量安全保障体系建设

要想得到消费者的认可，所提供的产品首先需要过硬的质量，其次品牌能够给拥有者带来增值与溢价空间，吸引消费者从普通客户转变为忠实客户。因此，为推动湖北省茶叶产业绿色发展，需要品牌建设与质量安全保障体系建设双管齐下。

在品牌建设方面，第一，实现政府引导和市场运作相结合，重点扶持湖北省传统名茶品牌建设，兼顾地方区域公用品牌发展。第二，着力打造提升品牌茶企，提升对采花茶业、萧氏茶业等知名企业的信贷等政策支持力度，整合现有茶叶品牌资源，改变湖北省茶叶多、乱、杂的现状。第三，加强品牌评选和保护制度，统一协调政府、产业协会和各大茶企，增强品牌评选公信力，加强品牌茶注册商标和地理标志保护。

在质量安全保障体系建设方面，第一，引导各地加快旧茶园、低效茶园的改造提升工作，加强农药残留监控，保障茶叶生产环节的质量安全。第二，加强茶叶加工质量风险管控，对有害重金属残留、有害微生物、非茶异物和粉尘污染零容忍。第三，补齐茶叶运输短板，加强茶叶冷链、专车运输、存储包装、运输车辆温湿度管理工作。第四，建立标准化茶叶质量安全保障体系，根据茶叶质量安全控制需要加强对产地环境、生产规则、采摘规则、加工规则等方面的监测管控。

（九）科技支撑与服务体系建设

坚持以科技自立自强为产业绿色发展提供战略支撑，以提升创新能力和推广应用能力为主线推进茶叶产业科技支撑与服务体系建设。第一，加强茶叶科研教学工作夯实产业基础，依托省内农业院系完整的学、硕、博教育体系，积极培育茶叶生产、加工、销售等领域紧缺的专业型人才。第二，加强茶叶重点实验室、工程中心和研发中心申报工作，建设一批如国家重点实验室、协同创新中心等高水平科技研发平台，在基础研究和重大技术研究等方面开展原始创新。第三，加强茶叶"产学研"融合发展促进科技成果转化，推动大学和科研院所、企业共建研发平台，共同培养专业技术人员，将科研要素转化为生产要素。

（十）农旅结合及产业融合建设

努力做强一产、做优二产、做活三产，发挥茶叶产业三产融合的乘数效应。第一，深度挖掘茶叶产业的多功能性，推进茶叶生产、加工与休闲、旅游、文化、科普教育、康养等产业深度融合。第二，完善茶消费模式转变，鼓励发展直供销售、会员定制、门店体验、直播带货等新业态。第三，实现茶旅融合深度推进，打造茶旅游精品线路，建设美丽茶乡、美丽茶村，支持创建茶文旅生态产业园。

六、湖北茶叶产业发展的政策措施与对策建议

（一）政策措施

1. 金融政策。首先，拓宽传统融资渠道。通过建立政府增信机制、注资重组现有担保公司、放大融资担保倍数、建立银企共商共建共赢机制等形式，发展仓单质押贷款降低茶叶企业融资难度，在增强担保实力、畅通担保渠道的同时，为农业产业化龙头企业融资担保提供便利，增强企业发展信心。其次，推动产业化龙头企业上市。引导龙头企业完善内部控制制度，规范财务会计、人事任免等各项规章制度，设置奖惩机制，从根本上摆脱内部控制混乱的局面。建立特色化的茶叶产业化龙头企业信用数据库，支持企业运用信息化手段规范资产的管理，以数据佐证企业经营真实性，提高监管部门对于企业的信任度。鼓励有实力但尚未满足主板上市条件的茶叶企业在科创板上市融资，吸引更多社会资本投入具有创新能力的茶叶企业。最后，探索绿色低碳金融服务农业产业化龙头企业。以茶园抵扣为基础开发碳金融衍生品，明确茶园资源产权归属及茶园碳汇入市交易技术，培育经政府主管部门备案、第三方机构核证的茶园碳汇注册与认证机制，形成以碳控排农业产业化龙头企业为主导，个人、其他企业与政府共同参与的市场交易主体结构。

2. 财政政策 首先，健全专项资金扶持制度，政府加大在宏观产业布局、产业结构与微观品种培育、品牌建设、质量保障等方面的财政资金投入力度，建立包含预算安排、风险评估在内的专项资金使用体系，确保专项资金切实用于支持茶农茶企发展，引导湖北省茶叶产业做大做强。其次，建立稳定、可持续的茶叶产业财政支持体系，加大对于茶叶产业的财政扶持范围，扶持范围从生产、基础设施建设扩大至种苗选育、品牌和营销体系建设等方面，在农业财政资金安排中优先确保茶叶产业发展资金需求。

3. 保险政策 首先，湖北省应加大茶叶行业的保险支持力度，指导保险机构针对茶农需求推出茶叶种植、农机具、低温气象指数等特色保险品种，做到应保尽保与点对点风险补偿，提升茶农、茶企的抗风险能力。其次，强化政府与茶农、茶企的利益联结机制，布局茶叶保险试点工作，设立专项保险财政项目为茶农、茶企提供保费补贴，减轻茶农、茶企的经济负担，指导茶农、茶企按照产业发展要求从事生产、加工活动，做到利益共

享、风险共担。

4. 科技创新政策　首先，以产业需求为导向推动茶叶科技创新，以茶产品质量提升关键技术、多样化茶产品制造技术、茶叶现代化加工和装备研发技术等为目标，科学确定区域内茶叶产业科技创新方向和重点任务，进一步推进地市级茶叶科研机构建设，强化其在技术研发以及引进遴选、集成配套、示范推广适用技术上的优势，使其成为链接科研与推广的桥头堡。其次，深入推进茶叶产业现代技术体系构建，以茶叶产品为主体，茶叶全产业链为主线推进产业科技力量整合和资源共享，同时以各地综合试验站为主体收集、上报生产、加工过程中出现的技术难题，鼓励茶叶岗位科学家和地方技能人才的广泛参与，有针对性地组织培训基层农技人员，建立起现代茶叶产业技术体系与地方茶产业创新团队的协作机制。最后，提升茶叶产业科研设施水平，以茶叶领域国家农业科技创新平台、农业农村部重点实验室、农业应用研究示范基地建设为契机，全面提升茶产业仪器设备、设施条件、化学用剂等科研条件，不断提升茶产业的创新效率。

5. 贸易政策　首先，聚焦本省茶叶外贸出口企业发展需求，在出口退税、政策资金和银行信贷等方面给予支持，缓解企业资金周转压力。其次，对本省各类型茶叶产品实现精准定位，优化本省茶叶产品出口结构，继续稳固并扩大具有比较优势产品生产、出口，继续减弱并反超具有比较劣势产品的生产、出口。最后，通过国内市场调剂与加大进口填补本省相对稀缺茶叶产品的供给缺口，实现本省茶叶产业供需结构的优化平衡。

6. 人才政策　首先，拓宽茶叶专业技术人才培养渠道，内部潜力挖掘和外部引入并重，对内加强茶叶产业人力培训，配备储备一批茶叶生产加工、营销管理和企业家，对外加大人才引进力度，聘请浙江省、福建省等茶叶传统优势产区的技能人才、专家在企业担任科技副总，指导茶叶产业工作。其次，完善茶技人员招聘和选拔机制，推广实施茶叶职业资格认证制度，加强乡镇和村一级茶叶技术员队伍建设。最后，加强企业与华中农业大学、长江大学、湖北省农业科学院、武汉生物工程学院合作，共同培养综合性茶叶人才和高层次职业技术人才。

7. 其他政策　首先，强化品牌管理和宣传工作，由湖北省人民政府牵头，会同省农业农村厅、省市场监督管理局、工商行政管理局等部门对茶叶地理标志产品和茶叶品牌运营进行监督管理，组织专家定期更新、完善、清理一批茶叶品牌，保障品牌质量，定期开展茶叶展销会和区域公用品牌推介会对获得省级、国家级的茶叶品牌予以奖励。其次，实施文化兴茶战略，利用好茶圣故里和万里茶道重要节点，建设融茶饮、茶艺、茶文化于一体的主题公园和茶旅小镇，讲好湖北省茶叶故事，促进茶叶产业文旅发展。

（二）对策建议

1. 加强组织领导　第一，加强顶层设计。一是高规格成立省级茶叶领导小组，以主管农业副省长或农业农村厅厅长牵头组成专班统筹建设茶产业绿色发展体制机制。二是大力推进并落实茶叶"链长制"。建立省、地市、县市、乡镇四级茶叶产业链链长制，政府支持、指导组建行业协会，带动产业链各环节协调发展。三是以"一体双翼"的品牌发展战略引导全产业链条发展。围绕产业链大力培育区域公用品牌及企业品牌，积极开展品牌化市场营销工作。

第二，明确责任主体。一是构建党政同责、属地负责、部门协同、源头治理和全域覆盖的长效机制，压紧、压实各级茶叶链长资源保护和产业发展责任。二是农业农村部门会同市场监管、供销合作等部门，加强业务指导、政策扶持、市场监管、示范带动和宣传推介等工作，促进茶产业科学规范发展

第三，加大扶持力度。一是统筹加大财政、金融、保险、用地等政策支持，支持茶企优先申报国家和省级农业产业化重点龙头企业。二是加强对脱贫地区的支持引导，加大规划引导、财政支持和技术支撑，引导大型茶企到脱贫地区建设生产基地和加工车间，推动茶产业转型升级。

第四，健全基层组织。从组织规模、市场集中度、行业壁垒和产品差异化等多个层面考量，围绕产业发展需求培养基层所需的专业技能人才，建立健全现代茶叶产业基层组织体系，为茶产业发展提供组织保障。

2. 强化政策投入　第一，完善茶叶产业金融和保险服务。政府牵头联合银行、保险等部门加大对茶叶生产经营主体的信贷支持，促进保险公司开发茶叶商业保险，扩大茶叶低温气象指数保险和种植收入保险的覆盖范围。

第二，建立健全茶叶投入保障机制。在高标准农田治理、道路、电力等基础设施新建或整修、育种和加工工厂建设等方面实行"茶农自筹为主、政府奖补为辅、农业保险保障"的投入机制，健全财政优先保障、金融重点倾斜、社会积极参与的茶叶产业发展多元化投入格局。

三是加大重大项目资金扶持力度。一是在现代农业产业园、特色产业集群和农业产业强镇等重大项目安排上对茶叶产业和主产区予以适当倾斜，支持主产县市按照当地发展需求，统筹使用财政支农资金安排项目实施。二是确保茶园地力提升工程、新型经营主体培育等一批重大项目实行"四优先"，优先配置土地资源、优先保障建设资金、优先安装节能减排设备、优先保障人才需求。

3. 增强科技支撑　第一，重视茶叶产业技术研发与科技攻关。提升产业创新能力，推动龙头企业和华中农业大学、湖北省农业科学院等科研院所共建技术研发平台，在茶产品质量安全保障、单产、效益提升和资源高效利用等方面加大投入力度，重点突破一批如高效栽培、品质识别、绿色防治、灾害防控在内的关键技术。

第二，推广绿色技术模式。深入开展化肥、农药使用量零增长行动，加强茶园土壤治理，通过推广应用配方施肥、肥水一体化等关键技术提升茶园地力水平。选取示范区推广生物防治、物理防治等绿色防控技术，建立一批集统防统治与绿色防控于一体的标准化示范茶园。

第二，完善基层农技推广和社会化服务体系。注重茶叶科技成果转移转化，高水平建设科技成果转化平台，针对茶产业发展需求开展成果转化、技术推广服务和人才培养工作。

第三，加强茶业科技人才培育工作。内部挖潜和外部引进并重，培养或引进一批科技研发、生产经营、加工管理方面的行业领军人才，加强人才储备工作，增加茶叶领域高等教育经费支持，支持有条件的科研院所和高等院校开设涉茶学科，建设省级茶叶产销培训中心，加强基层科技研发与农技应用人才培养。

4. 健全法治保障　第一，建立健全茶叶产业绿色发展法律法规体系。加快制定茶叶产业领域的《环境保护法》《清洁生产促进法》《循环经济促进法》等主体法律，建立包含

有机肥替代化肥、生物防治替代化学防治、农药包装废弃物回收等方面在内有关政策体系，从法理上保障茶叶产业绿色发展。

第二，健全产业标准体系。按照"有标贯标、缺标补标、低标提标"的原则，完善产地环境、品种种苗、投入品管控、产品加工、分等分级、储运保鲜、包装标识、物流运输等关键环节标准的制修订。

第三，提升茶叶产业行政执法能力。重点加强执法人员能力培训，针对种质资源使用、农药化肥施用、产品质量安全的监控与查处，对生产、加工、销售过程中出现的违法违规行为，加大惩处力度、提高违法成本。加强茶叶市场专项治理，加大市场打假及权益保护力度，保证茶叶区域公用品牌的健康发展。

5. 广泛引导宣传　第一，加强政策解读。重点安排茶产业高质量发展对要素安排、清洁生产、质量安全等要求的公示、解读工作，充分调动政府、市场及民众积极性，增强责任感和危机感，确保绿色发展理念的贯彻和顺利实施。

第二，加大宣传力度。广泛挖掘、吸收其他产业和茶叶优势产区先进发展经验，通过解读先进案例、宣传做法经验、推广典型模式的做法，推广一批先进的茶产业发展典型模式，营造良好氛围，引导全社会民众的广泛参与。

第三，创新宣传形式。采用线上、线下相结合的宣传方式，向大众科学普及茶的营养、储藏等知识，推动茶产品进学校、进社区、进家庭，引导理性绿色消费。灵活利用产品展销会、搜索引擎和公共媒体充分展示湖北省茶叶发展规划和历史渊源，打造湖北省茶名片，讲好茶故事。

主要参考文献

阿马蒂亚·森，2001. 贫困与饥荒 [M]. 北京：商务印书馆.

安树伟，李瑞鹏，2020. 黄河流域高质量发展的内涵与推进方略 [J]. 改革 (1)：76-86.

奥兹·夏伊，2005. 产业组织理论与应用 [M]. 北京：清华大学出版社.

蔡潇彬，2016. 诺斯的制度变迁理论研究 [J]. 东南学术 (11) 120-127.

陈历幸，徐澜波，2009. 产业布局法若干基本问题研究 [J]. 南京社会科学 (11)：129-135.

陈帅宇，闵锐，黄炜虹，2020. 湖北省农业绿色发展指标体系建构与应用研究 [J]. 南方农业，14
(32)：130-131，140.

陈学云，程长明，2018. 乡村振兴战略的三产融合路径：逻辑必然与实证判定 [J]. 农业经济问题
(11)：91-100.

陈燕，2021. 中国共产党的共同富裕：理论演进与实现路径 [J]. 科学社会主义 (3)：115-120.

程虹，2018. 竞争政策与高质量发展 [J]. 中国市场监管研究 (5)：9-13.

程维金，刘新星，滕家喜，等，2017. 武汉市花卉苗木市场现状与发展对策 [J]. 湖北林业科技，46
(2)：71-75.

崔如波，2002. 绿色经济：21 世纪持续经济的主导形态 [J]. 社会科学研究 (4)：47-50.

大卫·皮尔斯，1997. 绿色经济的蓝图 [M]. 北京：北京师范大学出版社.

党国英，秦开强，2015. 高技术产业的技术创新效率与影响因素：对五大类 23 个分行业的效率分析 [J]
. 产经评论，6 (2)：15-27.

道格拉斯·诺斯，罗伯斯·托马斯，2009. 西方世界的兴起 [M]. 北京：中国人民大学出版社.

邓秀新，项朝阳，李崇光，2016. 我国园艺产业可持续发展战略研究 [J]. 中国工程科学，18 (1)：
34-41.

邓亚中，2022. 农业农村部《关于促进茶产业健康发展的指导意见》解读 [J]. 农村实用技术 (6)：
3-4.

杜志雄，金书秦，2021. 从国际经验看中国农业绿色发展 [J]. 世界农业 (2)：4-9，18.

段海波，2014. 刍议农业产业融合机制和农业产业化 [J]. 改革与战略，30 (5)：75-78.

樊增增，邹薇，2021. 从脱贫攻坚走向共同富裕：中国相对贫困的动态识别与贫困变化的量化分解 [J]
. 中国工业经济 (10)：59-77.

干春晖，郑若谷，余典范，2011. 中国产业结构变迁对经济增长和波动的影响 [J]. 经济研究 (5)：16.

高鸣，张哲晰，2022. 碳达峰、碳中和目标下我国农业绿色发展的定位和政策建议 [J]. 华中农业大学
学报 (社会科学版) (1)：24-31.

戈志武，吴江，2007. 湖北咸安苗木花卉产业的发展成效与建议 [J]. 甘肃农业 (3)：36-37.

耿学燕，杨锦秀，2013. 四川省柑橘产业发展竞争力简析 [J]. 农村经济 (1)：60-64.

郭蓓，李婷君，魏东雄，等，2018. 北京农业绿色发展评价指标体系构建及推进方向 [J]. 农业展望，
14 (2)：39-44.

国家发展改革委，农业部，2012. 关于印发全国蔬菜产业发展规划 (2011—2020 年) 的通知 [J]. 中华
人民共和国农业部公报，102 (3)：15-29.

国务院，2016. 关于印发全国农业现代化规划 (2016—2020 年) 的通知 [J]. 中华人民共和国农业部公

报（11）：4-20.

国务院办公厅，2020. 印发《关于加强农业种质资源保护与利用的意见》[J]. 中国种业（3）：69.

何劲，2014. 投入品价格、汇率波动下的不同园艺产品出口竞争力效应研究：基于蔬菜、水果、茶叶、花卉 RCA、TSC 的实证比较分析 [J]. 经济师（9）：62-63.

黑晓卉，宋振航，张萌物，2016. 我国绿色发展面临的困境及推进路径 [J]. 经济纵横（10）：15-18.

洪石，王希群，郭保香，2001. 湖北省花卉产业发展之探讨 [J]. 湖北林业科技（1）：31-35.

洪银兴，1998. 赢得市场：市场经济理论的新发展 [M]. 北京：中国青年出版社.

胡鞍钢，周绍杰，2014. 绿色发展：功能界定、机制分析与发展战略 [J]. 中国人口·资源与环境，24（1）：14-20.

胡芳辉，侯彦娜，魏涛淘，2021. 我国设施蔬菜现状及未来发展方向 [J]. 基层农技推广，9（11）：74-77.

胡晗，司亚飞，王立剑，2018. 产业扶贫政策对贫困户生计策略和收入的影响：来自陕西省的经验证据 [J]. 中国农村经济（1）：78-89.

胡健，2003. 提高水果业竞争力的应对策略 [J]. 农村经济（7）：67-69.

胡世霞，2016. 湖北省蔬菜产业竞争力研究 [D]. 武汉：华中农业大学.

胡斯威，米长虹，师荣光，等，2022. 农业可持续发展研究热点与趋势：基于文献计量的可视化分析 [J]. 农业资源与环境学报，39（1）：1-10.

胡治清，2007. 湖北民族地区花卉苗木产业发展对策探讨 [J]. 湖北林业科技（4）：62-64.

黄愉婷，李杰，郭胜华，2015. 湖北花卉苗木市场现状与发展对策 [J]. 湖北林业科技，44（4）：64-66.

贾凤伶，刘应宗，2011. 市场供求矛盾下的蔬菜生产规模及结构分析 [J]. 中国农机化（3）：58-62.

贾俊丽，罗海蓉，梅雪莹，等，2022. 花卉在园艺疗法中的应用 [J]. 安徽农业科学，50（22）：114-118.

江小涓，2005. 产业结构优化升级：新阶段和新任务 [J]. 财贸经济（4）：3-9.

姜长云，2015. 推进农村一二三产业融合发展　新题应有新解法 [J]. 中国发展观察（2）：18-22.

金碚，2018. 关于"高质量发展"的经济学研究 [J]. 中国工业经济（4）：5-18.

金书秦，林煜，栾健，2021. 农业绿色发展有规可循：《"十四五"全国农业绿色发展规划》解读 [J]. 中国发展观察（21）：47-49.

金书秦，沈贵银，2013. 中国农业面源污染的困境摆脱与绿色转型 [J]. 改革（5）：79-87.

卡尔·艾金格，刘荔，2013. 产业政策"绿色化"：阻力及一种可能的共生关系 [J]. 中国流通经济，27（11）：4-10.

旷野，2021. 中国花卉产业交出一份满意答卷 [J]. 中国花卉园艺，492（12）：5.

兰昊骋，2016. 美国农产品期货市场对我国茶叶发展的启示 [J]. 农村经济（4）：125-129.

李宝光，黄长林，陈立才，等，2019. 江西省设施园艺产业发展机遇与挑战 [J]. 北方园艺（1）：171-177.

李斌，祁源，李倩，2016. 财政分权、FDI 与绿色全要素生产率：基于面板数据动态 GMM 方法的实证检验 [J]. 国际贸易问题（7）：119-129.

李谷成，2014. 中国农业的绿色生产率革命：1978—2008 年 [J]. 经济学（季刊），13（2）：537-558.

李君华，彭玉兰，2007. 产业布局与集聚理论述评 [J]. 经济评论（2）：146-152.

李万君，李艳军，2014. 美国农业补贴政策演变及对我国的启示 [J]. 农业现代化研究，35（3）：268-272.

李伟，2018. 以创新驱动"高质量发展"[J]. 新经济导刊（6）：6-8.

李雨濛，张建杰，崔石磊，等，2020. 河北省县域农业绿色发展指标时空变化特征 [J]. 中国生态农业学报（中英文），28（8）：1168-1180.

刘成群，2016. 白搭车问题与诺斯制度变迁理论的转向［J］. 河北经贸大学学报，37（3）：36-41.

刘传江，李雪，2001. 西方产业组织理论的形成与发展［J］. 经济评论（6）：104-106.

刘传哲，任懿，2002. 对外开放与绿色经济发展的非线性关系研究［J］. 工业技术经济，39（4）：96-104.

刘芳，2002. 果树园艺技术应用存在的问题及解决策略［J］. 世界热带农业信息（1）：57-58.

刘根梅，2016. 制度变迁理论比较研究［J］. 合作经济与科技（7）：39-40.

刘汉成，2005. 我国园艺产业国际竞争力分析［J］. 中国果业信息（8）：5-8.

刘京，2013. 我国绿色市场的建设与管理［J］. 经济管理，35（3）：162-172.

刘俊文，2017. 农民专业合作社对贫困农户收入及其稳定性的影响：以山东、贵州两省为例［J］. 中国农村经济（2）：44-55.

刘斯康，王水嫩，2003. 用产业集群理论来规划新的产业布局［J］. 当代财经（7）：118-119.

刘耀彬，卓冲，2021. 绿色发展对减贫的影响研究：基于中国集中连片特困区与非集中连片特困区的对比分析［J］. 财经研究，47（4）：64-78.

刘迎秋，2018. 中小民营企业及其高质量发展的路径选择［J］. 光彩（12）：23-25.

刘志彪，凌永辉，2020. 结构转换、全要素生产率与高质量发展［J］. 管理世界，36（7）：15-29.

芦千文，2016. 农村一二三产业融合发展研究述评［J］. 农业经济与管理（4）：27-34.

鹿永华，高露华，杨桂合，等，2005. 我国水果业可持续发展模式的初步研究［J］. 农业经济（4）：38.

罗必良，洪炜杰，耿鹏鹏，等，2021. 赋权、强能、包容：在相对贫困治理中增进农民幸福感［J］. 管理世界，37（10）：166-181，240，182.

吕薇，2016. 营造有利于绿色发展的体制机制和政策环境［J］. 经济纵横（2）：4-8.

马慧芳，陈卫东，2022. 生态文明建设与绿色消费行为：研究述评与展望［J］. 贵州大学学报（社会科学版），40（1）：32-40.

马文奇，马林，张建杰，等，2020. 农业绿色发展理论框架和实现路径的思考［J］. 中国生态农业学报（中英文），28（8）：1103-1112.

迈克尔·波特，2007. 国家竞争优势［M］. 北京：中信出版社.

梅松竹.2013. 浅谈湖北地区园林花卉种植的规则设计与自然设计［J］. 现代园艺（22）：98.

梅瑜，王继华，顾艳，2019. 中国园艺产业可持续发展的机遇与挑战［J］. 园艺与种苗，39（12）：30-32.

孟秋菊，2018. 农村产业融合的内涵研究［J］. 四川理工学院学报（社会科学版），33（2）：76-83.

穆维松，张小栓，刘雪，等，2005. 水果供给与需求关系组合分析模型的构建及应用［J］. 系统工程理论与实践（11）：141-146.

聂伟，龚紫钰，2018. 十八大以来精准扶贫研究进展与未来展望［J］. 中国农业大学学报（社会科学版），35（5）：5-12.

宁静，殷浩栋，汪三贵，等，2019. 产业扶贫对农户收入的影响机制及效果：基于乌蒙山和六盘山片区产业扶贫试点项目的准实验研究［J］. 中南财经政法大学学报（4）：58-66，88，159-160.

牛文元，2010. 和谐城市要走绿色之路［N］. 人民日报海外版，2010-10-22（1）.

牛晓帆，2004. 西方产业组织理论的演化与新发展［J］. 经济研究（3）：116-123.

农业部，2014. 启动园艺作物"三品"提升行动［J］. 农村工作通讯（13）：5.

农业部，2017. 关于实施农业绿色发展五大行动的通知［J］. 中华人民共和国农业部公报，164（5）：8-10.

农业部办公厅，2011. 关于印发《农业部蔬菜生产信息监测管理办法（试行）》的通知［J］. 中华人民共和国农业部公报，92（5）：31-33.

农业部办公厅，2015. 关于印发《全国设施蔬菜重点区域发展规划（2015—2020 年）》的通知［J］. 中华人民共和国农业部公报，138（3）：33-46.

农业部种植管理司，2010. 创建园艺作物标准园，提升产业效益竞争力［J］. 中国蔬菜（1）：1-3.

农业农村部，2018. 关于印发《国家农业可持续发展试验示范区（农业绿色发展先行区）管理办法（试行）》的通知［J］. 中华人民共和国农业农村部公报，183（12）：14-17.

农业农村部，2018. 关于印发《农业绿色发展技术导则（2018—2030 年）》的通知［J］. 中华人民共和国国务院公报（35）：64-75.

农业农村部，2018. 印发《2018 年果菜茶全程绿色标准化生产示范基地建设方案》［J］. 中国农技推广，34（9）：68-70.

农业农村部办公厅. 2020. 关于印发《2020 年农业农村绿色发展工作要点》的通知［J］. 中华人民共和国农业农村部公报，198（3）：74-77.

农业农村部财政部，2018. 关于实施绿色循环优质高效特色农业促进项目的通知［J］. 中华人民共和国农业农村部公报（7）：21-24.

彭爱林，易平，罗兴红，等，2022. 浏阳市水果产业高质量发展策略研究［J］. 黑龙江农业科学（1）：84-87.

彭涛，吴文良，2010. 绿色 GDP 核算：低碳发展背景下的再研究与再讨论［J］. 中国人口·资源与环境，20（12）：81-86.

彭新宇，2009. 农业绿色补贴政策效率的实证研究：以沼气池建造补贴为例［J］. 求索（8）：34-35，30.

祁春节，顾雨檬，曾彦，2021. 我国柑橘产业经济研究进展［J］. 华中农业大学学报，40（1）：58-69.

强连红，贾东奇，2017. 绿色发展理念的价值内涵与路径选择［J］. 人民论坛（1）：88-89.

任保平，2018. 新时代中国经济从高速增长转向高质量发展：理论阐释与实践取向［J］. 学术月刊，50（3）：66-74，86.

任平，刘经伟，2019. 高质量绿色发展的理论内涵、评价标准与实现路径［J］. 内蒙古社会科学（汉文版），40（6）：123-131，213.

任晓刚，李冠楠，王锐，2022. 农业绿色发展支持政策的问题、成因与路径［J］. 新视野（1）：62-66.

荣兆梓，2004. 新制度经济学的理论范式为什么是适用的［J］. 经济学家，2（2）：17-22.

商迪，李华晶，姚珺，2020. 绿色经济、绿色增长和绿色发展：概念内涵与研究评析［J］. 外国经济与管理，42（12）：134-151.

邵立民，方天堃，2001. 21 世纪中国绿色农业的战略选择及对策［J］. 生态经济（11）：34-36.

史晋川，沈国兵，2002. 论制度变迁理论与制度变迁方式划分标准［J］. 经济学家（1）：41-46.

宋晨阳，张建杰，刘玲，等，2020. 海南岛农业绿色发展指标时空变化特征［J］. 中国生态农业学报（中英文），28（8）：1156-1167.

宋妍，张明，2018. 公众认知与环境治理：中国实现绿色发展的路径探析［J］. 中国人口·资源与环境，28（8）：161-168.

苏东水，2005. 产业经济学（第二版）［M］. 北京：高等教育出版社.

苏利阳，郑红霞，王毅，2013. 中国省际工业绿色发展评估［J］. 中国人口·资源与环境，23（8）：116-122.

苏云芳，叶玉，李荣琼，等，2023. 昆明市花卉产业现状分析与发展对策［J］. 农业科技通讯（4）：18-22.

孙久文，夏添，2019. 中国扶贫战略与 2020 年后相对贫困线划定：基于理论、政策和数据的分析［J］. 中国农村经济（10）：98-113.

孙炜琳，王瑞波，黄圣男，等，2017. 供给侧结构性改革视角下的农业可持续发展评价研究［J］. 中国农业资源与区划，38（8）：1-7.

孙毅，景普秋，2012. 资源型区域绿色转型模式及其路径研究 [J]. 中国软科学（12）：152-161.

谭淑豪，2021. 以绿色发展理念促中国农业绿色发展 [J]. 人民论坛·学术前沿（13）：68-76.

谭燕芝，姚海琼，2021. 农村产业融合发展的农户增收效应研究 [J]. 上海经济研究（9）：91-102.

檀学文，2020. 走向共同富裕的解决相对贫困思路研究 [J]. 中国农村经济（6）：21-36.

唐世平，王凯，2018. 族群冲突研究：历程、现状与趋势 [J]. 欧洲研究，36（1）：135-154，8.

陶艳红，熊巍，2016. 我国柑橘产品国际竞争力分析 [J]. 农业技术经济（3）：85-92.

万福祥，袁尚勇，孙治平，等，2011. 湖北水生蔬菜产业现状与发展对策 [J]. 长江蔬菜（19）：1-3.

万金，祁春节. 2011. 我国园艺类农产品贸易顺差的可持续性分析 [J]. 国际贸易问题（11）：53-63.

王宾，于法稳，2017. 基于绿色发展理念的山区精准扶贫路径选择：来自重庆市的调查 [J]. 农村经济（10）：74-79.

王方舟，2010. 钻石模型视角下河北省蔬菜产业竞争力研究 [J]. 广东农业科学，37（4）：358-360.

王海芹，高世楫，2016. 我国绿色发展萌芽、起步与政策演进：若干阶段性特征观察 [J]. 改革（3）：6-26.

王建廷，李迎迎，2010. 我国住宅产业化绿色发展路径研究 [J]. 科技进步与对策，27（19）：12-15.

王金南，曹东，陈潇君，2006. 国家绿色发展战略规划的初步构想 [J]. 环境保护（6）：39-43，49.

王金南，李晓亮，葛察忠，2009. 中国绿色经济发展现状与展望 [J]. 环境保护（5）：53-56.

王金南，2020. 黄河流域生态保护和高质量发展战略思考 [J]. 环境保护，48（Z1）：18-21.

王俊豪，2003. 现代产业经济学 [M]. 浙江：浙江人民出版社.

王立剑，叶小刚，陈杰，2018. 精准识别视角下产业扶贫效果评估 [J]. 中国人口·资源与环境，28（1）：113-123.

王利荣，2010. 农业补贴政策对环境的影响分析 [J]. 中共山西省委党校学报，33（1）：54-56.

王连君，韩玉珠，陈丽，等，2018. 吉林省园艺产业现状与展望 [J]. 吉林农业大学学报，40（4）：433-439.

王刘坤，祁春节，2018. 中国柑橘主产区的区域比较优势及其影响因素研究：基于省级面板数据的实证分析 [J]. 中国农业资源与区划，39（11）：121-128.

王龙昌，2015. 农业可持续发展理论与实践 [M]. 北京：科学出版社.

王强，2020. 贫困群体脱贫内生动力及影响因素研究：基于全国农村困难家庭 2014—2016 年面板数据的实证分析 [J]. 云南民族大学学报（哲学社会科学版），37（1）：90-99.

王昕坤，2007. 产业融合：农业产业化的新内涵 [J]. 农业现代化研究（3）：303-306，321.

王雅鹏，1998. 我国农业可持续发展的障碍因素分析 [J]. 经济问题（5）：42-44.

王一鸣，2018. 改革开放以来我国宏观经济政策的演进与创新 [J]. 管理世界，34（3）：1-10.

王颖，喻阳华，2021. 中国农业可持续发展水平多尺度时空演变特征 [J]. 中国农业科技导报，23（3）：8-17.

威廉·配第，2011. 赋税论. 全译本 [M]. 武汉：武汉大学出版社.

魏琦，张斌，金书秦，2018. 中国农业绿色发展指数构建及区域比较研究 [J]. 农业经济问题（11）：11-20.

邬晓燕，2014. 绿色发展及其实践路径 [J]. 北京交通大学学报（社会科学版），13（3）：97-101.

吴传清，黄磊，2017. 演进轨迹、绩效评估与长江中游城市群的绿色发展 [J]. 改革（3）：65-77.

吴芳，张向前，2011. 我国园艺产业国际竞争力研究 [J]. 科技管理研究，31（3）：114-119.

吴宏，李彦成，2012. 我国茶叶加工企业的适度规模与优化策略 [J]. 农业经济问题，33（1）：93-97，112.

吴厚玖，王华，孙志高，等，2009. 世界橙汁供求状况和我国橙汁产业竞争力分析 [J]. 农产品加工

（创新版）（4）：54-58，60.

吴翔，彭代彦，2014. 中国各地区环境综合指数研究 ［J］. 生态经济，30（4）：24-28.

吴晓青，2010. 加快发展绿色经济的几点思考 ［J］. 经济界（1）：11-14.

吴亚玲，方艳珍，陈青，等，2021. 湖北省茶叶出口贸易瓶颈与对策分析 ［J］. 湖北农业科学，60（13）：176-180.

夏锦文，吴先满，吕永刚，等，2018. 江苏经济高质量发展"拐点"：内涵、态势及对策 ［J］. 现代经济探讨（5）：1-5.

向德平，向凯，2020. 多元与发展：相对贫困的内涵及治理 ［J］. 华中科技大学学报（社会科学版），34（2）：31-38.

向书坚，郑瑞坤，2013. 中国绿色经济发展指数研究 ［J］. 统计研究，30（3）：72-77.

肖体琼，何春霞，曹光乔，等，2015. 机械化生产视角下我国蔬菜产业发展现状及国外模式研究 ［J］. 农业现代化研究，36（5）：857-861.

谢贤君，孙博文，雷明，等，2019. 中国绿色扶贫性增长测度及分析：兼论可持续性减贫 ［J］. 统计与信息论坛，34（6）：107-114.

邢成举，李小云，2019. 相对贫困与新时代贫困治理机制的构建 ［J］. 改革（12）：16-25.

熊彼特，2012. 经济发展理论 ［M］. 北京：中国画报出版社.

徐能海，夏晓发，2005. 湖北高山蔬菜产业现状及发展对策 ［J］. 长江蔬菜（11）：53-55.

徐晓雯，2007. 农业绿色补贴及其经济学分析 ［J］. 财政研究（07）：30-32.

许烜，宋微，2021. 乡村振兴视域下农业绿色发展评价研究 ［J］. 学习与探索（3）：130-136.

亚当·斯密，2010. 国富论 ［M］. 北京：中央编译出版社.

严立冬，崔元锋，2009. 绿色农业概念的经济学审视 ［J］. 中国地质大学学报（社会科学版），9（3）：40-43.

杨蓉，2022. 探究我国农业园艺发展过程中的问题及处理对策 ［J］. 新农业（3）：29.

杨伟民，2017. 乡村振兴战略中的重要任务是生态宜居 ［J］. 农产品市场周刊（41）：1.

杨文静，2016. 绿色发展框架下精准扶贫新思考 ［J］. 青海社会科学（3）：138-142.

杨彦伶，李振芳，2011. 湖北花卉产业的发展现状及对策（上）［J］. 花木盆景（花卉园艺）（3）：54-55.

叶兴庆，殷浩栋，2019. 从消除绝对贫困到缓解相对贫困：中国减贫历程与 2020 年后的减贫战略 ［J］. 改革（12）：5-15.

叶兴庆，2018. 新时代中国乡村振兴战略论纲 ［J］. 改革（1）：65-73.

游欣，刘燕，蔡军火，等，2022. 江西省花卉产业发展现状及策略 ［J］. 北方园艺（20）：125-132.

于法稳，2018a. 基于绿色发展理念的精准扶贫策略研究 ［J］. 西部论坛，28（1）：84-89.

于法稳，2018b. 新时代农业绿色发展动因、核心及对策研究 ［J］. 中国农村经济（5）：19-34.

于法稳，2020. 基于绿色发展理念的智慧农业实现路径 ［J］. 人民论坛·学术前沿（24）：79-89.

曾贤刚，毕瑞亨，2014. 绿色经济发展总体评价与区域差异分析 ［J］. 环境科学研究，27（12）：1564-1570.

张彩霞，杨潇，2018. 区域农业绿色发展水平评价指标体系研究 ［J］. 统计与管理（5）：126-128.

张春梅，郭立夫，2014. 绿色农业生产积极性的影响因素分析：以吉林省大安市绿色水稻种植为例 ［J］. 社会科学战线（9）：247-249.

张建杰，崔石磊，马林，等，2020. 中国农业绿色发展指标体系的构建与例证 ［J］. 中国生态农业学报（中英文），28（8）：1113-1126.

张璐璐，付洪冰，2014. 中国花卉产业国际竞争力研究 ［J］. 世界农业（4）：179-181.

张明林，刘克春，2012. 我国农业龙头企业绿色品牌"局部化"战略的现状、动机、问题与对策 ［J］.

宏观经济研究（8）：97-103.

张琦，沈扬扬，2020. 不同相对贫困标准的国际比较及对中国的启示［J］. 南京农业大学学报（社会科学版），20（4）：91-99.

张琦，石新颜，顾忠锐，2019. 中国绿色减贫成效评价指数构建及测度［J］. 南京农业大学学报社会科学版），19（6）：20-28，156-157.

张青，2012. 相对贫困标准及相对贫困人口比率［J］. 统计与决策（6）：87-88.

张蕊，张术环，2011. 美国绿色农业政策及其对中国发展低碳农业的启示［J］. 世界农业（7）：36-39.

张姚，曹凯，鲍恩财，等，2021. 江苏省园艺设施发展现状与趋势［J］. 中国农学通报，37（30）：47-52.

张哲晰，穆月英，2015. 中国蔬菜出口国际竞争力及其影响因素：国别（地区）差异与贸易潜力分析［J］. 世界农业（10）：132-140.

赵大伟，2012. 中国绿色农业发展的动力机制及制度变迁研究［J］. 农业经济问题，33（11）：72-78，111.

赵剑波，史丹，邓洲，2019. 高质量发展的内涵研究［J］. 经济与管理研究，40（11）：15-31.

郑红霞，王毅，黄宝荣，2013. 绿色发展评价指标体系研究综述［J］. 工业技术经济，33（2）：142-152.

郑丽琳，李旭辉，戴炜，2018. 安徽省绿色 GDP 与生态环境压力的空间效应分析［J］. 统计与决策，34（15）：136-141.

中国花卉协会，2001. 全国花卉业"十五"规划［J］. 中国花卉园艺（18）：2-5.

中国花卉协会，2015. 2014 年工作总结和 2015 年工作计划（摘要）［J］. 中国花卉园艺（5）：10-17.

钟茂初，2015. 产业绿色化内涵及其发展误区的理论阐释［J］. 中国地质大学学报（社会科学版），15（3）：1-8.

钟盛华，1990. 绿色经济的蓝图［J］. 世界研究与开发报导（2）：112-113.

周方，2023. 苗木花卉产业竞争力影响因素［J］. 现代园艺，46（4）：22-24.

朱凤娟，邱正明，矫振彪，等，2020. 湖北高山蔬菜产业发展现状及建议［J］. 中国蔬菜（3）：5-11.

朱海燕，刘学忠，2018. 苹果产业供给侧存在的问题分析及对策：以山东省为例［J］. 林业经济，40（7）：67-70.

朱映雪，黄满忠，2001. "入世"给广西水果业带来的机遇与挑战［J］. 社科与经济信息（9）：44-46.

庄芹芹，吴滨，洪群联，2020. 市场导向的绿色技术创新体系：理论内涵、实践探索与推进策略［J］. 经济学家（11）：29-38.

左停，苏武峥，2020. 乡村振兴背景下中国相对贫困治理的战略指向与政策选择［J］. 新疆师范大学学报（哲学社会科学版），41（4）：88-96.

FENG G，SERLETIS A，2014. Undesirable outputs and a primal Divisia productivity index based on the directional output distance function［J］. Journal of Econometrics，183（1）：135-146.

FUCHS V R，1967. Poverty and redistributing income［J］. The Public Interest，14（8）：88.

NEUMAYER E，2000. On the methodology of ISEW，GPI and related measures：some constructive suggestions and some doubt on the "threshold" hypothesis［J］. Ecological Economics，34（3）：347-361.

OLAF V V，CHEN W，2015. Social investment and poverty reduction：a comparative analysis across fifteen European countries［J］. Journal of Social Policy，44（3）：611-638.

PAUL M，ROMER，1986. Increasing returns and long-run growth［J］. The Journal of Political Economy，94（5）：1002-1037.

PHOONCHIEWBOON A，2017. Green development：environment and sustainability in a developing world［J］. PSAKU International Journal of Interdisciplinary Research，6（2）：167-168.

PINILLA V，AYUDA M I，2010. Taking advantage of globalization? Spain and the building of the international market in Mediterranean horticultural products，1850—1935 ［J］. European Review of Economic History，14（2）：239-274.

ROBERT M，SOLOW，1956. A contribution to the theory of economic growth ［J］. Quarterly Journal of Economics，65-94.

THEUNISSEN J，1997. Intercropping in field vegetables as an approach to sustainable horticulture. ［J］. Outlook on Agriculture，26（2）：95-99.

TIM O R，2016. Pursuing sustainability：a guide to the science and practice ［J］. Environment，58（6）.

图书在版编目（CIP）数据

湖北园艺产业绿色发展战略研究／祁春节，邓秀新
著．－－北京：中国农业出版社，2024．7．－－ISBN 978-
7-109-32233-2

Ⅰ．F326.13

中国国家版本馆 CIP 数据核字第 2024UV4672 号

湖北园艺产业绿色发展战略研究

HUBEI YUANYI CHANYE LÜSE FAZHAN ZHANLÜE YANJIU

中国农业出版社出版

地址：北京市朝阳区麦子店街 18 号楼

邮编：100125

责任编辑：贾　彬　李　辉

版式设计：杨　婧　责任校对：张雯婷

印刷：中农印务有限公司

版次：2024 年 7 月第 1 版

印次：2024 年 7 月北京第 1 次印刷

发行：新华书店北京发行所

开本：787mm×1092mm　1/16

印张：19

字数：456 千字

定价：138.00 元

版权所有·侵权必究

凡购买本社图书，如有印装质量问题，我社负责调换。

服务电话：010-59195115　010-59194918